Edmund White

CITY BOY

Edmund White, 1940 in Cincinnati, Ohio, geboren, zählt zu den bedeutendsten amerikanischen Schriftstellern der Gegenwart. Gemeinsam mit anderen Autoren gründete er Anfang der achtziger Jahre die Gruppe Violet Quill, die die schwule Literatur in den USA entscheidend prägte. Bekannt wurde er vor allem durch seine autobiografisch gefärbte Romantrilogie *Selbstbildnis eines Jünglings*, *Und das schöne Zimmer ist leer* und *Abschiedssymphonie*. Außerdem veröffentlichte er Biografien über Jean Genet, Marcel Proust und Arthur Rimbaud sowie die Memoiren-Bände *My Lives* und *Inside a Pearl*. Auf Deutsch erschienen zuletzt die Romane *Jack Holmes und sein Freund* und *Hotel de Dream*. Für sein literarisches Schaffen erhielt Edmund White zahlreiche Preise, unter anderem den Award for Literature der American Academy of Arts and Letters, den National Book Critics Circle Award und den Preis des Festivals von Deauville für sein Gesamtwerk.

EDMUND WHITE
CITY BOY
Mein Leben in New York

Aus dem Amerikanischen von
Joachim Bartholomae

ALBINO

1. Auflage

in der Bruno Gmünder GmbH
Kleiststraße 23-26, D-10787 Berlin

Originaltitel: »City Boy«

Aus dem Amerikanischen von Joachim Bartholomae
Das Zitat aus John Ashbery: »Selbstporträt im konvexen Spiegel«
verwendet die Übersetzung von Christa Cooper
und Joachim Sartorius, © Hanser Verlag, München 1977
Umschlaggestaltung & Satz: Robert Schulze
Abbildung Umschlag: Stanley Stellar / www.stellarnyc.com
Printed in the Czech Republic

ISBN 978-3-86787-849-4

Mehr über unsere Bücher und Autoren:
www.albino-verlag.de

Für Claude und Iwan Nabokov

1.

In den siebziger Jahren verschlief man in New York den Vormittag. New York war eine schmutzige, gefährliche, bankrotte Stadt, in der das meiste nicht so richtig funktionierte. Der Müll türmte sich und stank, weil die Müllabfuhr wieder einmal streikte. Als für längere Zeit der Strom ausfiel, wurden Tag für Tag Geschäfte geplündert. Wir Schwulen trugen Trillerpfeifen um den Hals, damit wir andere schwule Männer zu Hilfe rufen konnten, wenn wir auf dem Weg von Greenwich Village zu den Lederbars auf der West Side von Straßengangs angegriffen wurden.

Der Vorteil daran war: Hier konnte man billig leben, und Manhattan war besonders unterhalb der 14th Street voll von jungen Schauspieler-Sänger-Tänzer-Kellnern, die mit drei Schichten in ihrem Restaurant genug Geld verdienten, um den Schauspielunterricht und auch die niedrigen Mieten zu bezahlen. Anders als in unserer Heimat im Mittleren Westen, wo die Bürgersteige abends um sechs hochgeklappt wurden, waren die Delis und Cafés die ganze Nacht geöffnet, die Bars bis vier Uhr früh. Diese Armee der Schauspieler-Kellner betrachtete ihre Jobs im Restaurant als gute Gelegenheit zum »Studium« (»Wer bin ich heute Abend? Ein verarmter österreichischer Aristokrat? Ein Ausreißer aus einer inzestuösen Familie in Tennessee Hills? Ein schwedischer Turner?«). Egal, wie viel Trinkgeld sie bekamen, sie gaben es nach Feierabend in einer Bar aus, während sie sich aufgeregt über ihre Kunst und ihre Liebhaber unterhielten. Alle rauchten die ganze Zeit, und wenn man jemandem einen Zungenkuss gab, war es, als würde man zwei Aschenbecher aneinanderreiben.

Der Rest des Landes fand New York entweder beängstigend oder lächerlich, doch für uns war es der einzige freie Hafen auf dem gesamten Kontinent. Nur in New York konnte man mit einem Angehörigen des gleichen Geschlechts Hand in Hand gehen. Nur in New York war es einem egal, wenn einem eine Ratte über den Weg lief, und nur hier fanden um Mitternacht Lesungen von Theaterstücken statt. Die Künstler an der Lower East Side verwerteten die einfachsten und wertlosesten Materialien – im Grunde Abfall.

Doch es gab auch ein New York der Mandarine, Maler und Choreografen, Schriftsteller und Poeten, die darum rangen, ernsthafte Kunst mit höchstem Anspruch zu erschaffen. Diese Elite verteilte sich auf das Village und neue Wohngebiete in Chelsea, auch auf die bequeme, heruntergekommene Upper West Side; hier fühlten sich die Mandarin-Künstler noch immer den schönen Künsten der Vergangenheit verbunden und glaubten, ihre Kunst würde das Erbe einer quasi-göttlichen Tradition antreten.

Ich träumte die ganze Zeit davon, Susan Sontag und Paul Goodman zu begegnen. Warum es gerade diese beiden waren, weiß ich nicht – vielleicht, weil so häufig in der *Village Voice* und der *Partisan Review*, sogar in der *Time* über sie berichtet wurde. Er hatte *Aufwachsen im Widerspruch* geschrieben, die Bibel der Sechziger, heute fast vergessen (ich habe es selbst nie gelesen). Wieso verehrte ich einen Mann, dessen Werk ich gar nicht kannte? Vielleicht, weil ich gehört hatte, dass er bisexuell war, außerdem ein brillanter Therapeut, der sich für die Jugend und die Emanzipierten einsetzte. Ich habe sein erstaunliches Tagebuch gelesen, *Five Years*, das 1966 veröffentlicht wurde, ein bahnbrechendes Buch, in dem er offen darüber schreibt, dass er Männer für Sex bezahlt und im Meatpacking District anonymen Sex hatte. Heute wäre das vielleicht nicht der Rede wert, aber dass ein Ehemann und Vater so schamlose Bekenntnisse ablegte, war zu jener Zeit noch nicht dagewesen, zumal die sexuellen Passagen sich mit Kommentaren zu Kultur, Poesie und hunderten anderer Themen abwechselten.

Susan Sontag habe ich gründlicher gelesen, besonders *Gegen Interpretation* und andere Essays, meist sofort, wenn sie veröffentlicht wurden.

Kurz gesagt war New York in den Siebzigern ein Müllhaufen mit ernsthaften künstlerischen Ansprüchen. Ich erinnere mich, dass Brad Gooch, ein Freund von uns, seinen Lover vorstellen wollte, einen aufstrebenden Regisseur aus Hollywood, und er bat ihn, uns nicht zu sagen, wo er arbeitete, weil Hollywood keinen guten Ruf hatte. Eine solche Zurückhaltung wäre im heutigen New York, das sich zum Sklaven von Reichtum und Glamour gemacht hat, undenkbar, doch damals folgten viele Menschen noch Ezra Pounds Motto »Schönheit ist schwierig«.

Wir haben uns 1972 und 1973 ständig gefragt, wann denn nun die Siebziger endlich anfangen …

Andererseits mussten wir zugeben, dass auch die Sechziger erst 1964 wirklich begonnen hatten, dem Jahr, als die Beatles in die Staaten kamen. Danach bekam das Jahrzehnt ein echtes, deutliches Profil, geprägt von Protestbewegungen, langen Haaren, Liebe und Drogen – eine Euphorie, die erst 1969 schal wurde. Für die Linken begann das Jahrzehnt natürlich mit dem Urteil im Fall *Brown gegen die Erziehungsbehörde* und endete mit Nixons Rücktritt 1974.

Ich vermute, bis zu den 1920ern erwarteten die Menschen nicht, dass jedes Jahrzehnt seinen eigenen Charakter haben und sich von anderen unterscheiden sollte, obwohl ich mich an einen russischen Roman aus dem neunzehnten Jahrhundert erinnere, in dem gesagt wird, eine der Figuren sei ein typischer Mensch der 1830er Jahre – fortschrittlich und atheistisch. Doch damals sprach man eher von Generationen – man gehörte zum Beispiel zur Generation der »überflüssigen Männer«, oder man war ein frivoles, ausschweifendes Produkt der Belle Epoque. Doch in den 1920er Jahren, als die Idee der Moderne geläufig wurde, machte sich jeder Amateur-Soziologe auf die Suche nach dem Charakter eines beginnenden Jahrzehnts.

Zurückblickend sahen wir, dass die 1950er in Amerika eine reaktionäre Zeit waren, geprägt von Eisenhowers Farblosigkeit, einem alles vergiftenden Antikommunismus und dem Weiblichkeitswahn. Ich lebte während der Fünfziger im Mittleren Westen, und alles, was geschah – zum Beispiel die Unterdrückung der Homosexualität, die Verteufelung der Linken, die alberne, ermüdende Alltäglichkeit der Adoleszenz, die absolute Taubheit gegenüber der gesellschaftlichen Ungerechtigkeit um uns herum –, blieb nicht nur unwidersprochen, sondern unsichtbar. Irgendwie hatte man es geschafft, dass wir dachten, die Ordnung der Dinge sei »natürlich«, ewig und unveränderlich. Die Kultbücher dieser Epoche waren *Die einsame Masse* und *Der Mann im grauen Flanell.*

Der große Triumph der Sechziger bestand darin, herauszuarbeiten, wie willkürlich und konstruiert die vermeintliche Normalität der Fünfziger gewesen war. Wir stiegen aus unseren schmalen Einzelbetten und fielen in die großen, schaukelnden, beheizten Wasserbetten der Sechziger.

Am Ende der 1970er habe ich geschrieben: »Dieses Jahrzehnt hatte keinen Stil, keinen Flair, keine Slogans. Wir haben den großen Fehler gemacht, die ganze Zeit nach etwas so Umwerfendem wie den Beatles, Acid, Pop-Art, Hippies und radikaler Politik Ausschau zu halten. Doch stattdessen hatte ganz unerwartet die schmerzhafte Arbeit an all den Themen begonnen, die die Sechziger so unbekümmert in die Welt gesetzt hatten.«

2.

Ich hatte an der Michigan University meinen Abschluss in Chinesisch gemacht und einen Platz in Harvard bekommen, um dort in dieser Sprache zu promovieren. Doch stattdessen folgte ich Stan, einem Jungen, in den ich verliebt war, nach New York. Stan war Junior an der Highschool, doch der Traum, Schauspieler zu werden, lockte ihn nach New York. Ich kam am 19. Juli 1962 dort an.

Das Einzige, wozu ich damals taugte, war Journalismus. An der Michigan University hatte ich das Literaturmagazin herausgegeben und hoffte, mit dieser Erfahrung einen Job zu finden. Ich hatte keine Verbindungen in New York. Mein einziges Geld waren die zweihundert Dollar, die ich im Juni durch das Ausliefern von Eiern und Fruchtsaft in Des Plaines verdient hatte, einer verkommenen Vorstadt von Chicago. Am 19. Juli, Stans Geburtstag, beschloss ich, nach New York zu fliegen, um bei ihm zu sein. Meine Schwester und meine Mutter haben später behauptet, ich wäre erster Klasse nach New York geflogen, aber das ist nichts als ein typischer Familienmythos.

Ich wohnte bei der YMCA in der 63rd Street, was damals eine regelrechte Tuntenhochburg war, voll schwuler Dauergäste und Durchreisender. Das Gebäude war (und ist) eine im maurischen Stil erbaute Fantasie aus Kacheln und niedrigen Decken, mit einem riesigen Swimmingpool, in dem Tennessee Williams öfter anzutreffen war. Der Wohnbereich funktionierte wie eine Sauna. Wann immer ich mein Zimmer verließ, um zu duschen, kam im selben Moment ein grauhaariger, dickbäuchiger Bewohner angelaufen und stellte sich neben mich, seifte sich ein und starrte mich unverwandt an, als käme es beim Cruisen nur darauf an, ein starkes Signal auszusenden, je unverblümter, desto besser.

Stan war nicht gerade begeistert, mich zu sehen. Meine erste Nacht in New York – seinen Geburtstag –, verbrachte ich auf seiner Türschwelle, doch er kam nicht nach Hause. Am nächsten Abend traf er sich mit mir, aber nur widerwillig. Er wohnte bei zwei anderen Schauspielern, von denen einer Paul Giovanni war, ein heißer älterer Mann von dreißig Jahren, der die Rolle des Matt in der Originalinszenierung der *Fantasticks* spielte, dem am längsten aufgeführten Musical in der Geschichte des Broadway. Stan war in den coolen, ironischen Paul ganz vernarrt, aber ich durfte ihn trotzdem in ein schwules Restaurant einladen. Natürlich kannte ich schwule Bars, aber der Gedanke, dass Schwule zusammen ausgehen und essen wollten – in der Öffentlichkeit! –, erschien mir völlig neu und faszinierend. Die Gay Liberation begann erst 1969, doch als sie sich dann in Bewegung setzte, erwies sie sich als das letzte Teilchen eines Puzzles, an dem wir alle schon seit fünf oder sechs Jahren gearbeitet hatten. Dass wir schließlich die kritische Masse erreichten, lag vermutlich daran, dass immer mehr Schwule öffentlich sichtbar wurden.

Im West Village waren jederzeit Scharen schwuler Männer unterwegs (und ein paar Frauen waren in Bars wie dem Kookie's und später dem Duchess am Sheridan Square zu sehen). Der Unisex-Look der Sechziger war zwar keine ernst gemeinte Veränderung der Geschlechterrollen, doch er machte es einfacher, eine Männerhand durch ein klimperndes Armband zu stecken oder eine große türkisfarbene Brosche an einer roten Samtweste zu befestigen (für ihren guten Geschmack war diese Zeit nicht gerade berühmt). In den Fünfzigern war es in manchen Gemeinden für Frauen verboten gewesen, mehr als zwei männliche Kleidungsstücke zu tragen – Jeans, Sweatshirt und ein Cowboygürtel reichten aus, um verhaftet zu werden; jetzt durften sie T-Shirts oder Stiefel tragen, wenn sie wollten. Obwohl in vielen Staaten Ehen zwischen Weißen und Schwarzen noch verboten waren, war das Village voll von gemischten Paaren (meist männliche »Neger«, wie wir damals sagten, und weiße »Tussen«). Schon die Gegenkultur der Hippies – überhaupt jedes »Gegen« – diente uns als aufregendes Vorbild für moderne Abweichungen.

Zwei Monate später, im September 1962, war Stan einverstanden, in meine schäbige kleine Wohnung einzuziehen, die ich an der MacDougal Street gemietet hatte, und wir blieben fünf Jahre zusammen. Er konnte Pauls Gastfreundschaft nicht länger strapazieren, wollte aber auch nicht zurück nach Michigan, um die Highschool zu beenden. Stattdessen versuchte er sein Glück als Schauspieler. In dieser Zeit war schwules Selbstvertrauen noch nicht sehr weit verbreitet, und es gab nur wenige Schwule, die als Paare zusammen wohnten und ihre Homosexualität vor Eltern, Freunden und Kollegen nicht verheimlichten – romantische Liebespaare mit der Bereitschaft, einander treu zu sein, wenn schon nicht sexuell, dann zumindest in Form einer Verbindlichkeit, die für lange Zeit Bestand haben sollte.

Ich kannte nur drei schwule Paare, alles ehemalige Studenten der Michigan University, die in die große Stadt gezogen waren und ausprobierten, wie es war, als Paar zusammenzuleben. Ältere schwule Paare kannte ich nicht mal vom Hörensagen. Stan und ich nahmen unsere »Affäre« so leicht, dass wir nicht auf die Idee kamen, uns treu zu sein, oder uns über die Regeln unserer Beziehung überhaupt Gedanken zu machen. Wir bezeichneten den anderen gegenüber Dritten nicht als »Partner« (den Ausdruck gab es damals noch nicht). Ein schwuler Freund fragte vielleicht: »Stan und du, seid ihr Lover?«, und ich antwortete dann: »Irgendwie.« Das alles war ziemlich unklar, auch für uns. Wir hatten nur selten Sex zusammen – oft passierte es mitten in der Nacht, einer weckte den anderen, weil er es jetzt brauchte. Weil wir schwul waren, bezeichneten wir uns selbst als »krank«, was nur zur Hälfte als Witz gemeint war. Ab und zu gingen wir beide zum Seelenklempner.

Und selbst unsere Untreue war komisch. Tom Eyen, ein junger, aber schon bekannter Theaterdichter, schleppte mich eines Nachts ab (Tom schrieb später *Dreamgirls*). Nach dem Sex sagte er: »Du machst das gleiche Tamtam im Bett wie ein anderer Typ, den ich gestern gefickt habe – Stan. Ja, Stan hieß der.« Ich konnte kaum abwarten, nach Hause zu kommen und Stanley zu ärgern, und insgeheim habe ich mich gefragt, worin dieses »Tamtam«, das wir gemeinsam haben, wohl besteht.

Wir waren noch so jung, dass unsere Eltern und Arbeitskollegen natürlich glauben konnten, dass wir nur eine Wohngemeinschaft wären. Viele Leute in unserem Alter lebten in Wohngemeinschaften, im Grunde wohl die meisten, obwohl das anderswo nicht üblich war. (Als ich 1970 nach Rom zog, war die einzige Übersetzung für Mitbewohner *il ragazzo con cui divido l'appartamento*.) Die meisten unserer schwulen Freunde legten Wert darauf, getrennte Schlafräume zu haben, aber Stan und ich schliefen auf einer Couch, die zum Doppelbett ausgeklappt werden konnte. Besuch hatten wir nur selten, allerdings probte Stan manchmal mit anderen Schauspielern aus seiner Klasse in unserem kleinen Wohnzimmer. Wenn jemand fragte, sagte er, er schliefe in dem Einzelbett im Gästezimmer.

Am Ende merkten wir, dass wir sexuell nicht so gut zusammenpassten, aber ich liebte Stan wirklich. Vor allem, weil er so schön war, und ich verehrte die Schönheit. Mein eigenes Äußeres gefiel mir nicht, und ich war stolz, mit ihm gesehen zu werden. Dass ich sein Aussehen bewunderte, war keine subjektive Geschmackssache; seine Schönheit war klassisch und »berühmt«, oder doch zumindest allgemein anerkannt. Zwei heterosexuelle Freunde verliebten sich in ihn; für beide war er ihre einzige schwule Erfahrung. Eines Tages sprach der bekannteste Modeschöpfer Amerikas Stan auf der Straße an und fragte, ob er mit ihm Urlaub in Ägypten machen wollte. Der Mann hätte ihm sofort das Flugticket in die Hand gedrückt. Die beiden hatten noch nie ein Wort miteinander gewechselt; für den Modeschöpfer war es ein »Spontankauf«.

Doch ich liebte Stan nicht nur als Trophäe, sondern mochte ihn wirklich. Er war fleißig und arbeitete hart. Als er sich entschloss, Schauspieler zu werden, nahm er zuerst Schauspielunterricht im Herbert Berghof Studio. Dann ging er zurück zur Schule und machte einen Masterabschluss in Englisch. Er belegte einen Kurs über Henry James bei dem großen James-Biografen Leon Edel. Ich zahlte die Miete und genoss es, Stan ein wenig in der Hand zu haben. Er brauchte mich, zumindest für die Bleibe. Natürlich mochte er mich auch, aber er war stark von seinen Stimmungen abhängig und hatte oft tiefe Depressionen.

Ich bekam meinen ersten Job bei Time-Life-Books im zweiunddreißigsten Stock des Time-Life-Buildung Ecke 6th Avenue und 50th Street. Jeden Tag eilte ich in Schlips und Kragen von unserer Wohnung im Village uptown, meistens in einem Taxi, das ich mir eigentlich nicht leisten konnte. Offiziell arbeiteten wir von zehn bis sechs, aber ich schaffte es nie vor elf und rechnete immer damit, abgemahnt oder gefeuert zu werden, doch nichts dergleichen geschah. Wir hatten im Grunde nicht viel zu tun, und die Arbeit einer ganzen Woche wurde manchmal an einem hektischen Freitagnachmittag über den Haufen geworfen. Jeder von uns hatte die ganze Woche nichts anderes zu tun, als vier Bildunterschriften von jeweils zwei Zeilen zu schreiben, eine Aufgabe, die nur deshalb so schwergewichtig schien, weil wir so viel Zeit hatten, darüber nachzudenken. Unsere Redakteure ließen uns immer neue Entwürfe machen, weil auch sie unterbeschäftigt waren.

Meine Arbeit bestand hauptsächlich darin, Zeit zu verschwenden. Das Mittagessen dauerte zwei Stunden. Ich machte endlose Kaffeepausen mit anderen Schreibern und Rechercheuren. Ein seltsamer Typ, der ins Büro kam, um unsere Schuhe zu putzen, sagte einmal zu mir, für zweihundert Dollar könne er jeden abknallen lassen, den ich wollte. Mittags besuchte ich eine Kunstgalerie an der 57th Street oder das Museum of Modern Art gleich um die Ecke. In diesen Jahren sah ich die ersten Werke der Pop-Art in der Sidney Janis Galerie – einen gespenstischen, lebensgroßen Gipsmann von George Segal, der auf einer Leiter stand und die Buchstaben einer Kinowerbung austauschte; und Roy Lichtensteins gepixelte Comiczeichnungen (»Oh, Brad«). Oder ich ging in den Gotham Book Mart unten an der 47th, wo ich mich auf den Fußboden setzte und die Bücher las, die ich mir nicht leisten konnte.

Das Gotham war eine wunderbare Buchhandlung; um die Kasse herum lagen Dutzende von Literaturzeitschriften, und halbrechts weiter hinten stand ein ganzer Tisch mit den neuesten Gedichtbänden. An den Wänden hingen Bilder der Großen, die schon im Gotham gelesen hatten, einschließlich Marianne Moore, Cocteau und Dylan Thomas; einige von ihnen posierten auf einer Bibliotheksleiter hoch oben über der eleganten Frances Steloff (die 1989 im Alter von 101 Jahren gestorben ist). Obwohl sie den »Laden«, wie sie es nannte, 1967 an Andreas Brown verkauft hatte, schlich sie noch immer zwischen den Regalen herum und drängte die Kunden, etwas zu kaufen. Sie hatte gruselige »Phasen«, in denen sie sich mit orientalischen Religionen befasste, was Tischrücken und ektoplastische Fotos einschloss, und direkt über dem Tisch für die Gedichtbände gab es eine geräumige Abteilung mit Büchern über Krischnamurti und die *Bhagavad Gita*. Steloff stammte aus einer armen Familie und war Autodidaktin. Sie schaffte es, das Gotham zu einem wichtigen intellektuellen Zentrum zu machen. Ich bin sicher, dass während der zahllosen Stunden, die ich dort verbrachte, viele berühmte Schriftsteller im Gotham herumlungerten, aber ich habe sie nicht erkannt. Als uneingeweihtes Kind erkennt man natürlich keine lebendigen literarischen Berühmtheiten. Es ist wie mit dem Studienanfänger aus Yale, der, einer Anekdote zufolge, im Zug nach New Haven Auden im Speisewagen sah und ihm durch den Kellner ein Billet mit der Frage überbringen ließ: »Sind Sie Robert Frost?« Auden schrieb zurück: »Sie haben Mutter den Tag verdorben.«

Das Gotham war eine der großen Buchhandlungen meines Lebens. Im hinteren Teil des Ladens war die Abteilung für Belletristik, wo ich in Dutzenden von Büchern herumstöberte. Dort habe ich *Zerrspiegel* von Robert Stone, *Jene* von Joyce Carol Oates und *V.* von Pynchon gekauft, doch am liebsten von allen Funden, die ich im Gotham gemacht habe, war mir Hugh Kenners *The Pound Era*. Der Laden war eine Oase inmitten der philisterhaften Welt drumherum. Natürlich gab es noch andere wichtige Buchhandlungen zu jener Zeit, vor allem das Eighth Street unten im Village auf mehreren Stockwerken mit dummen, unfreundlichen Angestellten. Ende der 1970er kam dann die Buchhandlung Three Lives dazu, damals am Sheridan Square.

Ich erinnere mich, dass ich eines Nachmittags im hinteren Teil des Gotham herumstöberte und hörte, wie Andy Brown mit jemandem telefonierte, bei dem es sich wohl um einen ziemlich verzweifelten Jack Kerouac gehandelt haben muss, der ein altes Manuskript verkaufen wollte, um den Umzug mit seiner Mutter nach Florida zu finanzieren (Kerouac starb 1969 in St. Petersburg). Ich bekam nicht mit, ob die beiden schließlich ins Geschäft kamen, aber ich nehme an, am aufregendsten für mich war dabei der Gedanke, dass die Literatur noch lebendig war und sich um mich herum ereignete, und dass einige der legendären Gestalten, von denen ich gelesen hatte (oder deren Werke ich kannte), noch immer lebten und arbeiteten. Kerouac zum Beispiel war ein trauriger Trinker, wie Jahre später in einer Biografie zu lesen und schon damals an Andys geduldigem Tonfall zu erkennen war – er sprach mit Kerouac, als wäre er ein Kind, das bestimmte Dinge noch nicht verstehen konnte.

Der Gedanke, der Literatur so nah zu sein, rückte sie zugleich auf quälende Weise in die Ferne. Ich weiß noch, dass ich dachte, es sei schon merkwürdig, dass die Autoren der Vergangenheit sich allesamt untereinander zu kennen schienen, »wir« uns aber nicht kannten. Ich vermutete, dass die Autoren der Zukunft schon jetzt in New York lebten und arbeiteten, aber wo waren sie zu finden?

Ich kam mir beruflich isoliert vor – schlimmer noch, in einer Flaute. Nichts ist langweiliger, als für eine große Firma zu arbeiten. Unser Arbeitsgebiet war so schmal und unsere Aufgaben so dumm und kindisch, dass wir uns degradiert fühlten.

Ohne Zweifel hing meine Isolation zum Teil damit zusammen, dass ich mich nur von gleichaltrigen und jüngeren Männern angezogen fühlte. Ich traf keine Leute, die schon etwas erreicht hatten. Bei Time-Life-Books gab es nur eine Ausnahme, den Redakteur Ezra Bowen, einen robusten Typ mit aufgekrempelten Ärmeln, drahtiger Figur und eingeschlagener Nase, in dessen Büro das Foto eines Löwenvaters an der Wand hing, der seine Jungen ableckte. Ezra war der Sohn der berühmten Biografin Catherine Drinker Bowen (Tschaikowski, John Adams, Ben Franklin) und hatte literarische – nun, nicht gerade Ambitionen, aber Interessen. Er war mit der Schriftstellerin Joan Williams verheiratet gewesen, die vorher ein persönlicher Liebling und Schützling Faulkners gewesen war. Als sie sich kennenlernten, war Faulkner in den Fünfzigern und hatte bereits den Nobelpreis bekommen, und Joan Williams war nur ein rothaariges College-Girl aus Memphis. Sie hatten eine kurze Liebesaffäre und arbeiteten sogar zusammen an einem Theaterstück, aber sie verließ ihn, weil er sie nicht zur Frau nehmen konnte (er war schon verheiratet) und mehr als dreißig Jahre älter war. Als sie Ezra Bowen Anfang der fünfziger Jahre heiratete, verliebte sich Faulkner in die noch jüngere (und folgsamere) Jean Stein, blieb aber mit Joan Williams befreundet und schrieb ihr hunderte von Briefen. Sie und Ezra bekamen zwei Söhne und ließen sich 1970 scheiden. Ihre Beziehung zu Faulkner verarbeitete sie in dem Roman *The Wintering*. Die Leute im Büro sagten, Ezra habe sich damals für ein Jahr bei Time-Life beurlauben lassen, um einen Roman zu schreiben, aber er vergeudete die Zeit damit, sich in einem Schuppen im Garten ein Arbeitszimmer zu bauen – während Joan, die die Kinder, den Haushalt und einen Teilzeitjob am Hals hatte, in derselben Zeit ein erfolgreiches Buch schrieb. Sie veröffentlichte insgesamt fünf stark beachtete Romane, und Ezra machte nur ein paar Time-Life-Bücher über Themen wie Skilaufen, amerikanische Ureinwohner und das Rad.

Ich hatte Angst, so zu enden wie Ezra. Ich zwang mich, nach der Arbeit Theaterstücke und Romane zu schreiben, um die Starre eines fantasielosen Schreibtischjobs mit etwas Kreativem zu durchbrechen.

3.

Ich verdiente vierhundert Dollar im Monat. Unsere Wohnung kostete einhundert. Sie lag zwischen Bleecker und Houston an der MacDougal, im Herzen des alten Greenwich Village, gleich um die Ecke vom Little Red School House, einer Bastion fortschrittlicher Erziehung, und direkt gegenüber der Wohnung von Bob Dylan, doch ich bekam nie das kleinste bisschen von ihm zu sehen und verstand nicht, warum man um einen Mann, dessen Gesang ich weinerlich fand, ein solches Getue machte. An der Ecke lag das San Remo, das bis vor kurzem eine berühmte Schwulenbar gewesen war. In Terry Southerns Roman *Candy* spielt eine Abtreibungsszene auf der Herrentoilette des San Remo. Auch Frank O'Hara, der New Yorker Dichter, hatte sich dort herumgetrieben. Ich stellte mir dünne schwule Männer in Anzügen von Brooks Brothers vor, die rauchten und Martinis tranken, noch verkatert, mit blassen, verschwitzten Gesichtern, nikotinbraunen Zähnen und zitternden, bläulich-weißen Händen.

In der Nähe der MacDougal gab es ein Café mit Namen The Hip Bagel. Das *Hip* wurde irgendwann abgenommen und später neu angebracht, weil das Wort erst für spießig erklärt, dann aber als Selbstironie rehabilitiert wurde. Die Wände waren schwarz gestrichen, und die abgetrennten Sitznischen wurden von Spots beleuchtet. Manchmal traf ich mich in einer dieser Nischen mit einem dicken Mädchen, das fest davon überzeugt war, eines Tages eine berühmte Pop-Sängerin zu werden. Ich hatte noch nie von fetten Sängerinnen gehört, außerhalb der Oper natürlich, also nickte ich höflich, auch wenn es mich beeindruckte, dass sie schon in *Music Man* aufgetreten war. Ein paar Jahre später tauchte sie als Mama Cass bei The Mamas and the Papas auf, was mir wenig sagte, weil mich Popmusik nicht interessierte, außer als Hintergrundmusik bei meinen Liebesaffären. Inzwischen habe ich mich in dieser Hinsicht ein wenig geöffnet und im Lauf der Jahre durch reichliche Übung gelernt, einige der Popsongs zu mögen oder gar zu genießen, die mir meine Lover so gern vorspielen.

Ein anderer Ort, an dem ich oft saß und an meinem Bier nuckelte, war die Bleecker Street Tavern, ein alter Schuppen mit vielen Tischen, wenigen Gästen und einer gütigen Kellnerin mit Männergesicht und gefärbten Haaren. Ich wusste nicht, dass dies die erste schwule Kneipe in New York gewesen war, das Slide; im neunzehnten Jahrhundert saßen an diesen Tischen Transvestiten und ihre Kunden mit steifen Hüten. Im Keller gab es kleine Zimmer, in die die Stricher mit ihren Freiern gehen konnten, und obwohl diese Zimmer noch immer vorhanden sind, befindet sich dort jetzt eine Heavy-Metal-Bar namens Kenny's Castaways.

Um mich herum tobte die Revolution der Beatniks und Hippies. Nach der Arbeit fuhr ich mit der U-Bahn bis zur West 4th Street und ging von dort zu Fuß zu unserer kleinen, schmutzigen Wohnung mit Kakerlakenbefall. An warmen Abenden war unsere Straße so voller Kids mit Piraten-Tattoos und langen Haaren, in dünnen Hemden, roten Samtjeans und Spiegelwesten, dass nur wenige Autos es wagten, dort entlangzufahren. Es war damals ein altes italienisches Viertel mit billigen Pasta-Küchen im Souterrain (wir gingen am liebsten zu Monte), Espressobars wie das Caffè Reggio und Beerdigungsunternehmen, vor denen große Urnen aus Alabaster standen, die von innen durch Glühbirnen beleuchtet wurden; die beigefarbenen Vorhänge hinter den Milchglasscheiben waren jederzeit fest zugezogen. Unsere Nachbarn waren Italiener, und sie redeten miteinander in einem wahrscheinlich neapolitanischen Dialekt. Durch unser winziges Fenster zum Hof sahen wir, wie alte Italienerinnen Wäsche aufhängten; die Wäscheleinen waren quer über den

Luftschacht gespannt und liefen auf Rollen, damit die Wäschestücke hin und her gezogen werden konnten. Wir hatten uns weit von unseren Wurzeln im Mittleren Westen entfernt. Über dem felsigen Untergrund eines italienischen Dorfes hatte sich seit neuerem der Humus von Geschäften ausgebreitet, die Wasserpfeifen und Lichtkästen verkauften, billigen Schmuck und selbst gemachte Gemälde, die man herstellte, indem man Acrylfarbe auf eine Töpferscheibe spritzte – die Zentrifugalkraft erzeugte aus den leuchtenden Farben verrückte Muster. Der Geruch von Weihrauch und Patschuli hing in der Luft.

Wenn ich mit Anzug und Krawatte nach Hause kam und mir den Weg durch die bunt zusammengewürfelte Menge bahnte, riefen mir dünne Kids in ledernen Fransenjacken zu: »Verzieh dich in die Vorstadt«. Ich ärgerte mich darüber, denn ich wusste, dass sie wahrscheinlich selbst bei ihren Eltern in den Vorstädten wohnten und ihre angesagten Klamotten heimlich in Beuteln aus dem Haus schmuggelten. Sie zogen sich im Bus auf dem Rücksitz um, ließen ihre bürgerlichen Kleider in einem Schließfach am Busbahnhof und latschten dann durchs Village mit ihren Armreifen und Kettchen. Sie waren die »Plastik-Hippies«, nicht ich!

Raymond Sokolov, ein Freund von der Highschool, hatte mir zu Aufträgen als freier Mitarbeiter bei *Newsweek* verholfen, von denen Time-Life nichts wissen durfte. Ich schrieb Rezensionen der *Anti-Memoiren* von Malraux (die 1967 in Amerika erschienen waren) und von Solschenizyns *Der erste Kreis der Hölle* (1968), die ich beide nicht mochte. Malraux war offensichtlich ein Fälscher, Langweiler und Lügner, obwohl sich die Amerikaner noch immer von seinem Namen beeindrucken ließen und *So lebt der Mensch* als »Klassiker« galt, wie auch der andere kommunistische Klassiker, Michail Scholochows *Der stille Don* – für den der Autor 1965 mit dem Nobelpreis ausgezeichnet wurde, obwohl heute die meisten Kritiker glauben, das Buch bestehe zum großen Teil aus Plagiaten und sei von einem Autorenteam geschrieben worden.

Der erste Kreis der Hölle, obwohl ein Protest gegen den Stalinismus, war ein Beleg für die traurigen Auswirkungen der Zensur im sowjetischen Russland, denn der Roman hätte ohne weiteres im neunzehnten Jahrhundert geschrieben sein können. Ich sagte meinem Redakteur bei *Newsweek*, man sollte die Veröffentlichung des Buchs zum Anlass einer Cover-Story über Samisdat-Literatur nehmen (so nennt man in Russland heimlich selbst veröffentlichte Manuskripte, mit denen die Zensur umgangen wurde), doch mein Rat wurde nicht beachtet und jede andere Publikation in den Staaten erklärte das Buch zum Meisterwerk. Man fragt sich heute, wie viele Menschen wohl eins dieser Bücher gelesen haben. Ich bekam keine weiteren Aufträge, weil mich meine Besprechungen gegenüber dem gesamten Literaturbetrieb ins Abseits gestellt hatten.

Ich schrieb noch einige Rezensionen für die *New Republic*, aber auch diese Werke waren recht unerfreulich – und 1978 verfasste ich eine negative, aber respektvolle Besprechung von Edward Saids *Orientalismus*, eines der einflussreichsten Bücher unserer Zeit. Ich glaube, ich war damals so verärgert über die Schwierigkeiten, selbst auf dem Buchmarkt Fuß zu fassen, dass ich kaum in der Lage war, irgendetwas von irgendwem positiv zu besprechen. Unglücklicherweise behielt Said meine schlechte Besprechung im Gedächtnis, und ich brauchte Jahre, um diesen Schaden zu beheben – woran mir sehr viel lag, denn nach gründlicherem Nachdenken war ich ein großer Bewunderer geworden. Anfang der 1990er wurden wir schließlich Freunde und blieben es bis zu seinem Tod.

Nicht nur die Kunst, die Anfang der Sechziger noch als schwierig galt, war durch die Streiche der Popkultur nach und nach Teil der Massenunterhaltung geworden, auch die Politik, die 1960 nüchtern und marxistisch war, war 1970 längst ein großer »Spaß«, aus dem dann das Psychodrama der Neuen Linken hervorging.

Das Amerika, das ich kannte, begann nach 1965 tatsächlich wärmer zu werden, subjektiver, demokratischer, amüsanter und zugänglicher.

Obwohl auch ich durch mein Schreiben auf meine Art immer persönlicher wurde, war ich nie wirklich überzeugt, dass das der richtige Weg war. Ich verehrte immer noch schwierige modernistische Dichter wie Ezra Pound und Wallace Stevens und hörte mit feierlichem, aber verständnislosem Ernst die Musik von Schönberg. Später sollte ich lernen, meinen eigenen idiosynkratischen Weg durch die Reihen der kanonischen Schriftsteller, Komponisten, Künstler und Filmemacher zu gehen, aber in meinen Zwanzigern bewunderte ich unhinterfragt die Großen – die vor allem dadurch groß waren, dass sie die Großen waren. Erst später begriff ich dann, dass die Art, Werke als »große Kunst« zu verkaufen, nur eine andere Form von Kommerzialität darstellte. Wenn mir mit zwanzig die Werke Mallarmés selbst nach dem zehnten Lesen ihre Schätze vorenthielten, lag die Schuld bei mir, nicht bei ihm, und wenn mir bei der Lektüre der *Flüchtigen* die Augen zufielen, stand niemals Prousts Rhythmus zur Debatte, sondern nur meine Intelligenz, Hingabe und Empfindsamkeit. Ich begegne hoher Kunst noch heute mit dieser Form der Heiligenverehrung. Ich bewundere das Schwierige, auch wenn ich weiß, dass diese Wertschätzung nur den Geschmack einer Epoche zum Ausdruck bringt und meine Generation die letzte ist, die das Schwierige zu schätzen weiß. Obwohl wir Atheisten waren, haben wir uns merkwürdigerweise auf Gottes große Quiz-Show vorbereitet; wir mussten alles wissen, weil wir überzeugt waren, dass wir darüber geprüft wurden – im nächsten Leben.

In den späten Sechzigern war ich ein lebender Widerspruch. Ich war noch immer ein sich selbst hassender schwuler Mann, der zu einem heterosexuellen Therapeuten ging, um geheilt zu werden und zu heiraten. Die Institution der Ehe versetzte mich in eine beinahe katholische Ehrfurcht, doch ich machte mich zugleich darüber lustig. Meine Eltern waren beide Texaner, und in einer kleinen Ecke meines Verstands widersprach ich insgeheim dem Vorurteil der intellektuellen Yankees, die alle Südstaatler als Bauerntölpel abtaten. Die meisten meiner neuen Freunde in New York verspotteten Lyndon Johnson wegen seines Akzents und ignorierten die Bedeutung seines Reformprogramms »Great Society«. Bei Time-Life las ich über Johnsons inoffizielle Bemerkungen gegenüber Journalisten in der Präsidenten-Maschine; er redete von »Niggern«, war aber gleichzeitig entschlossen, schwarzen Amerikanern eine gute Erziehung zu verschaffen. Ich glaubte ihm, weil er das Wort mit »N« gebraucht hatte.

Ich war ein Langweiler und Eierkopf, aber dreimal die Woche ging ich zum Sportstudio am Sheridan Square, um etwas für meinen Körper zu tun. Ich hatte Sport nie gemocht und war an der Schule nie gut darin gewesen, aber jetzt verbrachte ich jede Woche viele Stunden damit zu, Eisen zu stemmen. Wenn andere Männer meinen neuerdings muskulösen Körper gierig begafften, blieb mir die Luft weg. Ihre Aufmerksamkeit machte mir Angst, obwohl ich sie suchte.

Als Sozialist sehnte ich mich nach der Revolution, aber bis dahin machte ich von neun bis fünf (oder elf bis sechs) meinen Bürojob. Und fühlte mich schlecht dabei. Wir »Sozialisten« waren so naiv, dass wir glaubten, kein fortschrittlicher Mensch dürfe einen teuren Wagen fahren oder in einem großen Haus wohnen; tat er es doch, beschuldigten wir ihn der Heuchelei, ohne zu begreifen, dass der Wohlstand eines Menschen nichts mit seinen politischen Auffassungen zu tun hat, solange er keine eigennützigen Ziele verfolgt. Ironischerweise waren wir gleichzeitig allesamt und ohne es zu merken so sexistisch, dass es uns überhaupt nicht merkwürdig vorkam, dass bei Time-Life alle Schreiber männlich und alle Rechercheure weiblich waren.

Eines Tages hörte Maitland Edey, einer der wichtigsten Redakteure und ein wahrhaftiger New-England-Patrizier, wie ich mich mit meiner Rechercheurin Sigrid – bis heute eine gute Freundin – über Feminismus unterhielt. Edey war wirklich neugierig, welche Rechte Frauen noch einforderten, und er lud mich und Sigrid zu einem schönen Mittagessen im Speisesaal der Führungskräfte im obersten Stock des Time-Life-Building ein. Angesichts dieses freundlichen, aber steifen und höchst skeptischen Aristokraten blieben uns die Worte im Halse stecken. Ich bin sicher, dass ihn unsere verschwommenen, halbherzigen Betrachtungen enttäuscht haben und er am Ende der Mahlzeit zu der Überzeugung gekommen war, diese neue, nur halb zu Ende gedachte Version des Feminismus sei nur leeres Gerede.

Ich glaubte, ein ernsthafter Romanschriftsteller werden zu wollen, aber ich widmete meine Tage dem Journalismus (aus irgendeinem Grund konnte ich den Leerlauf während der Arbeit nie für mein eigenes Schreiben nutzen). Abends schrieb ich dann Theaterstücke. Ich ging zum Abendessen und kam nachher ins Büro zurück und schrieb bis zehn oder elf an meinen Stücken, bevor ich nach Hause fuhr. Schon an der Michigan University hatte ich ein Stück geschrieben, das einen Preis gewann und eine Zeit lang in New York aufgeführt wurde, wo es unterschiedlich besprochen und nach einem Monat abgesetzt wurde. Es ging um zornige schwarze Diener in einem weißen Haushalt und passte nicht zur versöhnlichen Stimmung des Civil Rights Movement. Vom Inhalt her mag das Stück seiner Zeit voraus gewesen sein, aber der Stil war veraltet – er orientierte sich an Ionescos absurdem Theater und den barocken, bedrohlichen Späßen Genets in *Die Neger*.

Da ich nun eine Agentin hatte und *The Blue Boy in Black* aufgeführt worden war, meinte ich, ich müsste weiterhin Theaterstücke schreiben. Ich kannte niemanden im Theater außer den Schauspielern, die in meinem Stück aufgetreten waren, Cicely Tyson und Billy Dee Williams. Und selbst die kannte ich kaum: Erst Jahre nach dem Ereignis las ich, dass Cicely Miles Davis geheiratet hatte. Als Person war sie äußerst geheimnisvoll – ich wusste nicht, wo sie geboren worden war und ob sie einen Freund hatte.

Ich las in der *New York Post* jeden Tag gründlich die »Neuigkeiten vom Rialto«, die Rubrik über das Showgeschäft, und tauchte ein in das Geschwätz dieser Klatschkolumne – wer wen in welcher Produktion ersetzen würde und ob es bei der neuen Murray-Schisgal-Komödie nun Probleme gebe oder nicht.

In diesen Jahren, bevor Fotokopierer, Fax und Computer erfunden wurden, bestand das Hauptproblem des armen Theaterautors darin, sein Werk zu vervielfältigen. Ich schwor, falls ich jemals zu Geld käme, würde ich eine Stiftung gründen, die bedürftigen jungen Autoren die Kopien ihrer Manuskripte finanzierte. Manchmal schrieb ich direkt auf Spirit-Karbon-Matrizen, und meine Agentin Sylvia Herscher von William Morris musste die Skripte auf den Matrizen lesen, denn wenn sie ihr nicht gefielen, sparte ich mir das Geld für die Abzüge.

Nach dem ersten Stück, dem sie zur Aufführung am Off-Broadway verholfen hatte, mochte sie nichts von dem, was ich schrieb. Weder *Mrs. Morrigan*, mein Stück über eine geschiedene Frau, die allmählich verrückt wird und sich zu einer sogenannten Nymphomanin entwickelt. Große Teile der Handlung widmeten sich den qualvollen Auseinandersetzungen meiner Protagonistin mit den scheußlichen Fantasiegestalten, die sie verfolgten und schikanierten. Noch mein ritualistisches Stück über eine gewalttätige, inzestuöse Familie, die einen ihrer Angehörigen opfert, um eine dunkle Gottheit zu besänftigen oder den Fluch eines alten Stammesverbrechens zu lösen (ich kann mich an den Plot nicht mehr wirklich erinnern). Ich habe das Stück mehrere Male umgeschrieben, aber Sylvia war nicht überzeugt. Auch die Gesellschaftskomödie *Madame Steiner* und mein Einakter *Trios* über Geschlechtswechsel gefielen ihr nicht; *Trios* hatte ich einigen Freunden in einer Lesung mit verteilten Rollen vorgestellt, und sie reagierten höflich. Auf Fire Island hatte ich eine einwöchige Affäre mit Mart Crowley, der gerade das übermütige *The Boys in the Band* geschrieben hatte. Als er *Trios* gelesen hatte, sah er mich an und fragte: »Soll das komisch sein?«

Ich kam nicht auf den Gedanken, einen neuen Agenten zu suchen, obwohl Sylvias Ruf vor allem darauf basierte, dass sie seit fünfzig Jahren als Produzentin, Verlegerin und Agentin von Musicals arbeitete. Ebenso wenig versuchte ich, meine Stücke einem der unprätentiösen kleinen Varieté-Theater anzubieten, die am Off-off-Broadway wie Pilze aus dem Boden schossen, und das, obwohl mein Lover Stan manchmal im Caffè Cino auftrat. Der Inhaber Joe Cino bediente im Hintergrund des Theaters die grummelnde und zischende Espressomaschine, während sich eine Dragqueen in Lanford Wilsons *Madness of Lady Bright* pathetisch über den Schrecken des Alters ausließ. Die Bühne war nur drei mal drei Meter groß, und es gab weniger als zwanzig Tische, von denen die meisten leer waren. Am Ende der Vorstellung ließen die Schauspieler einen Hut herumgehen. Ich erinnere mich, Warhols Schauspielerin Mary Woronov dort gesehen zu haben, wie sie auf der Bühne die Peitsche knallen ließ und sadistische Flüche ausstieß, und ich erinnere mich an einen weiteren Einakter von Wilson, *Home Free!*, in dem ein inzestuöses Geschwisterpaar in Sehnsucht nacheinander verging. Auch Leonard Melfi, ein verwahrloster Heterosexueller, der immerzu schwitzend und zitternd schreckliche Witze über sein eigenartiges Aussehen machte und gequält darüber lachte, schrieb Komödien für das Varieté, bis der Produzent Carlo Ponti ihn nach Rom lockte, wo er auf einer einzigen Seite den Plot von *Mortadella* entwarf, eine Klamotte für Sophia Loren, die mit Ponti verheiratet war. Im Film versucht die Loren, eine riesige italienische Wurst durch den amerikanischen Zoll zu schmuggeln.

Als ich Carlo Ponti 1970 traf, schob er die hundert Seiten meines Filmscripts beiseite und fragte, warum ich nicht kurz und bündig auf den Punkt kommen könne wie der große Melfi. Mein Szenario gefiel ihm nicht, weil es sich über italienische Männer lustig machte. Wir Amerikaner waren so sehr an Selbstironie im Stil Mort Sahls, Elaine Mays und Mike Nichols' gewöhnt, dass es mich verblüffte, dass kleinere, stolzere Nationen Satire ablehnten, vor allem, wenn sie von Ausländern geschrieben war. Komödien wie *Scheidung auf Italienisch* waren in Ordnung, aber die Satire eines Amerikaners über Italien war höchst unwillkommen.

4.

Ich bewunderte den Theaterregisseur Joe Chaikin und ging zu den Proben seiner Truppe, wenn auch nur hin und wieder. Ich tat das meiste nur hin und wieder. Vielleicht wusste ich, wie zwanghaft ich sein konnte, und hatte beinahe Angst davor, feste Gewohnheiten anzunehmen. Und als Schriftsteller schützte ich mich davor – das klingt vermutlich noch verrückter –, zu meiner Epoche zu gehören.

Meine Überlegungen sahen wahrscheinlich so aus: Ein Schriftsteller muss ewig und universell sein; wenn er den Marotten der Epoche verfällt, der er angehört, verschwindet er, sobald diese Epoche endet. Deshalb soll er sie aus der Distanz beobachten und seine wahren Zeitgenossen unter den großen Dichtern und Denkern aller Zeiten und Kulturen suchen. Ich gehörte keinen Klubs an und passte in keine Schublade, außer *schwul* und *WASP (White Anglo-Saxon Protestant)*. Damals war *schwul* jedoch noch keine öffentliche Bezeichnung, und *WASP* schloss so viele Menschen ein, dass es nicht viel besagte. Erst später machten sich jüdische Comedians über WASPs (und Juden) lustig.

Ich spürte, dass ich gerade deshalb über einen solchen Überschuss an negativem Potenzial verfügte, weil ich kein Harvard-Absolvent und kein Aristokrat war. Ich konnte tun und lassen, was ich wollte, meine Seele gehörte nur mir allein. Falls jemand fragte, antwortete ich, ein Intellektueller aus dem Mittleren Westen sei nicht sehr geistreich. Er versuchte nicht, durch Anspielungen auf Flaubert oder Baudelaire gesellschaftlich aufzusteigen. Ich behauptete, ein Mann aus Ohio würde nur deshalb die *Blumen des Bösen* lesen, weil die Poesie ihm gefiel. Bei ihm zu Hause konnte er niemanden mit seinen besonderen Kenntnissen beeindrucken, schon gar nicht auf kulturellem Gebiet – und deshalb stellte er lieber sein Licht unter den Scheffel, wenn er nicht als lächerlicher Eierkopf gelten wollte. Wie denkt man heute darüber? Macht es im Zeitalter des Internet, wo jeder für fünfzehn Minuten oder für die nähere Umgebung berühmt sein kann (»Bei den fünfzehn Leuten, die meinen Blog lesen, bin ich berühmt«), wo der Bereich der Kultur in so viele Segmente zerfällt und sich alles so schnell ändert, überhaupt noch Sinn, eine dauerhafte Bekanntheit erlangen zu wollen? Gibt es überhaupt noch so etwas wie dauerhafte Bekanntheit?

Ich nahm die Belletristik so ernst (denn ich hielt sie für Kunst), dass ich eine unamerikanische und zeitlose Prosa anstrebte, die nirgendwo zugeordnet werden konnte, weil sie ein Original war. Allerdings unternahm ich nur wenig, um dieses hochgesteckte Ziel zu erreichen. Ich war viel zu sehr damit beschäftigt, unaufführbare Theaterstücke zu schreiben, neue Bekanntschaften zu schließen und während der Arbeit die Zeit totzuschlagen.

Joe Chaikin hatte einen Geliebten, den Theaterautor Jean-Claude van Itallie, aber anscheinend hatten Joe und ich eine kurze Affäre. Denn als ich Anfang der 1990er an einer Biografie über Jean Genet arbeitete und den Bibliothekar der Kent State University darum bat, mir Kopien der Briefe Genets zu schicken, antwortete der Bibliothekar: »Wollen Sie auch Kopien Ihrer Liebesbriefe an Joe Chaikin?« Ich konnte mich nicht erinnern, jemals in Joe verliebt gewesen zu sein. Ich habe nur eine heiße Sommernacht vor Augen, die wir zusammen in seiner kleinen Wohnung verbracht haben; sein Körper war mit krausen Haaren bedeckt, und Gesicht und Rücken waren mit einer dünnen Schweißschicht überzogen. Er machte auf mich einen ungesunden Eindruck – nur kurz darauf musste er am offenen Herzen operiert werden; danach war er teilweise gelähmt und konnte nicht mehr normal sprechen. Er verarbeitete diese Behinderung in seinem Werk. Schon vorher hatte er ohne besonderen Grund Zeichensprache gelernt und im Theater mit tauben Menschen gearbeitet. Er war von großer Anmut und Intelligenz – einer Intelligenz der Sinne und des Instinkts.

Ich wollte, dass er mein Theaterstück *Mrs. Morrigan* auf die Bühne brachte, aber er erarbeitete seine Stücke lieber zusammen mit seiner Truppe in monatelanger Improvisation, bis dann die Endfassung von van Itallie in Form gebracht und aufpoliert wurde. *America Hurrah*, eine Trilogie, die 1966 aufgeführt wurde, war ein Wendepunkt der Proteste gegen den Vietnamkrieg, mit expressionistischen Elementen (von Robert Wilson entworfenenen Puppen) und Dialogen, die manchmal wie Beckett klangen und manchmal wie Ionesco. Nur in einem der drei Stücke führte Chaikin selbst Regie. 1969 brachten van Itallie und Chaikin eine weitere Koproduktion auf die Bühne, *Die Schlange*, die in den nächsten Jahren in aller Welt zu sehen war.

Chaikin hatte eine ganz eigene Dramaturgie entwickelt; die Handlung wurde übergangslos durch die Darstellung der unterdrückten Gefühle der Charaktere unterbrochen. Ein Mann, der seine Sachen von der Reinigung holt, sinkt plötzlich in eine verzückte, in Zeitlupe vorgeführte Umarmung mit der Angestellten des Ladens.

Einer der Mitwirkenden des Offenen Theaters, wie die Truppe sich nannte, war ein Schauspieler mit der männlichen Ausstrahlung eines Höhlenmenschen und von nachdenklicher, beinahe gruseliger Bühnenpräsenz – Gerome Ragni. Er gehörte seit der Gründung im Jahr 1962 zum Offenen Theater und spielte 1966 die Hauptrolle in Megan Terrys Stück *Viet Rock*, vielleicht dem ersten Theaterstück, das gegen den Vietnamkrieg protestierte. Danach schrieb Ragni die Dialoge und Songtexte für *Hair*, wobei er Chaikins Dramaturgie verwendete. Später, nach dem Erfolg von *Hair*, verlor Ragni sein männliches Aussehen und verwandelte sich in einen Clown mit Afrolook und bunter, gebatikter Kleidung. Er war ständig bekifft und fletschte beim Reden die Zähne. Sein nächstes Script für das kurzlebige *Dude* umfasste in der ersten Fassung zweitausend Seiten. In seine Wohnung gelangte man durch einen engen, plüschigen Geburtskanal. Alle lachten über ihn.

Joe ging völlig in der Protestbewegung gegen den Vietnamkrieg auf.

Er sagte mir, er würde nie wieder etwas im Theater machen, in dem der Protest gegen den Krieg keine Rolle spielte. Mir war der Krieg egal. Bei der Musterung kreuzte ich an, dass ich homosexuelle Neigungen hätte, und brauchte deshalb nicht zu dienen. Manche Leute nahmen mir das übel, als hätte ich mich absichtlich meiner vaterländischen Verpflichtung entzogen, aber ich erwiderte, es wäre illegal, beim Ausfüllen des Fragebogens zu lügen. Ich war ehrlich – und in diesem Fall rettete mir die Ehrlichkeit das Leben. Natürlich ging kaum jemand, den ich kannte, nach Vietnam. Manche blieben jahrelang an der Hochschule und wurden wegen ihrer akademischen Forschungen freigestellt; oder sie flohen nach Kanada; oder sie machten wie ich das Kreuzchen im Fragebogen.

Nicht, dass Konzepte wie »Patriotismus« mir etwas bedeuteten. Als schwuler Mann hielt ich mich nicht für einen Amerikaner und hatte keinen Grund, diese Gesellschaft zu verteidigen. Natürlich sagte ich das nicht in der Öffentlichkeit, ich wollte kein Miesepeter sein. Ich sah jedoch keine Möglichkeit, die nationale Politik zu beeinflussen, und ich wusste, dass alle Gesetze, die von der jetzigen oder einer zukünftigen Regierung erlassen wurden, eine Klausel enthalten würden, die gegen mich als Homosexuellen gerichtet war. Damals gab es noch keinen »Gay Pride« – es gab nur schwule Angst und schwule Isolation, schwules Misstrauen und schwulen Selbsthass.

Ich glaubte auch nicht, zur »homosexuellen Society« zu gehören – so dachte man damals nicht. Wir hätten über den Ausdruck nur gelacht. »Homosexuelle Society? Liebes, ich bin noch nicht einmal Debütantin.« Ich kümmerte mich nicht um Politik und ging nicht zur Wahl. Über Kennedys Tod war ich traurig, aber trauriger über den Tod Marilyn Monroes. Stan ging nach Washington und marschierte mit Martin Luther King, aber ich nicht. Ich habe Stan noch immer vor Augen, wie er im sorgfältig gebügelten, kurzärmligen weißen Hemd und der modischen schwarzen Hose in den Bus nach Washington steigt. Ich habe keinen Penny für politische Zwecke gespendet – oder auch nur ein Wort für irgendeine Bewegung geschrieben.

Wenn ich darüber nachgedacht hätte, hätte ich sagen können, dass ich zu »radikal« war, um wählen zu gehen, oder dass »Revolutionäre« wie ich keinen Grund sahen, das »System« durch ihre Teilnahme zu stärken. So zu reden hatte ich an der Michigan University gelernt, wo meine Freunde und Kommilitonen Tom Hayden (der später Jane Fonda heiratete) und Carl Oglesby die *Port-Huron-Erklärung* verfassten und ich als einer der Ersten dem Verband der *Students for a Democratic Society* beitrat. Das waren die Anfänge der Neuen Linken. In der *Port-Huron-Erklärung*, die am 15. Juni 1962 verabschiedet wurde, spielte der Vietnamkrieg noch fast gar keine Rolle, es wurde nur kurz darauf hingewiesen. Das Hauptanliegen waren die Rechte der Schwarzen. An Frauen wurde kein Gedanke verschwendet. Man diskutierte endlos über »den« Menschen und »seine« Zukunft. Trotzdem war es ein sensibles und inspirierendes Dokument, auch wenn es aus der Perspektive des beginnenden 21. Jahrhunderts naiv wirkt. Zum Beispiel ruft es die Vereinigten Staaten dazu auf, den Ländern der Dritten Welt bei der Industrialisierung zu helfen; ökologische Bedenken kamen nicht zur Sprache. In der Wirtschaft sollte Wettbewerb durch Zusammenarbeit ersetzt werden. Der Kalte Krieg sollte durch nukleare Abrüstung beendet werden; die Bombe lastete allen noch auf dem Gewissen.

Ich beherrschte zwar die Ausdrucksweise der Linken, fand diese weitreichenden Bedenken jedoch unehrlich. Ich war kein Gegner; ich war unbeteiligt. Mit vierzehn hatte mich ein Zivilbeamter auf dem Pissoir eines Kinos erwischt und damit gedroht, mich festzunehmen. Schließlich ließ er mich gehen, aber ich hatte meine Lektion gelernt – schwules Begehren war illegal. Die Sache, die mir am wichtigsten war – meine Lust, mit anderen Männern zu schlafen –, war der Gesellschaft verhasst, sogar anderen schwulen Männern, so sehr wie heute Pädophilie. Viele der schwulen Männer, die ich abschleppte, redeten davon, wie gefährlich es war, was wir taten. Wenn ich das »Ausagieren« meiner Triebe hätte unterlassen können, wie meine verschiedenen Psychiater das nannten, hätte ich es getan.

Ich war Individualist, denn ich war gegen jede Form von Cliquenbildung immun. Ich gehörte zu keinem Clan. Ich kannte keine Schriftsteller, deren Bücher gedruckt wurden, außer einem Freund im Büro, George Constable, der in den Sechzigern drei Romane veröffentlichte. Einige meiner Freunde vom College lebten in New York, aber um denselben Stolz und Zusammenhalt wie Harvard, Yale oder Princeton zu vermitteln, war die Michigan University eine viel zu große staatliche Einrichtung. Obwohl ich in New York lebte, blieb ich ein Mann aus dem Mittleren Westen, so wie meine Eltern in Ohio und Illinois immer Texaner geblieben waren. Meine Mutter kochte scharfes Tex-Mex-Essen, das keiner meiner Schulkameraden mochte, wenn ich sie zu mir nach Hause einlud. Ich hatte kein besonderes Zugehörigkeitsgefühl zu dem Ort, an dem ich lebte. Die Freunde bei der Arbeit waren samt und sonders heterosexuell und hätten sich sehr unbehaglich gefühlt, wenn ich mit ihnen über meine Sexualität gesprochen hätte. Mein einziger schwuler Freund bei der Arbeit war nicht geoutet. Zwei oder drei der Mädels bei Time-Life haben vielleicht vermutet, dass ich schwul war, aber diese Vermutung wurde nie ausgesprochen, und wenn doch, dann hätten sie allenfalls melancholisches Mitleid für meine »traurige« Veranlagung zum Ausruck gebracht.

Wenn ich nach Harvard oder Princeton gegangen wäre (ich war an beiden Hochschulen angenommen worden), hätte ich vielleicht von den Verbindungen profitiert, die über den Abschluss hinaus fortbestehen. Tatsächlich hatte ich keinerlei Kontakt zu den reichen oder auch nur wohlhabenden und einflussreichen New Yorkern. Meinen Job hatte ich ohne jede Hilfe von außen bekommen. Nachdem ich meinen Abschluss gemacht hatte, gaben mir meine Eltern keinen Penny mehr. Ich liebte New York, aber nicht deshalb, weil es seine Wohltaten über mich ausgeschüttet hätte. Meine Arbeitskollegen hatten alle an Hochschulen der Ivy League studiert, und ich traf mich selten mit ihnen nach der Arbeit.

Ich fühlte mich niemandem zugehörig. Ich hatte ein paar Freunde, aber ich glaube, dass ich in dem Alter noch nicht gelernt hatte, was

Freundschaft war und was sie eines Tages für mich bedeuten würde. Ich war nett zu den Menschen, mit denen ich zu tun hatte, und sagte ihnen nette Dinge, damit sie mich mochten. Wenn ich glaubte, dass jemand mich mochte, war ich so dankbar, dass ich alles für ihn oder sie tat. Und genau das war das Problem. Ich hatte mich nie gefragt, was mir selbst guttat. Vielleicht war meine Selbstachtung so gering, dass ich vor allem darauf aus war, jeden zu besänftigen und Verbündete zu suchen in einer Welt, die mir feindselig erschien. Ich neigte dazu, überall Katastrophen zu wittern, und aus dieser Haltung heraus sammelte ich Freunde. Freundschaft war für mich nichts anderes als ein Beistandspakt; ich wusste nicht, wie man sich anderen öffnet. Ich sprach nie mit jemandem über meine Zweifel. Ich beherrschte es, den Eingeweihten gegenüber auf einnehmende Art erschreckende, farbenprächtige Details aus meinem Leben zu beichten, aber niemals kam ich anderen gegenüber auf meine ernsthaften Zweifel, Ängste oder Hoffnungen zu sprechen. Ebenso wenig auf meine Ideen, die sie nur gelangweilt hätten; so blieben diese Ideen unvollständig, weil sie nie ausgesprochen wurden. Vielleicht wurde mir später das »Milieu« so besonders wichtig, weil ich meine vierziger und fünfziger Jahre in Paris verbrachte. Ich erkannte, dass unsere amerikanische Färbung des romantischen Individualismus ins Leere läuft; doch man war nur so gut wie der Kreis, zu dem man gehörte, und ein höheres, stimulierendes Milieu konnte das Niveau der Gespräche, der persönlichen Reife, sogar des moralischen Urteilsvermögens und der ästethischen Wahrnehmung heben und hob ganz gewiss das Niveau der Ansprüche und Leistungen.

In meinen Zwanzigern und Dreißigern, bevor ich New York verließ und nach Paris ging, habe ich mich gegenüber meinen Freunden nur dann geöffnet, wenn ich dachte, sie würden mich dadurch stärker mögen, aber ich war so zynisch, dass ich davon ausging, dass alle Menschen, mit denen ich zu tun hatte, nur mit sich selbst beschäftigt waren. Wenn jemand etwas über mich wissen wollte, lenkte ich davon ab, indem ich selbst eine Frage stellte. Wie die Mädchen es in der Flirtschule des Südens lernte auch ich, dass man sich immer auf den grenzenlosen Egoismus des anderen verlassen kann und dass niemand auf die Idee käme, einen Schmeichler zu entlarven. Damals war Lord Chesterfield, dieser Zyniker des achtzehnten Jahrhunderts, einer meiner Lieblingsautoren. In seinen Briefen erklärt er seinem unehelichen Sohn die unmoralischen Künste der Höflinge (wie man sich einschmeichelt, wie man andere dazu bringt, ihre Geheimnisse zu lüften, ohne die eigenen preiszugeben, wie man es erreicht, von den Mächtigen für amüsant und unentbehrlich gehalten zu werden). Ich erinnere mich an einen besonders abstoßenden Abschnitt, in dem Chesterfield seinem armen geistlosen unehelichen Sohn rät, sich bei der französischen Hausherrin dadurch Liebkind zu machen, dass er mit dem Fuß manierlich aufstampft und darauf besteht, ganz allein für eine bestimmte lästige Aufgabe zuständig zu sein und sie nicht mit irgendeinem anderen ihrer Kavaliere teilen zu müssen. Chesterfield hielt eine solche vorgetäuschte Launenhaftigkeit für besonders reizvoll und anziehend.

Ich hatte bei der Arbeit einige Mädchen kennengelernt, darunter zwei, die zur gleichen Zeit wie ich aus Ann Arbor nach New York gekommen waren. Stan kannte zwei oder drei Mädchen, mit denen er für die Schauspielschule von Berghof gemeinsam probte. Ansonsten lebten wir außerhalb der Arbeit in einer rein männlichen Welt. Wir waren bestimmt nicht frauenfeindlich, hatten aber wahrscheinlich ein wenig Angst vor Frauen und spürten den Nachklang eines irrationalen Schuldgefühls, weil wir uns heimlich, still und leise aus den Reihen ihrer möglichen Verehrer entfernt hatten. Ich fand Frauen nicht geil, sondern bedürftig, denn ich übertrug auf alle Frauen die Einsamkeit und Verzweiflung meiner geschiedenen Mutter. Dass ich mich am College ab und zu mit zwei, drei Mädchen traf, hatte zum Teil therapeutische Gründe, denn ich hoffte, hetero zu werden (ganz langsam) und zu heiraten (irgendwann), zum Teil hielt ich sie für gute Bohemiens: körperlich freizügig, lockere Pot-Raucherinnen, künstlerisch veranlagt – und vor allem tolerant.

Es gibt eine Frau, mit der ich all diese Jahre befreundet war, von 1956 bis heute, ein halbes Jahrhundert. Sie heißt Marilyn Schaefer, und ich habe immer wieder über sie geschrieben (häufig unter dem Namen Maria), angefangen mit meiner ersten veröffentlichten Erzählung (*Goldfish and Olives*, in *New Campus Writing* von 1962). Sie ist sechs oder sieben Jahre älter als ich, was heute keine Rolle mehr spielt (sie sieht viel jünger aus als ich), damals aber von großer Bedeutung war. Ich traf sie während meiner Zeit in Cranbrook, einem Jungeninternat in der Nähe von Detroit, Michigan. Sie studierte Zeichnen an der benachbarten Kunstakademie, einer der fünf Schulen, die damals zum Cranbrook-Komplex gehörten.

Von dem mir bekannten, verbürgten Wissen über Frauen war sie so weit entfernt, dass sie auf mich zugleich befremdlich und beruhigend wirkte. Im Unterschied zu Marilyn verwendeten die meisten Frauen in den Fünfzigern beträchtliche Energie und großen Einfallsreichtum darauf, die Unterschiede zwischen den Geschlechtern hervorzuheben. Es war die Zeit, als Kleider durch Unterröcke aufgebauscht wurden, man das Haar sorgfältig frisierte und dezente pinkfarbene Lippenstifte zum Einsatz kamen, aber auch die Zeit der vollen Kriegsbemalung des Rundum-Make-ups, eng geschnürter Taillen und alberner Filzpudel, die vorn auf das Kleid genäht wurden. Frauen lächelten, erröteten und schmollten, und wie in den Groschenheften für einfache Leute gingen sie als aufreizende, alberne und unschuldige Kinder in die Flitterwochen und kamen als Mom wieder heraus: die geballten Fäuste auf breite Hüften gestemmt, im maßgeschneiderten Kleid und mit perfekt gebügelter Bluse – der Sopran wurde zum Alt. Die reifere Weiblichkeit wurde am besten von Lucille Ball verkörpert, einem geistlosen Rotschopf, der zauberhaft verwirrt über die Komplexität der Welt mit den Wimpern klimpert und eine dümmliche Intrige nach der anderen ausbrütet.

Marilyn war klein und von hübscher Erscheinung, schlank und sehr flachbrüstig. Am Unterlid ihres rechten Auges hatte sie einen kleinen Grützbeutel, wodurch ihr Blick eine faszinierende Asymmetrie bekam, als ob dort ein kunstvoll platziertes Schönheitspflästerchen klebte. Sie legte niemals Make-up auf und wirkte stets gründlich abgeschrubbt;

dadurch ähnelte sie der Schauspielerin Nicole Stéphane, der Schwester in Cocteaus (und Melvilles) *Les Enfants Terribles*. Marilyns Eltern waren Deutsch-Amerikaner, geboren in der Zurückgezogenheit der pietistischen Amanakolonien in Iowa. Sie verließen die Kolonie schon als junge Leute, kurz nachdem sie geheiratet hatten, aber sie vermittelten ihren Kindern die Einstellung, dass es möglich ist, anders als andere Menschen zu sein. Marilyns älterer Bruder Dick studierte in Wien Philosophie, wurde dann Kommunist und Hafenarbeiter an der Westküste und endete als konservativer, gläubiger Katholik. Ihr nächstälterer Bruder Karl (nach König Karl von Rumänien benannt) führte das Baugeschäft der Familie fort und wurde ein sanfter, kultivierter, freundlicher Geschäftsmann im Mittleren Westen. Marilyn war, und bleibt, eine militante Atheistin und politisch tendenziell links, obwohl ihre feministischen Überzeugungen ihre Sympathie für die Sowjetunion, Rotchina und Castros Kuba allmählich verdrängt haben. Ihre jüngere Schwester konvertierte zum Katholizismus und hatte einen Bürojob in New York; in ihrer Freizeit vertiefte sie sich in das Studium der Weisheit ihres intellektuellen Gurus. Ihr jüngster Bruder lebte in Chicago und arbeitete im Finanzwesen.

Überraschenderweise hatten alle Schaefers einen umwerfenden Sinn für Humor, trocken und selbstironisch. Alle verehrten ihre Mutter und hatten ein komplizierteres Verhältnis zu ihrem Vater, einem kräftigen, liebenswürdigen Mann, der nach ein paar Schnäpsen sehr umgänglich wurde; er hatte noch immer einen deutschen Akzent, obwohl er in Iowa geboren war – und die unglückliche Angewohnheit, alles Deutsche zu verteidigen, einschließlich der Wahl Hitlers zum Kanzler. Er war das, was die Franzosen einen *Négationiste* nennen, ein Holocaustleugner (dieses Verbrechen wird in manchen europäischen Ländern mit Gefängnis bestraft). In der Amanakolonie hatte er als junger Mann eine Ausbildung als Tischler absolviert. Nachdem er »in die Welt« hinausging, wurde er ein erfolgreicher Geschäftsmann im Immobiliensektor. Anfangs war er Mitglied der Gewerkschaft und politisch fortschrittlich, doch er driftete dann immer weiter nach rechts.

Marilyn liebte ihren Vater, konnte sich jedoch über seine politischen Vorstellungen und sein Eintreten für traditionelle Geschlechterrollen furchtbar aufregen. Der alte Mr. Schaefer wusste wahrscheinlich gar nicht, was sie von ihm wollte, doch in der Öffentlichkeit hielt er sich mit seiner Meinung über den Führer zurück. Sie akzeptierte zähneknirschend sein Interesse für Geschichte, aber leider vertiefte er sich vor allem in jede neue ehrfurchtsvolle Biografie von Bismarck oder Hindenburg. Wenn ihre Familie nach Europa flog, dann nur, um direkt das Vaterland zu besuchen; selbst das Umsteigen in Frankreich oder England empfanden sie als Zumutung.

All diese Geschichten über Marilyns Familie habe ich erfahren (und behalten), weil ich Marilyn vergötterte und sie nötigte, mir etwas über Amana und die strengen Sitten und Gebräuche dort zu erzählen. Ich erfuhr zum Beispiel, dass es in Amana ein Grund zur Trauer war, wenn zwei junge Leute heiraten wollten, denn die älteren fanden es tragisch, noch mehr Kinder in diese Welt zu setzen. Deshalb wurden die Verlobten für längere Zeit getrennt, um zu prüfen, ob sie an ihrem unsinnigen Vorhaben festhielten.

Marilyn hat keine dieser Einstellungen übernommen, aber die Leidenschaft, mit der sie ihre Form von Sozialismus (und später Feminismus) verteidigte, schien mir übertrieben. Sie selbst würde sagen, dass ich ihre damaligen Überzeugungen schlimmer darstelle, als sie waren. Obwohl Marilyn die feinsinnige Seite New Yorks mochte (die Songs der schicken schwarzen Sänger Bobby Short und Mabel Mercer im Café Carlyle), war sie weniger empfänglich als ich für die Verlockungen des Ruhms, den Zwang, es in den Künsten, die New York zu jener Zeit beherrschten, zu etwas zu bringen. Ich war besessen davon, berühmt zu werden – nicht reich, das interessierte mich nicht, aber berühmt, als Angehöriger der obersten Liga der kulturellen Elite. Marilyn fand diesen Ehrgeiz unverständlich – und lächerlich. Sie war bodenständig, um einen beliebten amerikanischen Ausdruck zu verwenden (*down to earth*), der meine europäischen Freunde immer wieder verwundert. Bis heute hat ihre sensible, entwaffnende Art, die Welt zu betrachten, großen Einfluss auf mich, obwohl ich von Natur aus überdreht bin und mich nach Anerkennung sehne.

Sie liebte die leidenschaftlichen Arien Puccinis, und *Manon Lescaut* hörten wir gemeinsam wieder und wieder. Ganz besonders verehrte sie den schwedischen lyrischen Tenor Jussi Björling; nachdem sie ihn an der Lyric Opera of Chicago gesehen hatte, berichtete sie, er sei klein und ältlich und trage ein Korsett – ein richtiger Klops. Es gefiel ihr, dass seine junge, herzzerreißende Stimme so gar nicht zu seinem Aussehen passte. Außerdem war sie ein großer Fan von Renata Tebaldi. In jener Zeit war man entweder für Tebaldi oder Maria Callas (und wie so oft ist die damalige Favoritin, Tebaldi, heute nur noch wenigen bekannt).

Am College setzte ich mir in den Kopf, Marilyn zu heiraten. Ich spürte, dass sie mein Ringen mit der Homosexualität verstehen würde. Ich sagte ihr, dass ich sie liebe und den Rest meines Lebens mit ihr verbringen wolle. Sie antwortete mit langen, leidenschaftlichen Küssen. Ich war gebannt und verangstigt bei dem Gedanken, ich könne eine wundervolle Freundschaft zerstören oder in viel zu tiefes Wasser geraten und darin untergehen. Andererseits glaubte ich, das sei meine Rettung. Ich hatte solche Angst gehabt, mein Leben als furchtsamer Hippogryph, als Homosexueller zu verbringen. Doch jetzt hatte ich mich in einen gewöhnlichen Mann verwandelt, auch wenn zusammen mit Marilyn nichts banal oder konventionell sein würde. Wir würden normal sein, ein glückliches Ehepaar, aber wir wären Künstler, die für die Arien Puccinis schwärmten.

Sie fuhr uns überall hin. Ich konnte zwar fahren, aber nicht gut, deshalb zog ich es vor, wenn sie am Lenkrad saß. Als sie sagte, dass sie niemals heiraten würde, nahm ich das mit mehr als nur *einem* Körnchen Salz zur Kenntnis; ich kannte die Frauen, ihren biologischen Trieb zu Heirat und Fortpflanzung. Diese Kraft war stärker als sie, nichts konnte sie davon abhalten, ihr Nest zu bauen und zu brüten. Allerdings muss ich einräumen, dass wir nie über Kinder sprachen; ich verspürte kein Bedürfnis, auch nicht die kleinste, flüchtigste Sehnsucht nach Nachwuchs, nach kleinen Eddies und Marilyns, die mit vertrauensvollem oder anklagendem Blick zu uns aufschauten.

Ich konnte niemandem gegenüber zugeben, nicht einmal vor mir selbst, wie erleichtert ich war, normal zu sein. Ich hatte solche Angst gehabt, mein Leben lang eine Missgeburt zu sein, unter einem Mop blond gefärbter, dauergewellter Haare immer weibischer zu werden, eingesperrt hinter zwei verängstigten, kalten Augen unter braun gefärbten Brauen. Ich kannte tuntige Männer um die vierzig und fünfzig, die in Chicago als Kellner in den kleinen schwulen Restaurants an der Rush Street arbeiteten, eine Mischung aus unterkühlter Effizienz und tuckiger Selbstinszenierung, mit roten Seidenschals unter den hochgeklappten, rotweiß karierten Hemdkragen, die an den wasserstoffblonden, zur »Ente« gebürsteten Haaren entlangschabten.

Ich war so stolz, diesem Schicksal entkommen zu sein, dass ich meinem Vater gegenüber damit prahlte, Marilyn zu heiraten. Er kannte sie nicht, und als er herausfand, dass sie sieben Jahre älter war als ich, riet er mir von einer so wenig verheißungsvollen Verbindung ab. »Jetzt macht sich ein älteres Mädchen vielleicht ganz gut, Ed, aber Frauen altern schlecht. Bevor du dich versiehst, hast du eine alte Schreckschraube am Hals. Heirate lieber eine, die sieben Jahre jünger ist.« Seine Art, an die Sache heranzugehen, als ob er eine Rinderhälfte taxierte, beleidigte mich, aber ich war fasziniert, dass er sich nicht darüber freute, dass ich mich immerhin für eine gewisse Art von Heterosexualität entschieden hatte, nachdem ihn meine schändliche Homosexualität fast um den Schlaf gebracht hatte. Diese Bourgeoisie, dachte ich indigniert. Das Glück ihrer Kinder ist ihnen egal, es geht nur darum, einen respektablen Eindruck zu machen.

Obwohl Marilyn und ich geplant hatten, nach meinem ersten Jahr auf der Highschool den Sommer zusammen in Chiacago zu verbringen – sie wollte malen, ich schreiben –, machte ich mir so viele Gedanken über die Konsequenzen meiner Liebeserklärung, dass ich in Schreckstarre verfiel. Ich stellte mich tot, rief sie nicht an, schrieb ihr nicht. Die zwei oder drei Briefe, die sie mir schrieb, ließ ich unbeantwortet. Ich hatte vor, ihr einen richtig langen, feurigen Brief zu schreiben, aber von Tag zu Tag wuchs meine Panik, und ich war wie gelähmt. Schließlich schickte sie mir eine kurze Nachricht. »Deine Art mich zu lieben ist anders als alles, wovon ich je gehört habe. Wir sollten es bleiben lassen und wieder Freunde sein. Ich habe sowieso beschlossen, dass ich Mädchen vorziehe. Den Sommer verbringe ich mit Miranda.«

Ich kam mir vor, als hätte ich einen entscheidenden Moment verpasst. Mädchen? Miranda? Ich konnte mich an eine schöne, jungenhafte Texanerin in Cranbrook erinnern, die so hieß, ein reiches Mädchen aus Fort Worth, die über jeden von Marilyns Witzen lachte. Aber hatte es nicht auch Jay gegeben, einen bärtigen jüdischen Maler aus Brooklyn?

Drei Jahre vergingen. Stan und ich waren nach New York gezogen, und eines Tages rief eine in Tränen aufgelöste Marilyn bei uns an. Eine wilde, trinkfeste Südstaatlerin, die Megan hieß, rasant Auto fuhr und aussah wie Anthony Quinn, hatte ihr das Herz gebrochen. Marilyn war verzweifelt – was sollte sie tun?

»Zieh nach New York«, sagte ich. »Du kannst bei uns wohnen. Wir haben ein Gästezimmer mit einem kleinen Einzelbett.«

»Wirklich?«

»Wirklich«, sagte ich. Stan lag auf dem Sofa und nickte. Später warf er mir vor, ich hätte ihn nicht gewarnt, dass Marilyn ihre Katze mitbringen würde.

Ein paar Tage später kam Marilyn mit einem einzigen Koffer bei uns an, außerdem einer *Encyclopaedia Britannica* von 1911 und ihrer schwarzen Katze Bamboo. Wir waren sehr glücklich, drei Leute aus dem Mittleren Westen in der großen Stadt. Allerdings hatte Stan seine Launen und litt an der Schauspielerei, der Zukunft, seiner merkwürdigen Familie und der Ungewissheit. Er brauchte eine Stunde, um sich anzuziehen, selbst wenn er nur zum Laden an der Ecke wollte. Ständig zog er etwas anderes an und wieder aus. »Sieht mein Arsch mit diesem Sweater zu fett aus?« – »Soll ich die Ärmel aufrollen – oder habe ich dafür zu wenig Haare auf den Armen?« – »Dieser Pickel auf meiner Nase sieht ja furchtbar aus – vielleicht bleibe ich heute besser zu Hause?« Marilyn weinte noch oft wegen Megan, aber sie fand einen Job bei der *Encyclopedia Americana* und eine Wohnung an der Upper West Side. Nach zwei oder drei Monaten zog sie bei uns aus und wohnte allein. Stan und ich verbrachten jeden Urlaub mit ihr und auch viele Wochenenden. Ich saß mit ihr oft noch spät bei einer Flasche Wein zusammen, und wir redeten über Politik. Sie sprach kalt und abschätzig über die Errungenschaften Amerikas und war unbeirrbar begeistert von der Politik der Sowjetunion. Sie fand das Motto »Jeder nach seinen Fähigkeiten, jedem nach seinen Bedürfnissen« vollkommen einleuchtend (und ich auch). Eine Neuverteilung des Eigentums und eine Angleichung des Einkommens schien uns nicht mehr als fair. Wenn ich die bürgerlichen Freiheiten Amerikas lobte, erwiderte Marilyn, ohne den Rückhalt in ökonomischer Gleichheit seien diese sogenannten Freiheiten inhaltslos. Und wie sollten wir überhaupt wissen, was in Russland wirklich vorging? Unsere einzige Nachrichtenquelle war die hysterische amerikanische Presse mit ihren Scheuklappen aus Angst und Vorurteilen.

Am längsten und am häufigsten diskutierten wir über die Rolle der Kunst in einem idealen sozialistischen Staat. Wenn ich kritisierte, dass in der Sowjetunion bekanntlich Zensur geübt würde, sagte Marilyn, sie würde die *Mona Lisa* zerstören, wenn sie damit ein einziges Menschenleben retten könnte. Obwohl sie selbst malte, bedeutete die Kunst ihr wenig. Sie sah darin eine Art bourgeoiser Religion, einen abgeschwächten, aber ebenso absurden Ersatz für die tödlicheren Originalformen der Frömmigkeit. Auch wenn ihr selbst die Kunst außerordentlich wichtig war, hielt sie dieses Interesse jedoch für nicht mehr als ein bedauerliches Hobby – für das Volk mit Sicherheit ohne Bedeutung. Als sie für die sozialistische Tageszeitung in Iowa arbeitete, hatte sie Zeichnungen statt Fotografien zur Illustration der Artikel eingesetzt, und sie erinnerte sich noch daran, dass die wenigen richtigen Arbeiter, die die Zeitung lasen, diese Zeichnungen gehasst haben. Sie gab lachend zu, sich in der unangenehmen Situation zu befinden, eine abstrakte Expressionistin zu sein, und zu wissen, dass ihr ideales Publikum, das Proletariat, diese Kunstrichtung nicht mochte. Sie meinte, bis zur Revolution könne sie ruhig weiterhin mit Öl auf Leinwand herumpinseln, aber ihr sei klar, dass ihre Gemälde keine bleibende Bedeutung hätten. Nicht vor der Geschichte. Nicht für das Volk.

Diese rigorose Selbstverleugnung machte Eindruck auf mich. Ihre Überzeugungen waren unabhängig von ihren persönlichen Zielen. Während dieser Jahre des Kalten Krieges glaubten wir ernsthaft, dass am Ende die eine Seite über die andere triumphieren würde, und wir meinten, der Kommunismus hätte eine gute Chance zu gewinnen. Natürlich waren wir für den Kommunismus, weil er fair war. Wenn wir in Frankreich oder Italien gelebt hätten, wo es starke kommunistische Parteien gab und die Menschen unter der ständigen Bedrohung durch einen Einmarsch der Sowjetunion lebten, hätten wir vermutlich die Konsequenzen unserer Überzeugungen erkannt. Aber in Amerika war das, was man Linke nannte, so schwach und so zentralistisch, dass eine Revolution zwar vollkommen unrealistisch, aber theoretisch möglich erschien. Wir waren frei, unsere Kommunen in den Wolken zu errichten. Die Amerikaner hatten die Kommunistische Partei längst zum Teufel gejagt.

Marilyn fühlte sich von der vermeintlichen Gleichheit von Männern und Frauen in der Sowjetunion besonders angezogen. Sie wies mich immer wieder auf die vielen weiblichen Ingenieure, Ärzte und Wissenschaftler in Russland hin, und auch auf die Verbreitung freier Liebe in den frühen Tagen der Bolschewistischen Revolution. Wenn ich auf die Schauprozesse, den Massenmord an den Kulaken und den Antisemitismus zu sprechen kam, erwiderte sie, ich sei der Propaganda der CIA zum Opfer gefallen.

Ich dachte viel über die Bedeutung der Kunst nach, nicht nur vom politischen Standpunkt aus. In jenen Tagen glaubten wir noch an die Avantgarde – eine Auffassung, die dem Sozialistischen Realismus, den die Sowjetunion propagierte, exakt zuwiderlief. In den USA war die

Metafiktion in den späten Sechzigern und frühen Siebzigern der letzte Schrei – eine Art zu erzählen, die stets sehr deutlich ihren Kunstcharakter betont und die Aufmerksamkeit auf die Mittel lenkt, die sie verwendet. Ich schlug Farrar, Straus und Giroux vor, ein Buch mit Essays und Interviews herauszugeben, die sich mit den führenden Metafiktionisten beschäftigten – John Barth, Robert Coover, Rudolph Wurlitzer und Donald Barthelme. Auch wenn ich damals am Boden zerstört war, bin ich heute froh, dass dieses Buchprojekt abgelehnt wurde. Einzelne Werke dieser Autoren sind mir immer noch wichtig, aber diese Bewegung interessiert mich nicht mehr, und auch niemanden sonst.

In den späten Sechzigern und frühen Siebzigern glaubten alle, die sich »ernsthaft« mit Kunst beschäftigten, dass die Avantgarde noch existierte und immer existieren würde – das Problem bestand lediglich darin, vorherzusehen, in welche Richtung die Entwicklung gehen würde. Im Gegensatz dazu bewegt sich die Kunst heutzutage in dutzende von Richtungen, und es gibt keine Vorgaben oder Verbote.

Doch damals stellten wir uns Fragen wie: »Ist Pop-Art nur eine vorübergehende Verirrung oder die nächste dialektische Stufe nach dem abstrakten Expressionismus, eine coole, ironische Art, figürliche Darstellungen wieder aufzunehmen, ohne zum Realismus zurückzukehren?« Es konnte nur einen einzigen »fortschrittlichen« Trend geben, und der wies zugleich den Weg zur nächsten und übernächsten Entwicklungsstufe, und auch zur darauf folgenden. War Op-Art eine Methode, gegenüber Pop den Einsatz zu erhöhen – oder war es eine Sackgasse? Und was war von Konzeptkunst zu halten – war sie eine Rückkehr zu Duchamps Gedankenspielen? War Duchamp der legitime Vater der zeitgenössischen Kunst (und nicht Picasso, wie wir so lange geglaubt hatten)? Ironischerweise konnte man nur im Nachhinein mit Sicherheit sagen, welches der richtige Weg gewesen war.

In der Belletristik war die Entwicklung weniger klar erkennbar, doch es schien, dass der Roman sich kontinuierlich vom Realismus fortbewegte und die kraftvollsten Werke dieser Gattung neue Formen erfanden, neue Sprache, neue Strategien. Wir alle waren von Donald

Barthelmes funkelnden Wortkollagen verzaubert, in denen nichts vorhersehbar, sondern alles überraschend war bis hin zur Beliebigkeit.

Ich war von diesen Ansichten so überzeugt, dass ich in meinen ersten Buchbesprechungen voll Überheblichkeit jeden Roman verwarf, der mir altmodisch vorkam – bis ich gebeten wurde, eine Sammlung von Erzählungen Isaac Bashevis Singers zu rezensieren. Seine Art, eine Geschichte zu erzählen, seine Liebe zu eigenartigen und vielsagenden Details, seine Menschlichkeit (die sich überraschenderweise durch einen völligen Mangel an Sentimentalität auszeichnete), all das verzauberte mich. Ich räumte ein, dass diese Sachen zwar im formalen Sinn nicht neu waren, aber sie waren offensichtlich gut. Ich beschloss, meine kunstgeschichtlichen Vorurteile zu überwinden und mich mit dem zu beschäftigen, was wirklich groß war.

Singer weckte (durch eine unlogische und rein private Assoziationskette) mein Interesse an den großen Russen – Tolstoi und Tschechow, Turgenjew und Gogol, und, soweit das mit Übersetzungen möglich war, Puschkin. Zwei Jahre lang vertiefte ich mich in jeder freien Minute in die Werke dieser Autoren. Ich verabschiedete mich von den Schwindlern der Avantgarde, die ich eben noch bewundert hatte, denn sie kamen mir jetzt wie begabte Gaukler vor. Ihr Raffinement wurde bedeutungslos angesichts des Pathos' und hellsichtigen Universalismus' eines Tolstoi oder Tschechow. Ich war damals Ende zwanzig, Anfang dreißig und hatte ein hervorragendes Gedächtnis, ein ganz unverdientes Geschenk, so, wie andere über ein besonders gutes Sehvermögen verfügen. Mein lebendiger Führer zu diesen Schriftstellern war Nabokov, dessen Vorlesungen zur Literatur noch nicht publiziert waren, dessen Interviews jedoch in *Strong Opinions* veröffentlicht wurden. Wie Nabokov ließ ich Dostojewski aus, und ich ließ mich von ihm auch überzeugen, in der englischsprachigen Literatur Conrad und Faulkner auszulassen. Damals veröffentlichte der große russische Gelehrte Simon Karlinsky in *TriQuarterly* den Essay *The Other Tradition*, worin er den »radikalen Utilitarismus« zurückwies, der im Russland des neunzehnten und zwanzigsten Jahrhunderts vorherrschend war (all das moralisch Aufbauende, das den Sozialistischen Realismus vorwegnahm), und sich stattdessen für die rein künstlerische Tradition einsetzte: Puschkin, Gogol, Tschechow und Nabokov. Ich las Tschechows Briefe an Gorki, in denen er ihn aufforderte, auf ausgefallene Naturbeschreibungen zu verzichten. Er schrieb, er solle an Ausdrücken wie »die Sonne ging unter« oder »es begann zu schneien« festhalten. Die Anmerkungen von Simon Karlinsky und Michael Henry Heim zu Tschechows Briefen fügten sich zur seinerzeit besten Biografie dieses Meisters der Kurzgeschichte zusammen; diese Ausgabe war eines der faszinierendsten Bücher über Literatur zu jener Zeit. Ich tauchte so vollständig in die russische Literatur ein, dass mir Karlinsky anbot, als ich ihm persönlich begegnete, ich könne ohne weiteres die mündliche Prüfung zum Ph.D. in Russisch ablegen – wäre da nicht der unerfreuliche Umstand, dass ich kein einziges Wort dieser Sprache verstand.

Es ist schwer, die geistige Anstrengung und Verwirrung zu beschreiben, aus der heraus wir in den Sechzigern und frühen Siebzigern versuchten, zwei unvereinbare Anliegen in Übereinstimmung zu bringen – den dandyhaften Glauben an die Avantgarde und das Engagement der utopischen Neuen Linken für soziale Gerechtigkeit; in meinem Fall wurden diese beiden Anliegen zudem durch die Bewunderung der schlichten Menschlichkeit der großen Russen und Singers in den Schatten gestellt. Im Rückblick muss ich sagen, dass wir Amerikaner, die die lähmenden 1950er Jahre durchlebt hatten, sowohl in politischer wie auch ästhetischer Hinsicht außerordentlich naiv waren – humorlos, unreif und dogmatisch, weil nicht bewährt. Was diese beiden Doktrinen gemeinsam hatten – die (endlos) vorangetriebene Avantgarde und politische Radikalität –, war die Opposition gegen die Gesellschaft um uns herum, die wir als philisterhaft und eigennützig verurteilten. In den vorangegangenen Dekaden hatte sich Amerika in seismischen Dimensionen verändert, aber wir wussten wenig oder nichts über diese zurückliegenden Veränderungen. In den Zwanzigern hatte es Massenabwanderungen von Afroamerikanern aus dem Süden in die Industriestädte des Nordens gegeben. In den Dreißigern waren die Menschen in großen Teilen des Landes arbeitslos, arm und auf Krawall gebürstet. Der Krawall kam in den Vierzigern unerwartet in Gestalt eines Weltkrieges; für die Zivilbevölkerung hatte der Krieg zur Folge, dass Frauen in Büros und Fabriken arbeiteten, während die jungen Männer in den Schützengräben töteten und starben. Die Fünfziger – die Zeit meiner Jugend – hatten all diese rebellischen Impulse eingeschläfert; sie waren wie ein Sedativum für den Geist. Ich war Mitglied des Eisenhower Klubs bei der YMCA, und die Abschiedstour von General MacArthur (nachdem Präsident Truman ihn wegen seiner ungebremsten Kampflust in Korea gefeuert hatte) war eines der größten Ereignisse meiner Jugend – er kam in unsere Stadt! Ich habe ihn gesehen! Dennoch blühten die Künste im Amerika der Fünfzigerjahre, allerdings sehr im Geheimen. Die Museen waren leer, die Konzertsäle widmeten sich wenig abenteuerlustig vor allem den drei Bs – Bach, Beethoven und Brahms. Die Leute lasen und diskutierten allesamt dieselben zehn »ernsthaften« Romane jeder Saison. Die Bevölkerung von Detroit besuchte die Ausstellungen der Studenten der Cranbrook Art Academy, um über die chaotischen, beängstigenden abstrakten Gemälde zu spotten – und die Studenten kamen, um über die Spötter zu spotten.

Marilyn wandte ihren theoretischen Scharfsinn nur selten auf ihre eigene Entwicklung als Malerin an. Ich kann mich nicht erinnern, dass sie jemals über das kunsthistorische Fundament ihrer Arbeit gesprochen hätte – oder die Veränderungen in ihrer Arbeit. Sie bewunderte Richard Diebenkorn, den kalifornischen Maler, weil er zur figürlichen Malerei zurückgekehrt war, als an der Ostküste noch jedermann aus Überzeugung ungegenständlich arbeitete. Es gefiel ihr, wie er das kalifornische Übermaß an Sonnenschein und die allgegenwärtigen blauen Schatten malte. Sie liebte Bonnard, obwohl die New Yorker Kritiker sich nie so recht entschließen konnten, ihn zu den ganz Großen zu zählen. Sie verkörperte den unwahrscheinlichen Typ einer deutschen Sensualistin aus dem Mittleren Westen. Zwar erlag sie nicht den Versuchungen von Luxus und Dekadenz, aber sie folgte ihrer Nase, ihren Augen, ihrem Geschmack und ihrem Tastsinn, um etwas zu finden, das sie auf direkte, unmittelbare Weise ansprach.

Vielleicht lag es daran, dass ich in einer Welt aus Wörtern lebte, aber ich beneidete Marilyn ein wenig um ihre weit offenen Sinne. Sie war so empfänglich für die Schönheit des Alltäglichen, selbst des Banalen. Sie konnte sich für Dinge begeistern, die andere hässlich fanden, und zwar nicht aus Perversität oder umgekehrtem Snobismus. Ein rein optischer Aspekt einer Sache konnte sie verblüffen – ein wundervolles Stück Mauerwerk oder ein Streifen Tiepolo-blauen Himmels über einer Ansammlung schwarzer, fensterloser Gebäude, der Dampf, der aus einem U-Bahn-Schacht hervorquillt, oder eine kitschige, aber sorgfältig angeordnete Gedenkwand für John F. Kennedy in einem puerto-ricanischen Kosmetikgeschäft an der Columbus Avenue.

Die Dichter der New Yorker Schule (John Ashbery, Kenneth Koch, James Schuyler) besangen die Stadt mit den gleichen beiläufigen, achselzuckenden, insgeheim aber präzisen Begriffen. In *An East Window on Elizabeth Street* schreibt Schuyler:

»I don't know how
it can look so miraculous and alive
an organic skin for the stacked cubes of air.«

Später schreibt er:

»Mutable, delicate, expendable, ugly, mysterious
(seven stories of just bathroom windows)
packed: a man asleep, a woman slicing garlic thinly into oil
(what a stink, what a wonderful smell)
burgeoning with stacks, pipes, ventilators, tensile antennae –
that gristling gray bit is a part of a bridge,
that mesh hangar on a roof is to play games under.
But why should a metal ladder climb, straight
and spy aspiring, five rungs above a stairway hood
up into nothing?«

Marilyn hatte eine Zweizimmerwohnung an der West Side zwischen Riverside und West End; sie war immerzu damit beschäftigt, sie zu dekorieren, die Dekorationen zu entfernen und neu anzufangen. Schmuck von Naturvölkern, eine blaue Feder an einem Knochen, hing an einem Wandteppich aus Leinen über einem massiven Beduinen-Armreif mit Messingeinfassungen und mehreren Schlössern wie ein schrecklicher Keuschheitsgürtel. Sie besaß einen kniehohen, runden Tisch, den ihr Vater ihr aus Eichenholz gezimmert hatte, und in einer anderen Ecke ein Zeichenbrett voller Pastelle »berühmter« Lesben. Sie liebte ihre Spitzenvorhänge, die einer Concierge aus dem Pas de Calais würdig gewesen wären, und ihr wuchtiges Sofa mit dicken Polstern und Kissen.

Ich war bestimmt ein merkwürdiger, schwieriger Freund mit Ecken und Kanten – ausgesprochen höflich und sanft, geduldig und gleichmütig, doch dann wieder rebellisch und ausweichend, ein Meister im Verschwinden. Ich rauchte Kette und verpestete die Luft mit meinen giftigen Wolken. Einige meiner primitiven Ängste vor Frauen, die vom Schreckbild meiner erdrückenden Mutter herrührten, übertrug ich auf Marilyn, dabei war sie nur schwer zu fassen, hielt sich nicht an Verabredungen und schreckte vor dem Gedanken an Hochzeit zurück. Sie erhob Freundschaft zu einem Kult, verspottete jedoch die Familie, doch zu ihrer Mutter und ihren Geschwistern war sie von großer Freundlichkeit. Wenn sie mehr als zwei Abende nacheinander ausging, selbst in unserer wenig anstrengenden oder gar bedrohlichen Gesellschaft, bekam sie schlimme Kopfschmerzen. Sie liebte die Einsamkeit und brauchte sie wie eine Pflanze das Licht. Marilyn war sicherlich ebenso voller Widersprüche wie ich – sie war ein Genussmensch und liebte Bäder und köstliche kleine Essen, doch zugleich war sie in politischer Hinsicht nahezu stalinistisch, soweit ich das beurteilen konnte, und zeitweise schwankte sie zwischen einem superrationalen, unerbittlichen Aristotelismus, den sie während ihres Studiums an der Universität von Chicago angenommen hatte, und einer hochgradig romantischen Liebe zu opulenten, überwältigenden veristischen Opern.

Ich habe vergessen zu beschreiben, wie witzig und liebevoll sie war und wie viel Wärme sie ausstrahlte; sie verbreitete stets gute Laune und interessierte sich für alles, was ihre Freunde betraf, war tolerant und niemals nachtragend. Im Sommer verwandelte sie ihren Hinterhof in ein kleines Blütenparadies und bewirtete ihre Gäste mit kaltem Riesling und warmem Kartoffelsalat.

Wir füllten dann die Badewanne mit Eis und dreißig Flaschen Wein (eine Flasche pro Gast) und trafen uns mit alten Freunden aus dem Mittleren Westen und neuen von der Ostküste, Männern und Frauen, und es hatte den Anschein, als würde diese aufregende Zeit von Jugend, Unabhängigkeit und Ausschweifung niemals enden.

5.

1964 zogen Stan und ich in eine größere Wohnung an der West 71st Street, die einhundertfünfundsiebzig Dollar im Monat kostete. Wir hatten jeder ein eigenes Schlafzimmer und teilten uns Wohn- und Esszimmer. Wir kauften bei Goodwill große, schwere Eichenmöbel, die hässlich waren, aber einen soliden und respektablen Eindruck machten. Das Viertel war ziemlich heruntergekommen. Puerto Ricaner warfen Bierflaschen aus dem Fenster. An der Ecke war ein großes kubanisches Restaurant, das nach schwarzen Bohnen und gebratenem Schweinefleisch stank. Gleich nebenan von uns war eine Kneipe, in der sie magische Kerzen verkauften; das Wachs wurde in Glasbecher gegossen und roch nach Kaugummi. Die Kerzen halfen in allen Lebenslagen, egal, ob man einen Feind verfluchen oder einen untreuen Ehemann zurückgewinnen wollte. Das Viertel war so gefährlich, dass es Needle Park genannt wurde. Ein Reporter von *Life* schrieb darüber ein Sachbuch, *The Panic in Needle Park*, auf dessen Grundlage Joan Didion und John Gregory Dunne das Drehbuch zu einem brutalen Film über den Heroinhandel verfassten. Eines Nachts im Winter kam ich um zwei Uhr morgens leicht schwankend von Marilyn nach Hause und sah unter der Marquise eines schäbigen Hotels einen Mann in Mantel und Filzhut, der mit der Pistole herumfuchtelte und dann einen anderen erschoss. Eine Frau mit Stöckelschuhen warf sich auf die Leiche und rief »*¡Ay, Dios!*« Alles wirkte wie eine missglückte Szene aus einem Film noir, die man noch einmal neu drehen sollte. Ich ging schnell nach Hause, zog mich aus und ging ins Bett, und am nächsten Morgen beim Frühstück fragte ich mich, ob ich Stan erzählen sollte, was ich erlebt hatte. Ich beschloss, es nicht zu tun – in dieser wilden Stadt war Zivilcourage damals nicht sehr verbreitet, und ich machte da keine Ausnahme.

Wir wussten, welche Blocks sicher waren und welche gefährlich – das änderte sich tatsächlich von Block zu Block. Wenn uns Freunde oder Verwandte von auswärts besuchen wollten, sagten wir: »Geht besser nicht die 85th Street zwischen Columbus und Amsterdam, aber die 86th ist völlig sicher.« Einmal wurde in unsere Wohnung eingebrochen, trotz all der Sicherungen an den Fenstern und dem Polizeischloss an der Tür (eine massive Eisenstange, die in einem Loch im Fußboden verankert wurde und die Tür gegen Eindringlinge sicherte). Bei allen unseren Bekannten war schon einmal eingebrochen worden. Wir zuckten nur die Schultern und sagten tapfer: »Nun ja, Privateigentum ist ohnehin ein Verbrechen.« Eines Abends um sechs wurden mein Freund Stephen Orgel und ich mit vorgehaltener Waffe in der Christopher Street ausgeraubt, während andere Leute an uns vorbeigingen. Der Dieb hatte ein Loch in die Tasche seines Mantels gerissen und konnte die Pistole dadurch unauffällig auf uns richten. Nicht, dass uns jemand geholfen hätte, wenn die Waffe zu sehen gewesen wäre. Der Mann sagte, wir sollten ihm unsere Brieftaschen geben und bis zum Ende der Weehawken Street gehen, ohne uns umzudrehen; wenn wir um Hilfe riefen oder uns umdrehten, würde er uns töten. Als wir um die Ecke und außer Sichtweite waren, sahen wir einen Streifenwagen und sagten dem Polizisten, was passiert war. Der Bulle lachte nur und zuckte die Achseln, dann fragte er mit müdem Lächeln: »Wollt ihr 'ne Anzeige aufgeben?« Wir ließen es bleiben.

Als ich 1970 nach Rom gezogen war, schlug ich einem italienischen Freund vor, die Straßenseite zu wechseln, um drei Teenagern aus dem Weg zu gehen, die uns entgegenkamen. »Warum?«, fragte er erstaunt. In New York gaben wir dem Taxifahrer Geld, damit er vor dem Haus wartete, bis wir sicher die verschlossene Haustür erreicht hatten. Wir achteten auf jeden Einzelnen in unserer Umgebung. Man vertiefte sich auf der Straße nie allzu sehr ins Gespräch, sondern blieb immer wachsam. Wir nahmen wenigstens zwanzig Dollar mit, wenn wir von zu Hause weggingen, damit ein Räuber uns nicht aus Ärger niederschoss, steckten aber andererseits auch nicht zu viel Geld ein und zogen keine teuren Sachen an. Wenn wir abends ausgingen, ließen wir das Radio und eine Lampe an, um Diebe zu entmutigen. Wenn wir zu unserem Haus zurückkamen, nahmen wir rechtzeitig den Schlüssel in der Jackentasche in die Hand, um vor der Tür nicht länger als nötig herumzufummeln. Wir gingen bis zum letzten Moment geradeaus den Bürgersteig entlang und bogen dann ganz plötzlich zu unserer Haustür ab, um einem etwaigen Übeltäter unsere Absichten nicht zu früh zu verraten. In der U-Bahn sahen wir anderen Fahrgästen nicht ins Gesicht.

Stan und ich entdeckten Puerto Rico als Urlaubsziel. So viele Puerto Ricaner waren von und nach San Juan unterwegs, dass man sich im Flugzeug wie in einem Pendlerbus vorkam. Der Hin- und Rückflug kostete hundertvierzig Dollar. In San Juan wohnten wir im YMCA in der Altstadt und fuhren mit der Buslinie 10 zum noblen Condado Beach, wo wir einen hübschen einheimischen Teenager trafen, der so stolz darauf war, weiß zu sein, dass er dem Kastilischen Klub beigetreten war, in den nur Nachkommen der spanischen Siedler aufgenommen wurden. Das Mädchen, das am Strand Eis verkaufte, war so dunkel, dass die anderen einheimischen Jugendlichen sie King Kong nannten. Sie fanden das lustig, das Mädchen nicht. Die Jungs, denen wir nachstellten, wohnten alle noch zu Hause, aber sie tanzten mit uns eng umschlungen bis spät in die Nacht und rochen nach Annattopulver. Wir liebten uns mit den romantischen Jungs in öffentlichen Parks, da wir sie nicht am Empfang des YMCA vorbeischmuggeln konnten. Wenn wir in den Bus stiegen, fingen alte Männer demonstrativ an zu niesen. Ich fragte meinen puerto-ricanischen Freund, was es damit auf sich habe. »Unser Wort für schwul ist *pato*, ›Ente‹, er niest, weil ihn eine unserer Federn an der Nase gekitzelt hat.«

Die Straßen waren von blauen Pflastersteinen gesäumt, die vor Jahrhunderten als Ballast der spanischen Galleonen herübergebracht worden waren. In diesem heißen tropischen Land genoss man die kühlen Nächte bis zum frühen Morgen. Noch um drei Uhr sah man in schummrigen Hinterhofkneipen jemanden an einem großen Glas Rum nippen, und eine Gitarre schrummelte vor sich hin. Das einzige spanische Wort, das ich kannte, war *corazón*, es kam in so gut wie jedem Lied vor, das aus der Musicbox jaulte.

Wir lernten Jungs kennen, die uns bald darauf in New York für einen Urlaub von ein oder zwei Wochen besuchten. Stans Freund hieß Pepito, und obwohl er in San Juan männlich und »kastilisch« aufgetreten war, zeigte er in New York eine beunruhigende Affinität zu Fummeln. Er wollte, dass wir Pepita zu ihm sagten und ihn wie eine Dame behandelten, einen großen Hollywood-Star. Stan konnte damit überhaupt nichts anfangen. Meiner war nicht so fantasievoll, ein dumpfer Macho namens Angel, der nicht genug Grips hatte, eine Frau sein zu wollen. Obwohl er nicht so schön war wie Pepito, erwies er sich als die bessere Anschaffung.

In New York herrschten im Sommer ebenfalls tropische Temperaturen, die Leute tranken auf den Straßen Bier aus der Flasche und hörten Salsa auf dem Gettoblaster. Die Männer liefen in Muscle-Shirts ohne Ärmel und Kragen herum, saßen nebeneinander auf den Treppen vor den Häusern und redeten, ohne den andern dabei anzusehen. Manchmal hörten sie auch spanischsprachige Baseball-Reportagen in voller Lautstärke.

Nachdem Pepito nach San Juan zurückgekehrt war, fing Stan etwas mit einem New Yorker Puerto Ricaner an; Jimmy studierte an der New York University, las alles und wusste alles über Kino und legte großen Wert darauf, sich seine lateinamerikanische Identität zu bewahren. Er war süß, aber ein Macho. Zusammen mit einem Freund übte er jeden Nachmittag lateinamerikanische Tänze. Ich hatte diese Drehungen und das synkopische Aufstampfen immer bewundert, die plötzlichen Verbeugungen, das Aufrichten und Wiederzusammenfinden der Paare – und ahnungsloserweise angenommen, das alles entstünde »natürlich«, als ob puerto-ricanische Kinder durch einen bestimmten genetischen Code zum Salsa prädestiniert wären. Jetzt sah ich, wie sie sich die Tänze erarbeiteten, Abschnitt für Abschnitt in stundenlangen Proben, immer wieder unterbrochen von plötzlichen Freudenrufen oder stöhnender Verwirrung, wenn sie durcheinanderkamen oder zusammenstießen. Stan und ich waren ganz berauscht von diesen sonnengebräunten, unbeschnittenen jungen Tänzern mit den »aztekischen« Gesichtern und schmalen, rollenden Hüften in engen Hosen mit Gürteln aus Eidechsenhaut, die schnell redeten und ebenso schnell von Englisch ins Spanische wechselten, diesen Jungs, die sich von »Christen und Mohren« ernährten (Reis und schwarzen Bohnen) und an dünnen goldenen Kettchen Kruzifixe oder weiße Medaillons aus Emaille trugen, die der Virgen del Carmen gewidmet waren. Ihre Zärtlichkeit im Bett (Angel küsste meine geschlossenen Augenlider, wenn er mich fickte), kombiniert mit ihren auf der Straße erprobten Kampfreflexen, erregte uns Landeier aus dem Mittleren Westen. Stan und ich waren beide mit Wildwestfilmen aufgewachsen, in denen die einzigen Männer, die einen Lendenschurz trugen, Indianer waren (in Wirklichkeit Italo-Amerikaner). Jetzt hatten wir unsere eigenen Cheyenne zwischen den Beinen, und ihre kalten religiösen Abzeichen pendelten über unserem Mund; oder wir hörten, wie sie nebenan endlos für den abendlichen Salsa probten, aus dem Takt kamen, falsche Schritte machten oder ihre Körper wie einen Brezel verknoteten und schließlich in Lachanfällen zu Boden fielen.

6.

Mein Seelenklempner France Alexander überzeugte mich davon, dass ich nie »gesund« würde – nämlich normal –, solange ich mit Stan zusammenwohnte. Ich sprang ins kalte Wasser und nahm mir eine eigene Wohnung an der West 13th Street direkt an der 8th Avenue. Als ich auszog, saß Stan fassungslos da und hörte die Single *Seven Rooms of Gloom*. Ich liebte ihn so sehr, aber damals gab es nichts, was eine homosexuelle Partnerschaft stützen konnte; sie war *per definitionem* »krank«, geistig minderwertig, infantil und dazu verurteilt, immer wieder denselben furchtbaren Kreislauf zwanghaften Verhaltens zu durchlaufen. Wer wie ich zu den »Intellektuellen« gehörte, kannte sich aus mit Freud und konnte sich mit besonderem Eifer zusätzlich selbst quälen. Ich las damals ein Buch über die Hexenprozesse von Salem, und der Autor erklärte, dass gerade die »intellektuellen« Puritaner an Hexerei glaubten. Sie verfügten über das Feingefühl und die Ausbildung, um im exzentrischen Verhalten alter Frauen und den hysterischen Anfällen junger Mädchen das Werk des Teufels zu erkennen. Ich nahm es meinem Therapeuten übel, mir solche Ratschläge zu geben. Ja, Homosexualität war höchstens zweite Wahl, das gab ich zu – aber was, wenn ich niemals eine Frau fand, die so nett und lustig und liebevoll war wie Stan?

Ich hatte vorher noch nie allein gelebt. Wenn ich nach der Arbeit in meine neue, einsame Wohnung kam, klopfte mein Herz immer lauter, während ich auf die Tür zuging. Ich kaufte mir Julia Childs *Mastering the Art of French Cooking* und fing an, komplizierte Gerichte zuzubereiten, nach Rezepten, für die man manchmal zwei Tage brauchte – *veau*

Prince Orloff oder *bœuf à la cuillère*. (Wofür man ein großes Stück Rindfleisch kocht, abkühlen lässt, aushöhlt und das zerkleinerte Fleisch mit gedünsteten Pilzen, Schalotten und einer Soße vermengt und in den Rindfleischmantel zurückgibt, den man dann mit Gruyère bedeckt und in den Backofen schiebt – so ähnlich jedenfalls; ich kann mich nicht mehr genau daran erinnern. Ich habe es nur einmal zubereitet, es war ziemlich trocken.) Mir wurde klar, dass ich trotz der Bemühungen meines Therapeuten wahrscheinlich niemals heiraten würde, und fing an, Freunde zum Essen einzuladen, um am Abend nicht allein zu sein.

Einen Großteil meiner Freizeit widmete ich dem Sex – einen Lover zu finden und es mit ihm zu tun. Damals, als es noch keine Abschlepp-portale im Internet, keine Kneipen mit Darkroom und keinen Sex im Park gab, als selbst die Zahl der schwulen Kneipen noch ziemlich niedrig war, mussten wir die Männer auf der freien Wildbahn auftreiben. Damals sahen sich die Leute nach mir um, was heute nicht mehr oft vorkommt (oder ist das nur so, weil ich alt bin und durchs Beuteraster falle?). Damals musste man sich umschauen, oder man schlief allein. Die ganze Stadt war durchflutet von Begierde und Gelegenheiten, sie zu befriedigen. Heute kann man es sich leisten, arrogant zu sein und überheblich aneinander vorbeizuhuschen, man kann ja später ins Internet gehen, aber damals musste man sich Zeit lassen und gucken. Wir gingen meistens zwischen Greenwich Avenue und Christopher Street hin und her – und zwar nicht mit Freunden, was sicherlich netter, aber unzweckmäßig gewesen wäre. Nein, nur der einsame Falke bekam das leckere Häschen.

Wenn man sich umgeschaut hatte und der andere auch, tat man so, als würde man die Auslagen in einem Schaufenster betrachten. Der andere tat dasselbe zwanzig Meter weiter. Man sah dann in immer kürzeren Abständen zum anderen hinüber. Schließlich ging man mit einem Lächeln auf ihn zu, zog ihn vom Schaufenster fort und war damit ein Duo für allerlei Zeitvertreib. Wenn man immer noch befürchtete, zurückgewiesen, verhaftet oder zusammengeschlagen zu werden, konnte man den anderen nun nach der Zeit fragen oder um Feuer bitten. Es galt als besonders pfiffig, um Feuer zu bitten, während man bereits rauchte. Doch meistens fragte man nur: »Wohnst du in der Nähe?«

Wenn der andere Lust hatte, nahm man ihn mit nach Hause; die eigene Wohnung war zugleich der Beutespeicher, und der andere war das Beutestück, das einem gerade ins Netz gegangen war. Manchmal kam man an einem Abend gleich mehrmals zum Zug. (»Mein Gott, gestern Abend war ich die reinste Nympho! Ich hatte dreimal hintereinander Sex, meine Möse triefte nur so, muss am Vollmond gelegen haben.«) Der Unterschied zwischen Freunden und Lovern bestand darin, dass man mit einem Lover nicht herumtuckte. Wenn man am nächsten Tag über ihn sprach, konnte man ihn als »sie« bezeichnen, aber niemals, wenn er dabei war. (»Ich dachte, sie wäre ein Kerl, aber schwupps streckte sie die Beine in die Luft!«) Einer meiner Freunde sagte so treffend: »Wenn Gott gewollt hätte, dass Männer sich ficken lassen, hätte er ihnen ein Arschloch gegeben.«

Wir versuchten, jeden Abend jemanden abzuschleppen, wenn es sich ohne viel Aufwand machen ließ, aber die ernsthaften Jagdausflüge fanden am Wochenende statt. Ich putzte gründlich die Wohnung, wechselte Laken und Handtücher; unters Kopfkissen legte ich ein kleines Handtuch (um das Sperma abzuwischen) und eine Tube Gleitcreme (meistens wasserlösliches KY). Manche machten noch eine Spülung – fortgeschrittene »Schwestern« hatten einen Aufsatz aus rostfreiem Stahl für ihren Duschschlauch, den man einführen konnte. Wenn man am nächsten Morgen beweisen wollte, dass man »heiratswillig« war, kaufte man Eier, Bacon, Marmelade und Toast. Man arrangierte Aschenbecher, Zigaretten und Feuerzeug auf dem Nachttisch, und bevor man das Haus verließ und auf die Jagd ging, dimmte man die Lampen und legte passende, stimmungsvolle Musik auf den Plattenspieler (Peggy Lee, nicht die Stones). Das alles sollte beweisen, dass man »kultiviert« war, und keine von diesen unersättlichen, zweitklassigen Huren. Hatte man einen Mann an Land gezogen, gab es keine

Möglichkeit herauszufinden, was er im Bett bevorzugte – man konnte nicht offen besprechen, wer Top und wer Bottom sein sollte. Es gab auch noch keine Hanky Codes oder Schlüssel in der rechten oder linken Tasche. Man ging dann ohne viel Small Talk nach Hause, manchmal in völligem Schweigen. Alle wussten, dass man durch zu viel reden den Fick aufs Spiel setzte; ein zischendes S, und die Erektion war dahin. Erst wenn man ihn hinter verschlossenen Türen und zugezogenen Vorhängen zu Hause hatte, gab man ihm einen Drink und fing an zu küssen. Wenn man etwas sagen wollte, sprach man kurze Worte mit tiefer Stimme. Seine wahren Absichten erkannte man daran, ob er nach dem Arsch oder dem Schwanz griff – aber dazu kam es erst später. Vorher musste ein wenig Gefühl vorgetäuscht werden, ein paar Küsse mit geschlossenen Augen, bevor die Hand in die erogenen Zonen hinabwanderte. Wenn man Glück hatte, riss er einem mit einem Griff die Sachen vom Leib und warf sein Zeug schnell auf einen Haufen. (»Meine Liebe, die Klettverschlüsse ratschten nur so!«) Wenn er seine Hose ordentlich zusammenlegte und nach einem Bügel suchte, wusste man, dass er ein Langweiler war. (»Sie war garantiert eine Buchhalterin. So wie die über ihr Rüschenhemd ins Schwärmen kam. Das Fräulein vom Amt … «)

Von der Weltausstellung 1964 bis zum Beginn der Emanzipationsbewegung, den Stonewall-Unruhen von 1969, wurde die Stadt immer wieder gesäubert. Die Toiletten an den U-Bahn-Stationen wurden verschlossen, und in den Bars fanden häufig Razzien statt. Ich erinnere mich an das Blue Bunny in der Nähe des Times Square, neben der Kneipe, in der zum ersten Mal Twist getanzt wurde. Dort gab es im hinteren Teil des Raums eine kleine Tanzfläche. Wenn ein Mann hereinkam, der verdächtig nach Zivilbulle aussah (man erkannte sie meistens an ihren klobigen Schuhen), schaltete der Türsteher die Weihnachtsbeleuchtung an der Decke über der Tanzfläche ein, und wir ließen uns los und hörten auf zu tanzen; die Musik dröhnte weiter. Und ich erinnere mich an eine zweistöckige Bar in der Nähe des Hudson in einer Seitenstraße südlich der Christopher, die nur ein oder zwei

Wochen geöffnet war. Wenn die Bullen anrückten, sprangen wir aus dem Fenster im zweiten Stock auf ein niedriges Flachdach daneben und liefen von dort durchs Treppenhaus auf die Straße. Ich ging oft ins Everard Bad in der West 28th Street in der Nähe des Broadway. Es war schmutzig, und alle sagten, dass es der Polizei gehörte. Es hatte nicht die vorgeschriebenen Ausgänge, und es gab keine Feuerlöscher, nur das tiefe, übelriechende Schwimmbecken im Keller, das wenig hygienisch wirkte. Als in dem Gebäude 1977 ein Brand ausbrach, kamen mehrere Kunden ums Leben. Es gab keine Sprinkleranlage. Das war an einem Wochenende im Sommer.

Auf Fire Island herrschten damals kaum bessere Verhältnisse. Natürlich konnte die Polizei von Suffolk County nichts dagegen tun, was nachts in den Dünen oder am Strand geschah, aber in den Diskotheken von Cherry Grove und den Pines musste in jeder Gruppe tanzender Männer mindestens eine Frau dabei sein. Ein Angestellter saß auf einer Leiter und leuchtete mit seiner Taschenlampe diejenigen an, die sich nicht an diese Vorschrift hielten. Ich erinnere mich, dass die Männer in einer Tanzbar in den Hamptons in Reihen den Hully-Gully tanzten, und in jeder Reihe war mindestens eine Frau.

Mit den Stonewall-Unruhen Ende Juni 1969 änderte sich alles. Es waren allerdings nicht die schicken weißen Jungs in den Hamptons und den Pines, die dafür sorgten, sondern die schwarzen Kids und die Transen aus Puerto Rico, die mit der Subway ins Village kamen (dem »A-Train«). Sie waren wegen der großen Hitze gereizt und hatten gehofft, dass die Polizeischikanen der letzten Jahren nun endlich vorbei wären. Sie fühlten sich durch die neuen Angriffe verraten und waren wütend. Außerdem waren sie aufgeregt, weil Judy Garland gerade an einer Überdosis gestorben und im Beerdigungsinstitut von Frank E. Campbell aufgebahrt war. Am Ende der Christopher Street, nur zwei Blocks weiter, erhob sich der imposante Klotz des Jefferson Market-Frauengefängnisses (das inzwischen abgerissen wurde, um Platz für einen Park zu machen). Damals standen toughe Frauen unten auf dem Bürgersteig und riefen ihren Freundinnen zu: »Ich liebe dich,

Baby. Wenn du Shareefa ranlässt, die fette schwarze Hure, schlitz' ich dich auf; ich sag's dir, Baby, ich schlitz' dich auf.« Auf der Tanzfläche des Stonewall posierten die langbeinigen, grimmig dreinschauenden Mitglieder der S.T.A.R. (Street Transvestite Action Revolutionaries). Wütende Lesben, noch wütendere Tunten, überwältigende Trauer, kochende Hitze, Rassenkonflikte, die Beispiele zivilen Ungehorsams durch die Frauenbewegung, Antikriegsproteste, die Black Panther – die Zutaten waren vorhanden, und es genügte ein einzelner Funke, um das Freudenfeuer zu entfachen.

* * *

Das Stonewall war eigentlich keine Disco. Es gab dort eine Musicbox, und zwar eine gute, und zwei große, lange Räume, in denen man tanzen konnte. Die Bars waren in New York bis vier Uhr morgens geöffnet; die Schwulen kamen von der Arbeit nach Hause, aßen, stellten den Wecker auf Mitternacht und legten sich schlafen; dann gingen sie aus bis vier. Natürlich gab es noch keine Internetportale, auch keine telefonischen Dating-Lines, keine Darkrooms und auch keine Trucks oder Piers, wo man Sex haben konnte.

Die Anmache lief auf den Straßen und in den Bars. Wir hatten alle unsere lockeren Anmach-Sprüche. Wir waren dünn von den Amphetaminen; mein Arzt verschrieb mir regelmäßig Speed, und ich war noch um sechs Uhr morgens wach und las mit großer Begeisterung die Gelben Seiten. Wir hatten lange, schmutzige Haare und wuchernde Koteletten, trugen Hüfthosen und lustige schwarze Stiefel, die an der Seite einen Reißverschluss hatten, dazu Cowboyhemden mit glänzenden Druckknöpfen. Alle rauchten die ganze Zeit. (Ich schaffte bis zu drei Schachteln am Tag.) Wir hatten keine gewaltigen Vorzeigemuskeln und keine gute Haltung. Unsere Schultern waren so schmal wie unsere Hüften. Wir sahen nicht so aus, aber wir waren gesund – erst zwölf Jahre später hörte man zum ersten Mal von Aids. Alles, was wir uns einfingen, war der Tripper. Wir kriegten ihn häufig, vielleicht einmal im Monat, denn außer paranoiden Familienvätern benutzte niemand Kondome. Ich war mit meinem Tripper-Arzt befreundet; er kopierte in seiner Freizeit die Sonnenblumen van Goghs.

Ich ging ins Stonewall und trank mir mit drei Wodka Tonic Mut an, um John Stipanela zum Tanzen aufzufordern, er war Direktor einer Highschool. Ich hatte mich schlimm in ihn verguckt, aber er hatte keine Lust, mich ins Bett zu kriegen; wir wurden immerhin Freunde. Eines Nachts schleppte ich einen lupenreinen WASP-Jungen ab, der für die Import-Export-Firma seiner Familie arbeitete, aber er war mir etwas zu passiv – dann fand ich heraus, dass er der Typ war, in den sich mein Kollege aus dem Büro unsterblich verliebt hatte und schon seit Monaten anhimmelte. Ich hatte ein schlechtes Gewissen, dass ich die Schusslinie meines Kollegen blockierte, andererseits war ich stolz darauf, dort zum Zug gekommen zu sein, wo er, der viel besser aussah als ich, versagt hatte.

Und dann kam die Razzia, und mit ihr der Aufschrei, der in aller Welt gehört wurde, der Sturm auf die antischwule Bastille. Die Razzia fand am 28. Juni 1969 statt, und zum ersten Mal leisteten die Schwulen Widerstand. Das Amt für Alkohol, Tabak und Feuerwaffen hatte die Razzia veranlasst, weil sie herausgefunden hatten, dass die Kneipe geschmuggelten Schnaps verkaufte und die örtliche Polizeiwache mit der Mafia, der die Kneipe gehörte, unter einer Decke steckte. Als die Gäste und Angestellten aus der Bar geführt und in die Grüne Minna gesteckt wurden, fing die wütende Menge, die sich draußen gesammelt hatte, an zu Buhen. Dann begannen einige der Tunten drinnen sich zu wehren – und ein paar von ihnen entkamen. Die Masse wurde durch die Gewalt elektrisiert.

Wir waren deshalb so sauer über die Razzia, weil wir meinten, die Bullen hätten uns vergessen, nachdem die Weltausstellung vorbei war; es hatten sogar ein paar neue Kneipen aufgemacht. Sonst fanden die Razzien nur einmal im Monat statt und meist früh am Abend, um die späteren Stunden des ernsthaften Tanzens, Flirtens, Trinkens und

Anbaggerns nicht zu stören. Dann bekamen wir einen neuen, attraktiven Bürgermeister, John Lindsay. Er sah allerdings nur gut aus, geriet dafür aber ständig mit den Gewerkschaften, den Antikriegsdemonstranten, den radikalen Studenten an der Columbia – und mit der Gay Community in Konflikt.

Vor den Stonewall-Unruhen hatte es so etwas wie eine Gay Community kaum gegeben, sondern nur die einzelnen Schwulen, die auf der Greenwich Avenue und der Christopher Street unterwegs waren. Doch als die Polizei im Stonewall Inn eine Razzia veranstaltete und die Schwulen Angst bekamen, dass ihre Kneipen wieder geschlossen würden, war die Hölle los. Ich war durch Zufall dort, und ich weiß noch, dass ich gedacht habe, dies könnte die erste lustige Revolution werden. Wir nannten uns die Pink Panthers und machten einen Bogen um die Bullen, um dann in Chorus Line aus der Gay Street oder Christopher Street zu kommen und die Beine in die Luft zu werfen. Wir riefen »Gay is good«, als Nachahmung des Slogans »Black is beautiful«.

Bis zu diesem Moment hatten wir alle gedacht, Homosexualität sei ein medizinischer Begriff. Plötzlich merkten wir, dass wir eine Minderheit waren – mit Rechten, einer eigenen Kultur und eigenen Zielen. Der 28. Juni 1969 war ein großer Tag für die schwule Geschichte.

Heute kritisieren die Wortführer der LGBT-Verbände, dass die jungen Schwulen die Bewegung nicht ernst nehmen. Hört nicht auf sie. Denkt daran, dass wir am Stonewall Inn unser Recht auf Spaß verteidigt haben, das Recht, uns zu treffen und Sex zu haben.

Als die Grüne Minna mit der Hälfte der Angestellten und ein paar tobenden und zappelnden Tunten abgefahren war, blieben in der Bar einige Polizisten mit den anderen Gästen zurück. Ich war mit einem Freund vorbeigegangen und schloss mich ihnen nun an, auch wenn der Widerstand gegen die Staatsmacht mich nervös machte. Ich glaubte, wir sollten keinen Ärger machen. Das wäre schlecht für unser Ansehen. Deshalb wollte ich sie beschwichtigen und sagte: »Lasst gut sein, Jungs.«

Aber auch ich kam in Fahrt, als die Menge draußen anfing, die verbarrikadierte Tür mit einer herausgerissenen Parkuhr einzuschlagen, und jemand brennenden Abfall in die Bar warf. Es war egal, dass der Klub, den wir verteidigten, der Mafia gehörte. Das Stonewall war ein Symbol, so wie auch die Bastille ein Symbol gewesen war. Es war egal, dass nur sechs Gefangene in der Bastille waren, einer davon de Sade, der es eindeutig verdiente, eingesperrt zu werden. Eine symbolträchtige Situation sucht man sich nicht aus; man nimmt, was man kriegen kann.

Zwei Wochen später schrieb ich in einem Brief an Alfred und Ann Corn über diese Vorfälle, ein frisch verheiratetes Paar, das ich erst kürzlich getroffen hatte und das den Sommer an der Westküste verbrachte. Ich hatte offensichtlich keine Ahnung, wie wichtig diese Unruhen waren oder werden würden, dass durch sie eine neue Ära des schwulen Selbstbewusstseins eingeläutet wurde. Sie erwiesen sich als ebenso epochal wie die Zerstörung von Magnus Hirschfelds Institut für Sexualwissenschaft durch die Nazis im Jahr 1934, die die erste schwule Emanzipationsbewegung der Geschichte beendete. In den späten 1980er Jahren beendete ich einen Roman, *Das schöne Zimmer ist leer*, mit einer langen Beschreibung dieser Ereignisse.

7.

Zu dieser Zeit traf ich den Dichter, Kritiker und Übersetzer Richard Howard. Frank, ein Typ, mit dem ich ab und zu ausging, war in einer Kneipe im West Village mit Richard ins Gespräch gekommen. Er erzählte ihm, er habe einen Freund (mich), der einen »großartigen« Roman geschrieben habe, den niemand drucken wolle. (In Wahrheit hatte Frank das Buch gar nicht gelesen.) Richard kritzelte daraufhin seine Telefonnummer auf einen Zettel und sagte Frank, ich solle ihn anrufen.

Frank sagte: »Ich glaube, er ist der einzige etablierte Schriftsteller, der in die Kneipen geht.« Mit Sicherheit hatte niemand, den ich kannte, je einen echten Schriftsteller getroffen, obwohl Richard gleich zu Anfang zu mir sagte: »Als wir jung waren, waren die älteren Schriftsteller sehr weit weg und sehr erhaben, aber heute sind wir für die Jungen ganz leicht zugänglich.«

Ich rief Mr. Howard an. Er lachte etwas abfällig (oder vielleicht auch nur nervös) und sagte recht forsch und bestimmt: »Seien Sie heute pünktlich um zwei Uhr an der Ecke 13th Street und 8th Avenue, ich komme auf dem Weg zu meinem Therapeuten dort vorbei und bin dann bereit zur Manuskriptübergabe.«

Ich war etwas verwundert und wiederholte die Einzelheiten, nur um sicher zu gehen, dass – aber Mr. Howard unterbrach mich, lachte und sagte: »Ja, genau so habe ich es gesagt.« Dann legte er auf.

Zur vereinbarten Zeit stand ich an der Straßenecke (einen halben Block von meiner neuen Wohnung entfernt) mit dem Manuskript in der Hand. Ich hatte abgeschnittene Jeans und ein weinrotes T-Shirt an.

Meine Haare waren frisch gewaschen und gekämmt; ich wünschte nur, ich hätte besser geschlafen und nicht so dunkle Ringe unter den Augen. Plötzlich sah ich ihn in flottem Tempo die Straße entlangwirbeln, mit Cape und leuchtender Glatze. Er musterte mich mit hochgezogener Augenbraue von Kopf bis Fuß. Ich hatte keine Ahnung, was für einen Eindruck ich auf ihn machte. Damals ging ich schon seit drei Jahren ins Sportstudio, lange bevor die meisten anderen Schwulen damit anfingen, und mein Körper muss sich unter den engen Kleidern deutlich abgezeichnet haben.

»Haben Sie Ihre Telefonnummer auf das Manuskript geschrieben?«

»Ja«, sagte ich, »sie steht auf dem Deckblatt.«

»Ich habe im Moment gerade viele Dinge auf meinem Schreibtisch liegen, aber ich verspreche Ihnen, dass Sie bis zum Wochenende eine Rückmeldung bekommen.« Dann war er weg. Leicht betäubt sah ich ihm nach, wie er davoneilte, mein Manuskript in der Hand.

Der Roman trug den Titel *Forgetting Elena* und wurde meine erste Buchveröffentlichung, Richard sei Dank. (Die einzigen lobenden Worte auf der Rückseite stammten ebenfalls von ihm.) Es war (und ist) ein geheimnisvoller, experimenteller, origineller Text. Ich war es leid, Stücke und Romane zu schreiben, von denen ich hoffte, dass sie anderen Leuten gefielen, und hatte deshalb beschlossen, etwas zu schreiben, das ich selbst gern lesen würde. Ich dachte mir, wenn ich schon überall auf Ablehnung stoße, will ich mein verhasstes »Kind« wenigstens selbst mögen. Bei der Lektüre von *Forgetting Elena* (das damals noch *Something Valentine* hieß) merkte man schnell, dass ich Kafka und Beckett gelesen hatte, auch wenn ich keinen der beiden großen Autoren nachahmte. Mich faszinierten höfische Protokolle, und ich hatte mehrere Bücher über Höflinge im Japan der Heian-Zeit verschlungen – vor allem *Die Geschichte vom Prinzen Genji* und *Das Kopfkissenbuch der Dame Sei Shonagon*. Immer wieder hatte ich *Der leuchtende Prinz* von Ivan Morris gelesen, ebenfalls über Genji. Und ich war fasziniert von Versailles unter Ludwig XIV. und liebte W. H. Lewis' Buch darüber, *The Splendid Century*.

Dennoch war mein Buch kein historischer Roman. Mehrere Kapitel hatte ich während eines Urlaubs in den Pines von Fire Island geschrieben. Die Rituale der schwulen Männer dort – der nachmittägliche »Tea Dance« in Badehosen vor dem Botel am Hafen, späte Abendessen in einem der Ferienhäuschen, die auf Stelzen inmitten der Dünen standen und jeweils von sechs bis acht Männern gemietet wurden, die mitternächtliche Rückkehr der Männer zum Hafen, um bekifft bis zum Morgengrauen zu tanzen – verschmolzen in meiner Vorstellung mit den Ritualen des mittelalterlichen Japan oder in Versailles. In Japan kam es immer wieder zu kurzen, oft brutalen sexuellen Begegnungen im Dunkeln, so wie auf Fire Island das gemeinsame Leben durch schnelle, aufregende Ficks am »Fleischtresen« in den Dünen akzentuiert wurde. Wenn die Disco bei Tagesanbruch dicht machte, schwankten schöne, verschwitzte Männer irgendwo zwischen den Ortschaften ins Gebüsch und hatten Gruppensex. In Versailles wurden in der Konversation keine Titel verwendet, obwohl jeder über den exakten Rang des anderen genau Bescheid wusste; genauso vergnügten sich auf Fire Island mittellose Schönheiten und millionenschwere Anwälte miteinander, alle in denselben Badehosen, Jeans und Sandalen. Da auf Fire Island keine Autos fahren, musste jeder seine Einkäufe in einem roten Bollerwagen über die rumpeligen Plankenwege nach Hause schleifen.

Als wäre diese Mischung von höfischem Verhalten und Fire Island Community noch nicht genug, beschloss ich, einen Ich-Erzähler mit Amnesie einzusetzen, der nicht einzugestehen wagt, dass er keine Ahnung hat, wer er oder irgendein anderer tatsächlich ist. Da er über kein Gedächtnis verfügt, ist das ganze Buch im Präsens erzählt. Der Erzähler stellt unentwegt Vermutungen an und verwirft sie wieder, um herauszufinden, was um ihn herum vorgeht und was er damit zu tun hat. Ich dachte, das sei es, was wir alle die ganze Zeit über tun: unser Verhalten an den Erwartungen unserer Umgebung und den von dort ausgehenden Reizen auszurichten. Unser Selbst ist ein soziales Selbst; im Kern orientieren wir uns an Tauschvorgängen. Zugegebenermaßen war ich ein extremes Beispiel für dieses Anpassungsvermögen. Ich hatte mich von Erving Goffmans Idee inspirieren lassen, das Selbst werde durch reziprokes Rollenspiel definiert – das Leben war ein Theater.

Nach einer Woche traf sich Richard mit mir. Er hatte das komplette Manuskript durchgesehen und viele Fehler in Stil und Ausdruck korrigiert. Ich hatte ab und zu Fußnoten eingefügt, und er war der Meinung (zu Recht, wie ich nun einsehe), ich würde damit zu viel Aufmerksamkeit auf den Text als Text lenken und auf unschöne Weise kokettieren. Ich wollte den Lesern damit einen Ausweg aus dem Labyrinth des Buchs zeigen. Richard sagte, ich könne das ganze Buch nicht *Something Valentine* nennen, denn schließlich irre sich der Erzähler – er gehört nicht zur Familie der Valentines. Und er meinte, das Buch sei zu kurz. Ich solle ein weiteres langes Kapitel von ungefähr dreißig Seiten anfügen, denn ein Roman von weniger als zweihundert Seiten sei unverkäuflich.

Ich hatte mehrere Monate an dem Buch gearbeitet. Bei der Aussicht, weitere Seiten hinzuzufügen, verlor ich den Mut, denn der Aufbau des Romans war rein instinktiv gewesen. Ich hatte meinen Sender lediglich auf eine bestimmte Frequenz eingestellt; sobald mein Geist den richtigen Ton von sich gab, wusste ich, dass ich so weitermachen konnte. Ich war überzeugt, ein wundervolles Buch geschrieben zu haben – aber ich konnte nicht genau sagen, wie ich das gemacht hatte. Richard war zurückhaltend mit seinem Lob, aber er machte auf geschäftsmäßige Weise deutlich, dass es sich lohnte, daran weiterzuarbeiten. Seine praktische Herangehensweise ermutigte mich, es zu versuchen.

Nachdem ich den Text überarbeitet hatte, warf er nur einen flüchtigen Blick darauf. Ich gab die neue, viel längere Fassung meiner Agentin, die sie Robert Gottlieb vorlegte, der damals der Chef von Knopf war. Er dachte einige Monate lang darüber nach (was, wie ich später erfuhr, für ihn sehr untypisch war). Schließlich lehnte er ab, aber er muss kurz davor gewesen sein, es zu kaufen. Er schrieb: »Ich mag hochwertigen Schrott und schrottigen Schrott, aber dieses Buch ist überhaupt kein Schrott.« Ich war verwirrt. Damals lebte ich in Rom. Ich weiß noch, wie ich von der Geschäftsstelle von American Express an der Spanischen Treppe, wo ich meine Post abgeholt hatte, nach Hause ging und daran dachte, Selbstmord zu begehen. Ich weinte und sagte im Gehen laut vor mich hin: »Ich komme nicht zu Wort! Sie lassen mich nicht zu Wort kommen!« Ich setzte mich auf eine Bank und blickte auf die Ruinen des Forums; wenn Gott mir kein Zeichen schickte, wollte ich mich umbringen. Da kam ein hübscher blonder Römer auf mich zu und fragte, ob mit mir alles in Ordnung sei. Ich beschloss, wenigstens so lange weiterzuleben, um mit ihm zu schlafen – er war offensichtlich ein Engel.

Vielleicht war mein Buch ja schlecht, oder zu verdorben, aber jedes Jahr erschienen hunderte und hunderte von schlechten Büchern. Außerdem war es nicht schlecht. Es war gut. Ich spürte, dass es für mich das Wichtigste im Leben war, ein veröffentlichter Schriftsteller zu werden. Ich war jetzt dreißig und hatte noch nichts erreicht. Ich fühlte mich gedemütigt. Gottlieb gab weiterhin den *New Yorker* heraus und schrieb lyrisch und klug über Balanchine. Ich wurde ihm in den 1980er Jahren in Paris mehrmals vorgestellt, und gemeinsame Freunde sagten mir, dass ich mich in ihm täuschte, er sei ein großer Verteidiger der Kunst, der Arme – für seinen exquisiten Geschmack musste er viel leiden. Jetzt, wo ich selbst zu denen gehöre, denen andere Menschen Manuskripte senden, ist mir bewusst, dass es dort draußen mindestens ein Dutzend junger Autoren gibt, die mich verachten, weil ich nicht genug für sie tue. Einer von denen rächt sich nun an meinen gedruckten Büchern. Er schrieb: »Edmund White ist der dickste und hässlichste Schriftsteller in Amerika, nur noch übertroffen von Harold Bloom.« Er behauptet, alle meine Bücher seien missglückt, einschließlich meiner Biografie über Jean Genet – ein Thema, dass ich, wie er sagt, für eine ganze Generation vertan habe.

Richard Howard schlug damals, als ich ihn das erste Mal traf, vor, mein Buch an Anne Freedgood von Random House zu schicken, obwohl sie es schon einmal abgelehnt hatte (wie mehr als zwanzig andere Verleger). Richard telefonierte mit Anne und sagte, sie müsse es annehmen. Das tat sie dann auch, aber erst nach mehreren Monaten. Ich hatte *Forgetting Elena* 1969 nach drei Jahren Arbeit abgeschlossen und überarbeitet; veröffentlicht wurde es 1973 – sieben Jahre vom Start zum Ziel, und das bei einem Buch von zweihundert Seiten. Als ich wieder in New York war und mit Mrs. Freedgood zu Mittag aß, um über Veränderungen zu sprechen (noch mehr Veränderungen!), dämmerte mir plötzlich, dass meine Agentin ihr das alte Manuskript geschickt hatte, und nicht die Fassung, die ich nach Richard Howards Korrekturen überarbeitet hatte. Ich bat sie, es ansehen zu dürfen; ja, es war der alte Text mit all den Eselsohren. Mir wurde klar, dass die Agentin die ganze Zeit über die alte Fassung verschickt hatte.

Anne gefiel der überarbeitete Text, als sie ihn ein paar Tage später schließlich erhielt, aber sie bestand darauf, dass das Buch nicht so vage enden dürfe. Ich war von den abstrakt-expressionistischen Malern in Cranbrook so beeindruckt gewesen, dass ich ein verbales Äquivalent zu ihren ungegenständlichen Bildern erschaffen wollte. Allerdings wusste ich, dass Sprache (anders als Pinselstriche) symbolisch war und sinnlose Silben oder Aneinanderreihungen bedeutungsloser Worte à la Gertrude Stein ermüdend zu lesen waren. Ich glaubte, der Trick bestünde darin, richtige Sätze zu schreiben und anscheinend auf ein bestimmtes Ziel zuzusteuern, aber die Handlung immer wieder durch sich selbst auszulöschen – wie es John Ashbery in der Lyrik tat, wie ich bald darauf erkannte. Doch Anne Freedgood sagte, ich schlösse in meinem Roman einen Vertrag mit meinem Leser; ich hätte einen Kriminalroman versprochen und müsse den Vertrag einhalten. Das Buch wurde dann auch hauptsächlich als Krimi besprochen. Wie enttäuschend für die Fans dieses Genres!

Aber ich sollte zu meiner Geschichte zurückkehren. Bevor ich nach Rom ging und bevor das Buch angenommen wurde, waren Richard und ich unzertrennlich geworden. Er war affektiert, pedantisch und arrogant, doch irgendwie waren diese Eigenschaften, die bei anderen so ermüdend sind, bei ihm entzückend und erfrischend. Er erzeugte eine Art von konstantem Beben, als hätte er mehrere Motoren, die mit Treibstoff von hohem Oktanwert betrieben wurden. Jeder Augenblick mit ihm hatte etwas Besonderes. Es kam mir vor, als dümpelte ich in einem toten Gewässer, und plötzlich käme ein Vergnügungsdampfer angebraust, die Decks voll von Gästen in Abendkleidung. Es war schlichtweg unmöglich, Richard nicht wahrzunehmen. Richard hatte nicht etwa die Manieren der Oberschicht angenommen oder die amerikanische Version professoralen Gehabes – nein, er erfand eine völlig neue Art sich zu bewegen, zur reden, zu lachen. Er sprach mit hoher, nasaler Stimme und verfiel manchmal in ein elegantes Stottern, aber er suchte nicht etwa nach Worten, sondern nach einem bestimmten rhetorischen Effekt – nach Überraschung, Anteilnahme. Er hatte keinen englischen Akzent und sprach auch nicht »mittelatlantisch«, wie es damals in New York in Mode war, sondern so, wie er sich Henry James' Artikulation vorstellte – mit ausgefallener Grammatik, merkwürdigen Vokabeln, überraschend witzigen Wendungen und einer gespenstischen Vorliebe für alltägliche Allerweltsausdrücke. Er warf auf einstudierte Art den Kopf in den Nacken und hielt eine Hand hoch erhoben, wie Jupiter, der einen Blitz schleudert. Er konnte beängstigend mit den Augen rollen und eine einzelne Augenbraue verächtlich anheben. Sein Lachen war warm und freundlich, aber auch theatralisch. Und ganz selten huschte ein kleines, demütiges Lächeln über sein Gesicht, als habe er sich selbst dabei ertappt, wie er wieder einmal gehörig herumtuckte.

Er wusste alles über die ausgefallenen Angewohnheiten seiner Freunde und Bekannten. (Sein Gedächtnis war hervorragend, und wenn es ihn einmal im Stich ließ, schlug er sich leicht mit der Faust auf die Stirn, als könne er damit den Mechanismus wieder ins Laufen bringen.) Doch während Henry James sich vorgenommen hatte, ein Gentleman zu sein, und sehr besorgt war, wenn in seiner Umgebung gegen die guten Sitten verstoßen wurde, verherrlichte Richard das Abwegige, sowohl bei sich selbst wie bei anderen. Er trug einen roten

Umhang, und viele seiner Kleidungsstücke waren protzig oder witzig. Diese Affektiertheiten widerfuhren ihm nicht etwa unfreiwillig – er legte es geradezu darauf an.

Richard konnte sehr grob und ungeduldig sein, wenn man ihn auf irgendeine Weise »enttäuschte« – wenn man George Merediths *Diana of the Crossways* nicht gelesen hatte oder sagte, man würde Gerard Manley Hopkins nicht »kapieren«. Er rollte dann mit den Augen, als flehe er um Hilfe – am besten durch göttliches Eingreifen. Er flüsterte: »Oh, Liebling, wie kannst du so etwas sagen?« Sein Pantheon großer Künstler und Schriftsteller umfasste jeden, von dem ich je gehört hatte, aus Gegenwart und Vergangenheit. Blinde Flecken oder Vorlieben waren keinem seiner Freunde gestattet (allerdings veröffentlichte er selbst später einen Gedichtband mit dem Titel *Preferences*). Damals beendete er gerade *Alone with America*, eine tausendseitige Verbeugung vor einundvierzig lebenden amerikanischen Dichtern; ich kannte bisher nur fünf oder sechs von ihnen. (Unter Richards guter Betreuung las und traf ich später allerdings viele davon.) Er bewunderte seine einundvierzig »Unsterblichen« ganz außerordentlich, und dennoch behandelte er sie mit einer merkwürdig sadistischen Schärfe. Ich erinnere mich, wie er den trinkfreudigen Alan Dugan bei der verehrungswürdigen *Young Men's Hebrew Association* einführte (wo schon T.S. Eliot und Dylan Thomas gelesen hatten). Dugan ist weitgehend vergessen, aber er wurde mit dem Yale Younger Poets Award ausgezeichnet und erhielt später den Pulitzer-Preis und den National Book Award – für schmale Bände mit so kargen Titeln wie *Poems I*, *Poems II*, *Poems III* und so weiter. Richard sagte: »Alan Dugan ist ein Säufer, im ursprünglichen Sinn des englischen ›sup‹ und des dänischen ›söbe‹.« Richard hatte einige Jahre für einen Lexikonverlag gearbeitet, und immer wieder tauchten solche absurden, manchmal eher peinlichen Assoziationen in seinen Gesprächen und Schriften auf.

Während seiner Arbeit an diesen ehrfürchtigen, wenn auch eigenwilligen Essays konstruierte er zugleich seine eigenen Gedichte. Als wir uns kennenlernten arbeitete er an *Untitled Subjects*, einer Sammlung dramatischer Monologe viktorianischer Persönlichkeiten im Stil Brownings. Der beste war *Said* von Mrs. William Morris, die in hohem Alter eine Schachtel von Erinnerungsstücken betrachtet: »These are mine. Save them./I have nothing save them« lauteten die feierlich schönen letzten Verse. Er trug diese Gedichte Marilyn, Stanley und mir immer wieder vor, hoch theatralisch und mit lauter Stimme. Er artikulierte überdeutlich, starrte uns tief in die Augen, schlug mit der Faust auf eine Tischplatte, sank in eine lange dramatische Pause, warf den Kopf zurück, schloss die Augen und wisperte prophetische Worte, bevor er auf einen Stuhl sank und erlosch. Wir drei saßen im kleinen Wohnzimmer meiner neuen schicken Wohnung an der West 13th Street und hatten furchtbare Angst, im nächsten Moment in wieherndes Gelächter auszubrechen, wobei für Richard unser *fou de rire* bestimmt genau die Reaktion gewesen wäre, die er hervorrufen wollte. Richard gestand uns, dass Sandy, sein Lover, ihn diesen Vortragsstil gelehrt und mit ihm eingeübt habe. Insgeheim fragte ich mich, ob Sandy nicht vielleicht ein vergiftetes Geschenk war.

Natürlich war ich furchtbar stolz, Richards Freund zu sein, nicht nur, weil er berühmt war und so viele wichtige Menschen kannte, sondern auch deshalb, weil er so lebendig und witzig war; er war unglaublich lustig und hatte eine elektrisierende Präsenz.

Als Leute aus dem Mittleren Westen wurden Marilyn, Stan und ich bei solchen theatralischen Vorträgen verlegen, besonders, wenn wir sie aus nächster Nähe erlebten, aber trotzdem bewunderten wir seine Gedichte und seine Chuzpe. Und überhaupt, Richard stammte selbst aus dem Mittleren Westen – aus Cleveland, genau wie Hart Crane, das erzählte er immer wieder. Er war gerade von einer Lesereise durch Cleveland zurückgekehrt, und eine alte Tante, die in jungen Jahren bei den Ziegfeld Follies aufgetreten war, war nach einer Lesung zu ihm gekommen. Richard war stolz auf seine Glatze und polierte sie sorgfältig, und genauso stolz war er darauf, dass er sie so furchtlos herzeigte. Doch als seine alte Tante ihm gegenüberstand, sagte sie nur: »Kauf dir 'ne Perücke.«

Er wurde für seine Gedichte mit dem Pulitzer-Preis ausgezeichnet und wirkte sehr erfreut über die Anerkennung. Er wirkte wie ein Junge bei der Bar Mitzwa, der es ganz natürlich findet, dass ein Raum voll Erwachsener ihn voller Zuneigung und Stolz anhimmelt. Er war kein Dummkopf und wusste um Neid und Missgunst, aber Vorsicht und Zurückhaltung anderen gegenüber musste er erst lernen. Instinktiv war er überzeugt, dass alle ihn mochten und sich mit ihm freuten.

Genau wie ich hatte er fortschrittliche Schulen besucht – er in Cleveland, ich in Evanston, Illinois –, und an diesen Schulen war Wettbewerb verpönt gewesen. Für eine ehemalige Mitschülerin, Anne Hollander, schrieb er sogar ein Gedicht darüber, *From Beyoğlu*. (Sie verfasste Bücher wie *Seeing Through Clothes* und andere interessante Arbeiten über Kleidung und ihren Einfluss auf die Wahrnehmung des Körpers.) Richards Gedicht bezog sich auf »das Jahr, als wir Wikinger waren« und erzählte davon, wie die Kinder auf fortschrittlichen Grundschulen in Übereinstimmung mit Deweys Prinzipien andere Kulturen erkundeten (in diesem Fall die der Nordmänner), indem sie sich verkleideten und in einer sicheren Umgebung ohne Wettbewerb und Noten deren Leben nachahmten. Das hatte zur Folge, dass sowohl Richard wie ich davon ausgingen, dass unsere Freunde unseren Erfolg mit uns teilten. In unserer Welt gab es keine Rivalität.

Er war unermüdlich und sehr loyal. Es konnte sein, dass er am selben Tag einen Freund im Krankenhaus besuchte, der Probe eines anderen Freundes beiwohnte, zum Therapeuten ging, mit Jackson Pollocks Witwe Lee Krasner zu Mittag aß, zwei Lyrik-Debüts las und lobende One-Liner für den Buchumschlag schrieb, an der Columbia unterrichtete, an einer Vorstandssitzung des Dichterverbands teilnahm und mit seinem Lover zu Abend aß. Sein Lover war Sanford Friedman, der Autor von *Totempole*, eines frühen schwulen Romans, in dem es unter anderem um die Liebe zwischen einem amerikanischen Soldaten und einem jungen Koreaner ging. Sandy und Richard lebten in einer geräumigen Wohnung im West Village; wenn Sanford mit einem Anfall von Depression oder Migräne ausgestreckt auf dem Sofa lag – ich fand nie heraus, um welches von beiden es sich handelte –, mussten Richard und ich auf Zehenspitzen durch den abgedunkelten Raum schleichen, um in Richards gemütliches, hell erleuchtetes Arbeitszimmer zu kommen, das vom Fußboden bis zur Decke voller Bücher war; die Einrichtung bestand aus roten Polstermöbeln, Messing und getöntem Glas. Wir schlossen die Tür und versuchten, leise zu sprechen. Als sein Vater starb, schrieb ich Sandy einen komplizierten, ganz und gar literarischen, neurotischen Beileidsbrief, den Sandy mit dem Satz beantwortete: »Ich weiß die Geste zu schätzen, egal, wie ehrlich sie ist.«

Richard brachte der Literatur eine großherzige, allumfassende, lebhafte Liebe entgegen. Während die meisten etablierten Dichter und Schriftsteller nur immer wieder dieselben Bücher lasen, die sie in ihrer Jugend beeindruckt und geformt und ihnen Glück gebracht hatten, und Neuerscheinungen von Freunden und Rivalen allenfalls mit einer Mischung aus Verachtung, Neugier und Misstrauen kurz überflogen, hatte Richard nur Freunde und keine Rivalen und mochte alles. Er hatte mehr als einhundertfünfzig Bücher aus dem Französischen übersetzt, und falls die Autoren noch lebten, hatte er sie meist auch persönlich kennengelernt – Robbe-Grillet, Claude Simon, Roland Barthes oder den pessimistischen rumänischen Aphoristiker E. M. Cioran. Später, in den siebziger Jahren, stattete Richard Cioran in Paris zusammen mit dem Dichter James Merrill und dem Kritiker David Kalstone einen Besuch ab. Alle drei waren erstaunt, dass der stets niedergeschlagene Autor den ganzen Abend Witze riss, Wein trank und hunderte von Schnecken aß, die er mit einer Nadel aus ihrem kleinen schwarzen Gehäuse zog.

Richard hatte sogar Charles de Gaulle übersetzt und erzählte gern die Geschichte, wie er zu einem offiziellen Mittagessen in den Elysée Palast eingeladen war. Akademiemitglieder, Admirale und Actricen waren eingeladen, und de Gaulle stellte jedem von ihnen eine Frage. Als die Reihe an Richard kam, fragte de Gaulle, wo er so gut Französisch gelernt habe. Richard erwiderte: »Auf einer Autofahrt von Ohio nach Florida, mon général.« Nach dem Essen nahm de Gaulle Richard beiseite und fragte ihn, woran er sich bei der Übersetzung seiner Memoiren stilistisch orientiert habe. Richard sagte »Tacitus.« Und das war genau die richtige Antwort.

Richard war nur zehn Jahre älter als ich, doch er behandelte mich, als wäre ich ein Kind – ein intelligentes, wohlerzogenes Kind, das etwas Besonderes war, aber dennoch ein Kind blieb. Manchmal rief er mich an und sagte: »Ich habe eine kleine Überraschung für dich. Komm in einer halben Stunde zum Riv am Sheridan Square.«

Ich ließ alles liegen, was ich gerade tat, und beeilte mich, zu ihm zu kommen. Er nahm mich mit zu einem seiner berühmten Freunde. Durch Richard lernte ich Howard Moss kennen, den Lyrik-Redakteur des *New Yorker*, der einen trockenen Humor hatte und aussah wie Mr. Magoo, die kurzsichtige Comicfigur mit eingesunkenen Augen. Howard hatte eine Wohnung in einem Brownstone mit leuchtend roter Tür an der 10th Street in der Nähe der 5th Avenue. Er sagte, er sei gegen Zigaretten »allergisch«. Tatsächlich mochte er ganz einfach den Geruch von Zigarettenqualm nicht, aber zu jener Zeit stand das Recht zu rauchen überall außer Frage, und wer etwas dagegen hatte, musste sich eine medizinische Ausrede ausdenken. Howard hatte zwei Jahre zuvor mit Rauchen aufgehört, aber er nuckelte noch immer an einer Plastikzigarette, seinem persönlichen Beruhigungsmittel. Ich rauchte damals drei Schachteln am Tag und war so süchtig, dass ich mich bei ihm aus dem Fenster lehnte und das guillotine-artige Schiebefenster so weit herunterzog, dass kein Rauch in die Wohnung kam. Selbst in Frostnächten hing ich noch spät am Abend aus seinem Fenster; heute müsste ein Raucher wohl nach unten auf die Straße gehen.

Howard war in New York geboren und aufgewachsen und wirkte wie ein Überbleibsel aus den 1950ern. Ich sah ihn nie ohne Jackett und Krawatte. Er trug nicht die eleganten italienischen Anzüge, die heute in Mode sind, nein, sondern die schweren, zugeknöpften Nadelstreifenanzüge von Brooks Brothers, die in den Fünfzigern von Schriftstellern und Professoren mit schmalen roten Schlipsen getragen wurden.

Er hatte ein knittriges, mürrisches Gesicht und ein schiefes Lächeln auf den Lippen; manchmal kicherte er leise vor sich hin. Er sagte etwas Lustiges und Verzweifeltes, kicherte kurz und zog dann ein langes Gesicht. Er besaß den berühmten New Yorker Humor, den ein kluger Mensch einmal so definiert hat: Es ist ätzender jüdischer Witz, verdünnt durch einen Martini. Er war Jude, erwähnte das selbst jedoch nie, und er trank Martinis, doch als ich ihn kennenlernte, hatte er die Martinis durch Weißwein ersetzt; er trank ihn wie Wasser.

Er war immer ein wenig unglücklich und machte darüber auf seine trockene Art Witze. Er war unglücklich, weil seine Gedichte keine größere Anerkennung fanden; er machte dafür seinen Job als Lyrik-Redakteur des *New Yorker* verantwortlich, der ihn zum mächtigsten Geschmacksrichter für Poesie im ganzen Land machte. Howard glaubte, dass all die Leute, die er abgelehnt hatte, ihn hassten, und dass diejenigen, die er gedruckt hatte, gegenüber ihren Kollegen nicht den Eindruck erwecken wollten, sie würden sich revanchieren oder einschmeicheln. Er sagte, das sei der Grund, weshalb niemand seine Bücher rezensierte, und nur wenige Redakteure seine Gedichte anforderten. Er klagte so oft darüber, dass ich schließlich eine flammende Besprechung seiner Gedichte für die Zeitschrift *Poetry* schrieb. Ich freute mich, ihn dafür loben zu können, eines der großen komischen Gedichte unserer Zeit geschrieben zu haben, *Ménage à trois*, das mit dem unvergesslichen Vers endet: »Es ist alt, unpassend und quicklebendig.«

Er schrieb auch Versdramen, eins über König Midas und ein anderes unter dem Titel *Der Palast um vier Uhr früh* – nach einer Skulptur von Giacometti, die im Museum of Modern Art zu sehen ist.

Beim *New Yorker* arbeitete er mit James Merrill und Elizabeth Bishop zusammen, Dutzend andere berühmte Dichter in englischer Sprache nicht zu vergessen. Besonders engen Kontakt hatte er zu der großen anglo-irischen Schriftstellerin Elizabeth Bowen, die in den 1950ern für kurze Zeit in Princeton lebte und unterrichtete. Ich hatte schon auf dem College damit begonnen, sie zu lesen, und als ich schließlich den Anspruch aufgab, »experimentell« zu sein, gewann sie an Einfluss auf meine Arbeit. Wahrscheinlich würde niemand die Verbindung bemerken (die Leute stehen selbst den offensichtlichsten Einflüssen blind gegenüber), aber seit meinem autobiografischen Roman *Selbstbildnis eines Jünglings* übernahm ich von ihr die Technik, hübsche, kurze moralische Betrachtungen über meine Figuren anzustellen. Was E. M. Forster für die meisten Schriftsteller meiner Generation gewesen ist, war Bowen für mich; Forsters Verbindung von Versteckspiel, Snobismus und Edwardianischer Moralvorstellungen war nicht mein Fall, doch mir gefiel Bowens stille Leidenschaft und Sinn für Tragik. Ihre besten Bücher, *The Death of Heart* und *The House in Paris*, sind insofern im klassischen Sinn tragisch, als die Helden mit einem Dilemma konfrontiert werden, das sie ins Verderben stürzt, wie immer sie sich entscheiden. Sie hatte keinen so manierierten Schreibstil wie Virginia Woolf und teilte nicht deren Überschätzung bestimmter »Seinsmomente«, und sie hatte auch keine religiösen Vorurteile wie Graham Greene (den ich als Schriftsteller allerdings direkt nach ihr nennen würde). Ihre Moralvorstellungen waren sehr subtil und situationsabhängig. Ich hörte, wie Ian McEwan vor kurzem sagte, die Modernisten wie Joyce und Woolf hätten so viel Aufmerksamkeit der Kritiker auf sich gezogen, dass (die ihnen seiner Meinung nach überlegenen) Realisten wie Bowen und Rosamond Lehman unbeachtet blieben. An dieser Stelle sollte ich erwähnen, dass Henry Green mein Leben lang auf Platz eins der Liste meiner Lieblingsautoren gestanden hat und sein Roman *Nothing* das einzige Buch ist, das ich zehn Mal gelesen habe. Man hat immer wieder seine Ausdrucksweise und sein Ohr für Dialoge gerühmt, aber man muss außerdem seine hohe Wertschätzung für weibliche Gefühlswelten, die Komik des Ehebruchs und die Absurdität von Klassenunterschieden erwähnen. Ich verstehe Henry Green als mein Gegenüber – mein begnadetes, bereicherndes Gegenüber.

Howard hoffte darauf, dass ich ihn mit einem jungen Mann bekannt machte, doch eines Tages traf ich bei ihm einen sehr verführerischen Puerto Ricaner an; Howard sagte später, dass er sich schon seit vielen Jahren mit ihm »treffe«. Ich nehme an, er genügte ihm irgendwie nicht, vielleicht war er nicht blond oder wohlerzogen oder vorzeigbar genug.

Howard hatte einen freudianischen Analytiker. Er ging schon seit Jahren zu ihm und redete über Psychoanalyse, als ob es sich dabei um einen ganz gewöhnlichen und anerkannten Zweig der Medizin handelte, wie Orthopädie. Howard legte sich nach bester freudianischer Manier auf eine Couch und erzählte brav seine Träume. Der Therapeut, so sagte er, redete nur selten, oder besser gesagt, »gab nur selten Interpretationen«. Und ebenfalls in der freudianischen Tradition wusste er nichts über den Therapeuten, außer dass er noch einige andere Schriftsteller behandelte – das war seine »Spezialität«. Howard redete über seine Kindheit, sexuelle Fantasien und Wirklichkeiten – und über seine »Übertragungen« (in seinem Fall seine Gefühle für den Therapeuten). Mir schien, unterm Strich kam dabei nur heraus, dass er noch trübseliger und noch fatalistischer wurde.

In Howards Geist war allezeit Abend, doch inmitten dieser langen Schatten tummelte sich sein übermütiger Humor so liebenswürdig und verblüffend wie ein junges Hündchen, ein Golden Retriever. Er war süchtig nach Witzeleien, ein *Aficionado* der Pointe. Wie traurig sein zerknittertes Gesicht auch aussehen mochte, er konnte es jederzeit, wenn man gar nicht damit rechnete, mit einem kleinen Lächeln aufhellen. Häufiger noch wurden seine Augen zu einfachen Sternen (eine horizontale und eine vertikale Linie), er wandte den Blick ab, zog die Mundwinkel zu einem Halbmond nach unten und spielte mit seiner Plastikzigarette, dann lachte er über sich selbst. Ich weiß noch, dass er davon erzählte, wie ein französisches Fernsehteam bei ihm anrief. Sie waren sehr beeindruckt von seinem kurzen Buch über Proust und wollten für eine französische Literatursendung einen Film über ihn drehen. »Gern«, sagte Howard. »Jederzeit. Aber ich spreche nicht französisch.« – »Oh, Sie sind zu bescheiden! Ein großer Gelehrter wie Sie? Wir kommen um drei.« – »Okay, aber ich spreche nicht französisch.« Als das Fernsehteam seine ganze Ausrüstung aufgebaut, Licht und Kamera eingerichtet hatte und Howard abgepudert war, stellte der Reporter die erste Frage – auf Französisch. Howard sah ihn verständnislos an und sagte: »Ich spreche nicht französisch.« Der Reporter lachte und fing noch einmal an. Wieder ein verständnisloser Blick. In ein paar Sekunden hatte das Team seine Sachen zusammengepackt und das Gebäude unter leisen Flüchen verlassen.

Eines Tages, *Forgetting Elena* war noch nicht erschienen, sagte Howard zu mir: »Es ist mir schrecklich peinlich, aber ich habe kein einziges deiner Bücher gelesen. Wo sollte ich anfangen?«

Ich antwortete: »Das liegt daran, dass ich zwar mehrere Bücher geschrieben habe, aber noch keins davon veröffentlicht wurde.«

Er sah mich mitfühlend an und sagte: »Das muss furchtbar schmerzhaft für dich sein.«

Ich fühlte mich wunderbar verstanden und nickte.

Er verstand, wie tapfer ich war, hinaus in die Welt zu gehen und mich mit Richard Howards schreibenden Freunden zu treffen, obwohl ich mit keiner einzigen eigenen Veröffentlichung bewaffnet war. Ja, es war wunderbar, all diese Literaten zu treffen, die mir irgendwann einmal One-Liner für Werbezwecke schreiben oder mich besprechen könnten, oder einfach herumerzählen könnten, dass ich klug und witzig war und gut aussah (in Anbetracht der niedrigen Standards der literarischen Welt in punkto Schönheit konnte ich damals als attraktiv gelten). Aber es war eine harte Prüfung, immer wieder erklären zu müssen, dass ich bereits das hohe Alter von neunundzwanzig Jahren erreicht und fünfzehn dieser Jahre mit Schreiben zugebracht hatte, und dass trotzdem nur eine Erzählung und ein paar Artikel von mir gedruckt vorlagen. Mein Problem wurde noch größer dadurch, dass die Menschen damals schon mit jüngeren Jahren veröffentlichten als heute, so, wie sie auch früher heirateten, Kinder bekamen und Karriere machten. Das Einzige, was ich all diesen bemühten Schriftstellerfreunden über mich hätte sagen können, war, dass Richard Howard mich unter seine Fittiche genommen hatte. Dieser Hinweis hätte zweifellos eine Flut bedeutungsschwerer Blicke ausgelöst, weil alle gedacht hätten, ich wäre sein neuester Lustknabe.

Am 13. Januar 1970 wurde ich dreißig, und zur selben Zeit beschloss ich, nach Rom zu ziehen. Mir wurde schlecht bei der Vorstellung, weiterhin im Büro die Zeit totzuschlagen, mir schal und eingesperrt vorzukommen und darauf zu warten, dass mein Leben begann. Ich wusste, dass sich mein Schicksal in New York erfüllen würde, aber ich begrüßte die Gelegenheit, Tabula rasa zu machen. Ich war nur einmal in Rom gewesen, vor zwei Jahren hatte ich zusammen mit Stan dort eine oder zwei Wochen verbracht. Der Dollar stand damals noch hoch im Kurs, und wir waren in einem Hotel am Corso abgestiegen, das früher ein Palast der Königin von Schweden gewesen war (Garbo!). Auf derselben Reise hatten wir in Florenz in der Pension Casa Annalena gewohnt, mit Halbpension für vier Dollar die Nacht, und im Palazzo Gritti in Venedig, der als »Elizabeth Taylor Suite« bekannt war, seitdem sie mit Richard Burton vor nicht allzu langer Zeit dort gewohnt hatte. Vom Zimmer aus sah man den Canale Grande und dahinter Santa Maria della Salute. Obwohl wir uns niemals ein Abendessen im Plaza Hotel in New York hätten leisten können, ermöglichten uns die Wechselkurse, an den luxuriösesten Orten Europas zu wohnen. Italien hatte uns gefallen, und wie viele glückliche Touristen träumten wir davon, dort zu leben. Vielleicht hätte ich Paris vorgezogen, aber die Stadt schüchterte mich ein.

Also nahm ich zu Beginn des neuen Jahrzehnts einen Monat lang Italienischunterricht in New York und kündigte meine Stelle – den einzigen wirklichen Bürojob, den ich jemals hatte, und um den zu bekommen ich zwei Monate zu jedem denkbaren Vorstellungsgespräch gegangen war. Maitland Edey, derselbe New-England-Mandarin, der sich mit Sigrid und mir über Feminismus unterhalten hatte, sagte mir, es sei verrückt, den Job bei Time-Life-Books aufzugeben, mit all seinen Sondervergütungen, Kündigungsschutz und den vier, oder sogar fünf oder sechs Wochen Urlaub im Jahr, den wir unserer Gewerkschaft, der Writers Guild, verdankten. Doch ich war zwar ängstlich, aber entschlossen. Ich ließ mir meine siebentausend Dollar Gewinnanteile auszahlen und kaufte dafür Reiseschecks, was dem Bankangestellten leichtsinnig vorkam.

Kurz vor meiner Abreise stellte Richard mich einem Menschen vor, der mein bester Freund werden würde: David Kalstone. Er wohnte nicht weit von Howard Moss entfernt zur Untermiete. Er war Professor an der Rutgers University (er hatte ein Buch über Sir Philip Sidney geschrieben), aber ich merkte, dass er sein Leben ändern wollte – er verbrachte den Winter in New York, den Sommer in Venedig. Er trug Kontaktlinsen und zeitgemäßere Kleidung als Richard, und er schrieb auch über zeitgenössische Dichter wie Bishop und James Merrill.

Damals war mir das alles nicht so wichtig. Ich war davon beeindruckt, wie elegant, freundlich und aufmerksam er war, obwohl er technisch gesehen fast blind war. Er hatte ein liebes, weises Lächeln, Augen, die in die diffuse Leere um ihn herum blinzelten, und Hände, die wunderbar abgerundete Gesten vollführten. Richard Howard behandelte ihn wie einen bedeutenden, aber dümmlichen Vetter, doch ich merkte sofort, dass er ein … Spielkamerad werden könnte. Obwohl Richard von uns allen erwartete, aufrecht dazusitzen, der Welt unser schönstes Gesicht zu zeigen und geradeheraus unsere klügsten Bemerkungen abzugeben und über unsere ernsthaften Leseerlebnisse oder andere existenzielle Erfahrungen zu sprechen (das Ballett, Angkor Wat, die Sixtinische Kapelle), ist David niemals durch diesen Reifen gesprungen. Er war äußerst verbindlich, aber alles, womit er sich befasste, erschien im Licht seines etwas albernen Humors. Er schrieb nicht so viel, wie seine Freunde erwarteten, so schien es mir jedenfalls, aber ich vermutete, das lag vor allem daran, dass er einen großen Teil seiner Zeit der Freundschaft widmete. Er war ein großzügiger, fröhlicher Mensch, und ich merkte, dass er mich sehr mochte, vielleicht deshalb, weil wir beide in gewisser Hinsicht

Neulinge waren. Obwohl er zehn Jahre älter war, hatte er weniger Zeit als ich damit verbracht, ein New Yorker zu werden, was damals so etwas wie eine religiöse Berufung war, voll offensichtlicher Strafen und filigraner Belohnungen.

Mein Aufenthalt in Rom ist nicht Teil dieser Geschichte. Ich blieb von Januar bis Juni und brachte all meine Ersparnisse durch, um Italiener und Amerikaner zum Essen einzuladen. Wir saßen an langen Klapptischen auf der Piazza Navona und betrachteten die angestrahlte Üppigkeit von Berninis Vierströmebrunnen. (Ist das da ein Kamel? Eine Palme? Ein Schwarzer?) Wir aßen Schüsseln voller Spaghetti Vongole und tranken Liter um Liter sauren Weißwein, der aus gläsernen Karaffen mit offiziellem Eichzeichen eingeschenkt wurde – was keinen Sinn machte, denn man konnte den Wein ja mit Wasser verdünnen, um die richtige Menge zu erreichen. Ich nahm fast jeden Tag Italienischunterricht in einem Viertel mit modernen Backsteinhäusern in der Nähe des Vatikan. Das Haus in Trastevere, in dem ich anfangs wohnte, brannte nieder, nachdem ich dort einen unglücklichen Monat verbracht hatte. Die englische Maklerin Lulu, die mir diese Wohnung vermietet hatte, wurde aus anderen Gründen gefeuert, aber wir blieben Freunde. Sie erzählte mir von Phillip, einem Bekannten, der am Largo Argentina wohnte und einen Mitbewohner suchte.

Ich zog bei Phillip ein und lernte sehr schnell all seine Freunde und seine Angewohnheiten kennen, spielte sein Klavier und führte seinen Hund aus. Seine Zweizimmerwohnung hatte eine Loggia, auf der Azaleen blühten und von wo aus man auf den Straßenverkehr und einen ständig plätschernden Brunnen hinabschauen konnte; die Nachbarin meinte, er würde von einem antiken römischen Aquädukt gespeist. Wir führten ein nutzloses römisches Leben, bestehend aus Geldsorgen, einem leichten Kater am Mittag und am Abend, viel leerem Gerede und nicht viel Sex. Morgens um zehn oder elf gaben wir telefonisch im Café unten in unserem Haus unsere Bestellung auf, und ein zehnjähriger Junge mit langer weißer Schürze stieg die sechs Stockwerke zu unserer Wohnung herauf und brachte Caffe latte und Brötchen oder Cornetti. Manchmal kam er zwei- oder dreimal am Tag, immer fröhlich und ohne sich zu beklagen, und holte mit professionellem Lächeln und schwungvoller Geste das leere Geschirr. In dieser Stadt schien sich jeder herauszuputzen; Phillip erzählte mir, dass manche Leute abends unter einer nackten Glühbirne saßen und trockenes Brot aßen, um später dann im maßgeschneiderten Anzug auf die Straße zu gehen, am Finger einen Schlüsselbund von Maserati, obwohl sie keinen Wagen besaßen. Der Polizist mit weißen Handschuhen, der den Verkehr vor dem Victor-Emmanuel-Denkmal dirigierte, war genau das – der Dirigent eines Symphonieorchesters. Wir kochten Spaghetti ohne Soße für uns und die zwei halbwilden Katzen – bis ich mir dachte, dass den Tieren die wichtigen Mineralien fehlten, die es nur in richtigem Katzenfutter gab, und Phillip dazu überredete, sie in Zukunft damit zu füttern, woraufhin beide in schrecklichen Todeskrämpfen verendeten.

Phillip hatte kein Geld. Vor langer Zeit war er Statist in einem Spielfilm gewesen. Seine Mutter war eine reiche Amerikanerin und sein Vater ein österreichischer Adliger. Phillip war in Mexiko aufgewachsen und Jahrgangsbester an der Highschool gewesen; doch jetzt, nur zehn Jahre später, wurde sein ehemals flüssiges Spanisch von seinem exzellenten, idiomatischen Italienisch überlagert. Amerikanisch sprach er mit einem ähnlichen Akzent wie ich, doch ihm fehlten oft die einfachsten Vokabeln.

Ich zahlte seine alten Rechnungen, kaufte Lebensmittel ein und bezahlte die gesamte Miete. Ich war wohl ein wenig in ihn verliebt, auch wenn er sich nichts aus mir machte. Sein tuntiger Ex-Lover, ein kleiner, magerer Sardinier, bemitleidete mich für meinen kräftigen Körper. Ich fragte meine Sprachlehrerin, was das zu bedeuten habe. Sie erklärte mir, dass die Italiener ihren ländlichen Wurzeln noch so verhaftet seien, dass sie die aristokratische Schlankheit verehrten, die zum Ausdruck bringt, dass man noch niemals körperlich arbeiten musste. Die Muskeln der Amerikaner erinnerten in ihren Augen auf peinliche Weise an die ländliche Herkunft. Ich hörte auf, Gewichte zu stemmen, und ging stattdessen ins Roma Sporting Center in der Nähe der Piazza Barberini. Wir trainierten nach den Anweisungen des *professore*; Sprünge, zu denen wir »Hampelmann« sagen, hießen hier *farfalle*, also »Schmetterling«. Alle zehn Minuten versprühte der *professore* Eau de Cologne, um den peinlichen Schweißgeruch zu überdecken.

Die schwule Szene Roms war zu jener Zeit armselig. Ein paar verheiratete Männer saßen zu bestimmten Zeiten in einem Kino in der Nähe des Corso, ihre Regenmäntel im Schoß, und ließen sich einen herunterholen. Ein paar Auswärtige, überwiegend rumänische Flüchtlinge, trafen sich um Mitternacht am Colosseum. Wenn ich bei den endlosen Abendessen auf der Piazza Navona genug getrunken hatte, zog ich los; meistens landete ich dann bei einem anderen Amerikaner, einem großen, attraktiven Schwarzen mit Namen Ron. Unser ethnischer Unterschied hätte zu Hause den näheren Kontakt verhindert (es war die Ära der Black Panthers), aber in Rom vereinten uns unsere Nationalität und unsere Geilheit.

Ich schrieb Richard Howard ausführlich von meinen armseligen Abenteuern. Er wies mich zurecht: »Da sitzt du nun im Zentrum der westlichen Kultur und tust so, als wärst du in Scranton, Pennsylvania.«

Ich glaube, meine Erfahrungen in Rom lassen sich so zusammenfassen, dass ich einen minderwertigen Abklatsch meiner New Yorker Lebensweise erschuf. Als würde man aus Schmalz eine Marmorstatue nachbauen. Ich hatte ein Drehbuch geschrieben, das niemand haben wollte. Historische Stätten besuchte ich nur, wenn Freunde aus Amerika kamen. Durch meine Sprachlehrerin hatte ich Farley Granger kennengelernt und ein Drehbuch für ihn geschrieben. Ich hatte mir unendliche Mühe gegeben, Phillip rumzukriegen, aber nur an einem Wochenende mit ihm geschlafen, als wir beide nach mehreren Flaschen Wodka sturzbetrunken waren und uns wie die Tiere herumwälzten. Ich hatte seine beiden Katzen getötet. Ich hatte gelernt, ein holpriges, gebrochenes Italienisch zu sprechen. Ich hatte hunderte Liter Weißwein getrunken, viele davon mit Diana Artom, einer Malerin und

Dichterin, die in mich verliebt war, obwohl ich ihr immer wieder sagte, dass ich schwul sei. Ich sagte »*Sono frocio*«, was vermutlich ein grobes Äquivalent des Satzes »Ich bin eine Schwuchtel« war. Sie erschrak und sagte, das sei kein gutes Wort, es läge an meinem fehlerhaften Italienisch, so etwas zu sagen. Ich versuchte ihr zu erklären, dass wir bei uns zu Hause gelernt hätten, diese Beleidigung selbstbewusst aufzugreifen, aber sie schüttelte nur heftig den Kopf. Sie war auch der Meinung, meine mangelnde Kenntnis der italienischen Gesellschaft sei schuld daran, dass ich auf einige schlimme Typen hereingefallen sei, Phillip und seine Freunde. Sie seien einfache Diebe, »*ladri*«.

8.

Und dann war ich wieder in New York, und die 1970er hatten endlich begonnen. Stan holte mich am Flughafen ab, schob mir etwas Merkwürdiges in den Mund und machte mit mir eine Tour durch all die Discos und Darkroom-Kneipen, die seit Stonewall und meiner Abreise eröffnet hatten. Nach sechs oder sieben Monaten in Italien war ich ausgehungert nach Sex. Ich konnte nicht glauben, wie entfesselt New York geworden war.

Es kam mir so vor, als wären zehnmal so viele Schwule wie je zuvor in den Straßen unterwegs. Und es gab zehnmal so viele schwule Kneipen. Nach den heimlichen Fummeleien mit verheirateten Männern in römischen Kinos erlebte ich, wie Go-go-Boys im Scheinwerferlicht tanzten und Horden attraktiver junger Männer sich in kleinen Darkrooms drängelten und sich fremden Mündern, Armen und Penissen hingaben. Auch wenn die Leute sagten, schneller Sex sei »abstoßend« oder »schmutzig«, fand ich ihn romantisch. Dass ich, wenn ich zwei breite Schultern über schmalen Hüften entdeckte, überragt von der perfekten Säule eines starken Nackens und gekrönt von schwarzem Haar, diesem Wunderwesen in einen dunklen Raum folgen konnte, wo sich innerhalb von Sekunden seine kräftigen, geilen Arme um mich schlossen und seine Zunge in meinen Mund schob – dass ich ihn schmecken konnte und ihm sofort nahe sein konnte –, erschien mir als eine rätselhafte, aber verblüffend praktische neue Welt. Die Intimität, die man sich früher durch monatelanges Flirten erarbeiten musste, war jetzt durch einen Pfiff, ein Winken und ein paar Schritte ins Dunkle zu haben.

Ich schwirrte beharrlich um zwei Freunde herum, die offensichtlich nach einem Dritten Ausschau hielten, um ihn mit nach Hause zu nehmen. Sie interessierten sich nicht für mich, bis ich zufällig einen römischen Freund traf und mit ihm italienisch sprach. Sie kamen auf mich zu und fragten respektvoll und etwas ängstlich, ob ich englisch spreche.

»Eine kleine wenig«, sagte ich.

Sie fragten, ob ich mit ihnen kommen wollte, und ich verkörperte den ganzen Abend das, was ich für ihre Vorstellung von einem Italiener hielt.

Die Gay Activists Alliance veranstaltete jeden Samstag in einer ehemaligen Feuerwache eine Disco. Hier waren die Kleidung und die Körper anders, wahrscheinlich weniger ideal als in den Kneipen, aber das Zusammengehörigkeitsgefühl war stärker. Männer und Frauen tanzten miteinander. Die älteren und die pummeligen trauten sich hierher. Es kamen Menschen, die sich als schwule Landwirte oder schwule Krankenpfleger ausgaben. Schwarze, die in die üblichen schwulen Läden meistens nicht eingelassen wurden, kamen mit ihren schwarzen oder weißen Lovern und Freunden.

Die Zahl der offen auftretenden Schwulen und Lesben war exponentiell gestiegen, und sie verhielten sich in der Öffentlichkeit viel mutiger und liebevoller als je zuvor. Sie waren laut und verliebt oder grimmig und sexversessen, quirlig oder aufgeblasen – die ganze Bandbreite. Ich wusste, dass diese Vielfalt und diese Sichtbarkeit nur auf der Insel Manhattan existierte. Wenn ich im Sommer meine Mutter in Michigan besuchte, konnte ich am Lake Michigan zwischen Unmengen sonnenbadender Menschen spazieren gehen, ohne einen einzigen Mann zu entdecken, der wie ein Schwuler aussah. Kein Blick blieb an mir hängen oder gab mir ein Zwinkern des Einvernehmens, nach dem ich so eifrig Ausschau hielt.

In New York besuchte ich ein Treffen des Schwulen Akademikerverbands; es waren kaum mehr als fünfzig Frauen und Männer im Saal, zumeist junge Professoren, doch auch einige unabhängige Gelehrte, und sie redeten über schwule Geschichte und schwule Kultur und die Berührungspunkte von Feminismus und lesbischer Emanzipation. Oder sie fragten, war Thoreau schwul? Whitman? Melville? Als ich all diese ernsten Gesichter sah, die auf den Redner gerichtet waren, die keine Witze rissen und sich nicht gegenseitig anerkennend angrinsten, begriff ich, wie schnell die Entwicklung vor sich ging.

Aber die allgegenwärtige, unerschöpfliche Verfügbarkeit von Sex beeindruckte mich am meisten. Auch wenn ich erst dreißig war, fühlte ich mich zu alt, als käme diese Befreiung für mich zu spät. Doch wenn ich in einen Darkroom oder zu den Trucks ging, die an den Piers am Hudson parkten, oder durch die verlassenen Piers schlenderte, machte ich mir keine Gedanken über mein Alter oder meine psychische Bereitschaft. Auf die Idee mit den Trucks waren wir recht spät gekommen, aber dann krochen die schwulen Jungs unter die Wagen und die »normalen« Teenager aus Jersey stellten sich in den schmalen Zwischenraum zwischen zwei Trucks und ließen sich blasen. Der brackige Geruch des kalten Wassers und die Lichter New Jerseys, die auf den kleinen Bugwellen vorbeifahrender Boote tanzten, erfüllten mich mit romantischer Glut. Dies war die Jagd, das Abenteuer. Wir hörten davon, dass Leichen gefunden wurden, die den Fluss hinuntertrieben, auch von schrecklichen Verstümmelungen und Morden, aber nichts konnte uns davon abbringen, auf die Pirsch zu gehen.

In einem der alten Piers war es stockfinster, bis auf das gelegentliche Aufflammen eines Streichholzes, einen kleinen Phosphorblitz, in dessen Licht sich das, was ein eng umschlungenes Paar zu sein schien, als ein Holzklotz entpuppte, um den eine rostige Kette gewickelt war, oder ein vermeintlicher Möwenflügel als Hemdzipfel. Rampen führten zu Räumen hinauf, die keine Türen und keine Bodenplanken mehr hatten, zu einem wütenden Laokoon, der seine Söhne oder Lover zu beschützen versuchte, während sich Schlangen oder Arme um ihn rankten …

Es gab ein feuchtfröhliches Wiedersehen mit Richard Howard, und in meiner Freude muss ich ein falsches Signal gesendet haben. Er sagte: »Oh, mein Lieber, ich habe gehofft, dass du eines Tages so empfinden würdest«, und ich war zu höflich, um den Irrtum aufzuklären. Richard zauberte uns für ein bukolisches Wochenende in das Landhaus von Coburn Britton, eines reichen Dichters aus Cleveland, der eine kleine Zeitschrift mit dem Namen *Prosa* herausgab. Coby besaß eine kleine Apfelplantage im Norden New Jerseys. Zusammen mit ihm statteten wir Glenway Wescott einen Besuch ab, einem siebzigjährigen Romanschriftsteller, der in den 1920er Jahren in Paris eine Schönheit war und mit *Der Wanderfalke* einen Klassiker geschrieben hatte. Jetzt schrieb er nichts mehr außer seinen Tagebüchern, und den Großteil seiner Zeit widmete er der Arbeit für die American Academy of Arts and Letters. Ich dachte, das sei ein furchtbares Schicksal – und jetzt, mit Ende sechzig, arbeite auch ich in einer Jury für Preise der Akademie.

Nachdem mein Desinteresse physiologisch überdeutlich geworden war, zog sich Richard höflich zurück und verlor nie wieder ein Wort darüber. Er war im besten Sinn des Wortes taktvoll und weltgewandt.

Ein paar Wochen wohnte ich bei Marilyn. Ich hatte meine Haare lang wachsen lassen und war aus Rom mit einem blauen Samtjackett und einem weißen Anzug zurückgekommen. Ich war dünn und wirkte kränklich. Ich hatte so viel Weißwein getrunken, so viele Oliven und so viel schlechtes Brot gegessen, dass ich aussah, als hätte ich Gelbsucht. Durch mein Gehirn sausten immerzu italienische Worte; ich übersetzte alles, was ich dachte, mehr schlecht als recht ins Italienische. In Italien ließ sich kein Mann mit Wäsche oder Lebensmitteln auf der Straße sehen; solche Dinge mussten in einem Koffer verstaut werden, als sei man unterwegs zum Bahnhof. Ich passte mich an. Kein Mann wäre auch nur bis zur nächsten Straßenecke gegangen, ohne Jackett und Krawatte zu tragen; ich passte mich an. Mein letzter Tag in Rom war ein glühend heißer Julitag. Ich ging mit kurzer Hose zur Wäscherei, um meine Wäsche zu holen, und die Wäscherin schimpfte: »Ich arbeite Tag und Nacht, damit Sie gut gekleidet sind, und nun verletzen Sie meine Ehre.«

In New York trug niemand südlich der 14th Street eine Krawatte oder mehr als ein geripptes Unterhemd, schmutzige Jeans und Sneakers oder Cowboystiefel. Schwule Männer verabscheuten Parfüm und Schmuck. Manche Kneipen hängten Schilder auf, dass Parfüm, Haarspray, lange Hosen, Manschettenknöpfe und sogar Unterhosen verboten seien. Für New Yorker war die Straße »backstage«, selbst hübsch gekleidete Frauen trugen Turnschuhe auf der Straße und wechselten erst im Büro, auf der Party oder im Theater in ihre Pumps. Für Römer war die Straße die Bühne. Als ich nach New York zurückkehrte, kam ich mir vor, als reiste ich mit einer Zeitmaschine in die Zukunft.

Zurück in New York, bot mir der Freund eines Freundes einen Job als Lagerist in seinem Laden an der Madison Avenue an, der Plastikmöbel verkaufte. Aber ich hoffte, ich würde etwas Besseres finden. Ich bemühte mich um einen Job im Verlagswesen. Tom Congdon, der Lektor, der 1974 den *Weißen Hai* zum Bestseller machen würde, lud mich zum Vorstellungsgespräch. Bei dieser Begegnung saß ich auf einem Stuhl, der von der Höhe her offensichtlich für Kinder bestimmt war, während er auf einem hohen Chefsessel thronte. (Tatsächlich war damals gerade ein Buch darüber erschienen, wie man sein Gegenüber einschüchtert, und die relative Sitzhöhe von Stühlen war einer der wichtigsten Hinweise.) Ich sprach auch mit Matthew J. Bruccoli, dem Gelehrten und Biograf von F. Scott Fitzgerald und anderen, und dann mit jemandem von Atheneum. Alle sagten mir, es sei noch nie vorgekommen, dass ein Schriftsteller als Lektor arbeitete. In England mochte das vielleicht funktionieren, aber in Amerika wäre das ein klarer Interessenkonflikt.

Ich arbeitete als freier Journalist und fand eine Einzimmerwohnung im West Village an der Horatio Street, nicht weit vom Hudson River entfernt, die einhundert Dollar im Monat kostete. Ein paar alte Möbel waren vorhanden, ein Küchentisch, ein kleiner Schreibtisch, zwei Stühle und eine schmale Matratze auf dem Fußboden. Auch einen Schrank gab es und ein kleines, schmutziges Badezimmer. Vor den Fenstern waren schwere Eisengitter, aber durch die Gitterstäbe sah man große grüne Götterbäume. Wenn ich das Licht anmachte, huschten die Kakerlaken zurück in ihr Versteck.

Ich begegnete keinem meiner Nachbarn, von denen die meisten jung waren. Ich hörte, wie sie ständig die Treppen hinauf und hinunter liefen, die ganze Nacht hindurch – kein lautes Trampeln, nur ein leises Trappeln. Sie waren wie die Kakerlaken, leichtfüßig und lichtscheu. An der Ecke von Horatio und Greenwich Street war eine Wäscherei, die von reizenden alten Eheleuten betrieben wurde, die auf den Unterarmen tätowierte KZ-Nummern trugen, immer lächelten und kaum Englisch sprachen. Im Unterschied zur Wäscherin in Rom kümmerten sie sich nicht darum, wie ihre Kunden aussahen. Auf der einen Straßenseite der Horatio Street standen vornehme Brownstones aus der Mitte des neunzehnten Jahrhunderts. Auf meiner Seite standen Mietshäuser, schäbige Bauwerke vom Anfang des zwanzigsten Jahrhunderts, die als Übergangsquartiere für Einwanderer gebaut wurden.

Von meinem Adlerhorst aus stürzte ich mich auf die Männer, egal wie alt sie waren und wie sie aussahen, meistens spät in der Nacht. Ganz für das Vergnügen zu leben ist allerdings nicht besonders lustig. Wenn ich erst einmal bei den Trucks oder in den verfallenen Piers am Hudson war, konnte ich mich nur schwer entschließen, nach Hause zu gehen. Selbst wenn ich eine befriedigende Begegnung mit einem oder mit zehn Männern gehabt hatte, wollte ich trotzdem noch bleiben, um zu sehen, was sonst noch passierte. Oft überraschte mich die Morgendämmerung und das Trommelfeuer lauter Tritte teuer beschuhter Füße, wenn wohlgekleidete Männer und Frauen mit blassen Gesichtern, der Folge von zu langer Arbeit und zu kurzen Nächten, von ihren Wohnungen zu ihren Arbeitsstellen eilten, und ich schlich in meiner von Sperma steifen Jeans und stinkendem T-Shirt nach Hause, die Lebensgeister geschwächt und der Körper gründlich durchgenudelt, und freute mich darauf, ein Bad zu nehmen und mich zu rasieren.

Ich erwähnte bereits, dass ich mich manchmal für all das zu alt fühlte.

Aber schwule Männer – und heterosexuelle Frauen – meinen immer, sie wären zu alt. Ich erinnere mich, dass mein sechsundzwanzigster Geburtstag eine starke Zäsur darstellte, weil mich plötzlich der Gedanke überfiel, ich sei nun nicht länger der Student voll schlechter Angewohnheiten, der schlampig und orientierungslos sein konnte und doch irgendwie durchkam. Da die Chance vertan war, ein Wunderkind zu werden, musste ich mich damit abfinden, ein Spätentwickler zu sein, falls ich überhaupt noch irgendwann zur Blüte gelangte. Ich machte isometrische Übungen für mein Gesicht (damals groß in Mode), um Alterslinien und Augensäcke zu verhindern. Ich begann eine lebenslange Diät (einmal verlor ich fünfzig Pfund in drei Monaten, mithilfe von Amphetaminen und einem Speisezettel, auf dem nichts anderes stand als Steak, Salat und Weißwein). Obwohl mir Sport keinen Spaß machte, stürzte ich mich in ein immerwährendes Fitnessprogramm. Obwohl ich nicht gern einkaufte und zu arm war, um mir neue Sachen zu kaufen, tat ich alles, was in meiner Macht stand, um dem aktuellen scharfen Look zu entsprechen. Ich verwuschelte mein Haar, um wie ein Surfer auszusehen. Ich weiß noch, wie ich in den Sechzigern die ersten Schwulen mit Schnurrbart sah und zu einem Freund sagte: »Sowas könnte ich niemals küssen!« Drei Monate später hatte ich selbst einen Schnurrbart. Und zehn Jahre später rasierte ich ihn wieder ab, als alle anderen das auch taten. Langes Haar, geglättetes Haar, Bürstenhaarschnitt, lange Koteletten – ich rannte fast jeder Mode hinterher.

Ich hatte den Eindruck, dass es mit mir bergab ging. Vor Italien wohnte ich in der schönsten Wohnung, die ich je hatte, ich trug Anzüge und hatte eine Altersversorgung. Jetzt war ich dreißig, arbeitslos und lebte in einem Dreckloch. Aber immerhin war ich ein langhaariger Hippie in schmutziger Jeans und zerrissenem T-Shirt, auch wenn die Ära der Hippies allmählich zu Ende ging. Ich war mir nicht sicher, was mir lieber war: lebendig begraben zu sein in Wohlanständigkeit und einem stumpfsinnigen Job, oder das Risiko der wirtschaftlichen Unsicherheit und die

Freiheit, mir den Tag selbst einzuteilen – ihn jedoch am Ende mit langweiliger, schlecht bezahlter freiberuflicher Arbeit zu vertun.

Richard war nicht im Geringsten nachtragend, und seine fast einzigartige Großzügigkeit verband sich mit seinem natürlichen Überschwang. Er versorgte mich nacheinander gleich mit zwei jungen Männern. Der erste war ein fröhlicher, dünner Autor, impotent vom Heroin; wir verbrachten eine unbehagliche Silvesternacht zusammen. Der zweite war ein dunkelhaariger, immer depressiver junger Arzt, in den ich mich ein wenig verliebte. Er wohnte nicht in New York und verbrachte die Wochenenden mit mir in meiner bemitleidenswerten Wohnung. Ich merkte gar nicht, wie schlimm sie war, und verstand mich selbst auch nicht als arm. Pleite, ja, aber nicht »arm«. Vielleicht, weil mein Vater reich gewesen war, vielleicht, weil ich einen gut bezahlten Job gehabt hatte, den ich hasste, vielleicht, weil ich mein Leben für beneidenswert hielt, vielleicht, weil mir das alles wie eine gut gelaunte Herablassung vorkam, und überhaupt hätte ein normales sauberes Studio in einem Haus mit Türsteher wie ein noch größerer Abstieg gewirkt, gemessen am Haus meines Vaters – im Zweifel war die Gosse besser als der Bordstein.

New York war eine gescheiterte Stadt, sie stand buchstäblich am Rand des Bankrotts. Eine Bekannte von mir kaufte für dreißigtausend Dollar ein Brownstone im Village und sagte: »Mir ist klar, dass ich das Geld nicht wiedersehe, aber die Stadt tut mir leid.« Baumwurzeln gruben sich durch das Pflaster der Gehwege. Kaputte Glühbirnen in den Straßenlaternen wurden nicht ersetzt. Die Verbrechensrate war hoch. In meiner kleinen Wohnung wurde eingebrochen, trotz der vergitterten Fenster, und mein Radio und die Schreibmaschine wurden gestohlen. Ich engagierte einen Sicherheitsfachmann, der damit warb, dass er selbst wegen Diebstahl im Knast gewesen sei und »alle Tricks« der Einbrecher kenne. Die Eingangstür mit ihren bunten Glasfenstern verstärkte er durch Blechplatten und installierte lange Eisenstangen in den Fensterrahmen, die herausgenommen werden mussten, um das Fenster zu öffnen. Der Mann sagte: »Von dem Moment, wenn sie die

Glasscheibe durchschlagen, haben sie nur zwei bis drei Minuten, um hineinzuspringen und die Wohnung auszuräumen. Wenn das Fenster zu kompliziert ist, lassen sie es bleiben. Aber sie können natürlich in die Wohnung unter Ihnen einsteigen und sich von dort aus vorarbeiten.« Alle sagten, diese Einbrüche würden von Heroinsüchtigen begangen. Es wurden so viele Wohnungen geknackt, dass sich außer den Opfern niemand groß darum kümmerte. Die Erinnerungen an meine ersten Jahre in New York holten mich ein; 1962 wohnte ich beim YMCA und musste mir, um etwas zu essen zu kaufen, manchmal von Freunden Geld borgen. Jetzt, knapp zehn Jahre später, war ich wieder bei fünfhundert Dollar gelandet. Ich hatte meine Gewinnanteile auf den Kopf gehauen, um in Rom alle Welt zum Essen einzuladen, und ich habe es nicht bedauert.

Ich fing an, mich regelmäßig mit David Kalstone zu treffen. Er zog in die 22nd Street zwischen 8th und 9th Avenue, den Block, in dem ich heute wohne. Er hatte eine ganze Etage in einem Brownstone gemietet und wohnte dort in einem charmanten Durcheinander halb ausgetrunkener Teetassen, herumliegender Literaturzeitschriften und Ballettprogramme, langer Telefonkabel, abgelegter Missoni-Pullover und Lesebrillen; in einer großen Silberschale lagen Freesien, so frisch wie ein Beet von Frühlingszwiebeln. Er liebte Maria Callas, und ich tat so, als liebte ich sie auch (ihre Verehrung war unter schwulen Männern jener Tage eine Glaubensfrage). Ich fand, sie klang schrill und flach, aber ich wollte gern glauben, dass sie eine große Schauspielerin gewesen war, und nahm das Kreischen in Kauf.

David war immer knapp bei Kasse, weil er einen Teil seines Gehalts und seiner Honorare als Mitherausgeber der Norton Anthologie der englischen Literatur sparte, um sich seine extravaganten Sommeraufenthalte in Venedig leisten zu können, wo er eine ganze Etage in einem Palazzo mietete. Chelsea war damals ein Puerto Ricaner-Viertel, und die Mieten waren niedrig. David fuhr überallhin mit der U-Bahn, nur spät nachts rief er ein Taxi; zu seiner Arbeitsstelle an der Rutgers University nahm er den Bus und nicht die Bahn, weil das ein klein wenig billiger war. Obwohl er so sparsam war, gingen wir oft essen, auf getrennte Rechnung – meistens zu Duff's an der Christopher Street, wo wir in einer Nische saßen, blutiges Filetsteak mit grünen Bohnen aßen und Weißwein tranken; dem Ober sagten wir: »Bitte kein Brot, wir machen Diät!« Nach ein paar Wochen bekamen wir mit, wie der Ober mit einem kleinen Lächeln in unsere Richtung den Kellner, der uns den Brotkorb bringen wollte, wieder wegschickte.

Ich vergötterte David, aber er war in meinen Augen bereits einer jener liebenswürdigen, geschlechtslosen Erwachsenen. Mit dreißig Jahren war ich noch immer nicht bereit, erwachsen zu werden. Gegen Mitternacht wurde ich unruhig. Ich wollte fort, zu den Darkroom-Kneipen und Trucks. Ich musste verschwinden, bevor auf meinen Handrücken das Fell wucherte und mir Reißzähne wuchsen.

David war sehr eng mit dem Dichter James Merrill befreundet, seine Zuneigung grenzte an Ehrfurcht. Merrills Vater, Charles Merrill, war einer der Gründer der Investmentbank Merrill Lynch. James Merrill hatte einen autobiografisch gefärbten Roman geschrieben, *The Seraglio*, dessen junger Held seinen Wohlstand als Last empfindet und versucht, sich davon zu befreien, aber es stellt sich heraus, dass es rechtlich unmöglich ist, sich eines Vermögens dieser Größe zu entkleiden. Im wirklichen Leben rief Merrill die Ingram Merrill Stiftung ins Leben (Ingram war der Mädchenname seiner Mutter), die vielen bedürftigen Schriftstellern kleine Förderungen von fünf- oder sechstausend Dollar zukommen ließ. Merrill war so klug zu begreifen, dass er einen Weg finden musste, sein Vermögen mit anderen zu teilen, ohne Almosen zu geben, wenn er seine Zeit lieber mit Dichtern als mit Bankern verbringen wollte. Wenn sich ein Freund an ihn wandte, konnte Jimmy einfach sagen: »Stell einen Antrag bei der Stiftung, aber denk daran, ich bin nur einer von mehreren Vorstandsmitgliedern.« Natürlich hatte Jimmy in Wirklichkeit das letzte Wort, aber das sollte niemand wissen (er beriet sich ostentativ mit John Hollander und Irma Brandeis). Wer Geld von der Stiftung erhielt, musste sich deshalb Merrill persönlich gegenüber nicht verpflichtet fühlen. Zudem war es kein Darlehen, das zurückgezahlt werden musste – oder böses Blut schaffen konnte, weil es, was wohl wahrscheinlicher war, nicht zurückgezahlt wurde.

David lud mich ein, Merrill nach dem Dinner bei ein paar Drinks kennenzulernen. Durch seine strenge Diät war Merrills Gesicht von tiefen Falten durchzogen, aber aus größerer Entfernung hatte er noch immer etwas Jungenhaftes. Er hatte ein Faible für Purpur, Erdfarben und Heidekraut, die Farben, die gefallenes Herbstlaub nach dem ersten Regen annimmt. Er trug Ponchos, bestickte Jacketts, zerknitterte Leinenhosen und Sandalen, das genaue Gegenstück zu den dreiteiligen Anzügen und Halbstiefeln, in die sein Vater sich kleidete. Er war eindeutig ein Bohemien. Als ich ihn später einmal in seiner Wohnung in dem Fischerdorf Stonington, Connecticut, besuchte (»Jimmy wohnt im einzigen hässlichen Haus von Stonington«, wie einige Freunde boshaft sagten), stellte ich fest, dass die beiden oberen Stockwerke, die er in einem alten viktorianischen Haus über einem Laden gemietet hatte, mit all den Gegenständen vollgestopft waren, die er in seinen Gedichten beschrieb: dem Spiegel, Tapeten mit Fledermaus-Motiven, dem roten Kristalllüster über dem runden Tisch mit dem Hexenbrett im Erkerfenster, darüber der Ausguck, dekoriert mit einer römischen Büste. Für Merrill waren das alles magische Gegenstände, aber deshalb passten sie nicht unbedingt zusammen. Doch seine Freunde nickten weise, wenn sie lasen:

Backdrop. The dining room at Stonington.
Walls of ready-mixed matte »flame« (a witty
Shade, now watermelon, now sunburn).
Overhead, a turn of the century dome
Expressing white tin wreathes and fleurs-de-lys
In palpable relief to candlelight …
The room breathed sheer white curtains out. In blew
Elm- and chimney-blotted Shimmerings, so
Slight the tongue of land, so high the point of view.

Merrill hatte etwas an sich, weshalb ihm jeder eine Freude machen wollte, doch man konnte nie sicher sein, wie das zu bewerkstelligen war. Seine Stimmung wechselte zwischen einem seidenweichen, etwas albernen Kichern, das immer jungenhaft, nie mädchenhaft war, und einem ernsten Nicken ohne den Anflug eines Lächelns, mit dem er Zustimmung oder Ermutigung signalisierte. Wenn man ihm noch so lang und umständlich etwas zu erklären versuchte (wichtigtuerisch und nervös, wie man war), hörte er ruhig zu, zog dann die Augenbrauen in die Höhe und sagte »Ah-h-h- … « War das ein anerkennendes, zustimmendes *Ah?* Oder nur der leicht gelangweilte Versuch, zu einem anderen, amüsanteren Thema überzugehen? Er machte gern Wortspiele, meistens gute (wie im zitierten Gedicht *slight the tongue / sleight of tongue* – unbedeutende Landzunge / Zungentrick), und dann senkte er den Blick und beugte sich vor, oder er schlang die Arme um die Knie, senkte die Lider und summte. Er ging mit seinen Einfällen nicht hausieren, sondern präsentierte sie nachdenklich und bescheiden wie der blutigste Anfänger. Aus Angst, eine Idee breitzutreten, deutete er sie nur kurz an und leckte sich dann mit dem zuckenden, flimmernden Blick des Amphetaminjunkies die trockenen Lippen. Für einen kurzen Moment konnte er zutiefst mitfühlend blicken, aber diese Feierlichkeit basierte nicht auf Granit, sondern auf Quecksilber. Gleich darauf funkelten seine Augen vergnügt und er verwirrte seinen Gesprächspartner mit einem entlegenen Zitat. In seinen Erinnerungen an die 1950er, *A Different Person*, verrät er, dass er sich als junger Mann für oberflächlich hielt und sich unter Menschen seiner eigenen Gesellschaftsschicht am wohlsten fühlte, die immer nur lächelten oder die Schultern zuckten, egal was passierte. Das einzige Gebiet, auf dem Jimmy niemals oberflächlich oder respektlos war, ist das Schreiben. Er selbst sagte: »Ich schrieb, also war ich.«

Ich nehme an, es ist immer seltsam, jemandem in Fleisch und Blut zu begegnen, dem vorherbestimmt ist, »unsterblich« zu sein – oder zumindest noch lange nach seinem Tod studiert und analysiert zu werden. Unter den amerikanischen Dichtern war Merrill derjenige, der sowohl Prousts Verständnis von Zeit als auch Nabokovs Liebe zu Sprache und Empfindsamkeit besaß. Ihn mit zwei der besten Romanciers des zwanzigsten Jahrhunderts zu vergleichen macht insofern Sinn, als seine Gedichte immer auch erzählerischen Schwung besaßen – und er ein mit Sicherheit bleibendes und überaus lesbares episches Gedicht, *The Changing Light at Sandover*, geschrieben hat. Wer solch einen Menschen wirklich gekannt hat, besitzt dadurch keinen bevorzugten Zugang zur Wirklichkeit; tatsächlich kann solche Vertrautheit schnell eine dümmliche Selbstzufriedenheit hervorrufen. Der französische Kritiker Sainte-Beuve schrieb, er könne nicht verstehen, warum alle Welt so viel Aufhebens um »Beyle« (Stendhal) mache, denn der gute alte Beyle selbst würde sicherlich als Erster über seine posthume Berühmtheit lachen. Dennoch will jeder wissen, wie solch ein Mensch »wirklich« gelebt hat, auch wenn diese Wirklichkeit – zerbrechlich wie sie ist und deshalb schnell von Mythen überlagert – kaum etwas besagt.

Doch es hat noch einen anderen, berührenderen Aspekt, einen Menschen, dem es bestimmt ist, berühmt zu werden, persönlich gekannt zu haben – den, dass er einmal jung war, unsicher, zu viel Fett auf den Hüften hatte und eins seiner Nasenlöcher größer war als das andere; wer heute weise schaut, hatte als junger Mann vielleicht einen unsteten, flackernden Blick. Er existierte in der Gegenwart mit all ihren Zufällen, nicht in der Sicherheit der Vergangenheit. Er war ein atmendes, verdauendes Tier, so verwundbar wie jeder andere, jederzeit in Gefahr, überfahren oder krank zu werden. Seine Laufbahn, die im Rückblick so glorreich und zwangsläufig wirkt, hätte genauso gut ins Abseits führen können. Maxime Du Camp, Flauberts Reisebegleiter, berichtet, dass der große Dichter die merkwürdige Angewohnheit hatte, einen dünnen Witz wieder und wieder zu erzählen, was kaum zu ertragen war, und dass die Pointe, die schon beim ersten Mal nicht viel hermachte, den Meister jedes Mal von neuem erheiterte. Er erzählt uns von Flauberts Sadismus, als auf ihrer Reise durch die Wüste ein Kamel stürzte und sie ihren gesamten Wasservorrat verloren; sie litten drei Tage lang furchtbaren Durst (bis sie eine Oase erreichten), doch

Flaubert redete aus purer Grausamkeit immerzu von der wunderbar kühlen Limonade, die sie bei Tortoni in Paris getrunken hatten. Dieser vorzeitig kahle Mann mit den hellen Augen, der sich nicht für den Nahen Osten interessierte, bevor sie Griechenland erreichten, und sich geweigert hatte, sich auf die Reise vorzubereiten – war das derselbe Schriftsteller, dessen Werke die nächste Generation von Romanciers auswendig lernen sollte (Ford Madox Ford konnte *Die Erziehung der Gefühle* zum großen Teil aus dem Gedächtnis vortragen)?

James Merrill war nur widerwillig bereit, zu ernsten Themen zu wechseln. Er rieb sich den Hals, als würde er einen zu großen, aber nahrhaften Bissen hinunterbefördern, riss die Augen weit auf und sagte »Ahh …«, doch die Betonung war eher weise als erstaunt. Seine Augen wurden so groß, dass man nicht sicher sein konnte, ob er wirklich zuhörte oder nur so tat. Wenn der Gesprächspartner nicht aufpasste, warf Merrill schnell die Zügel der Ernsthaftigkeit ab und schoss davon in die fröhliche und frivole Wildnis. Er lachte gern, wenn auch nicht so wie andere, sondern am liebsten über seine eigenen Witze, die er auf seine eigene besondere Art erzählte. Seine plötzlichen Stimmungswechsel erlebt zu haben half dabei, seine Gedichte richtig zu lesen, ihrer gewellten Oberfläche, ihrem Wechsel von leichthin erzählten Klatschgeschichten zu Beschwörungen von Dante'scher Wucht zu folgen – eine Modulation, die er von Puschkin und Nabokov gelernt hatte, so wie vom Byron des *Don Juan* und vom Pope des *Lockenraubs*, die er sich jedoch vollkommen zu eigen gemacht hatte.

Junge Leute, die ihn zum ersten Mal erlebten, waren bei Merrills Lesungen stets ganz erstaunt, wie lustig vieles war, wie sehr die Menschen im Publikum lachten. Mich interessierte, wie Jimmy es schaffte, so vieles von dem, was ihm begegnete, zu verwerten, wie er das flutende Durcheinander Manhattans wohlüberlegt zum leisen Tröpfeln von Stonington, Key West oder Athen (seinen drei »Dörfern«) reduzierte – eine der wichtigsten kreativen Leistungen seines Lebens. Er war versessen auf Anagramme (und war in Key West Mitglied eines Anagramm-Klubs), Kreuzworträtsel und, natürlich, das Hexenbrett, ganz zu schweigen von Akrostichen und anderen regulierten Gedichtformen wie Sestinen und Rondeaus. Es kam vor, dass ich ein langes Gedicht von Merrill mit all der Konzentration gelesen habe, die ich bei einem Cliffhänger aufbringe – und plötzlich merke ich, dass der Erzählstrang auf einer Abfolge von Sonetten basiert.

Merrill provozierte gern, womöglich konnte er zu große Nähe und Betulichkeit nicht ertragen, aber dennoch war er freundlich und hilfreich. Ich habe bestimmt von ihm gelernt, auch wenn seine Reaktionen nicht immer aufbauend waren. Er konnte recht grob sein, wenn die Situation es erforderte. Nachdem er meinen Roman *Caracole* gelesen hatte, brachte er mit der Bemerkung »Also das erste Kapitel, mein Lieber!« meine schlimmsten Befürchtungen zum Ausdruck. Dabei rollte er mit den Augen.

Seine Mutter stammte aus Georgia und sein Vater aus Florida, aber Merrill war auf Long Island aufgewachsen und hatte ausländische Kindermädchen gehabt, bis er auf das Internat von Lawrenceville geschickt wurde. Er hatte einen ganz individuellen Akzent, etwas gedehnt wie bei Südstaatlern, aber seine Vokale waren weder scharf noch schmachtend und hatten nicht die Tendenz, in Nasale umzuschlagen. Niemand würde behaupten, dass seine Stimme irritierend oder unangenehm war, und seine Lesungen waren wunderbare Orchestrierungen verschiedener Ausdrucksweisen, mal albern, mal geheimnisvoll raunend.

Bei unserer ersten Begegnung war Merrill höflich, aber distanziert. Er hätte sich ganz offensichtlich viel lieber nur mit David unterhalten und interessierte sich nicht für Davids Schützling. Da ich aus Sicht der beiden zur jüngeren Generation gehörte, sahen sie in mir vermutlich vor allem eine ungehobelte Körperlichkeit. Doch wie ich später herausfand, stand Jimmy auf große, romantische Jünglinge, am besten hetero und unerreichbar, aber darauf aus, sein bester Freund und Dichterkollege zu werden; ernste und talentierte Jungs, die, obwohl sie viel jünger an Jahren waren als er, Jimmy als ihren lieben und ein wenig teuflischen kleinen Bruder behandelten. Für diese Rolle war ich die falsche Besetzung – und da David mich liebte, war ich ohnehin verbotenes Terrain.

David zwang mich, Merrill das erste Kapitel aus *Forgetting Elena* vorzulesen. Während des ganzen Vortrags, der schreckliche fünfzehn Minuten dauerte, zeigte Merrills Gesicht nicht die kleinste Regung. Es gab keinerlei Hinweis, ob der Text Jimmy gefielt, verblüffte oder langweilte, und als ich fertig war, sagte er kein Wort, sondern nickte nur; es war der kleinstmögliche Hinweis darauf, dass er noch am Leben war. Ich raffte mein Manuskript zusammen und rannte die fünfzehn Blocks nach Hause. Vor lauter Verzweiflung hätte ich mich am liebsten vor den nächsten Wagen geworfen, der vorbeikam. Ich spürte, dass ich bei meiner ersten großen Prüfung versagt hatte. Mein Versagen war besonders schmerzhaft, weil David von meiner Arbeit so begeistert war – würde er trotz allem die geistige Unabhängigkeit aufbringen, weiterhin an den Wert des Buchs zu glauben?

Durch Zufall fand ich heraus, dass Jimmy Proust mochte, na klar, aber er las auch gern die aktuellen Bestseller, wenn sie literarisch nicht ganz reizlos waren, und war ein Opfer der Mode, Handbewegungen zu interpretieren. (»Da, sieh doch!«, rief er aus. »Ihre Hände!«)

Als ich Merrill ein paar Jahre später an diesen schrecklichen Abend erinnerte, sagte er: »Damals war ich betrunken. Ich habe kaum verstanden, wer du warst, und erst recht nicht, was du da vorgelesen hast.« Da Merrill inzwischen aufgehört hatte zu trinken und zu den Anonymen Alkoholikern ging (auch wenn viele sagten, er mache das nur, um seinem neuen Freund Gesellschaft zu leisten), glaubte ich ihm. Und nach Merrills Tod sagte sein literarischer Nachlassverwalter J. D. McClatchy (einer meiner engsten Freunde): »*Forgetting Elena* hat er wirklich nicht gemocht. Er hat es nicht verstanden.«

Durch David traf ich viele andere Dichter und Schriftsteller. John Ashbery schrieb einen kurzen Werbetext für *Forgetting Elena*, der mir sehr gefiel, und er faszinierte mich auch persönlich. Er wohnte gegenüber von David Kalstone in einem weißen Backsteinhaus aus dem Jahr 1960. John trank oft bis zum Umfallen, aber er erzählte die lustigsten Sachen mit so unbewegtem Gesicht, dass man nicht sofort erkannte, was für einen scharfen Verstand und ein enormes Gedächtnis er hatte.

Er liebte eigenartige »ernste« Musik und hatte einen sehr esoterischen Geschmack.

Was die New Yorker in den 1970ern ausmachte, war ihr kompromissloser Einsatz für große Kultur, getarnt als dümmlich grinsende Naivität – ein Wallace Stevens in Hausschuhen. John Ashbery hatte mehrere Jahre in Paris gelebt und dort als Kunstkritiker für die *Herald Tribune* gearbeitet; jetzt schrieb er für *Newsweek* über Kunst. Eine seiner Lesungen im großen, kargen Hörsaal des Guggenheim Museums war rappelvoll von schwarz gekleideten jungen Leuten und älteren Menschen aus dem Kunstbetrieb. Man sah deutsche Frauen in bodenlangen schwarzen Ledermänteln und rotgefärbten Haaren und Männer in verblassten blauen Arbeitshemden, Brillen wie Insektenaugen, weißen Bartstoppeln und zu großen Strohhüten. Ashbery war immer von Leuten aus dem Kunstbetrieb umgeben, die den schäbigen Treffen armer Dichter einen Hauch von Geld und weiter Welt verliehen. Wie Warhol vermittelte er den Eindruck, seine Werke würden bereits fix und fertig seinem Hirn entspringen. Sein Alkoholkonsum brachte seine Gleichgültigkeit gegenüber gesellschaftlichen Gepflogenheiten zum Ausdruck. Dabei war er Freunden gegenüber durchaus nett und aufmerksam. Nach einer seiner Lesungen in SoHo, damals, als SoHo zum Zentrum des Kunstmarkts wurde, lud uns eine völlig fremde junge Frau in ihr Loft gleich in der Nachbarschaft ein. Wir standen dort herum und tranken billigen Wein, während sie sich nebenan zu schaffen machte. Wie sich herausstellte, arrangierte sie Lampen und Leinwände. Schließlich führte sie Ashbery, der schon völlig betrunken war, in ihr Atelier. Zweifellos hoffte sie, von ihm entdeckt zu werden und eine Einzelausstellung zu bekommen. Mit wässrigen Augen warf er einen Blick auf die Bilder und sagte mit seiner hohen, lallenden Stimme: »Was sind das denn für Gemälde?« Das arme Mädchen brach in Tränen aus. Dabei war das für den Autor von *Bäume* nicht einmal eine besonders schlimme Abfuhr.

David Kalstone mochte sein erstes Buch, *Bäume*, dem W. H. Auden

den Preis der Universität Yale für junge Dichter verliehen hatte. Sowohl Ashbery wie Merrill verehrten Auden – aber das war auch schon alles, was diese beiden jungen Dichter gemeinsam hatten. David verwarf Ashberys nächste Sammlung, *Der Schwur im Ballhaus*, doch *Zweifacher Traum vom Frühling* und selbst die *Drei Gedichte in Prosa* (erschienen 1972), die von Ashberys Therapiesitzungen inspiriert waren, fanden wieder seine Zustimmung. Bei *Selbstporträt im konvexen Spiegel* schließlich handelte es sich nicht nur um die ruhmreiche Krönung seines eigenen umfangreichen Werks, sondern der amerikanischen Dichtung der 1970er überhaupt. Das Titelgedicht war ein lang anhaltender Blick auf das Selbst, was es in diesen gottlosen Tagen sein konnte und was nicht. Über die Seele sagte der Dichter: »Doch wie weit kann sie hinausschwimmen durch die Augen/Und noch immer sicher zu ihrem Schlupfwinkel zurückkehren?« Die Fragen werden in ihrem Tonfall immer tendenziöser, schärfer und pessimistischer:

> Aber da ist in diesem aufmerksamen Blick eine Verbindung
> Von Zärtlichkeit, Belustigung und Bedauern, so mächtig
> In seiner Zurückhaltung, dass man nicht lange hinschauen kann.
> Das Geheimnis liegt zu offen da. Das Traurige daran schmerzt,
> Lässt heiße Tränen hervorschießen: dass die Seele nicht eine Seele ist,
> Kein Geheimnis birgt, klein ist und nahtlos
> In ihre Höhlung passt: ihr Raum, unser Moment der Aufmerksamkeit.

Mit diesem einen Gedicht, intim und doch sachlich, lokalisierte Ashbery die schwebende Ungewissheit unserer Lebensweise. Wenn wir ihm auf Partys begegneten (ich war sogar einmal mit ihm und seinem Freund im Bett) – er war unterhaltsam, aber oft unglücklich (»eine Verbindung/Von Zärtlichkeit, Belustigung und Bedauern«) –, waren wir uns bewusst, dass ein Genie unter uns war – so, als ob wir Whitman auf der Fähre nach Staten Island entdeckten oder Emily Dickinson beobachteten, wie sie einen Kuchen in einen Bogen Papier einwickelt, auf den sie ein Gedicht gekritzelt hat.

9.

Frank, ein Wissenschaftsjournalist bei Time-Life, rief 1971 bei mir an und fragte, ob ich Lust auf ein Gastspiel hätte. Er sagte, die beiden Verleger Charney und Veronis hätten mit *Psychology Today* einen Erfolg gelandet und jetzt die schäbige alte *Saturday Review* gekauft, kannten aber keine Leute im Kunstbetrieb – außerdem wollten sie die Kunst »demokratisieren«. Sie stellten sich vor, Artikel über Quilts, Töpferwerkstätten und Möbel aus Treibholz zu bringen. Sie hassten den Snobismus der Ostküste so sehr wie Politiker verbindliche Aussagen und dachten sogar darüber nach, das ganze Unternehmen an die Westküste zu verlagern. Wir lästerten, dass sie wahrscheinlich nur beleidigt waren, weil sie niemand erkannte, wenn sie in ihrer Loge in der Metropolitan Opera saßen, und anscheinend glaubten, im kleinen Teich von San Francisco wären sie große Fische. Sie ahnten nicht, dass man sie in San Francisco genauso ignorieren würde.

Einige Urgesteine der *Saturday Review* waren übernommen worden, und die summten jetzt wütend herum wie Bienen im Spätherbst, weil man ihnen versprochen hatte, alles bliebe wie es war und sie könnten in ihrem alten Bienenstock bleiben, doch nun änderte sich offensichtlich so gut wie alles. Kritiker in alten Tweedjacketts und mit zwei Bindestrichen im Namen wurden von ehrgeizigen Jünglingen, die keine Ahnung hatten, beiseitegedrängt. Einer dieser Barbaren war ich. In einem Vorwort des Herausgebers machte ich zwei schwerwiegende Fehler. Aus Walker Percy machte ich Percy Walker, und ich zitierte T. E. Hulmes Ausspruch, die Romantik sei »verschüttete« Religion, in einem völlig falschen Zusammenhang; ich hatte den Satz einmal bei Marilyn aufgeschnappt, aber nicht richtig verstanden. Das hatte zur Folge, dass dutzende von Leserbriefen sich über den armen Charney lustig machten und ihn als unliterarischen Dummkopf hinstellten – und alles war meine Schuld. Ich war der Dummkopf. Heute googelt man seine Quellen im Internet, aber damals nahm der Fakten-Check oft einen ganzen Tag in Anspruch, und ich hatte viel zu tun und keine Assistenten.

Aus irgendeinem Grund führten die neuen Eigentümer all diese Bosheiten auf den Dünkel der Ostküste zurück und warfen mich nicht raus. Sie ließen sich von Peter Drucker, einem gefeierten Business-Guru, beraten, der sagte, sie sollten die wöchentlich erscheinende Zeitschrift in vier aufgedonnerte Monatsblätter umwandeln: die *Saturday Review of the Arts*, die *Saturday Review of Society*, die *Saturday Review of the Sciences* und die *Saturday Review of Education*. Sie wollten, dass ich die Verantwortung für die Kunstzeitschrift übernehmen sollte, aber da ich nicht über genug Erfahrung verfügte, um eine Zeitschrift zu leiten, meinten sie, ich bräuchte einen Chef. Ich sollte selbst das Vorstellungsgespräch mit ihm führen und ihm meine Zustimmung geben oder nicht. Der Kandidat, den sie ausgesucht hatten, war ein aufgeweckter, helläugiger, wohlerzogener Westküstler von ungefähr vierzig Jahren mit Namen John Poppy, der Redakteur bei *Look* gewesen war; für einen Schüler von George Leonard, der in Kalifornien eine gefühlsbetonte Bewegung zur Hebung »menschlicher Potenziale« im Sinne des Esalen-Instituts leitete, war er erstaunlich zugeknöpft. Mr. Poppy machte nicht den Eindruck, als hätte er an Massentaufen teilgenommen oder wäre »wiedergeboren« worden, aber er trug stets ein Lächeln im Gesicht, machte kleine zuckende Kopfbewegungen wie ein Rotkehlchen und legte ein Netz sehr wohlüberlegter Alpha-Wellen über seine ursprüngliche, angeborene Überspanntheit.

Keiner von uns mochte ihn, obwohl er sehr liebenswürdig war – höflich, aufmerksam, freundlich. Ich mochte ihn nicht, weil ich generell gegen Autoritätspersonen allergisch war und keinen Chef haben wollte. Ich begründete meine Abneigung damit, dass er weniger

Ahnung hätte als ich, dabei war er sehr klug, doch selbst, wenn er ein Genie gewesen wäre, hätte ich versucht, seine Autorität zu untergraben. Unsere Redakteure bei Time-Life-Books waren so viel älter gewesen als wir, so entrückt und etabliert, dass es uns Volontären gar nicht in den Sinn kam, sie zu hinterfragen oder ihnen zu widersprechen. Wir beschwerten uns allenfalls über sie, wie sich Gefreite über Generäle beschweren, denen sie bedingungslos gehorchen. Trotzdem sagte ich ja, sie sollten Poppy einstellen, doch nur deshalb, weil er angenehm und wenig aggressiv wirkte und mir klar war, dass Charney und Veronis ihn haben wollten.

Die Zeitschrift zog nach San Francisco, und ich ging mit. Ich stellte einige meiner alten Freunde ein. Stan, mein erster Lover, wurde Herstellungsleiter und inszenierte den schwierigen Transfer von Ost- zu Westküste und von einer einzigen Zeitschrift zu vieren. Die Druckerei, mit der wir in Kalifornien zusammenarbeiteten, hatte noch nie so große Aufträge übernommen. Die Vorstellung, eine wöchentlich erscheinende Zeitschrift mit vierfarbigen Abbildungen herzustellen, verschlug ihnen den Atem. Damals, vor der Erfindung des Computers, wurde der Text noch in Blei gesetzt, und die Fotos mussten sorgfältig ins Layout eingebaut werden. Die Überprüfung der Farben, das Korrekturlesen, Binden und Heften – jeder Arbeitsgang dauerte Stunden, wir arbeiteten bis spät in die Nacht.

Obwohl ich schon Buchbesprechungen für Zeitschriften geschrieben hatte, hatte ich nie der Redaktion einer Wochenzeitschrift angehört. Die Arbeit gefiel mir sehr, weil sie aufregend und unerbittlich war. Jedes Projekt, egal ob gut oder schlecht, musste innerhalb weniger Tage realisiert werden. Geld spielte dabei keine Rolle. In einem Jahr verbrauchten wir sechzehn Millionen Dollar, zu jener Zeit ein Vermögen.

Ich wohnte zusammen mit Stan in einem zauberhaften kleinen Haus am Russian Hill. Er hatte sich gerade in einen eigensinnigen, drogenabhängigen Ex-Marine in New York verliebt, der verrückt nach ihm war. Jerry und Stan telefonierten jeden Tag, und Stan war ständig damit beschäftigt, seine zahlreichen Treffen mit Jerry in New York, Los Angeles oder anderswo zu planen.

Unser Haus mit seinem kleinen Garten voller Fuchsien, der japanischen Inneneinrichtung und dem Panoramablick über die Bucht, mit dem Gefängnis San Quentin und Mount Tamalpais im Hintergrund, war hinreißend. Am Morgen war es kalt und neblig, aber bis zum Mittag war der Dunst verdampft und die Stadt wurde warm. Doch es schien, als hätte jedes Viertel sein eigenes Mikroklima. Die Hügel waren so steil, dass man beim Parken die Räder der Autos zur Bordsteinkante drehte, damit sie nicht hinabrollen konnten. Unter den Straßen ließen die Seile der Cable Cars ihr hohles Summen ertönen, wie dicke metallische Arterien, die vereint pulsierten und das Lied des Lebens sangen.

Damals war San Francisco geradezu ländlich. Die Ära der Beatniks war vorbei, auch wenn die Buchhandlung City Lights noch prosperierte. Überall traf man auf italienische Immigranten. Der Mann, der meine Armbanduhr reparierte, war Italiener, und ich sprach mit ihm in seiner Sprache. Konditoreien boten große Cannelloni feil, mit roten und grünen Sprenkeln. In einem alten italienischen Restaurant auf dem Telegraph Hill gab es für Damen Nischen mit verschließbaren Türen, ein Überbleibsel aus der Zeit nach dem Erdbeben. Im Stadtteil Tenderloin campierten hunderte von Landstreichern, die das gute Wetter und die liberale Sozialfürsorge nach Kalifornien gelockt hatte. San Francisco war damals noch keine reiche Stadt, dazu wurde es erst durch die Entwicklung der Hightech-Industrie. Die Mieten waren billig, aber die Löhne waren entsprechend niedrig. Gut ausgebildete junge Leute mit einem Ph.D. in Kunstgeschichte arbeiteten als Kassierer im Supermarkt. Allerdings waren auch reiche Rentner von überall aus dem Westen hierher gezogen, weil San Francisco eine schöne und kultivierte Großstadt mit viktorianischen Häusern war. Außerdem war es das Finanzzentrum des Westens. Es gab auch einen Hafen, aber der hatte den Anschluss an die aktuelle Container-Revolution verpasst und verlor Marktanteile an andere Häfen wie Seattle.

Uns New Yorkern kam San Francisco gruselig still vor, die Straßen waren leer, die Beleuchtung wurde nach zehn Uhr abends gedämpft, in den Restaurants servierten dünne, blonde Hippies auf Tranquilizer gesunde Nahrung. Die Luft wirkte dünn, als ob wir in großer Höhe wären und nicht auf Höhe des Meeresspiegels. Das Licht war so subtil wie die Augenlider hellhäutiger Menschen – und ebenso wehrlos. Wir wanderten durch den Golden Gate Park und schauten uns Pflanzen an, deren Namen wir nicht kannten, all die wunderbaren exotischen Blumen, die viel zu tropisch wirkten für dieses kühle Klima. Wir rauchten wie Schlote, waren schmutzig, verdorben und sprunghaft, und alle anderen hier wirkten sonderbar charakterlos und »nett«, als wären sie gerade erst aus dem Ei geschlüpft. Uns dagegen ging die Luft aus, wenn wir einen Hügel emporstiegen.

Im Castro entwickelte sich gerade die berühmte schwule Community, aber am meisten los war nach wie vor um die schäbige Polk Street. Was dort »los war«, war jedoch nicht für alle sichtbar, sondern fand hinter verschlossenen Türen statt, in vergitterten Innenhöfen oder in kleinen, verstreut liegenden Eckkneipen, die traurig vor sich hin dämmerten wie leere Gehäuse, die darauf hofften, wieder zum Leben zu erwachen.

Wir befürchteten, wir könnten etwas verpassen, weil wir unsere eigene schmutzige, unmögliche, aufregende Stadt verlassen hatten. Als Redakteure jammerten wir, dass alle guten Stories aus New York kamen, und dass auch alle guten Journalisten dort lebten. Auch wenn wir der Tatsache Rechnung zu tragen versuchten, dass die Zeitschrift auf die Westküste ausgerichtet werden sollte, gab San Francisco einfach nicht viel her, über das man schreiben konnte. David Bourdon, unser Kunstkritiker, schrieb einen Artikel über Richard Diebenkorn (mein Vorschlag), einen Künstler, der aus San Francisco stammte und in New York einiges Ansehen genoss. Bourdon schrieb auch über den schrulligen, humorvollen Keramikkünstler Robert Arneson, der auf dem internationalen Kunstmarkt gehandelt wurde. Wenn wir uns mit Weberei befassten, dann nicht mit regionalen Werkstätten, sondern mit den großen, innovativen Textilkünstlern Lenore Tawney und Claire Zeisler. Doch die Hoffnung, dass wir »mal eben so« den regionalen Schriftstellern (na ja, immerhin Herbert Gold ...), Komponisten oder Malern (in den 1950ern hatte es die gegenständlichen Maler der Bay Area gegeben, aber dann?) zu größerer Bekanntheit verhelfen würden, erfüllte sich nicht. Zwar lebten einige bedeutende Dichter in der Hippie-Kolonie Bolinas, aber unsere Chefs waren nicht besonders scharf darauf, ihnen viel Platz einzuräumen.

Wir machten uns Sorgen um unsere eigene Zukunft. Was würde aus uns werden, wenn die Zeitschrift eingestellt wurde, womit zu rechnen war? Hätte man uns bis dahin vergessen? Wären wir vom Rand der Welt hinuntergefallen? Es machte uns Angst, dass selbst die Einheimischen in San Francisco ihre Stadt als »hier draußen« bezeichneten. Ich hatte mir alle Mühe gegeben, von Illinois und Michigan nach New York zu kommen, und jetzt sah es so aus, als bewegte ich mich rückwärts. Mein Roman *Forgetting Elena* würde bald erscheinen, doch ich würde natürlich nicht in New York sein, um das Buch zu »promoten«, was immer das heißen mochte. Per Post traf der Entwurf des Buchumschlags ein, mit der Bitte um meine Freigabe. Ich gab ihn nicht frei – die Farbzeichnung eines Schneckengehäuses, das eine einzelne kitschige Träne weint –, aber das spielte keine Rolle. Hätten sie mehr Rücksicht auf mich genommen, wenn ich in New York gewesen wäre? Wahrscheinlich nicht.

Eines Nachts besuchten wir unterhalb des Russian Hill eine Mitternachtsvorstellung der Cockettes, bärtige Tunten, die sich über die Geschlechterrollen hinwegsetzten. Auch das Publikum hatte sich mit Make-up, Glitter und Fummel herausgeputzt. Wir waren betrunken und schlecht gelaunt, doch alle anderen waren auf LSD. Sie brachen abwechselnd in Lach- und Weinkrämpfe aus, nahmen die kleinsten Gesten und lautlos geäußerten Worte war, als lauschten sie dem eloquenten, aber völlig banalen Piepsen von Kafkas Mäusediva Josefine. Das Publikum genoss die grauenhaft übertriebene, stummfilmartige Darstellung. Immer wieder wankten die Schauspieler in schmutzigen

Tüllkleidern und zerrissenen Strümpfen ohne Sinn und Zweck über die Bühne, mit mehr Mascara unter den Augen als ein Kabuki-Spieler. Das planlose Hin und Her des Bühnenpersonals fügte sich für den Betrachter zu keinen zusammenhängenden Bildern. Wie im Kabuki-Theater umgab einige der Transvestiten – durchweg langbeinige, furchtbar dünne schwarze oder weiße Speed-Freaks – ein wahrer Personenkult. Aus dem Publikum ertönten Rufe wie »Oh, Marsha!« oder »Betty, Mädchen, wir lieben dich!« Wir waren völlig verwirrt. Wir hatten kein Acid genommen, und wir kannten diese Leute nicht. »Die Stunde der Amateure«, brummelte einer aus unserer zynischen Gruppe. Wir fühlten uns bestätigt, als die Cockettes kurz darauf in New York durchfielen, denn die New Yorker Kritiker kamen zur selben Einschätzung wie wir. Wenn die Cockettes wirklich japanische Tänzer gewesen wären, wenn jemand ihr Spiel in einer Monografie erläutert hätte und der englische Text über Kopfhörer zu hören gewesen wäre, dann hätten sie vielleicht mehr Glück gehabt, auch wenn sie unseren am Broadway geschulten Erwartungen nicht entsprachen.

Es kam uns so vor, als würde jeder Einzelne in San Francisco Yoga üben und Krischnamurti lesen, im Garten arbeiten und sich den Kopf darüber zerbrechen, wie sein oder ihr makrobiotisches Essen auf dem kunstvoll missglückten, nur teilweise glasierten koreanischen Steingutteller am besten zur Geltung käme. Sie waren in sich gekehrt und widmeten sich der Kultivierung ihres Selbst, und wir waren leidenschaftlich extrovertiert und ständig im Wettkampf mit anderen. Wir kümmerten uns nicht um unser Essen und darum, ob unsere Chakren richtig ausgerichtet waren. Wir waren hungrig auf Ruhm, lechzten nach Beachtung und träumten von großartigen Karrieren. Draußen in San Francisco verbrachten die Leute den Nachmittag damit, in den Bäumen Windspiele aufzuhängen oder Stretching-Übungen zu machen. Wir stretchten nicht, sondern stemmten im Fitnessklub Gewichte, um unsere zukünftigen Sexpartner zu beeindrucken. Wir integrierten den Sex auch nicht in einen größeren, holistischen Zusammenhang, sondern waren durch und durch genital und äußerst beschränkt. Die Kalifornier waren sehr gewissenhaft in Sachen Fleisch, viele waren nicht nur Vegetarier, sondern Rohköstler. Sie hatten so viel Ehrfurcht vor dem Leben, auch wenn sie unfähig waren, es zu leben, dass sie glaubten, alles werde gut, solange sie die Kontrolle darüber erlangten, was in ihren Mund gelangte. Wir wussten, was wir im Mund haben wollten: Steaks und Schwänze.

Ich glaube, wir waren den Einheimischen ziemlich unsympathisch. Unsere Rhythmen liefen nicht synchron mit ihren. Wir wollten sofort zur Sache kommen und liebten den One-Night-Stand und den Fick im Stehen. Sie hatten es nicht eilig. Natürlich schleppten auch sie Männer ab, aber es durfte nie so aussehen, als sollte es schnell gehen.

Ich hatte mehrere Freunde und zeitweilige Freunde, was für Schwule in den 1970er Jahren völlig normal war; heute ist es so unüblich, dass es einen Kommentar verdient. Damals hatten wir keine Vorstellung von so etwas wie »schwuler Heirat«, zum Teil deshalb, weil viele von uns auch die Heirat von Heterosexuellen ablehnten. Unter den heterosexuellen Künstlern, Bohemiens und Intellektuellen, die ich kannte, waren nur wenige verheiratet. Schwule lebten noch vorsätzlicher und entschlossener promisk, auch wenn wir das Wort nicht mochten, weil es immer eine negative Bedeutung hat. Weshalb waren wir erotische Abenteurer? Die Freudianer sagten, dass wir zu unreif seien, um eine feste Beziehung aufrechtzuerhalten. Die Christen meinten, wir könnten unserer Lust deshalb keine Grenzen des Anstands setzen, weil wir so zügellos, verderbt und unnatürlich seien. Ich glaubte, dass wir in den Fünfzigern und Sechzigern sexuell so eingeschränkt waren (wir hatten so wenige Orte, an denen wir uns treffen konnten, und wir waren so ängstlich, dass wir fast unsichtbar geworden waren, auch für einander), dass wir nun all unsere früher versäumten Gelegenheiten, uns zu zweit, dritt oder viert zu vergnügen, nachholen wollten. Wir glaubten, sexuelle Freiheit sei dasselbe wie Freiheit. Wir waren schon bereit, über »schwule Politik« oder »schwule Kultur« nachzudenken, aber erst, nachdem wir die vollkommene sexuelle Freiheit erreicht hatten.

Natürlich war damals »Sodomie« in den meisten Staaten noch strafbar, und in einigen stand darauf sogar die Todesstrafe. In New York und San Francisco gingen Schwule Hand in Hand spazieren, aber in den meisten anderen amerikanischen Städten (einschließlich der Außenbezirke New Yorks und San Franciscos wie der Bronx und Oakland) hätte man sie dafür zusammengeschlagen. Wir hielten es selbst noch für eigenartig, dass wir schwul waren, und die Hälfte der Zeit, die wir für unsere Rechte kämpften, haben wir nur im Dunklen gepfiffen und versucht, uns selbst davon zu überzeugen, dass wir keine Gefahr für die Allgemeinheit darstellten und keine bedauernswerten oder angsteinflößenden Monster waren.

Als das Jahrzehnt voranschritt, kamen wir mehr und mehr zu der Überzeugung, dass Monogamie – und auch die Zweierbeziehung – veraltet sei. Wir wollten uns zu riesigen Molekülen der Zusammengehörigkeit, Liebe und Freundschaft aneinanderkoppeln, alle Unterschiede einebnen und alle Möglichkeiten öffnen. Freunde unserer Freunde wurden unsere Liebhaber, Liebhaber unserer Liebhaber wurden unsere Fickkumpel. Wir kamen um zwei oder drei Uhr morgens bekifft in die schwulen Discos, die immer größer und größer wurden, und tanzten bis spät in den Nachmittag in der strahlenden, heißen Maische unserer Stammesgesellschaft. Zu Anfang, bevor meine Drogen richtig reinhauten, erschrak ich noch bei der Berührung eines unbekannten, schwitzenden Körpers; nach fünfzehn Stunden auf der Tanzfläche war mir niemand mehr unbekannt und ich liebte sie alle. Wie konnte die Monogamie – Mama und Papa, das Grundstück am Stadtrand und die tödliche Langeweile einsamer Abende vor dem Fernseher oder im Hobbykeller – mit der Strahlkraft all dieser durchtrainierten, sonnenstudiogebräunten Körper mithalten, und mit den intelligenten, ironischen, verführerischen Gesichtern, die sich von überallher vorbeugten und lächelten?

Ich war noch bei der *Saturday Review* in San Francisco, als *Durchsichtige Dinge* von Nabokov erschien. Neben Christopher Isherwood war er mein Liebling unter den lebenden Schriftstellern. So verschieden

Nabokov und Isherwood auch waren, ich fieberte jedem neuen Titel eines der beiden mit einem Respekt, der an Verehrung grenzte, entgegen. Nabokov war lustig und verdorben, barock und heterosexuell; Isherwood war nüchtern und moralisch, klassisch und schwul.

Ich fand, Nabokovs neuer Roman sei eine gute Gelegenheit, ihm eine Titelgeschichte zu widmen. Obwohl John Poppy lieber eine Story über Rotholzmöbel oder regionale Tänzer gehabt hätte, hielt er es für klug, den wenigen »literarischen« Abonnenten, die der *Saturday Review of Arts* geblieben waren, einen Brocken zuzuwerfen. Ich glaube, dass er außerdem gemerkt hat, wie aufregend ich die Idee fand, und … nun ja, er war ein netter Mensch.

Ich sprach eine Reihe von Schriftstellern an – William Gass, Joyce Carol Oates, Joseph McElroy (*Women and Men*) – und bat sie darum, kurze Essays über Nabokovs Werk zu schreiben. Ich hatte vor, auch selbst etwas beizutragen, vor allem, als Mr. Poppy mich großzügigerweise dazu drängte, das zu tun. Er hatte gemerkt, dass ich mich danach sehnte, etwas über mein Idol zu schreiben.

Wer könnte Nabokov fotografieren? Leute aus der Redaktion schlugen einen echten Kunstfotografen wie Cartier-Bresson vor, aber ich war überzeugt (ohne etwas darüber zu wissen), dass Nabokov eher in gesellschaftlicher als künstlerischer Hinsicht versnobt war und lieber mit Lord Snowdon arbeiten würde, dem Ehemann von Prinzessin Margaret, dem ehemaligen Antony Armstrong-Jones. Mein Gespür erwies sich als zutreffend. Nabokov alberte eine Woche mit Snowdon herum, machte natürlich Jagd auf Schmetterlinge, posierte aber auch wie Borges in einem Poncho. Dass es keine besonders guten Fotos waren, spielte keine Rolle; für unsere Zwecke kam es darauf an, dass sie persönlich waren, lustig und sehr originell.

Natürlich wollte ich auch etwas aus Nabokovs eigener Feder. Nach dem relativen Misserfolg seines vorigen Buches, *Ada*, an dem er viele Jahre gearbeitet hatte und das mehr autobiografisches Material enthielt als alle anderen Bücher, mit Ausnahme vielleicht des viel früher erschienenen *Die Gabe*, glaubte ich, dass er den Aufwand, den wir mit ihm trieben, zu würdigen wusste. Am Telefon sagte er (ich musste früh aufstehen, um ihn in der Schweiz zur Cocktailstunde zu erreichen), dass er einen kurzen Text über Inspiration schreiben würde. Er war großartig am Apparat; er saß gerade mit Alfred Appel Jr. zusammen, dem Herausgeber und Kommentator der *Annotated Lolita*. Nabokov hatte einen starken Akzent, stärker, als ich vermutet hatte, seine Stimmlage war ein hoher Bariton. Seine »*As*« waren lang und englisch, die »*Rs*« gerollt und russisch; am ehesten klang sein Akzent noch französisch, zumindest für meine ungeübten Ohren. Er hatte eine merkwürdige Art, einzelne Silben zu betonen wie ein altmodischer Redner.

Als sein großartiger Text eintraf, beschloss ich, ihn mit dem zauberhaft kitschigen Gemälde *Pygmalion und Galatea* des pompösen französischen Künstlers Gérôme zu illustrieren. Auf dem Gemälde verwandelt sich der weiße Marmor der Statue, beginnend an Kopf und Schultern, soeben in köstlich lebendiges Fleisch, während der Bildhauer sie im leidenschaftlichen Kuss umfangen hält. Nabokov schrieb später, die Präsentation habe ihm sehr gefallen, insbesondere das Gemälde.

Doch ich hatte ein Problem. Nabokovs Kurz-Essay enthielt einige kleine Fehler in Interpunktion und Wortwahl. Wie redigierte man Nabokov? Meine Lösung sah so aus: Ich ließ den Essay exakt so setzen, wie er ihn geschrieben hatte, mit all seinen Fehlern, und ein zweites Mal in der von mir korrigierten Fassung. Per Kurier sandte ich ihm beide Fassungen und erklärte in einem kurzen, aber höflichen Brief, was ich getan hatte. Er antwortete per Fernschreiben: IHRE FASSUNG PERFEKT.

Als die Essays der anderen Autoren eintrafen, musste ich feststellen, dass die meisten von ihnen Nabokov gegenüber eine etwas gelangweilte Haltung zum Ausdruck brachten, als sei er von allen Seiten so lange gelobt worden, dass es nun interessanter war, ihn kritisch zu betrachten. Als sein Verehrer war ich natürlich schockiert über ihren zurückhaltenden Tonfall, deshalb fiel meine eigene Seite umso hymnischer aus. Ich stellte Nabokov über Norman Mailer, was heutzutage so offensichtlich ist, dass es komisch oder gar absurd wirken würde; damals war es jedoch ein überaus strittiger Schachzug. Es war, als würde ich europäisches Dandytum der amerikanischen Raubeinigkeit vorziehen, oder eine Schönheit der Alten Welt dem hässlichen Entlein aus der Neuen. Damals gab es in den Vereinigten Staaten noch immer den Gegensatz von kultureller Elite (die an der Ostküste verortet wurde) und dem ungewaschenen Rest. Richard Howard schrieb mir, dass James Merrill und er gerade an einer Konferenz in Minnesota teilgenommen hätten, wo sie vom Publikum wegen ihrer elitären Meinungen ausgebuht wurden. Als sie von der Bühne gingen, habe Merrill laut gesagt: »So ist das nun mal, wenn endlose Weiten mit endloser Fantasie konfrontiert werden.«

Die Ausgabe erschien; Nabokov erstrahlte in Schwarz-Weiß auf dem Cover, und die vierfarbige Abbildung von Pygmalion im Innenteil. In einem langen, dankbaren Brief schrieb Nabokov, er sei mit den visuellen Elementen und auch der Ausgabe als ganzer sehr glücklich. Ungefähr zur selben Zeit, im Jahr 1973, erschien nun endlich *Forgetting Elena*, und ich schickte Nabokov ein Exemplar. Kurz darauf schrieb er mir, ich solle das nicht öffentlich zitieren, aber ihm und seiner Frau habe das Buch gefallen, »in dem alles darum ringt, über dem Abgrund die Balance zu halten.« Eine ziemlich zutreffende (und natürlich schmeichelhafte) Beschreibung meines Romans, auch wenn ich denselben Satz über allumfassende Instabilität später in Nabokovs Beschreibung der visuellen Erlebnisse eines Reisenden, dessen Zug soeben den Bahnhof verlässt, wiedergefunden habe.

Drei Jahre später, nachdem sechshundert Exemplare meines Buchs verkauft und die restlichen vierzehnhundert eingestampft worden waren, fragte mich ein mir bis dahin unbekannter Mann von *Time* mit Namen Gerald Clarke, ob ich mit ihm über meine Beziehung zu Nabokov reden wolle. »Ich habe keine Beziehung zu ihm«, antwortete ich. »Ich bin ihm nie begegnet.«

»Das ist merkwürdig, denn er redet sehr freundlich über Sie. Ihr Roman *Forgetting Elena* im Besonderen hat ihm gut gefallen.«

Ich fragte mich, ob er ihm wohl auch gefallen hätte, wenn ich keine Titelgeschichte über ihn produziert hätte. Clarke, der später durch seine sehr gut lesbare Biografie über Truman Capote recht berühmt wurde, war nach Montreux gefahren, um Nabokov für den *Esquire* zu interviewen. Das Interview verlief nach dem üblichen Prozedere: Er brachte seine Fragen des Abends ins Montreux Palace Hotel und bekam am Morgen, sauber getippt, die klugen und ein wenig stilisierten Antworten. (Das Copyright blieb bei Nabokov.) Clarke war ein erfahrener Journalist und spürte, dass bei dieser vom Autor kontrollierten Methode nicht viel herauskam, also sprach er Nabokov an seinem letzten Abend in der Schweiz an der Bar an: »Welche Autoren mögen Sie?« Der große Mann hatte bisher nur seine Abneigungen und Aversionen aufgelistet.

»Edmund White«, antwortete Nabokov. »Er hat *Forgetting Elena* geschrieben, ein wunderbares Buch.« Dann zählte er noch Titel von John Updike und Delmore Schwartz auf (vor allem dessen Short Story *Der Traum vom Leben*), sowie Robbe-Grillets *Die Jalousie oder Die Eifersucht* und einige weitere. Clarke beschloss, sich nicht an die Regeln zu halten und diese inoffiziellen Kommentare zu veröffentlichen.

Ich war erstaunt, dass sich in meinem Leben zunächst einmal nichts änderte. Vor meinem Fenster marschierten keine Blaskapellen auf, aber ich spürte, dass ich eine außerordentliche Anerkennung erfahren hatte. Ich dachte an Baudelaires *Die Leuchttürme*, worin Dichter aller Zeiten sich im Dunkeln Signale senden. (Im Reich unserer Fantasie haben wir das Recht, prätentiös zu sein.) Später schrieb Nabokov sogar seinem Lektor bei McGraw-Hill und schlug ihm vor, einen Blick in meinen nächsten Roman zu werfen, den ich mal *Woman Reading Pascal*, mal *Like People in History* nannte, aber die Empfehlung fiel anscheinend nicht ins Gewicht. Vielleicht merkte der Lektor, dass Nabokov das Manuskript nicht wirklich gelesen hatte; er wusste nur, dass ich es geschrieben hatte und einen Verlag suchte. Ein paar Jahre später drängte mich mein Therapeut, in die Schweiz zu pilgern und Nabokov persönlich zu besuchen, aber ich weigerte mich – vielleicht hatte ich ein wenig Angst. Doch Mitte der Achtziger, als ich in Paris lebte, fuhr ich mit dem französischen Lektor Gilles Barbedette nach Montreux. Wir tranken mit der verwitweten Mrs. Nabokov Tee in der Hotellobby. Sie konnte eine Seite aus *Forgetting Elena* auswendig und trug sie vor. Sie hatte anscheinend ein fotografisches Gedächtnis und konnte sich an alles erinnern, worauf sie sich jemals konzentriert hatte. Einem Romanschriftsteller eine Seite aus seinem Werk zu servieren ist sicherlich das Liebenswürdigste, das man tun kann. Ich war vollkommen verzaubert von ihr.

Mir gefiel der Humor in Nabokovs Werken, sein aristokratischer *Mépris* für Dummköpfe und Pedanten und sein lebhaftes, wenn auch scherzhaftes Interesse für Verrückte. Insgeheim speiste sich sein Schreiben aus einer gewissen Sentimentalität: dem Schwärmen für Paare, dem Glauben an romantische Liebe, der ritterlichen Verachtung für Rüpel und dem heiligen Respekt für Frauen, die ebenso klug wie schön waren – und einem heißen, irrationalen Kult des Sex und sexueller Leidenschaft, wenn auch nicht der mechanischen Vorgänge. Diesen dandyhaften, romantischen Kodex, der dem rohen Spott der Welt so wehrlos ausgeliefert war, beschützte er mit dem magischen Feuerkreis seines Humors und der aggressiven Ablehnung alles anderen – seinen ironischen Seitenhieben gegen Freud, Akademiker, Marx, fortschrittliche Erziehung und krudes Kommerzdenken. Alles, was seinem eigenen, distanzierten, eleganten Stil nicht entsprach, verwarf er als vulgär oder kitschig, kurzum als *poshlust* (seine Abwandlung einer russischen Bezeichnung für das nur vermeintlich Bedeutsame).

In Interviews attackierte er immer wieder heilige Kühe – Thomas Mann, William Faulkner, Conrad, Dostojewski. Aber, dachte ich (erschrocken), Mann und Faulkner haben doch den Nobelpreis gewonnen! Conrad war ein Klassiker, auch wenn seine Plots nicht leichter zu entwirren waren als verknotete Schnüre in einem Ölfass. Und Dostojewski war ein moralischer Riese – auch wenn seine Szenen, nachdem sie ihren glückseligen Höhepunkt erreicht haben und alle Welt Tränen der Erleichterung und Versöhnung weint, noch immer nicht enden, sondern auf unbehagliche Weise in eine neue, furchtbar enttäuschende und beängstigende Richtung abgleiten. Es war Jean Genet, der dieses Unbehagen benannt hatte, diesen beunruhigenden Absturz, doch er verteidigte es als lebensnahe Clownerie.

Nabokov war ein großer Hassender und ein dürftiger Liebender. Er mochte Puschkin und Tschechow und manches, aber nicht alles von Tolstoi; Stendhal mochte er gar nicht (sein Vater war ein rückhaltloser Fan gewesen). Er mochte Belys *Petersburg* und alles von Chodassewitsch, den er wundervoll übersetzt hat. Er mochte Genet, auch wenn er nicht verstand, warum er über Jungen statt über Mädchen schrieb. Und er mochte mich. War das ein Witz? Nabokovs Witze waren schließlich berühmt – jeder rechnete mit ihnen und hatte Angst, ihr Gegenstand zu werden.

Als ich die Titelgeschichte über Nabokov vorbereitete, nahm ich zu Simon Karlinsky Kontakt auf, der in Berkeley einen Lehrstuhl für russische Literatur innehatte. Simon hatte vor einiger Zeit für die *New York Times* die russischen Quellen für Ada nachgewiesen, und ich wollte, dass er für die *Saturday Review* jetzt dasselbe für *Durchsichtige Dinge* tat. Er sagte zu und schrieb uns schnell eine brillante Exegese, die wir hocherfreut verwendeten. Ich traf mich mit ihm, und wir wurden Freunde. Er war mit Nabokov befreundet, und ich fand es aufregend, einem Bekannten des Meisters zu begegnen. Ich habe mich manchmal gefragt, ob Nabokovs Figur *Pnin* (dieser jenseitige, durch und durch russische Professor, der in Amerika, wo er lebt, ganz verloren ist) auf Simon basierte, aber die Daten stimmten nicht. Vielleicht mokierte sich Nabokov hier auch lediglich über seine eigene Geistesabwesenheit.

Simon war klein und ungefähr zwölf Jahre älter als ich. Er hatte einen schwarzen Bart und kleine, dicke Hände, einen kahlen Schädel und intelligente Augen, die immerzu im Raum umherschweiften, als ob unser Gespräch seine Aufmerksamkeit nicht zu fesseln vermochte, oder als ob er nach einem Fluchtweg Ausschau halte. Vielleicht befürchtete er, dass er, sobald er Blickkontakt herstellte, innehalten und die Ansichten seines Gesprächspartners ernsthaft in Betracht ziehen müsse, und dazu war er sicherlich nicht bereit. Seine eigenen Ansichten waren unerschütterlich, aber präzise und subtil. Menschen, die unbeweglich an ihren Ideen festhalten, haben gewöhnlich keine sehr interessanten Gedanken, aber Simon war äußerst gebildet, und seine Glaubensartikel waren sehr nuanciert ausgearbeitet, voller großer und kleiner Klauseln und Zusätze, aber schließlich in bronzene Lettern gegossen.

Seine Eltern waren vor der Revolution nach Mukden geflohen, wo Simon aufwuchs. Seine Mutter hatte dort ein Bekleidungsgeschäft. Er konnte sich noch an die tief verschneiten Winter der Mandschurei erinnern, und dass er manchmal auf der Straße über einen gefrorenen burmesischen Tiger hinwegsteigen musste, der früh am Morgen für eine Apotheke angeliefert worden war, die seine Schnurrbarthaare für eine teure Medizin benötigte. Er erinnerte sich ebenfalls, dass er den Sohn eines ausländischen Geschäftsmanns kennengelernt hatte, den kleinen Billy aus Ohio, dessen Name und Herkunft ihm unglaublich exotisch vorkamen.

Von Mukden zog Simon mit seiner Familie nach Los Angeles, wo er sich als junger Mann in die zeitgenössische Musik verliebte. Während der Kriegsjahre war Los Angeles durch all die Flüchtlinge das kulturelle Zentrum der Welt – Bertolt Brecht, Thomas Mann, Strawinsky, Schönberg, Kurt Weill, Isherwood und Aldous Huxley lebten dort, ganz zu schweigen von glamourösen Stars wie Garbo und Marlene Dietrich. Simon besuchte Konzerte der Avantgarde auf dem Dach eines Hauses.

Als er alt genug war, wurde er eingezogen und nach Europa geschickt; der Krieg war gerade erst zu Ende gegangen. Man konnte ihn wegen seiner Russischkenntnisse gut gebrauchen, aber ihm lag mehr daran, Komponist zu werden, als Spion. Er nahm an einem Wettbewerb teil, den Marie-Laure de Noailles ausgeschrieben hatte, aber ihr amerikanischer Freund und ständiger Gast Ned Rorem gewann den Preis. Simon merkte, dass kein anderer Kandidat gegen den attraktiven Ned eine Chance hatte, offensichtlich der Favorit der *Vicomtesse*. Er bekam den Auftrag, ein Ballett für eine kleine deutsche Tanztruppe zu schreiben. Das Ergebnis gefiel ihm selbst so wenig, dass er beschloss, seine Laufbahn als Künstler zu beenden.

Er kehrte nach Kalifornien zurück. In Berkeley hatte sein Wagen eine Panne, die Reparatur dauerte mehrere Tage. Simon nutzte die Zeit, um herauszufinden, wie er zu einem Abschluss in Russisch gelangen konnte. Er wurde schnell angenommen und dazu genötigt, als Sprachlehrer zu arbeiten. Nach ein paar Jahren promovierte er in Russisch und wurde Professor an derselben Fakultät.

Als ich Simon in den frühen 1970er Jahren begegnete, kam es zu zwei großen Auseinandersetzungen. Er konnte nicht verstehen, warum wir jungen Schwulen herumtuckten und über andere als »sie« redeten; er wusste nicht, dass diese altmodische Tuntigkeit längst ausgestorben und so sehr aus der Mode gekommen war, dass wir das lustig fanden. Ihn erinnerte es nur auf unschöne Weise an die alten Zeiten, als schwule Männer sich selbst nicht akzeptieren konnten und sich als armseligen Ersatz für Frauen verstanden, deren einziger Reiz ihre Jugend war. Die Angehörigen der jüngeren Generation glaubten, dass dies alles so weit hinter uns lag, dass wir ruhig Witze darüber machen konnten – auf dieselbe Weise vielleicht, wie Richard Pryor zur selben Zeit bei seinen Auftritten immer wieder das Wort *Nigger* gebrauchte. Ich bin mir nicht sicher, ob wir Schwule uns unserer neuen Identität tatsächlich so gewiss sein konnten (die Afro-Amerikaner ebenso wenig, wie sich herausstellte).

Der größere Knochen, um den wir uns stritten, war der Sozialismus. Ich hatte in Artikeln und Gesprächen immer wieder gesagt, dass ich Sozialist sei, genau wie Millionen andere linke Amerikaner in jener Zeit. Simon entgegnete: »Begreif doch endlich, wie irregeleitet du bist! Du bist großherzig und sorgst dich um die armen und an den Rand gedrängten Menschen und darüber, was Amerika in der Dritten Welt anrichtet, aber der Kommunismus ist die größte Geißel, die die Welt je erlebt hat.«

»Aber, Simon, ich bin kein Kommunist. Ich hasse Stalin!«

»Du bildest dir also ein, du könntest dir den aussuchen, der dir passt, und Stalin einfach durch Lenin ersetzen.«

»Nun, ja …«

»Aber Lenin war genauso schlimm. Es gab keine gute Phase des Kommunismus. Das sind Gangster, und die autoritären Züge sind fester Bestandteil des Systems, wir erleben sie überall – in Kuba, China, Vietnam, in ganz unterschiedlichen Kulturen.

»Ich verstehe, dass ihr Weißrussen so verbittert seid. Schließlich habt ihr euren ganzen Besitz verloren –«

»Willst du mich beleidigen? Mit meiner Familie hat das gar nichts zu tun, und die war übrigens ziemlich arm. Nein, die Amerikaner deiner Generation haben hier einfach einen fatalen blinden Fleck. Ihr seid bereit zuzugeben, dass Stalin ein Tyrann war, aber ihr werdet erleben, dass Mao sogar noch schlimmer ist, dass Ho Chi Minh ein richtig übler Bursche ist, und Castro – nun ja. Nimm nur die Schwulen. Castro errichtet Konzentrationslager für Schwule, ›Arbeitslager‹, wenn du das lieber hörst. Der letzte öffentliche Auftritt von Homosexuellen in Russland war bei Kusmins Beerdigung 1936. Danach war es viel zu gefährlich, irgendjemandem zu sagen, dass man schwul war. Und bis zum heutigen Tag müssen sich Schwule mit Frauen verheiraten, und sie trauen sich nicht einmal, die –«

Ich hörte nicht mehr zu. Offensichtlich war der arme Simon von seinen geflüchteten, weißrussischen Eltern einer Gehirnwäsche unterzogen worden. Er war ein Rechter, genau wie Nabokov, der seine Bewunderer vor den Kopf stieß, indem er den Vietnamkrieg befürwortete. Und wenn die Schwulen leiden mussten, damit es den Massen besser ging, na und? Man kann nicht immer nur den eigenen Interessen folgen. Und außerdem glaubten wir, dass der Kommunismus sich irrte, wenn er Homosexualität als Form der »bürgerlichen Dekadenz« bezeichnete, denn wir wussten, dass sie in allen sozialen Schichten anzutreffen war.

Erst viele Jahre später habe ich verstanden, dass Simon vollkommen im Recht war. Dass der Kommunismus die schlimmste Geißel der Menschheit war. Dass Mao und Stalin auf erschreckend rücksichtslose Weise Millionen ihrer eigenen Leute abgeschlachtet hatten. Dass die Abschaffung der Rechte der Intellektuellen, der Kulaken und der Schwulen und die Inhaftierung unbequemer Minderheiten nicht auf die bedauerliche Bigotterie einzelner Führer zurückzuführen war, sondern zum Kernbestand des Systems gehörten. Diese abscheulichen Exzesse konnten nicht als notwendige Opfer zum Wohl des Ganzen schöngeredet werden, sondern waren von Grund auf unrecht und das Vorspiel zu noch schlimmeren Gesetzlosigkeiten, die später dann so gut wie alle Bürger betrafen. In der gesamten Geschichte war kein System so zerstörerisch, grausam und irrational wie die Sowjetunion, außer vielleicht Rotchina.

Am Ende der 1970er hatte ich das verstanden, aber diese Einsicht kam recht spät. Ich musste erst Nadeschda Mandelstams *Das Jahrhundert der Wölfe* lesen, den nüchternen, undramatischen Bericht der Qualen, die sie und ihr Mann erdulden mussten, weil ihr Ehemann ein kurzes, satirisches Gedicht über Stalin geschrieben hatte. (Mandelstam hätte genauso gut noch schlimmeren Strafen unterworfen werden können, auch wenn er gar nichts »Falsches« getan hätte.)

In seiner bahnbrechenden Biografie Gogols aus schwuler Perspektive hatte Simon wegen ihrer Reaktion auf Gogols Homosexualität auf die Orthodoxe Kirche eingeschlagen. Die Priester hatten Gogols Selbsthass ausgenutzt und endlose, grausame Strafen über ihn verhängt. Was den Priestern nicht gelang, vollendeten die Ärzte. Sie ließen Gogol, der am Ende schon sehr geschwächt war, immer wieder zur Ader. Man ermunterte ihn, den zweiten Teil der *Toten Seelen*, seiner witzigen Gesellschaftssatire, als ernsthaftes religiöses Drama zu gestalten. Er arbeitete jahrelang an dieser unlösbaren Aufgabe und zerstörte erst kurz vor seinem Tod die Entwürfe.

Für einen renommierten russischen Akademiker vertrat Simon recht gewagte politische Auffassungen. Er schrieb für eine populäre schwule Zeitschrift eine flotte Geschichte der schwulen russischen

Literatur. Gemeinsam mit Michael Henry Heim kommentierte er Tschechows Briefe und stellte den Dichter als Ökologen *avant la lettre* dar. In seiner Gogol-Biografie arbeitete Simon kühn heraus, dass die Zuneigung zu Männern, die in Gogols Briefen zum Ausdruck kommt, an Leidenschaft die romantische Freundschaft bei weitem übertraf. Simon demonstrierte. Simon unterschrieb Aufrufe. Simon lehrte zu schwulen Themen.

Er lebte allein, bis er eines Tages auf eine Kontaktanzeige in der *Berkeley Barb* antwortete. Ein junger Mann schrieb, er suche einen »interessanten älteren Partner«. Simons Zuschrift war eine von mehreren Dutzend. Peter traf sich mit allen, war aber am stärksten von Simon eingenommen. Peter war wesentlich jünger, recht wohlhabend und interessierte sich für Psychologie und Konzeptkunst. Offensichtlich faszinierte ihn Simons düsteres Aussehen und das Ausmaß seiner internationalen kulturellen Bildung. Sie sind nun schon seit mehr als vierzig Jahren zusammen.

Seitdem sie sich kennen, macht jeder ein großes Drama um die Gesundheit des andern. Wie Hypochonder aus einem Roman des neunzehnten Jahrhunderts machten sie sich unablässig Sorgen über Luftzug, nasse Füße, Müdigkeit oder darüber, ein Essen könnte zu scharf gewürzt sein, und wenn nicht alles zu ihrer Bequemlichkeit eingerichtet war, konnten sie ziemlich knurrig werden. Das betraf auch Arrangements, die von anderen getroffen wurden. Ich veranstaltete einmal für sie in New York eine Party, und Simon warf buchstäblich die Hände in die Luft, als er feststellte, dass nicht nur er meine Gäste nicht kannte, sondern auch sie sich untereinander fremd waren (unverzeihlich). Die Gäste waren natürlich nur eine schlechte Mischung meiner flüchtigen Bekanntschaften der letzten Zeit – nicht gerade der Stoff, aus dem erfolgreiche Partys gemacht werden.

Forgetting Elena wurde nach Erscheinen in der *New York Times Book Review* besprochen, was in jenen Tagen noch einiges Gewicht hatte. Der Kritiker war offenbar der Meinung, er habe eine flammende

Rezension geschrieben, denn vierzig Jahre später versuchte er, die Schuld einzutreiben, und bat mich um einen One-Liner, eine Empfehlung oder eine Besprechung (ich habe vergessen, was es war). Tatsächlich war seine Rezension ziemlich konfus und lauwarm; immerhin hätte man den einen oder anderen Satz in einer Anzeige für das Buch zitieren können, wenn es denn Anzeigen gegeben hätte. Die Besprechung behandelte das Buch als Kriminalroman, und es wurde in Buchhandlungen und Bibliotheken oft zu den Krimis gestellt.

Es hatte so lange gedauert, für diesen Roman einen Verlag zu finden, dass ich längst an einem anderen arbeitete, den ich manchmal *Like People in History*, manchmal *Woman Reading Pascal* betitelte, eine sehr viel realistischere Geschichte als *Forgetting Elena*. In den langen Jahren, in denen ich einen Verlag für *Elena* suchte, fragte ich mich, ob ich in Sachen Schwierigkeitsgrad vielleicht zu weit gegangen war, und ob ich nicht lieber über reale Menschen schreiben sollte, darüber, wie sie ihr Leben führten. Da Richard Howard die bei weitem originellste und schillerndste Person war, die ich kannte, beschloss ich, eine Figur nach seinem Vorbild anzulegen und ihn eine Dreiecksbeziehung mit »Maria« (angelehnt an Marilyn Schaefer) und einer jungen heterosexuellen Frau führen zu lassen, die sich an Sigrid orientierte, einer Freundin bei Time-Life. Genau genommen war Sigrid die Hauptfigur, aus deren Perspektive alles erzählt wurde.

Ich muss wohl Henry James' *Bildnis einer Dame* im Hinterkopf gehabt haben, denn ich hatte vor, über eine Erbin zu schreiben, die in die Klauen eines Mitgiftjägers gerät. Heutzutage, wo außereheliche Agreements und vor allem Scheidungen ganz alltäglich sind, hat eine unkluge Heirat nicht mehr solche langwierigen, tragischen Konsequenzen. Dennoch basierte meine Geschichte darauf, dass eine bemerkenswerte, reiche junge Frau von Baltimore nach New York kommt (ich hatte ein Wochenende mit Schulfreunden bei einer Fuchsjagd in Baltimore verbracht). In New York wird sie die enge Freundin eines schwulen Mannes und einer Lesbe, und mit ihnen nimmt sie Teil am aufregenden, doch (für sie) unbefriedigenden schwulen Leben der

Stadt. Schließlich, im fortgeschrittenen Alter von dreißig Jahren, merkt sie, dass sie sich einen Ehemann und Kinder wünscht. Scheinbar durch Zufall begegnet sie jemandem, der öfter an den Debütantenbällen von Baltimore teilgenommen hatte, einer dieser »Gastherren«, die unverzichtbar sind, um etwas Schwung in solche Abende zu bringen. Ich hatte herausgefunden, dass die Eltern der amerikanischen High Society zwei Gefahren gewaltig unterschätzen – die Gastherren und, vor allem, die Reitlehrer. Wenn solch ein Mann attraktiv ist und gute Manieren hat, kann er die siebzehnjährige Tochter des Hauses, und vielleicht auch die Mutter, verführen, obwohl er keinen Penny besitzt und die Farbe seines Blutes rot, und nicht blau, ist. In der Reiterszene ist der Reitlehrer wahrhaftig ein Trojanisches Pferd, das selbst die bestbewachten Verteidigungsanlagen überwindet.

In meinem Roman (genau wie bei Eliot und James) ist Jimmy, mein Glücksritter, zu Anfang charmant und zuvorkommend. Sigrid und er waren in Baltimore ein paarmal zusammen ausgegangen, und nun machen sie dort weiter, wo sie damals aufgehört hatten. Er lockt sie fort von ihren Freunden – und zerstört ihr Leben.

Um die Wahrheit zu sagen, ich war ein bisschen in Sigrid verliebt gewesen, und wir hatten uns ab und zu getroffen, aber schließlich hatte ich ihr gestanden, dass ich schwul bin. Ich weiß noch, wie wir an einem Freitagabend vor dem Riviera Café am Sheridan Square saßen und ganze Armeen lauter und aufgeregter junger schwuler Männer vorbeizogen. Ich wollte mich unter sie mischen – oder sie sollten verschwinden. Sigrid sagte, sie hätte nicht gedacht, dass ich schwul sei, und außerdem spiele das auch gar keine Rolle. Die perfekte Antwort. Ich wusste natürlich, dass es sehr wohl eine Rolle spielte. Kinder konnte ich mir nicht leisten; ich hatte im Laufe der Jahre nicht einen, sondern viele Tripper gehabt; und ich bekam Platzangst, wenn ich zu viele Abende nacheinander mit einer Frau verbrachte.

Ich zog mich aus ihrem Leben zurück und sie heiratete Desmond, den ich erst später kennenlernte. Sie hatten eine hübsche, kluge Tochter, die der großen und blonden Sigrid ähnelte. In meinem Roman ist die Ehe eine Katastrophe, und sie erkennt viel zu spät, dass er es auf ihr Geld abgesehen hat. Im richtigen Leben mochte Sigrid zwar eine deutsch-baltische Baronin sein, doch sie hatte kein Geld, und ihre Ehe verlief wie viele andere auch und hat bis heute gehalten.

Interessant wurde das Buch – wenn es denn interessant war – durch die Beschreibung von Freundschaften zwischen Heterosexuellen und Homosexuellen. Gewisse heterosexuelle Frauen waren zu jener Zeit der Auffassung, dass Schwule freier lebten als sie, dass sie weniger besitzergreifend und dafür abenteuerlustiger seien; dass Freundschaft unter Schwulen mehr bedeute als bei ihnen, ja, dass in unserem Leben Freundschaften die wahren roten Fäden seien. Marilyn sagte einmal zu einem Ex, der meinte, man könne doch befreundet bleiben: »Mein Liebhaber kann so gut wie jeder werden, aber es ist schwer, mein Freund zu sein.« Ich wollte zeigen, dass solche »fortschrittlichen« Einstellungen bei schwulen Männern funktionierten, doch nicht bei heterosexuellen Frauen. Ich wollte nicht darauf hinaus, dass die traditionelle Heirat besser für sie war, aber eben auch nicht wesentlich schlechter. Im Geist Elizabeth Bowens wollte ich eine moderne Tragödie vorführen, in der zwei Wege zur Auswahl stehen, und beide sind schlecht.

Ich war mir sehr unsicher, wie es mit meinem Schreiben weitergehen sollte, unsicherer denn je. Ich wartete auf die ersten Besprechungen von *Forgetting Elena*, und als sie erschienen, merkte ich, dass man nicht verstanden hatte, worum es mir ging. Ich hatte solche Angst davor, wieder zum Schweigen gebracht zu werden, die Chance zu verlieren, weiter für ein Publikum zu schreiben. Niemand gibt sich ernsthaft Mühe, ein Tagebuch zu schreiben, ohne zu hoffen, dass es veröffentlicht wird – und wenn doch, dann kommt darin eine Art von Selbstgenügsamkeit und Bescheidenheit zum Ausdruck, die ich nicht verstehe. Wenn ein Schriftsteller sich danach sehnt, sich durch sein Schreiben mitzuteilen und gehört zu werden, dann will er natürlich, dass sein Werk gedruckt wird. Ich vermute, es ist derselbe Unterschied wie zwischen Masturbation und Geschlechtsverkehr – der wirkliche

Schriftsteller will eine andere Person berühren. Geschriebene Worte zu lesen bedeutet, an einem Dialog teilzunehmen, in dem nur eine Person redet, in dem jedoch auch das Zuhören ein kreativer Akt ist.

Ja, ich wollte Leser erreichen, aber ich machte mir auch aus beruflichen Gründen Sorgen. Ich wollte von meinem Schreiben leben. Ich wollte zu den fünfhundert Menschen gehören, die in Amerika ihren Lebensunterhalt, wenn auch noch so bescheiden, durch das Schreiben ernsthafter Literatur verdienen. Wenn die Literatur, wie Schiller sagt, uns zeigt, wie die Menschheit im Zustand der Freiheit beschaffen wäre (des Autors, nicht seiner Figuren), dann wollte ich zu dieser kleinen Minderheit gehören, die ihrem Wesen nach frei ist. Doch immer, wenn ich versuche, diesen Wunsch zu begründen, klingt es am Ende viel zu exaltiert; mir ging es nicht in erster Linie ums Geldverdienen oder den Genuss der Freiheit, ich wollte überleben. Für mich war das Schreiben eine Lebensnotwendigkeit, aber nicht deshalb, weil ich so schöne und intensive Empfindungen oder so wichtige und hochgeistige Ideen gehabt hätte (ich hatte nicht einmal besonders viele gute Ideen, außer in den fünf Minuten, die ich unter der Dusche verbrachte), sondern weil die Bezeichnung *Schriftsteller* mir auf irgendeine primitive, grundlegende Weise so viel bedeutete. Man kann sagen, dass Schriftsteller vor fünfzig Jahren sehr viel wichtiger für die Kultur waren, als es heute der Fall ist. Damals sah man sie als Propheten oder Antennen der Menschheit, die mit den tiefen Spannungen in Verbindung stehen, die unserer Gesellschaft zugrunde liegen. Doch selbst ohne diese religiöse Verbrämung der Kunst war ich versessen darauf, ein Schriftsteller zu sein – und zu bleiben. Und ich wollte zu meinen eigenen Bedingungen Schriftsteller sein, keine Drehbücher fürs Fernsehen und keine Arztromane schreiben und auch nicht bis ans Ende meiner Tage für Time-Life leicht verständliche Artikel über Geschichte, Musik oder Naturwissenschaft verfassen (obwohl ich einige Jahre lang genau das getan habe, um meinen Lebensunterhalt zu bestreiten). Nein, ich wollte belletristische Werke über meine Fantasien schreiben – ja, genau das: Belletristik war ein Weg, Fantasien auszumalen, ein Experiment über »Was wäre, wenn«. »Unsterblichkeit« erlangte man nur als ernsthafter Schriftsteller. Wenn Sie dagegen die Bestsellerlisten von 1920 lesen, werden Sie von keinem der Titel oder Autoren je gehört haben.

Durch meine Rückkehr zum Realismus verlor ich die Fähigkeit zu schreiben. Oder vielmehr mein Selbstvertrauen. Ich kehrte der reinen Erfahrung den Rücken, die der Arbeit an *Forgetting Elena* zugrunde gelegen hatte (und die, wie Richard Howard über Roland Barthes sagte, »intim, aber nicht persönlich« ist), und widmete mich dem nicht weniger hochnäsigen, doch irgendwie angeschlagenen Genre des »Problemromans«. (*Wie sollten Androgyne wie wir unser Leben gestalten?*) Ich befand mich nicht mehr im Zentrum meiner Empfindsamkeit und konnte den Ton nicht mehr hören, der mir sagte, dass ich auf dem richtigen Weg war. Ich schrieb wieder Szenen, die aus Dialog und Handlung bestanden und Glaubwürdigkeit anstrebten; ich hörte auf, Beckett zu sein, und wurde zu Updike (um zwei berühmte Vergleichsfälle anzuführen).

David Kalstone, der gerade James Merrill für die *Saturday Review* interviewt hatte, besuchte mich in San Francisco, und ich las ihm sofort ein dreißigseitiges Kapitel aus *Like People in History* vor. Er sagte, es sei gut – und ich war ihm so dankbar, obwohl ich genauso gut wusste wie er, dass das nicht stimmte. Ich wurde von furchtbaren, fast lähmenden Zweifeln verfolgt. Manchmal gab ich der jahrelangen Psychotherapie die Schuld an diesen Anfällen von Selbstbefragung. Ich hatte in der Therapie gelernt, mir selbst dabei zuzuschauen, wie ich mir zuschaute, und dabei fortwährend meine Beweggründe zu hinterfragen. Dieses Ausmaß an Subjektivität, Vorhersage und Kontrolle hatte meine Authentizität untergraben; meine Gefühle anzuzweifeln hatte meine inneren Orientierungshilfen zerstört – und die sind alles, worauf sich ein Schriftsteller verlassen kann. Und darüber hinaus hatte es meinem Selbstvertrauen nicht gerade genutzt, Jahr für Jahr an unveröffentlichten Theaterstücken und Romanen zu arbeiten.

Einige Zeit später, 1977, schrieb ich als freier Mitarbeiter für Time-Life-Records eine vierzigseitige Biografie Anton Bruckners, die einer LP-Ausgabe beigefügt werden sollte. Man sagt, dass Bruckner wie nur wenige musikalische Genies seiner selbst so unsicher gewesen sei, dass er sich überreden ließ, seine Symphonien zwei oder drei Mal umzuschreiben, manchmal auch zu ihrem Schaden. Auch wenn ich mich nicht mit Bruckner vergleichen konnte, nicht einmal mit den größten Abstrichen, erkannte ich die Ähnlichkeit. Wie Bruckner hatte ich recht spät zu schreiben begonnen und wenig Ermutigung bekommen, und wie er stammte ich nicht aus dem richtigen künstlerischen Milieu. Auch andere Komponisten waren Spätzünder, so wie Janaček, aber nur wenige waren so unentschlossen, wenige ließen sich so sehr in ihre Arbeit hineinreden.

Dass David mich unterstützte war nett, aufbauend und notwendig. Er erteilte mir die Erlaubnis, die ich brauchte, um das Buch fertigzustellen und ein Schriftsteller zu bleiben, so angeschlagen ich auch war. Allerdings wurde das neue Buch, nachdem es vollendet war, genauso von Verlag zu Verlag herumgereicht wie seinerzeit *Forgetting Elena*, und es wurde nie veröffentlicht. Ich hatte fünf Jahre lang daran gearbeitet. Anne Freedgood, der wir das Buch als Erster anboten, wollte es machen, aber ihr Angebot war dürftig. Ich war überzeugt, der Roman eigne sich für den Mainstream und sei echtes Geld wert, und deshalb zog ich das Buch beleidigt zurück und beauftragte meine Agentin, es anderen Verlagen anzubieten. (Und wieder erkannte ich zu spät, dass sie eine frühe, unredigierte Fassung verschickte.) Als ich nach zwei Jahren noch immer keinen Verlag gefunden hatte, kroch ich reumütig zu Anne zurück, die sich entschloss, es doch nicht ins Programm aufzunehmen. Sie war der Auffassung, es sei schwierig, ja sogar unmöglich, einen guten Roman über eine zutiefst passive Figur zu schreiben. (Und was war mit Camus' *Der Fremde*, fragte ich mich, oder all den Meisterwerken Kafkas, deren Protagonisten Opfer waren?) Vielleicht bestrafte sie mich dafür, dass ich das Buch zu Anfang zurückgezogen hatte. Vielleicht verschreckte sie auch, genau wie die anderen Lektoren, dass meine schwulen Figuren zur Mittelschicht gehörten. Schwule vom Rand der Gesellschaft, wie sie in den Romanen von John Rechy, Jean Genet oder Hubert Selby vorkamen, waren leichter verdaulich, weil sie so exotisch wirkten. Ein Schwuler aus dem Büro oder der Wohnung nebenan war schwerer zu verkraften. Auch wenn die Emanzipation der Schwulen begonnen hatte, spürte man auf dem Buchmarkt in den ersten zehn Jahren nichts davon. Später bekam ich es mit Lektoren zu tun, die *Like People in History* ablehnten, obwohl sie selbst schwul waren; sie waren nicht geoutet und hatten Angst, sich für mein Buch einzusetzen. Der Lektor Peter Kameny, ein furchtbar ängstlicher Schrankschwuler, wurde so neurotisch, dass er sich im Verlag auf der Toilette versteckte. Obwohl er in Harvard einer der aussichtsreichsten Literaturstudenten seines Jahrgangs gewesen war, feuerte ihn der Verleger schließlich, und Peter warf sich vor eine U-Bahn.

Als ich endlich begriff, dass kein Verlag meinen Roman kaufen wollte, vergeudete ich ein weiteres Jahr damit, ihn umzuschreiben, doch selbst in der neuen Fassung erntete er nur gleichgültige oder allergische Reaktionen. Ich hatte so lange darauf gewartet, veröffentlicht zu werden, und nachdem ich es endlich erreicht hatte, wurde mein nächstes Buch rundweg abgelehnt – das erfüllte mich mit Schrecken. Als ich beschloss, mein Glück in der Literatur zu versuchen, hatte ich alles auf eine Karte gesetzt, und ich hatte verloren.

Als ich diesen melodramatischen Gedanken einem Freund gegenüber aussprach, sagte der nur: »Was hätte denn sonst aus dir werden können? Ein Buchhalter? Ein Bauingenieur?«

David Kalstone war nicht nur der herzlichste und unterhaltsamste Mensch, den ich kannte, er war auch ein Experte für Benimmfragen im Umgang mit Akademikern und Intellektuellen. Wenn ich ihm einen Essay zeigte, den ich veröffentlichen wollte, und er darin auf eine arrogante Formulierung stieß, malte er mit Bleistift ein kleines Fragezeichen an den Rand, und ich entfernte die Beleidigung sofort. Wir überprüften gegenseitig jedes Wort, das der andere schrieb.

Ich wollte, dass er für immer mein bester Freund blieb, aber ich merkte, welche Qualen ihm seine Liebe zu mir bereitete. Meinetwegen sollte er meinen Widerwillen, mit ihm zu schlafen, als Neurose einstufen, als Unfähigkeit, ausgerechnet mit dem Menschen, den ich am meisten mochte, intim zu werden, aber die immer wiederkehrenden Gespräche, die nur darauf hinausliefen, mir wegen meiner Vorlieben und Abneigungen Schuldgefühle einzutrichtern, hingen mir zum Hals heraus. Ich wusste, dass David an der Hoffnung festhielt, er müsse nur Geduld haben, dann würde ich meine »Intimitätsblockade« schon überwinden, doch ich fühlte mich ganz einfach nicht zu ihm hingezogen, deshalb befanden wir uns auf Kollisionskurs.

Einmal hatten wir uns furchtbar betrunken, und ich fragte David, ob er als Jude sich mir als Nichtjuden überlegen fühle. Er sagte ja. Ich war überrascht, denn insgeheim muss ich wohl geglaubt haben, dass WASPs allen anderen überlegen seien. Ich wusste, dass die Juden sich seit jeher als auserwähltes Volk betrachteten, aber ich hatte nicht vermutet, dass sie von diesem hohen Anspruch wirklich überzeugt waren. David war ein vollkommen säkularer Jude, aber selbst ihm war das orthodoxe Überlegenheitsdenken in Fleisch und Blut übergegangen. Er konnte sich ziemlich abfällig über die »lieben Juden« lustig machen, und alles an ihm, seine sachliche Kleidung, sein unauffällig elegantes Verhalten, seine Gleichgültigkeit Geld gegenüber (solange er seine sommerlichen Venedigaufenthalte finanzieren konnte), war Ausdruck seines Bemühens, sich vom Klischee des Juden zu befreien, aber trotzdem kam er gelegentlich darauf zu sprechen, dass Juden weniger Alkohol tranken, sich besser um ihre Familien kümmerten, klarer denken konnten und insgesamt wärmer, freundlicher und ausgeglichener seien als all die leicht verrückten, grausamen und schmutzigen Ungläubigen, mit denen man überall zu tun hatte. Für uns als Freunde hatte das Paradigma von jüdisch/heidnisch natürlich keine Bedeutung, denn unsere Vertrautheit setzte sich über alle Kategorien hinweg.

Die glückliche Zeit, die wir zusammen erlebten, ist mir noch immer lebhaft und anregend in Erinnerung; als junger Literat neigt man dazu, manchen Dingen, die gerade geschehen, im Voraus eine nostalgische Aura zu verleihen, aber man kann kaum vorhersehen, was uns in späteren Jahren wirklich als wertvoll im Gedächtnis bleiben wird. Mir war Freundschaft schon immer besonders wichtig, doch auch ich wusste damals noch nicht, dass es mehr Spaß macht, sich mit einem Freund zu betrinken, als mit einem Liebhaber. Liebe erfüllt uns zuerst mit Sorge und später mit Langeweile; nur Freundschaft belebt den Geist. Liebe weckt große Erwartungen, die niemals Wirklichkeit werden; Hoffnungen, die sich auf Freundschaft gründen, sind weniger hochfliegend und gegenwärtiger, wir hegen sie, weil sie bereits belohnt wurden. Liebe ist ein thematisch recht enges Drehbuch, und es fällt uns schwer, ihm gerecht zu werden, obwohl wir uns alle Mühe geben, den richtigen Ton zu treffen. Freundschaft ist ein *permis de séjour*, der uns ermöglicht, jeden Weg zu beschreiten und genau das zu tun, wonach uns der Sinn steht.

Die letzten Monate, die ich 1973 in der Bay Area verbrachte, wohnte ich in Stephen Orgels Haus. Stephen war ein Ex-Lover von David aus der Zeit in Harvard, und er hieß mich willkommen, weil David für mich bürgte. Mit seiner natürlichen Großzügigkeit erlaubte mir Stephen, in seiner Abwesenheit zwei Monate lang bei ihm zu wohnen und seinen Wagen zu fahren. Wenn ich spät abends nach Hause kam, fuhr ich über die Bay Bridge und dann die Berkeley Hills hinauf; ich ging durch die kleine Gartenpforte neben dem Prinzessinnenstrauch und betrat das niedrige Cottage im *Arts and Crafts*-Stil voll alter Keramiken und großer, melodramatischer viktorianischer Drucke mit Szenen von Shakespeare.

Eines Nachts begleitete mich ein junges Paar, mit dem ich beruflich zu tun hatte, nach Hause; er war Rhodes-Stipendiat und ehemaliger Football-Spieler, sie war eine blonde Turnerin und talentierte Illustratorin. Sie waren erschrocken, weil ich, betrunken, wie ich war, in gewaltigen Schlangenlinien über die Brücke fuhr, und sagten, sie wollten dafür sorgen, dass ich heil nach Hause kam. Sie wollten mit mir schlafen, aber ich fühlte mich von einem Dreier mit einer Frau überfordert, auch wenn die Frau so gutaussehend, freundlich und unkompliziert und der Mann ein attraktiver Sportler mit dem kantigen Kopf des jungen Hemingway war. Eines Tages, als wir alle wieder in New York waren, versuchten wir einen Dreier, und ich später mit ihm einen Zweier. Doch ich wunderte mich über ihr Interesse an mir und ihre sexuelle Virtuosität. Die beiden waren zu schön für mich. Damals gingen wir davon aus, dass Bisexuelle (besonders, aus gewissen Gründen, bisexuelle Männer) in Wirklichkeit verklemmte Homosexuelle waren. Wir warteten lächelnd ab, bis er schließlich sein wahres Gesicht zeigte, das wir bereits zu kennen glaubten. In Paris lernte ich dann ein Jahrzehnt später, dass die Welt voller wirklicher Bisexueller war, auch wenn die meisten von ihnen nicht sehr offensiv auftreten, und zwar nicht aus Scham, sondern weil ihnen alle mit Misstrauen und Angst begegnen. Ein Volksstamm hat nur zwei Möglichkeiten, mit Wanderern zwischen den Welten umzugehen – entweder erhebt er sie zu Göttern, oder er vertreibt sie. Doch ob es so etwas nun gab oder nicht, Androgynität und Bisexualität waren damals in Mode und wurden in den Sonntagszeitungen als Zeitgeist beschrieben. Berichte und Klatschkolumnen waren voller Artikel über solche jungen Leute, aber ich war mir nie sicher, dass sie wirklich existierten.

Als die *Saturday Review* nach gerade einmal zwei Jahren unterging und ich nach New York zurückkehrte, wurde mir klar, dass ich die besten Seiten Kaliforniens verpasst hatte; ich hatte an den Wochenenden nicht die Stadt verlassen, um unter den Mammutbäumen oder bei den heißen Schwefelquellen am Russian River zu zelten oder das eine Stunde entfernte Zen-Kloster zu besuchen. Ich hatte meine Zeit damit vertrödelt, in Bars zu sitzen, zu rauchen und darüber zu jammern, dass San Francisco nicht genau die gleichen Vorzüge aufwies wie New York. Ältere, selbstsichere Menschen können sich fast überall wohlfühlen, aber junge Leute wie wir – besonders, wenn sie erst seit kurzem in New York leben – sind darauf angewiesen, ihre eigenartige, fordernde und auf den ersten Blick sicherlich nicht sehr befriedigende Religion zu verteidigen, indem sie alle anderen Kulte und heiligen Orte verdammen.

Mein Gott, wie froh ich war, wieder in New York zu sein! Ich mochte es, nachts um zwei oder drei Leute von der Straße aufzulesen. Ich mochte es, all meine Freunde anzurufen und stundenlang am Telefon zu hängen. Ich mochte das Gefühl, dass alles, was in New York geschah, *beobachtet* wurde. Wenn mir auf der Straße etwas Merkwürdiges auffiel, konnte ich sicher sein, dass es in der nächsten Woche in einem der Cartoons im *New Yorker* vorkommen würde. Wenn die U-Bahn ausfiel, würde am nächsten Tag darüber in der *New York Times* berichtet werden – und diese Zeitung wurde im ganzen Land gelesen. Wenn ich im Restaurant aufstand und auf dem Weg zum Klo an vier Tischen vorbeikam, würde ich mich zumindest an drei Tischen sofort am Gespräch beteiligen wollen. Dem etwas angestaubten Narzissmus von San Francisco stand die rabiate Selbstgefälligkeit New Yorks gegenüber.

Durch Zufall bekam ich schon bald nach meiner Rückkehr einen Teilzeitjob als Redakteur und Autor des ehrwürdigen *Horizon*, der viermal im Jahr mit festem Einband erschien. Wir dachten uns Themen von allgemeinem kulturellen Interesse aus, die auch nach drei Monaten Vorlaufzeit, bis das Heft erschien, noch nicht veraltet waren. Da ich sehr viel gelesen hatte, war das ein guter Job für mich, aber ich hatte hier plötzlich viel weniger Entscheidungsbefugnis, und die Redakteure waren sehr zögerlich, bevor sie sich für ein bestimmtes Thema erwärmten. Bei *Horizon* waren die Illustrationen ebenso wichtig wie der Text, und wir beschäftigten uns normalerweise zuerst mit ihnen. Eine Story konnte gekippt werden, wenn sie visuell nicht genügend hergab.

Die interessanteste Idee, die ich mir ausdachte, war die, Jan Morris über Ibn Battuta schreiben zu lassen, den arabischen Reisenden des Spätmittelalters, der die gesamte muslimische Welt bereiste, von Spanien bis China, von der Türkei nach Ägypten und Schwarzafrika. Ibn Buttuta unternahm diese Reise zweimal – das erste Mal, als diese Welt noch geeint war, und das zweite Mal einige Jahre später, als sie sich aufzulösen begann. Jan Morris, die in ihrer früheren geschlechtlichen Inkarnation als James Morris ein berühmter Reiseschriftsteller gewesen war, hatte dieselben Gegenden wie Ibn Battuta bereist.

Morris hatte gerade ihre Geschlechtsumwandlung hinter sich und veröffentlichte ihre Autobiografie *Conundrum*. Um über den Ibn-Battuta-Auftrag zu reden, kam sie in die Redaktion, eine robuste, mittelalte Frau in Wollkleid und bequemen Schuhen. Offenbar war sie mit ihrer Ehefrau nach Wales zurückgekehrt, wo die beiden wie Schwestern zusammenlebten. Während ich dies schreibe erfahre ich, dass in Großbritannien gerade die *Civil Partnership* eingeführt wurde, und Jan Morris und ihre Frau wieder geheiratet haben. Der englische Historiker J. H. Plumb sagte voraus, dass Morris sofort nach Betreten der Redaktion das kostbare Telegramm herumzeigen würde, in dem ihr Sohn ihr aus Indien seine Zustimmung zur Geschlechtsangleichung übermittelt. Wie prophezeit, zog Jan das Telegramm hervor. Als sie mein Büro verließ, fragte mich eine Frau vom benachbarten Schreibtisch: »Wer war denn das?«

»Warum fragen Sie?«

»Na, das war nun wirklich eine selbstbewusste Frau!«

Ich bin Jan in den nächsten Jahren gelegentlich begegnet, und jedes Mal wirkte sie furchtlos, hoch produktiv und ein wenig einsam. Einmal traf ich sie in Australien beim Adelaide Festival; eine Gruppe von Schriftstellern ließ sich mit der Fähre zum Strand bringen, aber Jan beschloss, lieber im Bus zu bleiben und sich mit dem Fahrer zu unterhalten. Ich fragte sie später, warum sie bei ihm geblieben war, und sie sagte: »Er ist irgendwie mein Typ.« Als ich sie in New York einmal fragte, ob sie jogge, um ihre Figur zu halten, griff sie bescheiden an ihre vollen Brüste und meinte: »Für uns ältere Frauen ist Joggen nicht so ganz einfach.« Meistens sprach sie über ihre aktuellen Buchprojekte; sie besaß einen gut funktionierenden, gut ausgestatteten Verstand, große Neugier, hervorragende und durchdringende analytische Fähigkeiten, ein Auge für das lebendige, belebende Detail und einen umfassenden, stets verfügbaren Wortschatz.

Als ich ihr das erste Mal bei *Horizon* begegnete, erzählte ich ihr, dass ich vor einiger Zeit im Gotham Book Mart ein dickes, altes Buch aus den dreißiger Jahren entdeckt habe, das von der ersten Geschlechtsumwandlung in der Geschichte handelt: *Ein Mensch wechselt sein Geschlecht*. Als ich das Buch aufschlug, war ich so hypnotisiert, dass ich mich auf den Boden setzte, anstatt wieder zu Time-Life zurückzugehen, und weiterlas, von der Mittagspause bis zur Cocktailstunde. Jahrzehnte später griff David Ebershoff denselben Stoff auf und schrieb darüber sein großartiges Buch *Das dänische Mädchen*. Die bewegende Autobiografie aus den Dreißigerjahren enthielt schwarz-weiße Fotografien vom Gegenstand des Buches, der Malerin Lili Elbe (geboren als Einar Wegener), vor und nach der Umwandlung. Auf den Aufnahmen, die nach der Umwandlung gemacht wurden, wankt sie mit Glockenhut am Arm einer mütterlichen Krankenschwester durch den Garten, kränklich, knochig und fast durchsichtig. Es enthielt ebenfalls Beispiele ihrer Handschrift vor und nach der Umwandlung, erst zur Seite geneigte, dann runde Buchstaben, und sogar ihrer Malerei (erst kräftige Ölfarben, dann hübsche Pastelle). Sie war so fest entschlossen, eine richtige Frau zu werden, dass sie eine weitere Operation vornehmen ließ, um Kinder gebären zu können – und bei diesem Eingriff ist sie gestorben. (Ich habe mich immer gefragt, worin dieser Eingriff wohl bestanden haben mag.) In ihrem Tagebuch finden sich herzergreifende Einträge, die tiefe Furcht und aufgesetzten Optimismus zum Ausdruck bringen. Der Arzt ist fort. Sie fühlt sich schwächer und schwächer, und ihr Ehemann steht ihr treu zur Seite. Jetzt ist eine Infektion aufgetreten …

Jan sagte: »Wenn du schon meinst, das Buch habe dich beeindruckt, dann versuch dir vorzustellen, wie es auf mich gewirkt hat!«

Allerdings konnte ich mir nicht vorstellen, dass die Wirkung auf Jan größer gewesen war als auf mich. Ich war nie versucht gewesen, diesen Weg zu gehen, aber das Buch zog eine brennende Spur durch meine Fantasie.

»Prä-operativ« hatte der dänische Maler Wegener keine homosexuellen Sehnsüchte, und Jan behauptete, bei ihr sei es genauso gewesen. Doch neulich hörte ich, wie ein ahnungsloser, junger Schwuler sie als »schwul« bezeichnete.

David und ich hatten unsere alte Gewohnheit wieder aufgenommen, nach dem leichten Abendessen bei Duff's lange Leseabende abzuhalten. Unser letztes Projekt bestand darin, den kompletten Dante zu lesen, Absatz für Absatz, zuerst auf Italienisch, dann auf Englisch. Wir hatten uns alle Bücher über Dante besorgt und versenkten uns in jede stilistische, exegetische und historische Besonderheit.

Aber für mich wurde das Buch nicht lebendig. Der Stil war für meinen Geschmack viel zu schlicht. Außerdem konnte ich mir nicht vorstellen, dass Dante es tatsächlich geschrieben hatte – sein Bericht über die halb göttlichen Ursprünge ist allzu überzeugend. Es macht nicht den Eindruck, als sei es aus einem Prozess des Grübelns und Brütens, des Werdens hervorgegangen. Nein, es war pures Sein, oder vielmehr existierte es schon lange zuvor als unbehauener Granit. Ich könnte sagen, dass es für meinen Geschmack zu klassisch war, obwohl ich mich als Schüler voller Begeisterung durch die ersten vier Bücher der lateinischen *Äneis* hindurchgearbeitet habe. Bei Virgils Bericht von Didos Tod musste ich weinen, eine Reaktion, die Francescas trauriges Schicksal in der *Göttlichen Komödie* niemals bei mir hervorrufen würde. Ich genoss die keusche Schönheit von Virgils Sprache, aber Dante ließ mich nicht zu sich herein. Als ich einige dieser Zweifel gegenüber David zur Sprache brachte, sagte er: »Man urteilt nicht über Dante.«

Das war mir bekannt. Ich hatte eine Fehleinschätzung begangen, aber ich wollte ja kein Kritiker sein, sondern Schriftsteller. Ich musste den Klassikern keine Noten geben, sondern mir aus allen erreichbaren Nestern stibitzen, was ich gebrauchen konnte. Auf jeden Fall war *Die göttliche Komödie* zu selbstbewusst, sie hatte keine Wunde in der Seite und keinen Riss in der Glocke, keine Verletzlichkeit, kein Zögern oder Stammeln. Sie interessierte mich genauso wenig wie eine spätmittelalterliche Pietà voller Engel und Stifterfiguren, mit allen drei Marien und dem knochigen, blutenden Christus, alles in prächtiger Aufmachung und mit glänzendem Firnis überzogen. Dantes Christus hatte zwar durchaus mehrere Wunden in der Seite, aber aus keiner von ihnen floss mein Blut, und Dantes hartes Urteil über seinen alten Lehrer Brunetto Latini, der homosexuell war, kam mir nicht sehr menschlich oder einfühlsam vor. Ich fand bei Dante nichts anderes als kalte Selbstgerechtigkeit und abstrakte Verzückung, die fantasielose Anwendung von Vorschriften auf Begierden, als presse man Korsettstangen auf hervorquellendes Fleisch.

Mein eigenes Selbstbewusstsein war inzwischen fast ganz dahingeschmolzen, ich war von keiner meiner Ansichten noch wirklich überzeugt. Mit meinem Teilzeitjob, dem abenteuerlichen Abstecher an die Westküste, meiner von Kakerlaken bevölkerten Wohnung, meinem ärmlichen Einkommen und meiner zerschlissenen Garderobe kam ich mir albern vor. Ich bekam eine Steuerprüfung, vielleicht, weil meine ziemlich hohen Einkünfte plötzlich so stark geschrumpft waren, was dem Finanzamt wenig glaubhaft vorkam. Ich kann mich noch erinnern, wie die beiden bulligen Steuerprüfer in ihren sorgfältig gebügelten Anzügen und klobigen Lederschuhen auf meiner kleinen, schmutzigen Matratze neben dem überquellenden Müllbeutel auf dem Boden saßen, der Geruch von Insektenvertilgungsmittel in der Luft. Sie klappten ihre Aktenordner auf und überprüften meine Aufstellungen; dabei kamen sie schnell zu der Überzeugung, dass ich nichts zu verbergen hatte. Sie wurden grün im Gesicht und waren schnell wieder verschwunden. In dieser Zeit bedrängte mich ein sehr erfolgreicher Fernsehproduzent, ihn mit in meine Wohnung zu nehmen, wo er sich auf mich warf und mich praktisch vergewaltigte. Später erzählte er einem gemeinsamen Freund, er habe noch nie solche Armut gesehen. Als ich darüber nachdachte, kam ich zu der Auffassung, dass meine Armut und meine offensichtliche Passivität sicherlich gut zueinander gepasst haben.

Und doch erlebte ich fürstliche Genüsse …

Durch Davids Vermittlung traf ich Elizabeth Bishop auf einer Party der Lyrikzeitschrift *Parnassus*. Bishop sah meiner Mutter geradezu furchterregend ähnlich, sie hatte dieselben großen Augen und dasselbe herzförmige Gesicht, aber im Gegensatz zu meiner Mutter war sie sachlich, präzise, etwas ängstlich und depressiv, zaudernd. Das Einzige, was die beiden Frauen gemein hatten, war ihr Gesicht und ein großzügiger Umgang mit Alkohol. Von dieser ersten Begegnung mit Bishop ist mir nur noch im Gedächtnis, dass ich auf Nabokovs *Durchsichtige Dinge* (*Transparent Things*) zu sprechen kam und den Titel versehentlich in *Seidige Dinge / Silken Things* verfälschte. »Warum nicht *Silk Things*?«, fuhr sie mich an. Dann fügte sie hinzu, dass sie auch das Wort *wooden* nicht mochte. »*Wood*, warum sagt man nicht *wood*?«

Ihre Art, sich zu kleiden und zu benehmen, entsprach auf geradezu verbotene Weise den Standards der Mittelschicht, aber von David wusste ich, dass sie eine berühmte Trinkerin war, die ihr halbes Leben versoffen hatte.

Kurz darauf besuchten David und ich Billy Abrahams, den heiß geliebten Lektor bei Dutton, und Peter Stansky, seinen Freund; gemeinsam hatten sie *The Unknown Orwell* geschrieben. Sie besaßen ein Haus in Duxbury, Massachusetts, und wir übernachteten dort, bevor wir mit den beiden auf das Cape nach Wellfleet fuhren, wo Elizabeth mit ihrer Freundin Alice Methfessel ein Haus gemietet hatte. Eine brasilianische Freundin von Elizabeth war auch da, Lota, die anfing, lebende Hummer in lauwarmes Wasser zu werfen. Alice schrie »Nein! *Nein* heißt ganz bestimmt auch in deiner Sprache ›nein‹!«

Elizabeth schienen die unterschwelligen Konflikte zwischen ihrer brasilianischen Vergangenheit und ihrer Gegenwart in New England nervös zu machen (Elizabeth und Alice hatten beide in Harvard gearbeitet). Auf dem Tisch lagen statt einer Decke alte Ausgaben der *New York Review of Books*, die nach dem Essen zusammen mit den Hummerschalen darauf weggeworfen werden sollten, aber Peter Stansky interessierte sich den Rest des Nachmittags nur noch für diese »Tischdecke«, er beugte sich darüber, las die Besprechungen und stieß kleine professorale Interjektionen aus, die, wie David mir zuflüsterte, wie »Wau Wau« klangen.

Wie bei so vielen Anlässen in jenen Tagen war ich der Jüngste und Unbekannteste am Tisch, nicht schweigend, aber zumeist ein Zuhörer. Ich sehnte mich nach literarischem Ruhm, auch wenn ich mit eigenen Augen sehen konnte, dass er nicht sehr glücklich machte. Ich vermute, dass Ruhm für mich wie ein Klub war, dem man unbedingt angehören wollte; man ist Tag und Nacht besessen von diesem Ziel, doch von dem Moment an, in dem man eingelassen wird, denkt man nie wieder darüber nach. Doch in einer Hinsicht hinkt der Vergleich: Anders als eine Klubmitgliedschaft konnte literarischer Ruhm genauso schnell verlorengehen, wie er erworben wurde. In den beinahe fünfzig Jahren, die ich nun zur Szene gehöre, habe ich viele Schriftsteller die Ruhmeshalle betreten und auch wieder verlassen sehen. Wer erinnert sich in Amerika noch an William Goyen (auch wenn sein *Haus aus Hauch* in Frankreich noch immer populär ist)? Oder an *Von Liebe beherrscht*, den ehemaligen »literarischen Bestseller« von James Gould Cozzens? An Don Marquis und sein wunderbares *Gestatten, Archibald*? Wen interessiert schon literarischer Ruhm nach dem Tode, wie Mark Aurel fragt. Der tote Autor hat nichts davon – und außerdem, wie Aurel snobistisch hinzufügt, sind diejenigen, die in der Zukunft Ruhm verleihen oder verweigern, nicht klüger als diejenigen, die das heute tun.

Vom Cape fuhren David und ich nach Stonington, Connecticut, um das Wochenende mit James Merrill zu verbringen. Merrill war in der Mitte seiner Komposition einer Antwort an Dante angelangt, seines epischen Gedichts *The Changing Light at Sandover*. Ich hatte ein Buch aus diesem Zyklus, *Mirabell*, für die *American Poetry Review* rezensiert, und David las mir jedes Fitzelchen des Post-*Mirabell*-Projekts vor, das er ergattern konnte.

Während Dante vorwiegend über historische Gestalten schrieb, verlieh Merrill seinen eigenen Freunden mythische Dimensionen; viele von ihnen waren ganz unbekannt. Die Strategie, die eigene Erfahrung aufzuwerten, gewann nach dem Zusammenbruch einer von allen geteilten Kultur immer mehr an Verbreitung (Proust ist das Musterbeispiel dieser neuen Schreibweise). Während Dante behauptete, tatsächlich ins Jenseits gereist zu sein und alles selbst beobachtet zu haben, kommunizierte Merrill mit seinen Toten mithilfe des Hexenbretts, was alle amateurhaft und »lustig« fanden – das Orakel von Delphi als Gesellschaftsspiel. Jimmy und David Jackson, mit dem er lange befreundet war, machten endlose Sessions an ihrem selbstgemachten Brett. Ich habe gesehen, dass die Buchstaben und ein paar Extrawörter (wie zum Beispiel ›Ja‹ und ›Nein‹) aus Papier ausgeschnitten waren. Einige Leute (darunter Alison Lurie in den Erinnerungen an ihre Freundschaft mit Merrill, die unter dem Titel *Familiar Spirits* veröffentlicht wurden) behaupteten später, dass David im Begriff war, die Kontrolle über Jimmy zu verlieren, und deshalb vorschlug, gemeinsam das Hexenbrett zu befragen – ganz ähnlich wie Mrs. Yeats, Georgie Hyde-Lees, die sich die Aufmerksamkeit William Butler Yeats' durch Spiritismus zurückeroberte. Man muss bedenken, dass Merrill selbst diese Zweifel in Verse gebracht hat. In *The Book of Ephraim* tritt ein Psychiater auf, der die Vermutung äußert, es handele sich hier wahrscheinlich um nichts anderes als symbiontischen Wahn.

David Jackson war ganz offensichtlich früher ein attraktiver Offizier und vielversprechender Autor gewesen, dessen Erzählungen in der *Partisan Review* erschienen. Aber seitdem war er ziemlich heruntergekommen. Er rauchte immerzu, betrank sich jeden Abend und stichelte ziemlich heftig, wenn auch mit der deutlich zur Schau getragenen Gutmütigkeit einer Imbiss-Kellnerin: »Na, Schätzchen, hast wohl 'nen paar Pfündchen zugelegt. Haste Liebeskummer oder einfach Hunger? Oder sind's die Gene? Macht nix, bist immer noch scharf wie 'nen Reißzweck. Nen ziemlich dicker Reißzweck.« Sein breites Gesicht mit dem amerikanisch-eckigen Kiefer, das früher sehr attraktiv ausgesehen hatte, ungefähr wie der junge William Holden in *Picknick*, war durch Alkohol und Nikotin verwüstet. Oft stand sein Mund offen, wenn er vergeblich versuchte, dem Gespräch zu folgen. Doch dieser Idiot hatte immer wieder sehr helle Momente, in denen er sich mit einem sehr originellen und treffenden Geistesblitz an der Diskussion beteiligte.

Jimmy verdrehte einfach in gespielter Erschöpfung die Augen und wandte sich einer interessanteren Person oder Tätigkeit zu; oft gingen wir zusammen durch den Ort, in dem viele der Häuser sehr präzise und selbstbewusste Bezeichnungen trugen (*Das Haus eines reichen Seilers ca. 1800*). Die Häuser waren kleine, aber makellose Kopien griechischer Tempel aus weiß gestrichenem Holz hinter kleinen, makellosen Rasenflächen. Von Jimmys Ausguck konnten wir mit dem Fernglas in den eingezäunten Garten Candida Donadios, einer berühmten Literaturagentin, schauen. Jimmy hatte dort einmal die große, tragische, einsame Gestalt ihres Klienten Thomas Pynchon umherhumpeln sehen, Amerikas öffentlichkeitsscheuester Schriftsteller – der am Ende Candidas Assistentin heiratete.

Jimmys Lieblingsbücher waren die sechs Bände von E. F. Bensons Lucia-Romanen, weil er glaubte, dass Bensons englisches Städtchen (der Stadt Rye in Sussex nachempfunden) mit seinen Fehden, kleinlichen Rivalitäten und exzentrischen »Figuren« Stonington ähnelte. Bei Benson gab es eine Lesbe, die Quaint Irene genannt wurde. In Stonington lebte eine Fotografin namens Rollie McKenna, eine sanfte Seele, die ihren Beruf schon so lange ausübte, dass sie Jimmy in den Fünfzigern und den Achtzigern fotografiert hatte, Richard Wilbur damals und heute, Truman Capote damals und heute und Dylan Thomas damals. Eines Tages wurde Rollie von einer feindseligen, gewalttätigen Lesbe regelrecht gekidnappt und gefangen gehalten, die sie körperlich misshandelte und finanziell ausplünderte; am Ende kam Rollie ohne einen Penny in ein Altersheim. Ihre Freunde hatten von Anfang an befürchtet, dass diese Beziehung zu keinem guten Ende kommen würde, und sie versuchten zu intervenieren, aber Rollie stand bereits im Bann ihrer Peinigerin – einer Frau, die schon zwei andere ältere Damen gerupft hatte.

Die Stadt war voller Figuren aus Cheever-Romanen, trinkfesten Lesern und Autoren mit alten Patriziernamen, großen Häusern entlang der Küste und vornehmen Jobs in Jurisprudenz oder Verlagsgeschäft. Jimmy, dessen hässliches viktorianisches Haus das höchste der Stadt war, stand auf seinem Ausguck, blickte umher und stellte sich vor, wie die Menschen dort unten wohl lebten. Stonington war seine »fünf Zentimeter Elfenbein«, wie Jane Austen es einmal gesagt hatte: 1816 schrieb sie an ihrem Geburtstag ihrem literarisch interessierten Neffen: »Was soll ich mit deinen kräftigen, männlichen, geistreichen Schilderungen, die so abwechslungsreich und funkelnd sind, nur anfangen? Was ist verglichen damit schon mein kleines Stückchen Elfenbein (nur fünf Zentimeter breit), an dem ich mit einem so feinen Pinsel arbeite, dass nach noch so viel Arbeit kaum ein Ergebnis zu sehen ist?« Merrill begann mit seinen eigenen bescheidenen fünf Zentimetern, doch sehr schnell ersetzte er den Pinsel durch das Messer seines scharfen Verstands und verwandelte das kleine Stück in eine Monumentalschnitzerei von der Größe eines Walrosszahns über Motive aus Vergangenheit und Gegenwart. Vielleicht war er ein Gesellschaftssatiriker, aber unter Jimmys Händen wurde aus Satire epische Dichtung – und aus Bosheit Glückseligkeit.

An diesem Wochenende befand sich auch Alfred Corn unter den Gästen, ein hoch gebildeter und attraktiver Dichter, den ich seit den Sechzigern kannte – *Forgetting Elena* ist ihm und seiner damaligen Frau Ann Jones gewidmet, die nach ihrer Scheidung sehr viel später eine glänzende Renaissance-Forscherin wurde.

Alfred war drei Jahre jünger als ich, und wir beide teilten die Faszination für Jimmy Merrill, David Kalstone und Richard Howard. Wenn einer dieser Männer eine Party veranstaltete, kamen wir uns zwischen all den Berühmtheiten ziemlich verloren vor. Al und ich waren 1969 vermutlich die jüngsten Gäste auf der gemeinsamen Feier der vierzigsten Geburtstage von Richard und von John Hollander, einem weiteren Dichter, der praktisch alles gelesen zu haben schien. John und seine damalige Frau Anne wohnten in einer riesigen Wohnung an der West Side, die trotz ihrer Größe mit Gästen überfüllt war. Da wir niemanden kannten, hielten Alfred und ich uns zurück und waren zufrieden damit, den Gang der Ereignisse zu verfolgen. Wir wurden Zeugen des für viele der Anwesenden historischen Moments, als John Ashbery dem Kritiker Harold Bloom vorgestellt wurde. John war typisch John, und als er am Ende des Abends davonwankte, war er so betrunken, dass Bloom in bester orphischer Manier kommentierte: »Ich verehre den Dichter, aber ich bedaure den Mann.«

Merrill förderte nicht nur Schriftsteller, sondern auch darstellende Künstler, wenn sie seiner Vorstellung von subtiler und auch absurder Unterhaltung entsprachen. Ich erinnere mich, dass ich eines Nachmittags mit David eine Aufführung der Little Players besuchte, ein Fingerpuppentheater, das Jimmy finanziell unterstützte. Fünf Puppen führten Theaterstücke und Opern auf, in denen sie Figuren aus Klassikern von Tschechow, Maeterlinck, Wilde und Shakespeare verkörperten. Obwohl sie keine Beine hatten, tanzten sie einmal die gesamte *Giselle*. Zwei schüchterne ältere Männer, William Murdoch und Francis Peschka, bauten die Puppen und das Bühnenbild selbst, richteten das Licht ein und schrieben oft auch ihre eigenen Bearbeitungen der Stücke. An dem Nachmittag, an dem wir sie besuchten, sahen wir in ihrem schön eingerichteten, aber kleinen Wohnzimmer an der Upper West Side Racines *Phädra*.

Jimmy hatte einen Ägypter aus Alexandria mit Namen Bernard de Zogheb kennengelernt, der wundervolle makkaronische Texte schrieb, deren Sprache aus französischen und italienischen Bröckchen zusammengesetzt war. Er hatte bereits *Le Sorelle Brontë* mit den Little Players inszeniert. Zogheb, der in Ägypten als Fremdenführer gearbeitet hatte und alle Sprachen durcheinanderwarf, hatte Merrill gebeten, ihm die Geschichte von *Phädra* zu erzählen. Jimmy sagte: »Ich kann dir bis morgen das Buch besorgen.« Doch Zogheb erwiderte: »Oh nein, ich will es nicht lesen. Sag mir einfach, worum es geht.«

Nachdem Jimmy ihm den Plot erzählt hatte, schrieb Zogheb seine Balladenoper – er verfasste neue Texte zu bekannten Schlagermelodien. So sang zum Beispiel Phädra (gespielt von der Puppenfigur Isabelle, die Lady Bracknell sehr ähnlich sah) auf die Melodie von *Honey* diesen Text:

Ah, Zeus, come son pesanti
Tutti le quel ornamenti

Ich muss zugeben, eine sehr lustige Übersetzung der Verse: »Wie diese schweren Hüllen auf mir lasten, der eitle Prunk!«

Man kann wohl sagen, die ganze Matinee war, wie alle meinten, »entzückend«. Doch ein verborgener kleiner Marxist in mir ging auf Abstand zu den betuchten Kulturaposteln im Publikum, die über den Witz und Charme der Spieler ins Schwärmen kamen. Phädras Zofe Oenone wurde von Isabelles Puppenzofe Elsie Lump gespielt. Ich fand, Witze über Zofen standen auf derselben Stufe wie geschmacklose Cartoons über Obdachlose im *New Yorker*.

Nach der »Oper« machte sich eine handverlesene Clique zur nicht weit entfernt am Central Park West gelegenen Wohnung des Pianistenduos Arthur Gold und Bobby Fizdale auf, wo eine Cateringfirma (die Merrill stillschweigend bezahlte) ein leichtes Essen für zwanzig Gäste servierte. David Kalstone hatte sich ein wenig in Bobby Fizdale verliebt. Bobby und Arthur waren vor Jahren Liebhaber gewesen, waren nun jedoch nur noch enge Freunde und künstlerische Partner. In der guten alten Zeit waren die beiden lange Zeit in Europa gewesen, wo sie mit Adligen und Komponisten verkehrten und Konzerte für zwei Pianos von Poulenc, Virgil Thomson, John Cage und Paul Bowles aufführten. Eines von Jimmys Lieblingsstücken war Faurés *Dolly Suite*, gespielt von »den Jungs«, Gold und Fizdale, ein limoniges, nervöses, mal trauriges, mal aufschäumendes Duett, das Fauré für Debussys Stieftochter geschrieben hatte.

Ich erinnere mich, wie wir morgens in Stonington in hohen, lichtdurchfluteten Räumen saßen und unseren Kaffee tranken. Jimmy war gerade aus seinem Arbeitszimmer heruntergekommen und zeigte uns ein Gedicht über seine neugeborene Patentochter Urania aus der Parterrewohnung, und das naive Raffinement der *Dolly Suite* spielte mit unserem Koffeinrausch Fangen. David und ich fanden *Urania* wundervoll, aber wir fragten Jimmy (das Herz in der Hose, denn wer waren wir schon, um den Meister zu belehren?): »Ist es nicht etwas … kalt?« Jimmy schlug sich auf die Stirn und sagte: »Du lieber Gott, ich habe die Gefühlsebene vergessen!« Er schoss wieder nach oben und kam in einer halben Stunde mit einer Fassung herunter, die uns zum Weinen brachte. Die *Dolly Suite* war das Leitmotiv dieser prächtigen und verrückten Tage.

Als ich die »Jungs« kennenlernte, spielten Arthurs Hände verrückt, und die beiden wandten sich dem Schreiben von Kochbüchern und Biografien zu; sie verfassten eine hochgelobte Biografie von Misia Sert – einer Verehrerin der Ballets Russes und polnischen Schönheit, die von Renoir gemalt worden war. Sert war auch mit Cocteau und Picasso befreundet, und Mallarmé hatte Verse auf ihren Fächer geschrieben. Das Leben geistreicher Menschen oder von Damen, die Salons führen, sind am schwierigsten zu beschreiben, denn diese Menschen sprechen kluge, schnell vergessene Worte, ermöglichen alles und erschaffen nichts. Sie sind von zentraler Bedeutung für das kulturelle Leben, doch ihr Ruhm und ihre Nützlichkeit verschwinden mit ihrem Tod.

Doch für die Jungs war Misia das perfekte Thema, denn sie waren auf ihre Weise ebenso der Welt zugewandt wie sie. Sie waren große Gastgeber, die so gut kochten, dass sie ihre eigene Kochsendung im Fernsehen bekamen. Sie kannten Musiker aller Kontinente und waren eng mit Balanchine und Jerome Robbins befreundet, ganz zu schweigen von der Tänzerin Tanaquil Le Clercq, die Balanchines Ehefrau und Diva gewesen war, bis sie an Polio erkrankte und er sie fallen ließ. Die Jungs kannten alle und jeden, und die Liste ihrer distinguierten Verehrer las sich wie eine Seite aus dem *Gotha*. Selbst bereits Verstorbene wurden in dieser Liste aufgeführt, wenn sie von hohem Adel waren; sie markierten ihre Namen mit einem Kreuz. Auf der Liste ihrer *remerciements* standen mehr Kreuze als auf dem Friedhof der Gefallenen von Omaha Beach.

Sie kannten jeden. Bobby erzählte uns: »*Anscheinend* verbringen wir den Juni bei der Contessa Grimaldi, und dann sind wir anscheinend ins Haus der Della Corte di Montis eingeladen.«

Jimmy flüsterte uns zu: »Anscheinend ist das alles schon fest geplant.«

Ich wurde mehrere Male mit David in ihre geräumige Wohnung

eingeladen. Sie servierten ein wunderbares Abendessen, und danach spielten wir Scharade oder »Enzyklopädie«, eine erweiterte Form von »Wörterbuch«; die Teilnehmer müssen erfundene Erläuterungen zu einem Namen oder Ereignis schreiben. Wir mussten dann herausfinden, welche Version die echte aus der *Encyclopaedia Britannica* war. Wenn jemand das Ereignis oder die Person kannte, nach der gefragt wurde, musste er das sofort zugeben. Wir lachten uns kaputt, als eine der Mitspielerinnen, die sizilianische Fürstin Maita di Niscemi, die mit Robert Wilson zusammenarbeitete, zugeben musste, dass jeder, den wir nannten, entweder eine Cousine oder eine Tante von ihr war.

An diesen Abendessen nahmen Tanny Le Clercq in ihrem Rollstuhl (sie unterrichtete eine Balletttruppe in Harlem), Jerry Robbins, David Kalstone, Maita und Johnny de Cuevas teil (sein Vater war ein Marquis gewesen und hatte eine Balletttruppe geleitet, seine Mutter war eine geborene Rockefeller). Die Aufgaben waren nicht leicht – und alle waren so gut bewandert, Stellen aus Shakespeare oder der Bibel zu erkennen, dass ich wie üblich ziemlich verschüchtert war und mir wünschte, ich hätte meinen Master in Englisch und nicht in Chinesisch gemacht und wäre zur Bibelstunde gegangen.

Eines Nachmittags brachte Johnny de Cuevas ein Kilo Kaviar mit, das aus demselben Geschäft stammte, in dem sein Vater immer eingekauft hatte.

David nahm Bobby Fizdale noch immer übel, dass er ihre Beziehung vor einiger Zeit beendet hatte. Als Fizdale bei einer Party zum Valentinstag ein Lebkuchenherz emporhielt, das Maita gebacken hatte, und fragte: »Wofür steht das hier?«, antwortete David böse: »Für den Gelackmeierten.« Als David Fizdale fragte, warum er die Beziehung nicht fortsetzen wollte, antwortete Bobby, er habe nur noch ein einziges Ziel im Leben, und das sei nicht romantischer Natur; alles, was er noch erreichen wolle, sei eine Begegnung mit Mrs. Lytle Hull – eine Königin der Gesellschaft, wie ich erfuhr, eine reiche Gönnerin der Oper und die erste Mrs. Vincent Astor.

Im Sommer verreiste David. Er wollte mit James Merrill auf der Queen Mary fahren. Juni, Juli und August würde er mit Stephen Orgel in Venedig verbringen. Vor seiner Abreise kochte er *penne arrabiata* nur für uns zwei, dann vertieften wir uns in eine lange Lesung von Gedichten Elizabeth Bishops. Danach las David mir vor, was er über Ashbery geschrieben hatte. Dazu tranken wir große Mengen Weißwein. An der Tür, als ich mich von ihm verabschiedete, zog David mich an sich, wie ich erwartet hatte, und gab mir einen langen, feuchten Zungenkuss, wie ich ebenfalls erwartet hatte. Er lächelte, als er mich küsste, und mir kam das alles merkwürdig heterosexuell vor – so häuslich, normal. Ich hasste jedes Detail der Situation und fühlte mich regelrecht abgestoßen; vor Wut stampfte ich mit dem Fuß auf, knurrte böse und ging. David war tief verletzt. Er beschloss, mich niemals wiederzusehen, was ich erst später erfuhr, aber schon in diesem Moment gespürt habe.

Auf der Überfahrt überzeugte ihn Jimmy Merrill, dass es auf dieser Welt zu wenig Liebe gebe und man sie nie zurückweisen solle, in welcher Form sie auch erscheinen möge. David beschloss, mir zu vergeben und unsere Freundschaft fortzuführen – ohne Sex und ohne weitergehende Wünsche. Er kam später (nicht oft, nur ein- oder zweimal) auf diese entscheidende Nacht zu sprechen, die Nacht, »als ich mit dem Fuß aufstampfte«. Um sicherzugehen, hatte ich zweimal versucht, mit ihm zu schlafen, war jedoch impotent gewesen. Ich hatte mir gesagt, das sei egal, ich könne auch einfach daliegen und ihn mit mir machen lassen, was er wollte, in der Hoffnung, dass mein offensichtlicher Mangel an Erregung eine deutlichere Sprache spräche als meine Worte. Doch warum auch immer, er hatte dieses körperliche Statement nicht als Beweis gelten lassen. Er war noch immer der Meinung gewesen, wenn er sich nur etwas mehr Mühe gäbe, würde ich seine Gefühle erwidern – so, wie ein Fleck verschwindet, wenn man nur lange genug putzt.

Doch nun schrieb mir David aus Venedig einen langen Brief – und wie es seiner großzügigen Art entsprach, gelang es ihm, seine Taktik zu ändern und seine Liebe zu mir in Freundschaft zu verwandeln. Diese unvergessliche und einzigartige Freundschaft dauerte noch zwölf Jahre und endete erst mit seinem frühen Tod.

Als wollten mich die Götter dafür bestrafen, dass ich David nicht liebte, verliebte ich mich Hals über Kopf in den Jungen von gegenüber, Keith McDermott, einen Schauspieler von Mitte zwanzig, der aussah, als wäre er siebzehn – und der meine Freundschaft suchte, nicht meine Liebe. Ich konnte sehen, dass Keith denselben Widerwillen mir gegenüber empfand wie ich zu David – und dieselbe starke Zuneigung und Freundschaft. Aber Keith entwickelte eine einfallsreichere Strategie als ich, er gründete einen »Keuschheitsklub« und nannte ihn nach einem Heiligen (er war ein abgefallener Katholik). Und er lud mich ein, eins der beiden Gründungsmitglieder zu sein. Die Idee bestand darin, dass wir uns umarmen und zusammen schlafen konnten, aber ohne Sex. Keith sagte, Sex hinge ihm zum Hals heraus und er brauche eine Pause. In den vielen Jahren, die ich ihn kannte, nahm er sich oft Auszeiten, in denen er kein Fleisch aß oder keinen Alkohol trank, oder er unternahm anstrengende Exerzitien, die er »Monat der Schönheit und Gesundheit« nannte. Er war klein, blond, hatte einen wunderschönen Körper und war ein hervorragender Sportler. Er war sich seines Körpers sehr bewusst und stellte hohe Anforderungen an ihn; anscheinend hatte er keine festen Angewohnheiten, zumindest keine schlechten. Alles, was er tat, geschah aus freiem Entschluss.

Ich hatte ihn durch Larry Kert kennengelernt, den Broadwaystar, der in der *West Side Story* den Tony gespielt hatte und die Hauptrolle in *Company*. Larry rief mich an, wenn es draußen regnete und er geil war, und ich rannte über die Straße zu ihm. Keith war sein Mädchen für alles.

Larry hat eine sehr merkwürdige Art, uns beide wie billiges Sexspielzeug zu behandeln, vollkommen austauschbar und immer verfügbar, aber wenn er sich auf uns als richtige Menschen einließ (als Künstler oder auch nur als bewusste, leidende Wesen), begegnete er uns mit unerwartetem Ernst und Respekt.

Ich zog mit Keith in eine große Wohnung im sechsten Stock eines

Hauses Ecke 86th Street und Columbus Avenue, die vierhundert Dollar im Monat kostete. Ich hatte ein kleines Schlafzimmer und ein lichtdurchflutetes Arbeitszimmer. Keith hatte ein großes Schlafzimmer. Auch mein minderjähriger Neffe Keith Fleming zog bei uns ein, er bekam das ehemalige Dienstmädchenzimmer. Seine Mutter (meine Schwester) war im Krankenhaus und konnte sich nicht um ihn kümmern.

Wir hatten eine Küche, eine Vorratskammer, eine Butler-Anrichte und ein Speisezimmer. Ich nehme an, es war die Art von Wohnung, die am Ende des neunzehnten Jahrhunderts »klassische Sechsraumwohnung« genannt wurde, die übliche Mittelklasse-Wohnung jener Zeit, die uns jetzt wie ein unvorstellbarer Luxus vorkam. Keith McDermott ging davon aus, dass wir nur Mitbewohner waren, und machte das sehr deutlich. Ich konnte dennoch nicht widerstehen, ihn mit Blicken aus großen Kuhaugen voller Sehnsucht und Tränen zu quälen.

Die Jahre in der klassischen Sechsraumwohnung an der Ecke 86th und Columbus waren für mich emotional schmerzhaft, aber künstlerisch produktiv. Ich hatte solchen Liebeskummer wegen Keith, dass ich wieder zu einem Therapeuten ging – doch dieses Mal war es wenigstens ein schwuler Seelenklempner, Dr. Charles Silverstein. Keith war sowohl der Grund meines Leidens (unerwiderte Liebe) als auch meiner Kreativität (er probte, zeichnete und schrieb die ganze Zeit). Jeder Vorgang unterlag bei ihm ästhetischer Kontrolle. Wir kauften pinkfarbene Terrassenmöbel, aber selbst die waren zu »massiv« für seinen Geschmack, und er verbannte sie in den Flur. Für ihn kam nichts anderes als nahezu japanische Kargheit in Betracht. Doch ich wollte Leute zum Essen einladen, eine bürgerliche Schwäche, die seinen Spott hervorrief. Es konnte sein, dass Keith um drei Uhr morgens große Papierbögen mit unlesbarer Schrift bedeckte. Zusammen mit einem anderen Schauspieler studierte er Szenen von Noël Coward ein – aber rückwärts, und sie rezitierten die verkehrt herum ablaufenden Szenen mit derselben stilisierten Grandezza wie Coward und Gertrude Lawrence auf den wenigen alten Aufnahmen, die wir besaßen.

Auch wenn Keith damals am Broadway spielte, verehrte er Robert Wilson, einen avantgardistischen Regisseur. Schließlich schlief er sogar mit Wilson in unserer Wohnung. Allzu gern machte ich bei diesen Vergnügungen mit. Ich war so verliebt in Keith, dass ich einige Male Orgien organisierte, damit ich ihn im Gemenge der Körper berühren konnte, ohne dass er es merkte. Als Keith an die Westküste zog, kamen Bob Wilson und ich einige Male allein zusammen. Er war ein großer, attraktiver Texaner, der förmliche schwarze Kleidung trug. Er war in meinem Alter, nur ein wenig jünger, aber sein Auftreten im Stil eines osteuropäischen Diplomaten war alterslos. Paul Schmidt, ein russischer Gelehrter und Dichter, hatte ein Jahr lang mit Wilson zusammengelebt, gleich, nachdem Wilson die Waco Highschool und Schmidt seine Militärzeit beendet hatte. Schmidt behauptete, dass Wilson permanent noch das kleinste ihrer wenigen Möbelstücke bis auf den letzten Millimeter exakt arrangierte – und tatsächlich basieren Wilsons verblüffende Bühnentableaus auf der exakten und innovativen Einrichtung von Bühnenbildern, Beleuchtung und sogar Requisiten.

Keith und ich brachten allem, was Bob Wilson tat, die größte Ehrfurcht entgegen, einschließlich seiner Inszenierung von *Einstein on the Beach* aus dem Jahr 1976 mit Musik von Philip Glas. Sie wurde in der Metropolitan Opera aufgeführt und kam uns wie die Premiere einer Wagner-Oper vor – etwas unglaublich Neues und Revolutionäres, ein neues Kapitel der Geistesgeschichte. Es war nicht die Musik, die uns so stark beeindruckte, sondern Erfindungsreichtum und Pracht der Bühnenbilder. Ich schrieb für *Christopher Street* einen Artikel über die Premiere und lobte die Oper in den höchsten Tönen. Auch im Nachhinein schäme ich mich nicht für meinen Enthusiasmus; ich freue mich, dass ich klug genug war, das Ereignis schon damals als einen der künstlerischen Höhepunkte meiner Generation zu begreifen, auch wenn ich mit meinem Lob bei weitem nicht allein dastand. Die Oper dauerte fünf Stunden, und das Publikum konnte nach Belieben kommen und gehen; ich weiß noch, dass es einen schalldichten Raum gab, wo man die Aufführung hören und sehen und sich gleichzeitig mit seinen Freunden unterhalten konnte. Im Mittelgang standen viele Leute (sicherlich bekifft) und weinten. Das Ganze war sehr cool – eine neue Masche, ein Testlauf, ein Raketenstart. Oft sang der Chor nur immer wieder eine Zahlenfolge (»eins, zwei, dreizehn …«) – keine schlechte Liturgie für Einstein. Es gab Gerüchte, dass Wilson wegen der enormen Produktionskosten noch ein ganzes Jahrzehnt hoch verschuldet war.

In den 1970ern spielte hin und wieder auch LSD eine Rolle in unserem Leben. Ich hätte nicht mal im Traum daran gedacht, jedes Wochenende, jeden Monat oder auch nur alle sechs Monate Acid einzuwerfen. Dafür war es ein viel zu bedeutendes Ereignis, gewissermaßen eine religiöse Zeremonie, und es war viel zu gefährlich. Damals war Acid viel stärker, die Wirkung hielt vierundzwanzig Stunden an und trieb einige Leute, die wir kannten, in den Wahnsinn. Ich erinnere mich an ein Wochenende auf Fire Island, als unser Gastgeber merkte, dass er zu viele Gäste eingeladen hatte und die Betten nicht reichten, kam er auf die Idee, LSD in die Drinks zu mischen, ohne dass die Gäste es wussten. Dann legte er ein paar Matratzen und Kissen in einen Raum, erklärte ihn zum Kinderzimmer und scheuchte uns alle dort hinein, brabbelnd, schluchzend und lachend. Später machten wir einen Zug durch die Gemeinde; immerhin fuhren dort keine Autos, sodass es keine Verkehrsunfälle gab und jemand verletzt wurde, aber es hätte durchaus sein können, dass jemand um Mitternacht im Meer schwimmen wollte und ertrank. Wir kamen an einem Haus vorbei, dessen Besitzer einen Irischen Wolfshund von der Größe eines Ponys als Haustier hielt. Obwohl der Hund so zahm war, dass man ihn Baby nannte, beschloss der teuflische Besitzer, uns durch den Anblick seiner Klauen in Angst und Schrecken zu versetzen, sie waren so groß wie die eines Pterodaktylus. Er sagte: »Damit reißt er euch in Stücke – er zerfetzt euch die Kehle.« Wir waren durch das Halluzinogen so kindisch geworden, dass wir vor Angst weinten und mit den Zähnen klapperten.

Wahrscheinlich hat jeder andere Vorstellungen davon, ab welcher Menge der Gebrauch von Drogen als Missbrauch zu betrachten ist. In den frühen Neunzigern interviewte mich eine französische Psychiaterin und beschrieb mich in einem Artikel als typischen Drogenabhängigen der siebziger Jahre. Ich glaube, sie übertrieb ein wenig, auch wenn ich ihr nach dem Mund geredet habe, weil sie so versessen war, diesen Artikel zu schreiben. Ich habe in den Siebzigern fast nie Marihuana gekauft, aber ich rauchte mit, wenn jemand einen Joint kreisen ließ, ungefähr einmal die Woche. In den zehn Jahren war ich höchstens zwanzigmal auf einem Trip, von denen keiner gut war, aber jeder einzelne denkwürdig und einschneidend. Ich kannte keine Leute, die so reich waren, dass sie sich Kokain leisten konnten, aber manchmal bot mir ein wohlhabender One-Night-Stand eine Linie an. Die meisten Drogen nahm ich in Verbindung mit Sex. Marihuana und Quaaludes (ein Muskelrelaxans) in Verbindung mit ein, zwei Gläsern Wein machte mich für fast jeden gefügig. Ich verstand, warum Prostituierte oft high waren.

Von Quaaludes wurde ich schlampig. Eines Abends muss ich mir im Restaurant statt der Serviette die Tischdecke hinter den Gürtel geklemmt haben. Als ich vom Tisch aufstand, zog ich Teller, Gläser und Bestecke hinter mir her, als ich mit breitem Grinsen zum Ausgang schwankte und mich zerstreut von Bekannten verabschiedete.

Mein Hauptproblem war vielmehr der Alkohol. Ich trank niemals tagsüber, aber am Abend begann ich beim Essen Wein zu schlürfen und trank weiter bis zum Umfallen. Zwei Flaschen am Abend machten mir nichts aus. Als ich 1983 die Leiter zu meinem Hochbett nicht mehr emporkam, fand ich das so lächerlich, dass ich beschloss, das Trinken ganz aufzugeben – was ich auch tat. Ein Jahr zuvor hatte ich aufgehört zu rauchen. Bald wurde aus dem dünnen, jungenhaften Raucher, der am Abend beschwipst grinsend daherquasselte, ein dicker, ältlicher, gesetzter Mann, der früh zu Bett ging. In einem Zeitungsartikel hieß es, ich habe ein »matronenhaftes« Kinn.

***

Wie viele Amerikaner war Keith nicht mit klassischer Musik aufgewachsen, aber er war begierig darauf, sie kennenzulernen. Wir waren so arm, dass wir nicht viele Langspielplatten besaßen, und uns die wenigen, die wir hatten, immer und immer wieder anhörten, vor allem die magischen Aufnahmen von Schumanns Kreisleriana, ausgerechnet in der Interpretation von Alicia de Larrocha (da sie Spanierin war, glaubten wir, sie sollte nur spanische Musik spielen, so wie schwule Schriftsteller nur schwule Romane schreiben durften).

Um für meinen Neffen zu sorgen, musste ich einen Job bei einem Chemie-Konzern annehmen, der, als ich mich das letzte Mal danach erkundigte, einen Umsatz von mehr als sechs Milliarden Dollar im Jahr erreichte. Das war der bei weitem schlimmste Job, den ich als Erwachsener ausgeübt habe.

Ich arbeitete in der Public Relations-Abteilung, und meine erste Aufgabe bestand darin, den Aktionären und Kontrollbeamten gegenüber zu rechtfertigen, dass die Firma leicht entflammbare Kinderschlafanzüge herstellte. Als Nächstes sollte ich die umfangreichen Beteiligungen an südafrikanischen Firmen zur Zeit der Apartheid rechtfertigen. Mir war Tag für Tag regelrecht übel. Man erwartete, dass wir mindestens von acht Uhr morgens bis acht Uhr abends im Büro waren, und zwar an sechs Tagen die Woche. Ich hatte die Herstellung des Jahresberichts für die Aktionäre zu überwachen, ein Hochglanzmagazin in Farbe, das erklären sollte, weshalb die Firma Verluste erwirtschaftete. Die Vizepräsidenten, von denen es eine ganze Menge gab, wurden von hochbezahlten Sekretären streng bewacht, die jede Belästigung abwehren und sicherstellen sollten, dass in ihren lärmgeschützten Büros im obersten Stockwerk völlige Ruhe herrschte. Sie kamen mir wie Föten vor, die unter Wärmelampen in chemischen Bädern am Leben gehalten werden. Ich forderte bei jedem von ihnen regelmäßig Informationen an, die ich für den Jahresbericht verwenden konnte, aber jeder der zwanzig Vizepräsidenten, unsichtbar in ihren luxuriösen Büros geborgen, reichte meine Anfrage an einen der Kollegen weiter, womit sichergestellt war, dass ich niemals eine Antwort erhalten würde. Jeder in diesem Gebäude hatte Angst davor, eine Entscheidung zu treffen, das ganze Unternehmen war gelähmt vor Angst. Nicht einmal den Jahresbericht konnte der Konzern selbst herausbringen, stattdessen wurde der Auftrag einer teuren Firma von Auftragsschreibern übertragen, die sich auf Wirtschaftspublikationen spezialisiert hatten. Ich wollte, dass ein hervorragender Modefotograf das Gruppenbild des Vorstands aufnehmen und etwas aufpeppen sollte, aber meine Chefin – eine scheinheilige, reizbare Frau (und die einzige weibliche Vizepräsidentin) – begegnete Edgar und verkündete, mit vor Wut zitternder Stimme, dass kein schwuler Mann jemals Zutritt zur Vorstandsetage bekommen würde, und was ich mir dabei nur gedacht hätte?

Mein einziger Trost in dieser schwierigen Phase waren die beiden Keiths, mein Neffe und der Schauspieler, in den ich verliebt war. Während mein Neffe bei mir wohnte, erwachte in ihm die Liebe zur Schönheit der Literatur, und er begann, sehr flüssig und charmant zu schreiben. Auf meinen Rat hin las er Lord Chesterfields *Briefe an seinen Sohn*, Abbé Prévosts *Manon Lescaut* und Stendhals *Kartause von Parma*. Er ging nach dem Unterricht arbeiten und bekam an der Privatschule um die Ecke, zu der ich ihn schickte, trotzdem hervorragende Noten. Die größte Freude machten mir unsere langen Gespräche über das Leben und die Literatur – die natürlich unter der huldvollen und vergeistigten Schirmherrschaft Prousts standen. Mein Neffe liebte die Musik und wurde ein versierter Komponist und Sänger, aber die größte Begeisterung brachte er der Literatur entgegen, in der er schon als Teenager die Worte fand, die er für sein eigenes Leben brauchte. Obwohl er erst sechzehn und seine Freundin vierzehn Jahre alt war, lasen beide *Lolita* und *Manon* – worin von ihren eigenen Lieben, Leidenschaften und Fehlschlägen erzählt wurde. Seitdem habe ich dreißig Jahre lang hunderte von Studenten in kreativem Schreiben und Literatur unterrichtet, doch ich hatte niemals wieder so eifrige Schüler wie diese ersten beiden. Sie kamen mit der Sprache des achtzehnten und des neunzehnten Jahrhunderts mühelos zurecht, selbst mit der eleganten Ironie Nabokovs, und fanden so den unverhangenen Spiegel, nach dem sie suchten. Mein Neffe schrieb faszinierende Memoiren an jene Zeit, *The Boy with the Thorn in His Side*, und außerdem eine biografische Studie über die ersten sechzehn Jahre meines Lebens, *Original Youth*, eine tatsachengetreue Darstellung der Lebensspanne, die ich in meinem halb autobiografischen Roman *Selbstbildnis eines Jünglings* beschrieben habe.

Als ich mit der Arbeit an einem neuen Roman begann, schrieb ich hier und da kleine Stellen nur für ihn hinein – Anspielungen, die nur Keith verstehen würde, lustige Redewendungen und lustvolle Beschreibungen dunkelhaariger Mädchen, über die er sich freuen sollte.

Keith McDermott war damals ein weniger fleißiger Leser als mein Neffe, weniger hungrig, aber er folgte unerbittlich seinen eigenen Interessen – seiner Vorliebe für die allerersten Aufnahmen von Steve Reich oder die Stücke von Robert Wilson oder das Tanztheater von Lucinda Child. Er wollte, stärker als mein Neffe und stärker als ich, wirklich originell und experimentell sein – dieses Beharren und diese formale Absolutheit waren sein Beitrag zu unserer großen, spärlich möblierten Wohnung.

Bevor ich den Job bei dem Chemiekonzern annahm, versuchte ich, meinen Lebensunterhalt mit dem Schreiben von Lehrbüchern zu bestreiten. Es waren Bücher über die Geschichte der Vereinigten Staaten oder Einführungen in die Psychologie, die sich an Erstsemester oder Oberschüler richteten. Fachwissenschaftler umrissen den Inhalt und kopierten Zeitschriftenartikel über den neuesten Forschungsstand; sie ergänzten dieses Konvolut durch Zusammenstellungen der besten Darstellungen aus bereits existierenden Lehrbüchern anderer Verlage. Meine Aufgabe bestand darin, dieses Material in lebendiger, glasklarer Prosa zusammenzufassen – wofür ich ein Pauschalhonorar von dreihundert Dollar pro Kapitel erhielt. Ich hatte einen Sekretär, der jeden Tag zu mir kam, um sich meine Synthese diktieren zu lassen – und danach, pünktlich um eins, hatten wir Sex.

Ich kann mich an die tausend Seiten des Psychologie-Lehrbuchs nicht mehr erinnern, und ich schrieb nicht eine, sondern zwei tausendseitige Geschichten der Vereinigten Staaten; sie taugten beide nichts und kamen nie »ins Laufen«, wie die Lektoren gehofft hatten, wobei die zweite die »Political Correctness« vorwegnahm und deutlich mehr Informationen über Afro-Amerikaner, amerikanische Ureinwohner sowie Amerikaner asiatischer und spanischer Herkunft enthielt, als damals üblich war. Trotzdem lernte ich viel dabei. Als ich zum Beispiel eine Essaysammlung von Gore Vidal rezensierte, war ich in der Lage, seine Vermutung in Frage zu stellen, die Gründerväter hätten aus Gier und Eigennutz gehandelt. Ich hatte gerade die neuesten statistischen Analysen zur wirtschaftlichen Situation der Gründer gelesen – und bei den meisten verringerte sich das Vermögen infolge der Revolution. Die Gründer handelten fast alle eindeutig aus idealistischen Motiven. Noch Jahre später half mir dieses Wissen, als ich zwei historische Romane schrieb, *Fanny: A Fiction* und *Hotel de Dream*. Ohne diese Kenntnisse wäre es mir kaum gelungen, mich in den Feinheiten von Utopismus, Abolitionismus und religiöser Inbrunst Wiedergeborener der 1820er Jahre zurechtzufinden (*Fanny*) oder der Urbanisierung und dem Kampf gegen das »Laster« in den 1890ern gerecht zu werden (*Hotel*).

Während ich über amerikanische Geschichte schrieb, wollte ich natürlich zur Belletristik zurückkehren. Ich sprach mit John Ashbery, der bei einem Therapeuten gewesen war, der sich auf Schreibblockaden spezialisiert hatte. Er berichtete von ihrem Gespräch:

Therapeut: Beschreiben Sie mir Ihren Tagesablauf.
Ashbery: Nun, ich werde wach, stehe auf und –
Therapeut: Was tun Sie?
Ashbery: Ich stehe auf –
Therapeut: Sie dürfen nie, niemals aufstehen. Na gut, pinkeln und Kaffee kochen, aber dann legen Sie sich wieder ins Bett und schreiben jeden Tag mindestens eine halbe Stunde lang Entwürfe in ein Notizbuch.

Ashbery: Warum?

Therapeut: Im Bett ist ihre Schreibhemmung noch schwach und Sie sind näher an Ihren Träumen. Das ist ein todsicherer Weg, um die Schreibblockade zu überwinden.

Ich befolgte den Rat des Therapeuten. Ich hatte allerdings keine Schreibblockade, auch wenn meine vielen Fehlschläge mit Theaterstücken und Romanen Wunden hinterlassen hatten. Immer, wenn ich einen fiktiven Text schreiben wollte, war mir ganz übel vor Angst. Eine regelrechte Schreibblockade konnte ich mir aber gar nicht leisten; ich musste schreiben, um zu überleben (und für all die jungen Leute zu sorgen, jetzt, wo ich ein »Familienvater« war). Natürlich hätte ich auch als Ghostwriter und mit Artikeln und Rezensionen Honorare schinden können, wie viele andere in New York das taten. Ein Roman war ein Langzeitprojekt, das niemand finanzieren würde, auf jeden Fall nicht bei mir. Es kostete Jahre des Lebens, ohne Gewissheit, dass das Buch jemals veröffentlicht würde. Wenn es gedruckt wurde, gab es keine Garantie, dass man damit Geld verdiente oder auch nur rezensiert wurde.

Doch mein Selbstverständnis verlangte, dass ich Romane schrieb. Wenn ich geglaubt hätte, dass mein weiteres Leben darin bestand, aus dem Stegreif kluge Kommentare und verschwommene Gedanken von mir zu geben, hätte ich mich selbst nicht wiedererkannt.

Ich wusste, dass ich weiter schreiben musste, damit die kulturellen Hintergrundgeräusche nicht meine eigenen Gedanken ertränkten, die nicht aus griffigen Witzen oder Weisheiten bestanden, sondern meine Art waren, die Welt und mich selbst zu betrachten. Die Franzosen nennen den kulturellen Klatsch und das selbstbezogene Posieren der Pariser abwertend *parisianisme*. Die hippen New Yorker erzeugen ein ähnliches Geräusch, auch wenn wir noch keinen Begriff dafür haben und es vielleicht noch nicht als verwerfliches Phänomen beurteilen. Dieser »Newyorkismus« ist so starrsinnig, kräftezehrend und ansteckend mit seiner Allwissenheit und den geistigen Kurzschlüssen, die an die Stelle langsamen Begreifens getreten sind, dass nur ernsthafte und behäbige Menschen seinen Einflüsterungen und Authentizitätssurrogaten widerstehen können. Kein Wunder, dass der Psychiater gesagt hatte, man solle am Morgen als Erstes etwas schreiben – bevor die Flut des Newyorkismus über einem zusammenschlug und jeden ehrlichen Gedanken durch zeitgeistige Bonmots ersetzte.

Aber es soll nicht der Eindruck entstehen, dass der Wert wirklichen Schreibens für mich darin bestand, mich vor dem Newyorkismus zu schützen und verbreitete Schlagworte durch private Gefühle zu ersetzen. Vielmehr schuf es ein ideelles Konstrukt des Lebens als Gegensatz zum wirklichen, formlosen Leben in seiner ganzen Verkommenheit. Weil Belletristik bezeichnende Details und genaue Schilderungen lebensnaher Gefühlsregungen braucht, sowie glaubwürdige, wenn auch nicht sklavisch nachahmende Dialoge und Handlungen, verlangt sie eine gesteigerte und kalkulierte Beobachtungsgabe. Das Leben-als-Schriftsteller war etwas anderes als das Leben schlechthin, denn für einen Schriftsteller war noch der trostloseste Abend unter Dummköpfen Gegenstand der Satire, eine Quelle für »Notizen« über die neue Bourgeoisie und eine Herausforderung für die Fähigkeit, zwischen fast austauschbaren Grautönen zu unterscheiden. Leben-als-Schriftsteller unterschied sich nicht sehr vom Leben-als-Analysepatient, denn beide, Romanautor und Patient der Psychoanalyse müssen sich an ihre Erfahrungen erinnern, ihre Beobachtungen, ihre unwürdigen Stunden, belanglosen Minuten und großherzigen Sekunden, um sie – nun, um sie aufzuschreiben oder sie dem Therapeuten zu erzählen. Allerdings ermutigen Therapeuten ihre Patienten nicht dazu, sich vorzubereiten, und die Traumerzählung ist nur eine andere Art des Widerstands, und zwar eine besonders langweilige. Ich kann nicht behaupten, mir jemals viele Notizen gemacht zu haben. Meine Schwester glaubt, dass ich ein lausiges oder zumindest hoch selektives Gedächtnis habe. Marilyn zog mich damit auf, wie unaufmerksam ich sei, sie könnte sich die Haare blau färben, und ich würde es nicht bemerken. Vielleicht ist Leben-als-Schriftsteller also eher ein Projekt als ein Arrangement von Strategien. Vielleicht ist es nur ein guter Vorwand, um nicht im Chemiekonzern vor die Hunde zu gehen.

10.

1975 trat eine englische Firma für Verlagsdienstleistungen mit Namen Mitchell Beazley an mich heran und bat mich, »Proben« für *Die Freuden der Schwulen (The Joy of Gay Sex)* zu schreiben. Jemand hatte mich vorgeschlagen; wer es war, erfuhr ich erst später. Sie planten, mit zwei Büchern an den internationalen Erfolg von Alex Comforts *Freude am Sex* anzuknüpfen: *Die Freuden der Schwulen* und *The Joy of Lesbian Sex*. In Gestaltung, Format, Cover und allem anderen sollten die Bücher Comforts Buch ähneln, das in vielen Sprachen ein enormer Bestseller gewesen war. Diese neuen Bücher sollten flächendeckend und ganz offen vertrieben werden; schon, dass auf Comforts Buch ein schwuler und ein lesbischer Band folgen sollten, war eine öffentliche Herausforderung, dachte ich mir. Mr. Mitchell und sein amerikanischer Lektor Frank Taylor nahmen mit mir Kontakt auf.

Frank Taylor war verheiratet gewesen und hatte vier Söhne. Er war Cheflektor bei McGraw-Hill gewesen, hatte Nixon nach China begleitet und den Film *Misfits – Nicht gesellschaftsfähig* nach einem Drehbuch von Arthur Miller produziert – und erst vor kurzem sein Coming-out gehabt. Er war in seinen Sechzigern, als er zum ersten Mal eine schwule Kneipe betrat, Uncle Paul's an der Christopher Street. Dort sah er einen jungen Mann, der ihm gefiel, aber er hatte Angst, ihn anzusprechen. Als er die Kneipe verließ, gab er dem Burschen seine Visitenkarte, und der Bursche sagte: »Ich liebe Sie schon, seitdem ich neun bin.«

Die Eltern des jungen Manns hatten unter Pseudonym Kriminalromane geschrieben. Frank veröffentlichte ihre Bücher, und als er sie einmal zu Hause besuchte, begegnete er auch ihrem kleinen Sohn, der sichtlich verängstigt war, weil er an seinem schwachen Herzen operiert werden sollte. »Sie haben mich auf Ihr Knie gesetzt«, erzählte der junge Mann bei Uncle Paul's, »und mir das mit meinem Herzen in allen wissenschaftlichen Details erklärt. Da habe ich mich in Sie verliebt.« Der Frank, den ich in den Siebzigern in New York kennenlernte, war schon der glücklich verliebte Frank, und als ich ihm in den Achtzigern in Key West wieder begegnete, war er immer noch in Begleitung dieses jungen Manns.

Frank bat mich, als »Muster« vier Kapitel für *Die Freuden der Schwulen* zu schreiben: etwas Hartes (Sadomasochismus), etwas Sanftes (Küssen), etwas Technisches (Cruisen) und etwas Psychologisches (Coming-out).

Mir kam diese Art zu schreiben wie Method Acting vor. Als Erstes musste ich festlegen, wer ich war. Ich wollte freundlich sein, aber mit Ecken und Kanten, erfahren, aber geduldig, meistens etwas frech, aber manchmal auch feierlich. Eine nicht ganz so clevere, aber trotzdem unterhaltsame Version Jean Cocteaus, dachte ich mir. Jemand, der Sachen auf den Punkt bringt, ohne zickig zu sein, jemand, der in Paradoxen denkt, aber nicht verlangt, dass man ihn für seine Klugheit bewundert. So, wie Pianisten den für Nichtmusiker geheimnisvollen Begriff Ansatz gebrauchen, rutschte ich auf meinem Hocker so lange hin und her, bis ich meinen Geist mit der richtigen Menge an Lebenserfahrung, Mitgefühl und aufbauender Didaktik befeuert hatte (heute sagt man *programming* dazu). Dann fiel mir das Schreiben leicht – kein Wunder, denn wenn ich diesen Auftrag allzu ernst genommen hätte, wäre ich mir selbst ein wenig lächerlich vorgekommen. Es war etwas im Leben jedes Schriftstellers höchst Seltenes und höchst Erfreuliches eingetreten: Ich übernahm eine Auftragsarbeit.

Wenn ich mich dennoch auf das Projekt einließ, dann deshalb, weil ich dem lebendigen Tod in dem Chemiekonzern entkommen wollte. Als Schriftsteller stand ich im Wettbewerb mit anderen Kandidaten, doch ich kannte nicht einmal die Namen meiner Rivalen um die Mitautorschaft an den *Freuden der Schwulen*. Ein Teil von mir – der größte Teil! – hatte Angst davor, eine so schmierige Sache zu übernehmen, und bis zum heutigen Tag zucke ich zusammen, wenn ich an einer der großen alten Universitäten der Ivy League als Gastdozent vorgestellt werde und der Gastgeber endlos auf diesem alten Buch herumreitet. (»Heute begrüßen wir das einzige« – kicher kicher – »wirkliche Sex-Symbol, dem ich jemals begegnet bin«, har har. »Es ist der Ko-Autor von *Die Freuden der*« – ho ho – »*Schwulen*.«) Ich hatte Angst, die zarten Anfänge meiner literarischen »Karriere« könnten durch die Autorschaft an einem Sexratgeber entgleisen, denn bisher hatte ich nur *Forgetting Elena* vorzuweisen, neben einer immer länger werdenden Liste von Time-Life-Büchern, die ich allein oder mit anderen verfasst hatte, wie zum Beispiel ein Sachbuch über den Homo erectus aus anthropologischer Sicht mit dem Titel *The First Men* (har har), oder über die Hindenburg (*When Zeppelins Flew!*), ganz zu schweigen von meinen vierzigseitigen Biografien über Mendelssohn, Bruckner, Händel und andere Komponisten, die als LP-Booklets erschienen waren. Als ich die Random House-Lektorin Anne Freedgood bei einer Ballettaufführung traf und ihr von meinem neuen Projekt erzählte, lachte sie gehässig, klopfte mir auf die Schulter und sagte: »Prima, das ist genau das Richtige für Sie.«

Ich gewann das Auswahlverfahren und konnte meinen Job kündigen. Ich traute mich nicht, meiner Chefin, diesem Drachen, näher zu erläutern, welche Bewandtnis es mit meinem neuen Auftrag hatte, sondern sagte nur, ich hätte einen großen Buchvertrag, und reichte die Kündigung ein. Zusammen mit Bertha Harris, der literarischen Hälfte des Teams von *The Joy of Lesbian Sex*, stellte ich mir vor, was wir auf die Frage, warum wir Sexratgeber schrieben, antworten würden, falls wir jemals im Fernsehen interviewt werden sollten. Wir würden sagen: »Wir tun das für unsere Kinder«, denn sie hatte eine minderjährige Tochter zu versorgen und ich meinen Neffen.

Meine Chefin reagierte zuerst panisch, weil sie glaubte, die Arbeit würde ihr über den Kopf wachsen, doch dann nahmen ihr Misstrauen und ihre Gerissenheit überhand und sie verbannte mich noch vor Ablauf der zweiwöchigen Kündigungsfrist aus meinem Büro. Sie konnte mich nicht leiden, seitdem der CEO der Firma meine kurze und klare Zusammenfassung einer soziologischen Untersuchung gelobt hatte (*Die nachindustrielle Gesellschaft*), die ich für ihn geschrieben hatte. Dass sie eins der wenigen weiblichen Vorstandsmitglieder der Firma war, verdankte sie nicht ihrer Intelligenz, sondern ihrer Hinterlist. Viele der Frauen, die es vor der feministischen Ära zu beruflichem Erfolg gebracht haben, waren wirklich abstoßend. Sie wussten, dass sie nur Vorzeigefiguren waren, die nicht wirklich über Macht verfügten, und sie verteidigten ihre Position durch die übelsten Formen weiblicher List.

Patrick Merla, mein Assistent bei der *Saturday Review*, hatte mich als Ko-Autor von *Die Freuden der Schwulen* vorgeschlagen. Und zu meiner Überraschung stellte ich fest, dass der zweite Autor mein eigener Therapeut war, Dr. Charles Silverstein. Er sagte, ich könne sein Kollege sein oder sein Patient, aber nicht beides. Ich entschied mich für Kollege. Wir hatten nur drei bis vier Monate Zeit, das Buch fertigzustellen. Ich weiß noch, dass ich so hart arbeitete, dass für Sex keine Zeit blieb. Ich schrieb über Anal- und Oralsex und wurde dabei ziemlich erregt, doch alles, was ich tun konnte, war masturbieren.

Wir waren ein gutes Team. Charles, der sein Coming-out erst spät erlebt hatte und direkt in einer Beziehung gelandet war, wusste wenig über die Mechanismen des schwulen Lebens, in denen ich mich bestens auskannte, auch wenn Sexualtherapie eins seiner Fachgebiete war (die Behandlung von Impotenz oder verzögerter oder vorzeitiger Ejakulation). Außer seinem Fachwissen brachte er sein warmes und aufbauendes Wesen in die Arbeit ein. Ich war noch immer zynisch und kalt, weil ich mein schwules Leben lange vor der Ära der Selbstakzeptanz begonnen hatte. Wenn es nach mir gegangen wäre, hätte man das Buch auch *Das trostlose Leben der Schwulen* nennen können. Charles fügte das richtige Maß an körperlicher Nähe und emotionaler Intimität hinzu.

Die meiste Zeit über war ich der Meinung gewesen, schwul zu sein sei eine Art von Skandal. Homosexualität kam mir unnatürlich vor, nicht nur, weil wir nicht für Nachkommen sorgten, sondern auch, weil es der Anatomie zuwiderlief. Und was noch schlimmer war, Männer wurden nicht so erzogen, dass sie im Büro aggressiv auftreten und sich im Bett hingeben konnten. Als ich noch mit Frauen ausging, schien alles einfacher zu sein, vertrauter und sicherer – aber vielleicht war es gerade das, was mich krank machte. Am College war ich mit einer Frau zusammen, die mich derart anbetete, dass ich wie ein Pfau umherstolzierte und vor Selbstzufriedenheit strahlte. Ich glaubte, dass mich erst das schwule Leben so sehr abgehärtet hatte, dass ich das spartanische, rivalisierende, gefährliche Leben eines Schriftstellers in New York führen konnte.

Während der 1970er Jahre begann ich die Grundannahmen unserer Kultur zu hinterfragen. Wir wussten nun, dass in den tausend Jahren vor Christi Geburt die heidnische Welt Knabenliebe als taugliche Alternative akzeptiert hatte. In der klassischen Antike waren zahlreiche Debatten, deren Niederschrift hunderte von Seiten füllte, darüber geführt worden, welche Lebensform verdienstvoller sei, Heterosexualität oder Päderastie, wobei die Päderasten meistens gewannen. K. J. Dover, ein Griechischprofessor in St. Andrews, der zufällig heterosexuell war, veröffentlichte 1978 eine sorgfältige Untersuchung der Sexualpraktiken und romantischen Konventionen unter Männern im alten Griechenland. Solche Arbeiten, und später Foucaults *Sexualität und Wahrheit*, lieferten sowohl eine lange Ahnenreihe der mannmännlichen Sexualität als auch eindrucksvolle Beweise dafür, wie unterschiedlich Homosexualität in verschiedenen Epochen gelebt wurde. Zum einen war Heterosexualität nicht die einzige natürliche Lebensweise, zum anderen gab es sogar verschiedene »Homosexualitäten«, und nicht nur eine Homosexualität. Diese Aspekte bildeten den Kern einer der großen kulturellen Kontroversen der Siebziger, den Krieg zwischen Essentialisten (die annahmen, Homosexualität sei immer gleich, egal, wann und wo sie auftrat) und Sozialkonstruktivisten (die annahmen, die Homosexualitäten von Alkibiades und Michelangelo seien grundverschieden, und beide wiederum seien grundverschieden von meiner). Natürlich konnte man auch ein wenig von beidem glauben, so wie ich das tat, und behaupten, dass die Regeln der Homosexualität von der Gesellschaft bestimmt wurden (in welchem Alter die aktive oder passive Rolle eingenommen wurde, ob Bisexualität zulässig war oder nicht, ob Anal- oder Schenkelverkehr bevorzugt wurde und ob gleichgeschlechtliche Ehen rechtlich möglich waren oder nicht), aber dass die unwiderstehliche Anziehung durch Angehörige des gleichen Geschlechts, entgegen der rigorosen Tabus in manchen Kulturen, angeboren und biologisch determiniert war.

Diese Auseinandersetzungen, die die Homosexualität als etwas »Natürliches« behandelten (oder zumindest zeigten, dass es sie an jedem Ort und zu jeder Zeit gegeben hatte), wurden durch neue biologische und ethnologische Studien unterstützt, die Homosexualität im Tierreich und in anderen Kulturen erforschten. Zu dieser Zeit begann ich, Foucault zu lesen. Sein Kerngedanke hatte auf mich eine befreiende Wirkung: dass wir alle – Philosophen, Kinder und Chemiker gleichermaßen – durch die vorherrschenden Diskurse unserer Zeit in den Möglichkeiten unseres Denkens eingeschränkt werden. In seinen Worten: »Man kann nicht unabhängig von Ort und Zeit denken.« (*On ne peut pas penser n'importe quoi n'importe quand.*) Genau wie ich war auch Foucault ein Positivist (ich weiß, es klingt furchtbar anmaßend, es so herum zu formulieren), der die Metaphysik und die großen geistigen Verallgemeinerungen à la Heidegger oder Klassenkämpfe à la Marx zurückwies. Foucault mochte keine allgemeinen Prinzipien, er suchte vielmehr nach Besonderheiten, obwohl ihm bewusst war, dass zu jedem historischen Moment die Menschen nur bestimmte Gedanken und keine anderen fassen konnten – und dass diese Beschränkungen für die gesamte Menschheit galten. Nach Foucaults Auffassung war niemand gegen die bezwingende Macht des Diskurses immun.

Ich war der Meinung, dass man vor 1969 Homosexuelle noch nicht als eine wie auch immer geartete Minderheit begreifen konnte. Stattdessen gab es viele konkurrierende Theorien, allesamt ablehnend – so präsentiert zum Beispiel Proust am Anfang von *Sodom und Gomorrha* mindestens fünf Ätiologien, von denen einige sich widersprechen. Er ist offenbar in einem Delirium des Theoretisierens gefangen. Alle anderen Bücher, die sich seitdem mit Homosexualität befassten (von André Gides *Corydon* bis James Baldwins *Giovannis Zimmer*), konnten nicht widerstehen, sich einer bestimmten Theorie zu unterwerfen; ja, sie scheinen sich dazu verpflichtet zu fühlen. Ein Merkmal der Emanzipation nach Stonewall besteht darin, dass man auf alle theoretischen Gerüste verzichtet; niemand, der kein Feind der Homosexualität ist, hält es für nötig, ihr Auftreten zu erklären, genauso wenig, wie Denker oder Schriftsteller gezwungen sind, die Heterosexualität zu erklären. Romane und Theaterstücke, die sich mit Homosexualität befassen, ergehen sich nicht länger darin, die Ätiologie einer Figur zu beschreiben. Die Figuren werden ganz einfach als das gezeigt, was sie sind.

Keiner dieser Gedanken schwirrte mir durch den Kopf, als wir *Die Freuden der Schwulen* verfassten, aber Charles und ich waren ganz gewiss von den vielen intellektuellen Strömungen beeinflusst, die in der Gay Academic Union ihre Blasen trieben. Bei der Arbeit an unserem Buch (das sich an unerfahrene junge oder alte Männer in der Provinz richtete, weit ab von den Zentren schwuler Bildung) fanden wir etwas Interessantes heraus: Während die Hauptprobleme der Heterosexuellen mit Sexualpraktiken und den Unterschieden zwischen männlicher und weiblicher Kultur zu tun hatten, war im schwulen Leben der Körper das Partners ebenso wenig ein Mysterium wie seine Vorlieben oder Ausdrucksweisen. Nein, das Problem war das schwule Leben selbst – das Coming-out, der Umgang mit religiösen Vorurteilen, Probleme in der heterosexuellen Arbeitswelt, aber auch Freundschaft, Wohnen und Familienleben und der Umgang mit so dornigen praktischen und rechtlichen Fragen wie der Vererbung von Eigentum an schwule Liebhaber. Dazu kamen noch Fragen des schwulen Lifestyle (Cruising, »Heirat«, Treue oder offene Beziehung, Rollenverhalten).

Ich selbst hatte mir in meinem Leben als Schwuler schwere Wunden zugezogen – als Teenager dachte ich oft an Selbstmord, und später verbrachte ich Jahrzehnte in Therapie. Doch ich beschloss, in unserem Sexratgeber einen flotten, entspannten Ton anzuschlagen, »um mit meinen Taten den Gefühlen vorauszueilen«, wie ein Freund, der gerade eine Therapie machte, es nannte. Dass ich nicht mehr zu »normalen« Therapeuten ging, die mich umpolen wollten, und mich an Charles Silverstein, einen offen schwulen Mann, gewandt hatte, war ein Zeichen, dass selbst ich von den neuen intellektuellen und kulturellen Strömungen beeinflusst wurde, bevor ich mit der Arbeit an *Die Freuden der Schwulen* begann.

Eine der Ironien, die das Schreiben über ein derart brisantes Thema mit sich bringt, war die, dass uns bei Erscheinen des Buches aus der schwulen Szene vorgeworfen wurde, wir seien zu konservativ, weil wir die Leute vor so riskanten und outrierten Praktiken wie zum Beispiel Fistfucking warnten, doch schon vier Jahre später, als 1981 Aids ausbrach, legte man uns zur Last, dass wir nicht vor den Gefahren der Promiskuität gewarnt hätten. Der Gedanke, wir hätten versagt, weil wir eine Seuche von unbekanntem Ausmaß, mit der kein Wissenschaftler auf der ganzen Welt gerechnet hatte, nicht vorhersehen konnten, erscheint mir absurd und unfair. Sicherlich hat der Verleger einen Fehler gemacht, weil er das Buch nicht sofort zurückgezogen und durch eine bezüglich Aids aktualisierte Ausgabe ersetzt hat. Es dauerte einige Jahre, bis das Buch überarbeitet wurde.

Ich wusste nie so recht, ob es gut oder schlecht war, dass ich an *Die Freuden der Schwulen* mitgearbeitet habe. Ich stellte fest, dass ich dadurch, ein erfolgreiches Buch geschrieben zu haben, für die Verleger attraktiver wurde, aber dass es darin um Sex ging, machte mich zugleich ein wenig zur Witzfigur. Doch schon seine reine Existenz – noch dazu als »Ableger« des Bestsellers *Die Freude am Sex* – machte es zu einem Akt der Emanzipation, und in manchen Kreisen galt es als Markstein der Schwulenbefreiung. Erstaunlicherweise versuchte niemand, es zu verbieten, außer irgendwo in der kanadischen Provinz, wo eine Dame das Buch mit *The Joy of Cooking* verwechselte und über das, was dort unter »Frischfleisch« geschrieben stand, so sehr erschrak, dass sie den örtlichen Buchhändler dazu brachte, das Buch aus dem Sortiment zu nehmen – ein Akt der Zensur, gegen den die kanadische Version der ACLU sofort und erfolgreich protestierte.

11.

David Kalstone lud mich ein, den Sommer mit ihm in Venedig zu verbringen – im nächsten Jahr wieder, und wieder, so ging es mehrere Jahre. Zum ersten Mal war ich mit Stan in Venedig gewesen, aber das lag schon zehn Jahre zurück. David führte mich in seine italienische Sommerwelt ein, und die war *dolce*, *soave* und *raffinato*. Ausgestattet mit ein paar tausend Dollar von der Merrill Stiftung, konnte ich den Flug bezahlen und hatte noch ein wenig Taschengeld, aber David zahlte die Miete und bestritt die größeren Ausgaben, wie ein Dinner pro Saison in Harry's Bar und einen Tag pro Woche oder alle vierzehn Tage am Pool des Cipriani. Die Menschen dort am Pool waren so alt, dass Gore Vidal den Ort angeblich als Lourdes bezeichnet haben soll. Und Marguerite Littman (eine amerikanische Dame der Gesellschaft, die in London Spenden für Aidskranke sammelte; ich interviewte sie einige Jahre später) sagte zu Tennessee Williams, als ein scheintotes Mädchen in ihrem Bikini vorbeiwatschelte: »Sieh nur, Anorexia nervosa!« Williams erwiderte: »Ach, Marguerite, du kennst aber auch jeden.«

Die Kellner in Harry's Bar wirkten wie Gestalten aus Goldonis *Ein Diener zweier Herren*, so, wie sie Stühle durch die Luft wirbelten und neben bereits überfüllten Tischen absetzten oder sich Teller mit Pasta schnappten, die aus der Küche geschleudert wurden, und damit die Treppe hinauf (soziale Hölle), in den hinteren Raum im Parterre (Purgatorium) oder den vorderen Raum (Himmel) eilten. Dort im Himmel saßen jedes Mal, wenn wir dort waren, zwei ältere schwule Männer aus Kansas, die sich mit schweren goldenen Halsketten herausgeputzt hatten (David nannte sie »die Ketten-Bande«). Sie sprachen mit niemandem und auch nicht miteinander, sondern saßen nur da und tranken für teures Geld altmodische Gin Martinis; mit derselben Aufmerksamkeit, wie sie die Tauben auf San Marco betrachten würden, verfolgten sie, wer das Lokal betrat oder verließ. Einmal sahen wir dort Lady Diana Cooper, uralt, aber mit unglaublichen, saphirblauen Augen. (David hätte das Wort *saphir* im Manuskript angestrichen und an den Rand geschrieben »hochgestochene Verehrungsfloskeln sind eine Unsitte«, denn er empfand solche Ausdrücke als Stilbruch und wenig geschmackvoll.) Sie und ihr Ehemann Duff Cooper, der britische Botschafter, standen nach dem Krieg an der Spitze der Pariser Gesellschaft. Den Winter verbrachte sie allein in London, in »Little Venice«, meistens bettlägerig, und empfing die Königinmutter zu Tee.

Die ersten zwei Sommer wohnte David an einem *rio* zwischen Santa Maria della Salute und dem Guggenheim Museum gegenüber der *pensione* Da Cici. Zweimal sahen wir Ezra Pound, kurz vor seinem Tod im Jahr 1972, wie er langsam mit der Geigerin Olga Rudge spazieren ging. Pound zog es vor, nicht mehr zu sprechen, obwohl er es konnte. Er war klein und zerbrechlich und sorgfältig gekleidet; er trug einen weißen Bart und ging mit einem Spazierstock. Dies ist also der Mann, der in den 1960ern Allen Ginsberg gegenüber seinen Antisemitismus der Kriegsjahre als »ein Laster der Vorstädte« bezeichnet hat, dachte ich. Der Mann, der von der amerikanischen Armee in einen Käfig gesperrt wurde, sich dort mit einem schwarzen Soldaten anfreundete und darüber in den *Pisaner Cantos* berichtete. Er hat die chinesische Dichtung für unsere Zeit und unsere Kultur neu erfunden, übersetzte ägyptische Poesie, die Gedichte der Troubadoure und Teile der Analekten des Konfuzius; in der bildenden Kunst propagierte er den Vortizismus und in der Dichtung den Imagismus, und für T. S. Eliot hat er *Das wüste Land* drastisch gekürzt und umgebaut; er hat eine Oper (sowohl Text und Musik) geschrieben und das *ABC des Lesens* verfasst. Seit meiner Jugend war ich stark von ihm beeindruckt; seine Gedichte verblüfften mich in ihrer Makellosigkeit, hatten aber auch etwas Einschüchterndes. Als ich Richard Howard einmal zu einer Vorlesung nach Princeton begleitete, hörte ich, wie Richard seinen Studenten sagte, die englischen Dichter mit dem besten »Gehör« seien Herbert und Pound.

Von den frühen 1970ern bis 1985 (ein Jahr vor seinem Tod) bemühte sich David darum, die venezianische Gesellschaft zu erobern. Falls jemand anderer sich dieses Ziel gesetzt hätte, würde er darüber gelacht haben, denn ihm war vollkommen klar, wie geistlos Venedig sein konnte. Er sagte oft: »Venedig steht intellektuell auf einer Stufe mit Akron, Ohio.« Doch dass es sich um einen kleinen, geschlossenen Zirkel handelte, machte es für den Romanautor David umso interessanter. Gerade hatte er begonnen, ein seit langem geplantes Projekt in Angriff zu nehmen, nämlich einen Roman über einen Professor zu schreiben, der in Harvard studiert hatte und nun zu seiner Alma Mater zurückkehrte. Er kniete sich nieder und küsste den Boden von Cambridge, Massachusetts – oder hat er Lippenstift aufgelegt, um auf einer Fensterscheibe seinen Mundabdruck zu hinterlassen? Ich kann mich nicht mehr genau erinnern, aber es hatte mit einem Kuss zu tun.

Obwohl David in New York lebte und das New York City Ballet verehrte, glaube ich, dass die Stadt seinem Vorstellungsvermögen sonst nur wenige Impulse gab. Manhattan war zu groß, zu unbeständig; historisch interessant, ja, aber die Zeugen der Vergangenheit waren abgenutzt, überbaut und beinahe ausgelöscht. Doch vom Kanal aus sah man hinter dem Gittertor eines Palastes das alte hölzerne Verdeck (die *felze*) einer Gondel, einen von Schnitzereien überzogenen Aufbau, der die Familie vor neugierigen Blicken oder, im Winter, vor eisigen Winden schützte. Die Frescos am Plafond des großen *salotto* stammten von Tiepolo, und unten, im dämmrigen Licht, saßen auf vergoldeten Stühlen die Nachfahren derer, die im Korridor auf Aquarellen des neunzehnten Jahrhunderts dargestellt waren – bei Empfängen in diesen Räumen, die damals genauso ausgesehen haben wie heute. Die rosa Marmorböden mochten hier und da gerissen und uneben sein, eine Putte mochte verblasst sein und einen Flügel oder einen Finger eingebüßt haben, doch es war noch immer derselbe strahlende, erhabene Luxus.

Der Hauptschauplatz von Davids Aktivitäten war der Pool des Cipriani. Man stieg bei Harry's Bar in ein Boot, passierte San Giorgio und wurde am Hotel abgesetzt, wo der livrierte Arm eines jungen, goldhaarigen Halbgotts beim Aussteigen half. Man ließ sich von einem der *bagnini* zur Liege am Pool führen und betrat dann die Umkleidekabine, um den Badeanzug anzulegen. Dies war das Reich der Warzen und Grützbeutel, der hängenden Bäuche und Titten – allesamt in Badekleidung von Hermès oder Valentino; hier ließ man sich auf wundervoll gepolsterten Liegestühlen mit gestärkten weißen Paspeln verwöhnen, auf riesigen weißen Handtüchern so groß wie Bettlaken. Am flachen Ende stand Patricia Curtis im Pool, die Hände mit dem gewichtigen Familienschmuck auf dem Beckenrand. Ihre Familie lebte seit hundert Jahren im Palazzo Barbaro, weil ein Vorfahre nach einer Streitigkeit mit einem Widersacher mit Frau und Kindern von Boston nach Venedig gezogen war. Hier hatten sie Henry James und John Singer Sargent als Gäste empfangen und jede Menge anderer Besucher und Auswanderer. Nun musste Patricia zusehen, wie ihr exzentrischer und ziemlich verrückter Bruder Teile dieses Familienbesitzes veräußerte; ihr Sohn sprach kaum englisch und kümmerte sich darum, ihr Gepäck vom Orientexpress in verschiedene Fünfsterne-Hotels Venedigs zu bringen.

Und dort war John Hohnsbeen, ein attraktiver Typ aus Oklahoma mit kornblumenblauen Augen und Lippen, die so voll waren, dass man fürchten musste, sie könnten platzen. Er hatte in Martha Grahams Company getanzt, und sein Körper war noch immer gut proportioniert und kraftvoll. Er lebte mit Peggy Guggenheim zusammen und leitete für sie das Museum. John war ein unverfrorener Emporkömmling und damit sehr erfolgreich gewesen – zu seinem fünfzigsten Geburtstag, bei dem ich anwesend war, erschienen vier »königliche Hoheiten«, darunter der Chef des Hauses Habsburg.

John sah nicht älter aus als dreißig und sagte, das Geheimnis seiner jugendlichen Erscheinung sei die Tuberkulose. Er war mit zwanzig daran erkrankt und in die Schweiz zu einer »Schlafkur« geschickt worden, in deren Verlauf man ihn ein Jahr lang immer wieder ins künstlich herbeigeführte Koma versetzt hatte. Anscheinend heilte das nicht nur seine TB, sondern verlieh ihm ewige Jugend. Als er, wie Dornröschen aus tiefem Schlaf erwacht, nach New York zurückkehrte, gestaltete sein Lover, der Architekt Philip Johnson, für ihn eine komplett weiße Wohnung. Zum Erstaunen seiner ehemaligen Kommilitonen empfing sie John in einem weißseidenen Frisiermantel, und der einzige Farbklecks in der ganzen Wohnung war ein Tropfen Blut auf seinem Taschentuch. John war der geborene »Kapaun«, ein Begleiter für reiche, ältere heterosexuelle Frauen. Ich weiß noch, dass er eine Frau namens Walker in England besuchte, die Urenkelin von Johnnie Walker – eben jenes Walker der berühmten Whiskymarke, dieses Regency-Flegels mit Bowler Hat und Spazierstock. John hatte nie einen richtigen Beruf gehabt. Zehn Jahre lang war er mit Johnson zusammen gewesen, und als der ihn verließ, fühlte er sich so schuldig, dass er ihm noch jahrelang Alimente zahlte. John hatte in der Curt Valentin Galerie und anderswo als Kunsthändler dilettiert, hatte aber nicht mehr vorzuweisen als eine gute abstrakte Wandskulptur von Hans Arp. Ich war einmal mit ihm im Bett, aber leider war ich wohl nicht aggressiv genug, um ihn zu interessieren.

Als Peggy 1979 starb, war alles, was sie ihm hinterließ, eine Zeichnung von Picasso. Guggenheim-Kuratoren aus New York kamen nach Venedig und stellten fest, dass Schnecken über die Rückseiten der Gemälde krochen. John stand plötzlich ohne Job, ohne Geld und ohne Zukunftsperspektive da; seine reichen Gönnerinnen schienen sich allesamt in Luft aufgelöst zu haben. Er schlich sich zurück in die Staaten und führte ein stilles Leben, bis ein wenig glamouröser Onkel, den er kaum gekannt hatte, plötzlich starb und ihm ein kleines Vermögen hinterließ. Sein Familienhintergrund aus Oklahoma, vor dem er sich zu den reichen Ladies geflüchtet hatte, hatte ihn wieder. John konnte es sich nun leisten, den Sommer in Venedig zu verbringen und den Winter in Key West (später dann Fort Lauderdale, das zur Hauptstadt für schwule »Silver Daddies« geworden war). Er mietete sich eine wundervolle Parterre-Wohnung gegenüber dem Palazzo Albrizzi, obwohl sein Aufenthalt in Venedig schon bald problematisch wurde. In seinen Siebzigern hatte sich sein Lungenemphysem so sehr verschlimmert, dass er nach zehn Schritten stehen bleiben musste, um nach Luft zu ringen – und in Venedig, der Stadt ohne Autos, musste man große Strecken zu Fuß zurücklegen, denn eine Gondel zu mieten kostete hunderte von Dollar am Tag. Schließlich fasste er den selbstmörderischen, doch, wie ich fand, heroischen Entschluss, einem Freund in Santa Fe einen Besuch abzustatten, obwohl alle ihn warnten, er werde in dieser Höhe keine Luft bekommen. John hatte jedoch nicht vor, seinen gesellschaftlichen Umgang durch etwas so Banales wie Gesundheit beeinträchtigen zu lassen. Er fuhr nach Santa Fe, wurde dort schon bald ins Krankenhaus eingeliefert und starb.

Eine andere gute Bekannte von David und mir war Maria Teresa Rubin, die das Komitee zur Rettung Venedigs leitete und gerade erst von dem Komponisten Ernesto Albrizzi geschieden worden war. Sein älterer Bruder Alessandro, der Kopf der Familie, der in New York als Raumgestalter arbeitete, machte mit uns eine Führung durch den Albrizzi-Palast, angefangen bei dem gewaltigen Leuchtmast in der Eingangshalle (von gut neun Metern Höhe), der das Schiff des letzten Admirals von Venedig überragt hatte, eines Vorfahren der Albrizzi. Der Palast war stets im Besitz der Familie gewesen, und in den verschiedenen Salons waren Porträts von Dogen und anderen Granden aus dem Hause Albrizzi zu sehen. Im Speisesaal hingen lebensgroße Stuckengel unter der Decke, die sich wie Sturzbomber hinabzuwerfen schienen. Maria Teresa lebte im oberen Stockwerk und hatte einen separaten Eingang und Lift. Ich nehme an, ihr Ex-Mann ließ sie dort wohnen, weil sie ihre gemeinsamen Kinder aufzog.

Maria Teresa hatte reizende, verhangene Augen, die von Zeit zu Zeit aufklarten und ihr Feuer sehen ließen. Sie war schlank, blond und hatte hohe Wangenknochen. Jemand muss ihr einmal Komplimente für das Glimmen in ihren Augen gemacht haben, denn sie wusste, wie sie diesen Effekt hervorrufen und das Feuer auflodern lassen konnte. Sie witterte überall in ihrer Umgebung »Schlechtigkeit«, oft wohl durchaus zu Unrecht; vielleicht war das ihre Art, ihr Interesse an ihrem recht einförmigen gesellschaftlichen Leben aufrechtzuerhalten. Sie hatte einen hübschen jungen Liebhaber, Vladimir de Marsano, dessen Vater ein italienischer Aristokrat war und als Bankier in der Schweiz arbeitete; seine Mutter war Serbin. Als Kind hatte er mit dem Kindermädchen holländisch gesprochen, bis seine Eltern eines Tages verkündeten: »Wir glauben, es ist an der Zeit, dass du deine eigene Erwachsenensprache lernst, wir schlagen Französisch vor.« Vladimir war außerdem in Englisch und Italienisch bewandert. Er war damals Anfang zwanzig und Maria Teresa um die vierzig, zusammen gaben sie ein umwerfend schönes Paar. Das lag nicht zuletzt daran, dass Vladimir als Graf in seinen makellosen, maßgeschneiderten Anzügen anders als viele andere junge Männer seiner Generation nicht wie ein vorsätzlich schlampiger amerikanischer College Boy aussah. Er war herzlich und geheimnisvoll – und wir hätten alles getan, um herauszufinden, ob er nicht vielleicht doch irgendwo ein klein wenig schwul war, aber er antwortete auf unsere Fragen nur mit einem entzückten Lachen und einem rätselhaften Lächeln. Er war ein heller Kopf, ließ sich das jedoch meistens nicht anmerken, und wir passten auf, ihn nicht allzu sehr zu bedrängen. Er glaubte, dass alle mit ihm herumschäkern wollten, was bei ihm wohl weniger mit Paranoia zu tun hatte als mit seiner persönlichen *leggerezza*. Was ich sagen will: Er war stets *serviable*, übertrieben höflich und geduldig, immer auf der Suche nach etwas Neuem, dabei nur gerade so kultiviert, dass er seine Angehörigkeit zur Welt der Oberschicht nicht gefährdete – jedem gegenüber herzlich und herausfordernd, auch zu älteren und weit weniger eleganten Freunden immer liebenswürdig, ohne sich dabei jemals in die Karten schauen zu lassen.

Ein weiterer Stammgast am Pool war Harry Mathews, der experimentelle Romancier und das einzige amerikanische Mitglied von Oulipo, einer Gruppe von Schriftstellern, die mathematische Modelle für die Anfertigung von Belletristik und Lyrik propagierten. Er hatte eine aristokratische Freundin mit dem reizenden Vornamen Loredana und hielt sich oft in Venedig auf. Er und David waren eng befreundet (aber wer nannte David schließlich nicht seinen oder ihren besten Freund?), und sie hatten viele weltliche Interessen, die ich nicht mit ihnen teilen konnte – ein neues Restaurant draußen am Arsenale, die neue Kollektion von Missoni, der neue Direktor der Pariser Oper und Maria Teresas neueste Affäre mit jemandem, den sie Bambu nannten und der später einer der mächtigsten Kulturpolitiker Italiens wurde. Sein richtiger Name war Vittorio Sgarbi, und er war in gewisser Weise das italienische Äquivalent von Schwester Wendy, die durch ihre Art, Laien an Kunstgeschichte heranzuführen, in England Gurustatus erlangt hatte, denn auch er sprach oft im Fernsehen über Malerei.

David hatte mich früher schon darum gebeten, Harrys schwierigstes Buch, *The Sinking of the Odradek Stadium*, für die *New York Times Book Review* zu rezensieren, was ich getan habe, bevor ich Harry zum ersten Mal begegnete (die Redakteure der *Times* wollten nicht, dass Rezensenten die Autoren persönlich kannten, über die sie schrieben).

Ich liebte seinen witzigen Roman mit dieser ganz unwahrscheinlichen Geschichte und schrieb auch über *Zigaretten*, sein nächstes Buch, ebenfalls witzig und ausgesprochen originell, einen längeren Essay. Harry war und bleibt sicherlich ein großer Schriftsteller – einer der besten, die ich kennengelernt habe, auch wenn er nie die Bekanntheit erlangt hat, die er verdient. Er hatte immer Geld, auch wenn er das nicht an die große Glocke hängte, und erbte später ein großes Familienvermögen. Er besaß Wohnungen in Paris (neben dem *hôtel particulier* des Premierministers) und in New York (anfangs am Beekman Place) und Häuser auf Long Island und in Vercors (in der Nähe von Annecy im Südosten Frankreichs) sowie zwei beieinanderliegende Häuser in Key West. Merrill schien mit seinem Geld entspannter umzugehen als Harry. Ich war verblüfft, dass fast alle Dichter, die ich kannte, reich waren oder reiche Frauen hatten.

David konnte so schlecht sehen, dass es ihm passieren konnte, auf der Giudecca eine Taube zu grüßen, weil er sie für eine Dame hielt, die er kannte. Trotzdem liebte er es, all die kleinen Dramen, die sich am Pool des Cipriani abspielten, zu beobachten und zu kommentieren. Manchmal aßen wir, bevor David am Nachmittag zum Cipriani aufbrach, zusammen unseren Diät-Lunch aus Schinken, Salat und ein paar Scheiben Mozzarella, ohne Brot, ohne Wein, ohne Dessert. Dabei äfften wir stolze, aber zickige Matronen *alta borghese* nach und lachten uns kaputt. Wir nannten uns »*Cara*«, bezeichneten alles als *carina* (»schick«) und *casalinga* (»wie es sich gehört«) und machten uns schelmische Komplimente für kleine Mängel im Aussehen, die einem eigentlich peinlich sein müssten: »*O, cara, quanto i tuoi capelli sono bellissimi con questo nuovo colore.*« Alles, selbst die trübe Aussicht darauf, einen Tag an die Eitelkeit des Haarefärbens zu verlieren, klang fröhlicher, lustiger und erträglicher, wenn man es im leicht nörgelnden, dezent »intimen« Italienisch einer saturierten Hausfrau formulierte.

Was war nur los mit uns? Ich stellte mir vor, wie Simon Karlinsky unserer Tuntigkeit mit einer verächtlichen Geste den Rücken kehrte, als hätte er einen üblen Furz gerochen. Vielleicht zelebrierten wir durch das Nachahmen zweier Mittelschichtsfrauen in den besten Jahren ganz einfach unsere bescheidene Kenntnis der italienischen Sprache und probten Rollen, die uns aus den gefährlichen Untiefen verschmähter Liebe und aufgesetzter Keuschheit forttragen sollten; doch letztlich überließen wir uns ganz einfach einem wundervoll albernen Spiel, wie es nur unter guten Freunden möglich ist.

Venedig war das genaue Gegenteil von New York. In New York konnte David abends kaum ausgehen, er war zu blind, um sich in den schlecht beleuchteten, gefährlichen Straßen zurechtzufinden. Venedig war sicher, eine Stadt der Fußgänger, wo jede Stufe mit einer weißen Linie gekennzeichnet war. Kein Venezianer würde einen Touristen ausrauben – wie sollte der Dieb in einer Stadt ohne Autos oder Motorroller entkommen, wo jedes Boot lizenziert, bekannt und gezählt war? Bei so vielen Augen hinter jeder Jalousie würde er sicherlich sofort erkannt und denunziert werden. War er Venezianer, kannten ihn seine Nachbarn. War er ein »Fremder«, würden die Einheimischen auch das bemerken.

New York nahm die Pflichten ernst und missachtete das Vergnügen, während Venedig sich den Freuden widmete, ein Eis zu essen, zum Schneider zu gehen, sich die letzten *nouveautés* (die nicht allesamt grässlich waren) der Murano-Fabrikation anzusehen, Fisch und Gemüse unter der Rialtobrücke zu besorgen, in einem Pasta-Geschäft vorbeizuschauen und tief schwarze Linguine zu kaufen, die mit der Tinte von Tintenfischen gefärbt wurden, dem rotgesichtigen, schwarzbärtigen Schlachter zuzusehen, wie er in seinem winzigen Laden kleine Kalbskoteletts schneidet, in der *drogheria* haltzumachen und die Wörter für Senf (*senape*) und Anchovis (*acciughe*) zu kennen. Selbst seinen nur zeitweisen Bewohnern verschaffte Venedig das Vergnügen, sich überlegen durch die Touristenmassen hindurchzuschlängeln (die Schafe oder *pecore*, wie David sie nannte), die dem emporgehaltenen roten Regenschirm ihres Führers nachliefen, um in eine ruhige *calle* abzubiegen, bevor man in den *traghetto* einstieg, die Gondel, die als Fähre den Canale Grande überquerte. Der sonst so ängstliche und körperferne David konnte das Boot ohne auszurutschen betreten, die Überfahrt ohne zu schwanken überstehen und schließlich Charon, der am Dollbord saß, ein angemessenes Trinkgeld geben.

Ich sehe David vor mir, das Gesicht gebräunt und das Haar noch silbriger durch die Sonne, in seinem azurblauen Seidenhemd und der handgenähten beigefarbenen Hose aus Wolle und Seide, mit schwarzen Gondolierssandalen und dem goldenen Siegelring mit dem venezianischen Löwen. Keiner von uns konnte ein längeres Gespräch auf Italienisch führen, aber es reichte, um mit Kellnern und Verkäufern zu plaudern. Am Nachmittag blieb ich in seiner

Wohnung, um zu schreiben, während er am Pool lag; gegen sechs kam er zurück mit dem neuesten Klatsch und einer frischen Flasche Campari. David hatte immer ein anspruchsvolles Buch bei sich – eine neue Studie über Spenser zum Beispiel oder Ashberys *Three Poems* –, doch er las selten mehr als eine Seite oder zwei. Er war viel zu beschäftigt damit, George Smith Bericht zu erstatten, einem amerikanischen Fabrikanten, der in Bergamo Reifen für Goodyear herstellte und sein Haus von deutschen Schäferhunden und Stacheldrahtzäunen beschützen ließ, aus Angst, von Lösegelderpressern entführt zu werden, was in Italien damals sehr häufig vorkam. George bestach mit seiner Zigarettenspitze, seiner kräftigen behaarten Brust und dem attraktiven Gesicht des Dirigenten eines Klub-Orchesters; er war schwul, lebte aber im Zölibat. Er war zum Katholizismus konvertiert und hoffte, zum päpstlichen Baron erhoben zu werden; um solche Ehren zu erlangen – oder das ewige Seelenheil –, war der Zölibat kein zu hoher Preis. Sein Snobismus und sein aufstiegsorientierter Katholizismus erinnerten mich an Somerset Maughams Elliott Templeton in *Auf Messers Schneide*, auch wenn George bescheidener und nicht eine solche Furie war wie Elliott. Seine Gefühle investierte er in die Beziehung zu seinem Adoptivsohn, einem anständigen jungen Mann aus Bergamo, den George demnächst an eine einheimische Erbin verheiraten wollte. Einmal begleitete ich George, als er sich in seiner Mercedes-Limousine von einem livrierten Chauffeur von Mestre nach Bergamo fahren ließ, und verbrachte eine Nacht in seinem verbarrikadierten Haus, das von Scheinwerfern beleuchtet wurde. Ich musste an einen Text von Hervé Guibert denken; er beschreibt, wie eine verblassende italienische Filmdiva in einer Villa lebt, die von deutschen Schäferhunden bewacht wird. Die Hunde gehorchen nur Befehlen in deutscher Sprache (»*Auf! Sitz!*«). Die Diva bewahrte ihre alten Filme in einem Kühlschrank auf und sah sich jeden Abend einen davon an, während draußen die Hunde bellten. Ich besuchte Georges Fabrik und aß einen köstlichen Drei-Gänge-Lunch in der Betriebscafeteria.

Immerhin sprachen die Arbeiter in Bergamo mit leiser Stimme, trugen saubere Arbeitskleidung und wirkten eher wie begabte Uhrmacher und nicht wie Fließbandarbeiter.

Obwohl George fromm war, verbreitete er keinen Trübsinn. Ganz im Gegenteil, er gierte nach allen Arten von Klatsch, um sich zu »amüsieren«. Er war so gebildet wie ein Playboy und so gläubig wie ein Bauer. Er saß in seinem Badeanzug am Pool, hielt die behaarte Brust in die Sonne und sog an seiner Zigarettenspitze; so lauschte er beim ersten von vielen Cocktails dem Bericht über die komplizierten Machenschaften der Familie Franchi oder Franchetti, ich weiß nicht, welche es war – in Venedig musste man sich damals für eine der beiden entscheiden. Der amerikanische Maler Cy Twombly hatte in die Franchetti-Familie eingeheiratet, der einst das Ca' d'Oro am Canale Grande gehört hatte (jetzt ein Museum) und die einen Komponisten unter ihren Vorfahren hatte, der eine Oper über das Leben von Christopher Columbus geschrieben hat. Sie waren Juden, die von irgendeinem König für ein großzügiges Darlehen geadelt wurden. Alle Schwulen der Stadt verehrten Christina Franchetti, eine Kubanerin, die ganze Nächte hindurch Stendhal, George F. Kennan oder Gyp las (unter dem Pseudonym Gyp verfasste die Tochter Mirabeaus Ende des neunzehnten, Anfang des zwanzigsten Jahrhunderts zahlreiche satirische Gesellschaftsromane). Sie verschlief den ganzen Tag, eilte bei Sonnenuntergang zu Harry's Bar, um zu frühstücken, und sprang dann ins Boot zum Cipriani, in der Hoffnung, dort am Pool noch ein paar Nachzügler anzutreffen (so wie Proust um Mitternacht durch die Cafés spukte, wenn der Staub, der sein Asthma verursachte, sich gelegt hatte). Ihre Wäsche ließ sie in London waschen. Manchmal kochte sie um zwei Uhr Morgens für Freunde Spaghetti. Ihr Ehemann, Nanuk, ein tauber und unangenehmer Franchetti, belästigte sie nur selten, doch er verspielte ihr Geld. Sie hatte Mühe, ihren Lebensunterhalt zu bestreiten (Miete, Essen), aber sie ließ die Kosten ihres Luxuslebens (Harry's, das Cipriani, Bücher, Modellkleider) auf Rechnungen setzen, die sie niemals beglich. Sie sprach in einem schrillen Bariton und intonierte langsam und übertrieben wie eine Operndiva; ihr schwuler Hofstaat hing ihr an den Lippen und reagierte enthusiastisch auf ihre netten, unterhaltsamen Bemerkungen.

In New York kannte ich niemanden, der fromm war oder im Zölibat lebte, und keine älteren schwulen Männer, die Alimente bekamen. Ich kannte auch keine bisexuellen Aristokraten. Natürlich tratschten Cliquen von befreundeten Nichtstuern über einander, aber es gab keine zentrale, für alle sichtbare Institution, auf die sich dieser Tratsch konzentrierte. In New York war die Society zusammengebrochen und zersplittert. Die alte Hierarchie, die Edith Wharton noch erkundete (und die sich damals schon in Auflösung befand, wie sie feststellte), war beiseitegefegt worden von Generationen von Neuankömmlingen, Mitgliedern der Kaffeehaus-Society, betuchten Spendensammlern auf Wohltätigkeitsbällen und Berühmtheiten aus Theater und Fernsehen. Zu viele verschiedene gesellschaftliche Kreise wetteiferten miteinander, als dass sie wirklich Glamour entfalten konnten. Die »gesellschaftlichen Ereignisse« in New York waren freudlos, weil ihnen das Gespür für Exklusivität und Vergnügen fehlte und sie in bedrohlichem Maß zu Pflichtveranstaltungen geworden waren (all die vielen Krebs-Benefizgalas). In New York meinten alle, sie müssten arbeiten, selbst diejenigen, die über genug Geld verfügten und es nicht nötig hatten; Nichtstun war gesellschaftlich inakzeptabel, und Frauen, die Millionen von Dollar besaßen, betrieben Buchhandlungen, eröffneten Secondhand-Läden oder engagierten sich in Vereinen für Sozialfürsorge, oder sie machten Restaurants auf, nachdem sie dutzende von Kochkursen besucht hatten. In Europa wurde niemand Wirt, wenn sein Vater nicht auch in dieser Branche gearbeitet hatte; ganz bestimmte würde sich niemand einer so wenig abwechslungsreichen, anstrengenden und finanziell riskanten Arbeit in einer heißen und übel riechenden Umgebung aus »Spaß« widmen. Alle diese »Jobs« hatten zur Folge, dass Leute über fünfzig früh ins Bett gingen, um zehn – was im Widerspruch zum nächtlichen *dolce far niente* einer echten High Society stand. Außerdem vermischten sich in New York die wirklich Reichen nicht mit den einigermaßen Reichen. Jeder verkehrte mit Menschen von genau demselben Maß an Wohlstand, und niemand, der auch nur einigermaßen betucht war, empfing Künstler und Schriftsteller. Früh schlafen zu gehen und der Mangel an Umgang mit Bohemiens hatte aus den Jacks und Jackies dumme Jungen und dumme Mädchen gemacht. Die New Yorker Verlagswelt zum Beispiel war voller Erbinnen. Auch sie mussten arbeiten, und das Geld ihrer Familien erlaubte es ihnen glücklicherweise, interessante, aber schlecht bezahlte Stellen anzunehmen. Wenn meine Rechercheurin bei Time-Life den Verlag nach einem langen Arbeitstag um zehn Uhr Abends verließ, wartete am Ausgang der Chauffeur der Familie in einem alten Lincoln Town Car auf sie. Die miesen Gehälter, die die Verlage zahlten, waren nur für Menschen mit großem Vermögen und eigenem Einkommen akzeptabel. Die Verlage hatten gemerkt, dass Erbinnen eine gute, teure Bildung genossen hatten, wenig ehrgeizig waren und sich wegen ihres Reichtums so schuldig fühlten, dass sie härter arbeiteten als alle anderen.

Im Nachtleben von New York traf man die wohlhabende Jugend, die einzigen Menschen, die spät zu Bett gingen, wogegen es in Venedig so gut wie keine nächtlichen Treffpunkte gab, außer einer Bar in der Nähe des Gritti-Palasts, Haig's, wo sich (wie David gern behauptete) nur »verrufene« Menschen herumtrieben. Wenn wir spät in der Nacht dort ankamen (was in Venedig um Mitternacht bedeutete), behauptete David steif und fest, jeder der Anwesenden sei heroinsüchtig oder ein Juwelendieb, oder er habe ein inzestuöses Verhältnis mit seiner drogenabhängigen, verwahrlosten Schwester, die im Palazzo der Familie auf ihn wartete: »Guck, da ist sie, in dem dreckigen Ungaro-Fummel!«

In New York war jeder, den wir kannten, liberal, doch in Venedig begegneten wir mehreren echten und unverfälschten Faschisten. Eines Abends, als wir sehr betrunken waren, schleppte uns ein junger Mann, der Sohn eines berühmten Designers, in eine große Wohnung neben dem Haus des Grafen Volpe und zeigte uns dort alte Schwarzweiß-Filme, in denen Hitler bei einer Kundgebung unter freiem Himmel mit erhobenem Arm zu sehen war. Er rief seinem fünfjährigen Sohn zu: »Du musst klatschen, Schätzchen, klatschen – das ist unser Führer! Wink dem Führer!« Zuerst dachten wir, das müsse ein geschmackloser Witz sein, so grotesk und unerwartet war diese Vorführung. Als wir nach einiger Zeit merkten, dass es kein Witz war, machten wir uns schnell aus dem Staub.

In New York konnte man damals davon ausgehen, dass jeder, den man irgendwo traf, egal, welcher sozialen Schicht er angehörte, linksgerichtet und tolerant war. Wir glaubten, Menschen wie Archie Bunker (oder in Deutschland das Ekel Alfred) gebe es nur im Fernsehen. Es war ein eigenartiges Merkmal des damaligen New York, dass seine berühmtesten Bürger aus der Provinz oder aus Europa und Asien stammten, während die Einheimischen allesamt Bauerntölpel waren.

Als ich eines Tages in Venedig eintraf, hatte David bereits Peggy Guggenheim erobert. John Hohnsbeen hatte die beiden einander vorgestellt, und sie waren sofort Freunde geworden. Viele Jahre lang hatten Liebe und Sex in Peggys Leben eine große Rolle gespielt, doch davon hatte sie sich nun verabschiedet. »Es ist unwürdig«, sagte sie uns. Peggy dachte, sie schulde ihren Bewunderern – ihrem Publikum – ein Mindestmaß an Würde, und deshalb unterließ sie jede Beschäftigung. David nannte sie »the laziest girl in town«, doch sie war nicht faul, sondern gelangweilt. Sie hatte ein paar Hobbys, aber keine andere Leidenschaft als ihre Hunde, ihre Lhasa Apsos, die sie »meine Babys« nannte. Und sie verfolgte besessen das Ziel, zusammen mit ihren Babys im Garten ihres Palazzo begraben zu werden. Es verstieß gegen die Vorschriften, sich irgendwo anders als auf einem Friedhof beerdigen zu lassen, aber Peggy war bereit, ihre gesamte Kunstsammlung und ihren Palast der Stadt zu schenken, wenn sich die Vorschriften in ihrem Sinn ein wenig beugen ließen. Am Ende hatte sie Erfolg. Sie und mehrere ihrer Hunde wurden in ihrem Garten um einen byzantinischen Steinsessel herum beigesetzt.

Auch wenn sie sich für nichts mehr interessierte, war sie sich ihrer gesellschaftlichen Stellung sehr bewusst, die in ihren Augen der einer

Monarchin entsprach. Wenn ein hohes Tier die Stadt besuchte, gab Peggy für ihn oder sie eine Cocktailparty und trug dazu ihr Kleid von Fortuny, in dem sie besonders pummelig wirkte (weil es jeden Vorsprung und jede Ausbuchtung ihres Körpers betonte). Doch das Kleid war von historischer Bedeutung. Es war aus beiger Seide und bestand aus hunderten von Plisseefalten. Peggy erzählte uns, dass sie es aufgerollt und verknotet zum Reinigen nach London schickte. Zu ihrem achtzigsten Geburtstag posierte sie den Fotografen und gewährte der Presse exzentrische Interviews. Elegant oder *trashy* – sie war immer noch Peggy Guggenheim.

In ihrer Glanzzeit hatte sie mit Gott und der Welt zusammengelebt, von Samuel Beckett (der der Legende zufolge ständig so betrunken oder depressiv war, dass er sich weigerte, das Bett zu verlassen, weshalb Peggy ihn Oblomov nannte, nach dem faulen Titelhelden des Romans von Gontscharow) bis Max Ernst (den sie im Flugzeug in die Staaten entführte und der sie dort für die jüngere und schönere Dorothea Tanning fallen ließ). Beim Kauf von Kunst hatte sie sich von Herbert Read beraten lassen, der eine Liste der anzuschaffenden Gemälde zusammenstellte – und diese Liste arbeitete sie systematisch ab. Berenice Abbott bekam von ihr ihre erste Kamera. Während des Krieges eröffnete sie in New York eine Galerie (Art of this Century), in der sie die erste Ausstellung von Jackson Pollock veranstaltete, mit dem sie ebenfalls geschlafen hatte. Gleich nach dem Krieg brachte sie Pollock auf die Biennale in Venedig. Auf Vernissagen trug sie für gewöhnlich einen abstrakten und einen surrealistischen Ohrring – verrückt, wie sie war –, um zu demonstrieren, wie unparteiisch sie war. Hier in Venedig hatte sie alle ihre Ohrringe an das eiserne Bettgestell gehängt, das Alexander Calder für sie entworfen hatte. Wie Gertrude Stein hatte auch sie nach den ersten ruhmreichen Jahren weiterhin Kunst gekauft, doch beide, sowohl Guggenheim wie Stein, hielten alle späteren »Genies« für Blindgänger.

Peggy besaß die letzte private Gondel in Venedig. Aus Sparsamkeit wollte sie keine normalen Gondoliere bezahlen, die in der Gewerkschaft waren und viel Geld verlangten. Stattdessen hielt sie jedes Jahr im Frühling Ausschau nach einem pensionierten Gondoliere, der für weniger Geld zu haben war und dem ihre Livree passte, denn die wollte sie nicht ändern lassen. Ich weiß noch, dass David ihr eines Sommers einen Gondoliere vermittelte, der viele Jahre für ein Beerdigungsunternehmen nach San Michele gefahren war. Wenn ihm Peggy, nachdem sie eingestiegen war, nicht sofort ein Ziel nannte, fuhr er automatisch zur Beerdigungsinsel und sang die traditionellen Totenklagen. Vielleicht war sie deshalb so sparsam, weil ihr Vater (der die Fahrstühle im Eiffelturm gebaut hat und auf der sinkenden Titanic ertrunken ist) seine Anteile der Firma an seine Brüder verkauft hatte, bevor sich die Kupferminen der Familie in Südafrika zu Goldgruben entwickelten. Peggy hatte nur eine halbe Million Dollar geerbt, die sie durch ihre klugen Kunstkäufe in ein enormes Vermögen verwandelte, aber sie hatte nie ein verfügbares Barvermögen wie ihre Cousins.

Wenn wir in der Gondel unterwegs waren, fiel ihr oft etwas ein, das sie uns zeigen wollte – Cima da Coneglianos Gemälde von Johannes dem Täufer in der Madonna dell'Orto oder den Heiligen Hieronymus mit dem Löwen von Carpaccio, vor dem sich die Mönche in der Scuola di San Giorgio degli Schiavoni fürchteten. Der Gondoliere legte dann in der Nähe der Kirche an und half uns beim Aussteigen. Rotgesichtige niederländische Touristen oder kamerabehängte Amerikaner verfolgten dieses merkwürdige Ereignis mit verblüffter Neugier. Oder Peggy lehnte sich mit halbgeschlossenen Augen zurück und hörte zu, wie David ihr aus Henry James' *Die Flügel der Taube* vorlas, den sie als »ihren« Roman betrachtete, weil er von einem reichen amerikanischen Mädchen handelt, das in Venedig von attraktiven und verschlagenen Landsleuten um große Teile ihres Vermögens gebracht wird. Sie bat uns Sommer um Sommer, ihr das Buch vorzulesen, und hatte es nach einem Jahr wieder vergessen. Ihr gefiel die Schilderung des venezianischen Ambientes, die heldenhafte amerikanische Erbin und das ständige verhaltene Geplänkel um Sex, Geld und Liebe.

Eines Tages, als wir in der Gondel unterwegs waren, lief ein junger Mann fünf Minuten lang an den *fondamenta* entlang und rief: »*Principessa! Principessa!*« Sie nickte in seine Richtung. »Ich glaube, der Mann hat bei mir in der Küche gearbeitet.« Als ich fragte, warum er sie Fürstin nannte, sagte sie: »Sie mögen Titel und sind enttäuscht, wenn man keinen hat.«

Peggy klopfte immerzu mit der linken Hand auf den Rücken der rechten. Als ich sie fragte, warum sie das tue, antwortete sie, sie habe Rheuma und dies sei die einzige Art, die Symptome zu lindern.

Manchmal nahmen wir in ihrem Speisesaal eine dürftige, lieblos zusammengestellte Mahlzeit ein, umgeben von großartigen Gemälden. Es mochte eine lustlose Hühnerbrühe geben, danach Pasta in Tomatensoße und als Nachtisch Obst. John Hohnsbeen erzählte uns, dass Peggy jeden Tag die Äpfel in der Speisekammer zählte, um zu kontrollieren, dass die Diener pro Tag nicht mehr als einen Apfel aßen. Das Gespräch mit ihr verlief schleppend, obwohl David jedes Thema aufgriff und Peggy mit seinem besten Klatsch überhäufte. Sie sah ihn mit großen Augen an und sagte im Ton eines Nebelhorns: »Das ist höchst amüsant« oder »Wie empörend, das gefällt mir.« Natürlich klang Peggy niemals amüsiert oder empört, worum es auch ging. Sie sagte diese Sätze ganz einfach schon seit einem halben Jahrhundert.

Einmal fragte ich sie, wie sie zu ihrer eigenartigen Aussprache mit hinausposaunten Vokalen und gelangweilt abfallender Betonung gekommen sei, der in so starkem Gegensatz zu den Vokabeln einer Jugendsprache vergangener Zeiten stand: »Was für ein famoser Kick«, wie sie abschätzig trällerte. Sie erwiderte auf meine ungehörige Frage: »Ich besuchte eine Mädchenschule, die Jacoby School in der West 72nd Street für Töchter aus reichen jüdischen Familien. Wir wurden zu den Privatschulen der Ungläubigen nicht zugelassen und wir waren nur wenige. Aber wir waren eng befreundet und erfanden diese Art zu reden, wir redeten alle so.«

Manchmal gingen wir mit ihr zum Abendessen in ein Restaurant, in das sie ihre Babys mitnehmen konnte. Sie hatte schwache Knöchel, aber noch immer gute Beine, und sie trug kurze Kleider und Sandalen, um sie zu zeigen.

Sie sprach nie über ihre Gefühle oder Gedanken, was nicht hieß, dass sie keine hatte, wie man in ihrer witzigen, unverfrorenen Autobiografie nachlesen kann, *Ich habe alles gelebt*, wo sie erzählt, dass sie am Tag, als die Nazis in Paris einmarschierten, in Fernand Légers Atelier marschierte und ein Gemälde von 1919 für nur dreitausend Dollar kaufte. Sie hatte eine lustige, eingedrückte Nase; als junges Mädchen wollte sie sich ihren großen »Zinken« richten lassen, aber der Arzt hat es verpatzt, und Peggy beschloss, es nicht noch einmal zu versuchen. Mit ihrem typischen Fatalismus akzeptierte sie ihre Kartoffelnase.

Wir spürten, dass wir es mit einem erloschenen Vulkan zu tun hatten, jemandem, der so oft angestachelt und wieder gedämpft worden war, dass nur noch Verwirrung und Gleichgültigkeit übrig geblieben waren. Peggy wusste alles über Venedig und zeigte uns gern merkwürdige Fassaden und unvergessliche kleine Kirchen. Sie war gleich nach dem Krieg hierhergezogen, als sie ihren Palast noch für ein Butterbrot kaufen konnte. Er bestand nur aus zwei Stockwerken (er wurde nie fertiggestellt) und hatte der Marchesa Luisa Casati gehört, einem Jugendstil-Vamp, der die Loggia mit angeleinten Leoparden und lebenden Schlangen bevölkerte. Peggy füllte den Palast mit Kunst, und dann beschloss sie, ihn in ein Museum zu verwandeln; dort saß sie manchmal am Eingang und verkaufte Eintrittskarten und Kataloge. Sie erzählte uns, dass sie eines Tages von einer Frau gefragt wurde, ob Peggy Guggenheim noch am Leben sei, und sie habe nein gesagt. Während sie uns diese Geschichte erzählte, klopfte sie sich unbeabsichtigt auf den Handrücken, was den Eindruck erweckte, als würde sie sich selbst dafür zurechtweisen. Draußen vor dem Palast an der Kanalseite hatte sie eine nackte Reiterstatue von Marino Marini aufstellen lassen. Der Künstler hatte den Reiter mit erigiertem Penis dargestellt, den Peggy abschrauben konnte, wenn der Kardinal sie mit seinem Boot besuchte. Wie ich gehört habe, ist der Penis jetzt angelötet. Ich bin nach ihrem Tod nie wieder dort gewesen.

Sie nahm es John Hohnsbeen zunehmend übel, dass er die Abende nicht mit ihr verbrachte. John hatte überall so viele Freunde und wollte auch ohne Peggy und die Babys im Schlepptau ausgehen. Sie behauptete, er würde das Museum nachts unbewacht den Räubern ausliefern, aber wir hatten den Eindruck, dass sie sich ganz einfach einsam fühlte – und aus alter Gewohnheit romantischen Gefühlen nachhing oder hoffte, John würde wenigstens mit ihr flirten.

Obwohl John Jahrzehnte in Paris und Rom, dann in Venedig gelebt hat, lernte er weder Französisch noch Italienisch und sprach mit allen Englisch. Peggy sprach mehrere Sprachen, alle mit starkem Akzent in kurzen, gewaltsam hervorgestoßenen Bemerkungen und einer Unachtsamkeit, die auch für ihre Äußerungen auf Englisch typisch war. Sie schien die meiste Zeit mit den Gedanken anderswo zu sein. Sie verstand oft nicht richtig, was man zu ihr sagte, oder sie tarnte ihre Verwirrung, indem sie wie gewöhnlich die Augen weit aufriss und »Oh, wirklich? Das ist höchst amüsant!« sagte. Wie ich auch bei anderen berühmten Menschen feststellen konnte, die ich später kennenlernte, ist es nicht wichtig, wie sich eine »Legende« benimmt. Wenn sich ein Freund langweilte oder entfremdet fühlte und wegblieb, kamen am nächsten Tag andere Leute, angezogen von dem den berühmten Namen und einem offenen Haus.

12.

David und ich kamen uns immer näher, vielleicht, weil wir diese venezianischen Abenteuer teilten, die unsere New Yorker Freunde als zwar tendenziell glamourös, aber letztlich irrelevant und versnobt abtaten. Die New Yorker hatten ein Königreich errichtet, das nichts seinesgleichen, keine andere Macht neben sich duldete, und Gefangene wurden nicht gemacht. Die Freundschaft zwischen David und mir war ein Pflänzchen, das man in New York nur selten finden konnte, wo so viele Beziehungen aller Art durch Berechnung und Eigennutz verseucht waren. Die Art, sich mit wichtigen Personen anzufreunden, um andere zu beeindrucken und für sich einzunehmen, war eine typisch New Yorker Methode. Ich weiß noch, dass mein französischer Redakteur (Ivan Nabokov, der Neffe des Schriftstellers) für mich eine Begrüßungsparty geben wollte, als ich 1983 nach Paris zog. Ich dachte, ich sollte die Presse und die wenigen berühmten Freunde, die ich in Paris hatte, einladen. Ivan erklärte mir etwas verlegen, dass man in Paris eine Party für die Presse und an einem anderen Abend eine Party für Freunde veranstaltete, aber nicht beides zusammen. Dieser Gedanke überraschte mich, doch als ich ihn verstanden hatte, kam ich mir vulgär vor, weil ich nicht von selbst darauf gekommen war. Vielleicht sind die Pariser längst genauso zynisch wie die New Yorker, aber dennoch hielten sie daran fest, dass Freundschaften heilig waren und nicht in die Öffentlichkeit gezerrt wurden. Es gibt kein französisches Wort für *name dropping*, und *arrivisme* ist nicht ganz dasselbe wie »sozialer Aufstieg«.

Meine Freundschaft mit David war kaum jemals ein Mittel zum

Zweck – keiner von uns hatte etwas davon, dass er den anderen kannte. David bezahlte das eine oder andere für mich, aber keiner hat den anderen je benutzt. Er ließ mich an seiner Weltläufigkeit teilhaben und stellte mich Leuten vor, mit denen ich noch immer eng befreundet bin, und ich half ihm ab und zu bei der Formulierung eines Essays. Es ist merkwürdig, dass eine solche Freundschaft sich in einer Stadt so gut entwickelte, in der die Menschen ganz offen von »Netzwerken« und »Kontakten« reden, als würde jeder halbwegs vernünftige Mensch sich auf einer Party solchen erstrebenswerten Zielen widmen und seine Zeit nicht für etwas Nutzloses wie Freundschaft verschwenden. Wer wessen bester Freund sei, so sagt man, könne man daran erkennen, dass diese beiden niemals zusammen ausgingen – nur ein treuer Freund nimmt es hin, ständig vernachlässigt zu werden. Allerdings werden die meisten Freundschaften hier in New York am Telefon geführt (und inzwischen, wie ich in Supermärkten und in Kinos gemerkt habe, am Handy), und David und ich informierten uns dreimal am Tag auf diesem Weg über die letzten Neuigkeiten: »Mein Lieber, du glaubst nicht, was mir auf dem Nachhauseweg von Mary Ellens *schrecklich öder* Party passiert ist!« Um fair zu sein: Man muss sich nicht wundern, dass die New Yorker so aufstiegsorientiert sind, denn die Stadt hat eine viel größere soziale Mobilität als London oder Paris, wo Kleidung, Aussprache und Manieren zu viel über die Herkunft eines Menschen verraten, wo es allerdings auch nicht mehr als drei Stufen Abstand zwischen zwei Menschen geben kann. Jeder weiß schon alles, was es an Schlechtem über dich zu wissen gibt. In allen drei Städten gibt es Menschen, die dem nachgehen, was Paul Valéry »Berufe des Wahns« genannt hat, Karrieren, die nur auf Selbsteinschätzung und der Einschätzung anderer beruhen, und nicht auf nachweisbaren Fähigkeiten. Berufe des Wahns, würde ich vermuten, sind Literatur, Kritik, Design, die bildenden und darstellenden Künste, Werbung und alle Medienberufe – doch zum Beispiel nicht das Ballett, denn entweder kann man zweiunddreißig Tours Jetés springen, ohne in den Konzertgraben zu »rauschen«, oder man kann es nicht. Wenn man sie beherrscht, kann man ohne weiteres in jeder Balletttruppe der Welt tanzen. Doch in den Berufen des Wahns, in denen keine allgemein verbindlichen Standards existieren, ist man auf Vermittlung und Bündnisse, auf Förderer und Mäzene, berühmte Lehrer oder Lob von berufener Seite angewiesen. Kurz und gut, man hängt vom launenhaftesten aller Besitztümer ab: der Reputation. In Städten mit gefestigter sozialer Schichtung wie Paris kommt es seltener zu sozialer Hysterie, und der Aufstieg eines Rubempré oder Rastignac ist umso bemerkenswerter, weil dergleichen so selten geschieht. In New York kann *aufdringlich* durchaus als Kompliment gemeint sein, und *aggressiv* zu sein ist ein hohes, uneingeschränktes Lob. Ich weiß noch, dass schwedische Freunde darüber lachten, dass eine amerikanische Maschinenbaufirma in einer Stellenausschreibung sagte, man suche »aggressive« Bewerber. Oder waren es »Kandidaten«?

Ich habe die unterschiedlichsten Dinge von David gelernt. Wie man Gäste ganz schlicht mit wenigen Gängen bewirtet, die man im Voraus zubereitet. Wie man sich mit Menschen anfreundet, die älter, reicher und berühmter sind, indem man sich ihnen nützlich macht – Pakete zur Post trägt, Cateringfirmen vorschlägt, Sitzordnungen ausarbeitet oder ihnen aus Europa diese himmlischen Schlaf-Zäpfchen mitbringt (Suponoryl), die hier nicht erhältlich sind – ein Auftrag, den ich mehrmals für Jimmy Merrill ausgeführt habe. Wie man eine kurze Buchbesprechung einfach und anspruchslos gestaltet, indem man auf all die überflüssigen, angeberischen Bezüge zu Gramsci und Rousseau verzichtet. David hatte tatsächlich einen regelrechten Horror vor Verallgemeinerungen und zitierte gern William Carlos Williams: »Keine Ideen außer in Dingen«. David stellte seine umfassende Bildung nie zur Schau, in dem Glauben, die Menschen würden eine Anspielung schon von selbst verstehen, auch wenn man sie nicht extra darauf hinwies. Vielleicht war das der Grund, dass seine Essays oft nur wenig Beachtung fanden. Er war zu subtil, zu elegant. Er verkündete keine Wahrheiten wie Harold Bloom und verriet nicht alle formalen Tricks eines Gedichts wie Helen Vendler. Er kannte Bloom und Vendler und beneidete sie, auch wenn Bloom ihm eines Tages gestand: »Ich bin natürlich kein richtiger Kritiker so wie du, David; ein Gedicht mit deiner Eleganz im Detail vorzuführen wäre mir nicht möglich.« David war so zurückhaltend, dass ihn seine Freunde im Spaß mit Prousts Tanten verglichen, diesen Damen aus *Swanns Welt*, die der Meinung waren, die beste Art, sich bei Swann für ein Geschenk zu bedanken, sei es, die allerindirektesten Andeutungen zu machen.

Ohne sie nachzuahmen, bewunderte ich Davids biografische Schreibweise. (In *Becoming a Poet* analysiert er Elizabeth Bishop und ihr »Gegenüber«, Robert Lowell, sowie ihren »schützenden Cherub« Marianne Moore.) David hatte einen fesselnden Zwischenweg zwischen anekdotischem Erzählen und akademischer Analyse gefunden. Auf seine sanfte, indirekte Art begann er mit einigen Fakten aus dem Leben (Bishop erlebte als Kind den Nervenzusammenbruch ihrer Mutter) oder mit kurzen Briefstellen und stellte von dort die Verbindung zu ihren Gedichten und Erzählungen her – nicht als ihr »Thema« (thematische Kritik war eine primitivere Methode, die Howard Moss in seiner *Magic Lantern of Marcel Proust* anwandte), sondern als eine »Strategie« oder ein Trauma, dem sie mit Widerstand oder Sublimierung begegnete. Ich glaube, er hatte verstanden, dass wirkliche Schriftsteller nicht einfach bestimmte Themen aufgreifen, sondern die verborgene Dynamik ihres Lebens dramatisieren, umwandeln oder verschleiern. In ihren besten Gedichten, wie *The Bight*, *The Moose*, *At the Fishhouses* oder *In the Waiting Room*, stellt sich Bishop noch einmal den Ängsten ihrer Kindheit und macht sie zugleich unkenntlich. David bediente sich nicht der Psychoanalyse, er zog keine Schlüsse, kam nie auf Sex, »Deckerinnerungen« oder Verdrängung zu sprechen, sondern er verstand eine Schriftstellerkarriere als eine Serie von Geplänkeln mit dem eigenen, jüngeren Selbst und mit bestimmten Zeitgenossen. In Bishops Fall ging es darum, Lowells Vorbild als öffentlich wirksamem, politischem Dichter standzuhalten und es zurückzuweisen. Obwohl sie daran gedacht hatte, ihn zu heiraten, verstand sie sich selbst tatsächlich als sein Gegenstück, genau wie sie Marianne Moore als ihre Mentorin ansah, der sie mit ihrem Schreiben gefallen wollte (und die sie schließlich übertraf). Der Tag, an dem sie eine von Moores Zurechtweisungen ignorierte, war der Tag ihrer Unabhängigkeitserklärung.

Für David war das Schreiben eine Qual. Vielleicht lag das daran, dass er schon mit jungen Jahren eine volle Professur mit Festanstellung bekam. Sein Chef an der Rutgers University, Richard Poirier, war seit der gemeinsamen Zeit in Harvard ein enger Freund und kümmerte sich um ihn. Einmal besuchte ich eins von Davids Seminaren, es ging um Shakespeares *Sturm*, und ich war beeindruckt, wie er die Diskussion anheizte, dabei jedoch immer das Ziel im Auge behielt und am Ende zu Schlussfolgerungen gelangte, die nur Davids feiner Verstand ausarbeiten konnte. Er hatte ein Buch über Sir Philip Sidney geschrieben, ein anderes über zeitgenössische Dichter (Robert Lowell, John Ashbery, Elizabeth Bishop, Adrienne Rich und James Merrill) mit dem Titel *Five Temperaments* (eine Anspielung auf Balanchines und Hindemiths *Four Temperaments*). Dabei bastelte er zuletzt noch tagelang an bestimmten Formulierungen herum – deshalb waren die Endfassungen sowohl präzise als auch gelungen. Trotzdem wäre David, wenn er die Wahl gehabt hätte, lieber mit Freunden ausgegangen als zu schreiben, besonders wenn die Möglichkeit bestand, mit seiner engen Freundin Maxine Groffsky, meiner Agentin, ins Ballett zu gehen.

Mit ihren auffallend roten Haaren war Maxine das Vorbild für Brenda Potemkin in Philip Roths *Goodbye, Columbus*, der Titelgeschichte seiner ersten Buchveröffentlichung. Sie war mit mehreren der wichtigsten Maler dieser Zeit sehr eng befreundet (einschließlich Jasper Johns und Robert Rauschenberg) und besaß Originale, die das bewiesen. Sie lebte mehrere Jahre als Redakteurin der *Paris Review* zusammen mit Harry Mathews und den Kindern, die er mit Niki de Saint Phalle bekommen hatte, in Frankreich. Sie nahm Tanzunterricht und bewegte ihren großen, schlanken Körper mit dem Schwung einer Ballerina. Maxine war lustig und flirtete gern, sie redete so schmutzig daher wie Marilyn Monroe und war definitiv geheimnisvoll. Niemand wusste viel über ihr Privatleben, sie gab keine Interviews und nutzte ihre Verbindungen niemals dazu, anderen oder gar sich selbst Vorteile zu verschaffen.

Sie und David liebten das New York City Ballet und gingen mehrmals wöchentlich zu dessen Aufführungen. In den Siebzigern war das Foyer des New York State Theater, in dem das Ballett auftrat, das Wohnzimmer Amerikas. Intellektuelle und Künstler gingen nur selten ins Konzert, aber das Ballett zog die klügsten Köpfe der Stadt in seinen Bann. Maxine heiratete schließlich den Präsidenten des Ballettvorstands, Winthrop Knowlton, aber ein Jahrzehnt lang war David ihr ständiger Begleiter zu den Aufführungen. Wie Rock-Fans redeten sie ganz vertraut über die Tänzer (die sie nicht persönlich kannten): »Ich würde sagen, Karen hat ein paar Pfunde zugelegt« – »Du meine Güte, Patricia wird immer neurotischer – ich glaube, sie klappt in den nächsten Tagen ernsthaft zusammen.« – »Suzanne war heute in Jerrys langweiligem alten Klavierkonzert von Ravel ganz vorzüglich.«

Auch ich ging seit Mitte der Sechziger jede Woche ins Ballett, als es noch im alten Theater an der 55th Street auftrat. Damals kostete eine Karte für den obersten Rang gerade einmal neunundneunzig Cent; Stan und ich zählten auf dem Küchentisch unsere Pennies und schafften es dann gerade noch rechtzeitig ins Theater. Billige Plätze gibt es noch immer, aber man muss auf jeden Fall vorher reservieren. Im Unterschied zu David und Maxine interessierte ich mich nie besonders für bestimmte Tänzer; Bühnen-Fachsimpelei gefiel mir nicht, mir lag nichts daran, verschiedene Tänzer miteinander zu vergleichen – Hauptkriterium dabei war schließlich nur die Akrobatik. Doch auch, wer bei Aufführungen des *Concerto Barocco* immer wieder vor Bewunderung ins Schwärmen gerät, wird, damit es auf Dauer nicht langweilig wird, durchaus süffisant registrieren, dass Peter bei der zweiten Drehung der *Jewels* um ein Haar gestürzt wäre.

New York war noch immer besessen von der Hierarchie der Künste und der Idee der Reinheit. Viele Angehörige der internationalen Szene, die längst anderswo auf der Welt tätig waren, lebten in der Fantasie der kultivierten New Yorker fort – Nabokov, Beckett, Sartre, um nur einige zu nennen. In den 1960ern hatte eine New Yorker Tageszeitung amerikanische Schriftsteller gefragt, wen sie für den wichtigsten lebenden Autor hielten – die Mehrheit nannte Beckett.

Obwohl Strawinsky gerade gestorben war, wurde seine Musik während der Saison des New York City Ballet jede Woche gespielt. Die drei großen Genies des zwanzigsten Jahrhunderts, Strawinsky, Nabokov und Balanchine, stammten alle aus dem zaristischen Russland, waren nach Frankreich gegangen und hatten dann eine zweite (oder dritte) kreative Blütezeit in Amerika erlebt. Während sich die New Yorker, und die Amerikaner im Allgemeinen, später von Europa abwandten, lasen wir in den Siebzigern noch alle Lacan, Deleuze, Foucault, Barthes, Derrida und Lévi-Strauss. Und viele berühmte Ausländer lebten lange Zeit im rauen, schmierigen, anregenden New York. Viele französische und italienische Künstler hatten Ateliers in Manhattan; der französische Bildhauer Alain Kirili und seine Frau, die Fotografin Ariane Lopez-Huici kamen in den Siebzigern für immer längere Aufenthalte nach New York, und Kirili arbeitete viel mit amerikanischen Jazzmusikern zusammen.

Die literarische Avantgarde Amerikas war sehr gut im Geschäft, unter ihnen einige New Yorker wie Donald Barthelme. Sie veröffentlichten zumeist in der *New American Review* und traten oft beim YMCA in der 92nd Street auf; ihre Auftritte waren gut besucht. Zeitschriften wie *Esquire* konnten in den Sechzigern die Verkaufszahlen in die Höhe treiben, indem sie das »schärfste Pflaster« des literarischen Lebens der USA ausriefen – sie verorteten es in New York und unter vorwiegend weißen Männern. Norman Mailer, Gore Vidal und Truman Capote traten wie Hollywoodstars in landesweiten Fernsehprogrammen auf, und man führte Buch darüber, wie sich Mailer oder Philip Roth auf der Mattscheibe machten. Davids Chef Richard Poirier schrieb ein Buch über Mailers und Vidals unterschiedliche Plauderstile im Fernsehen. (Laut Poirier eignete sich Vidals Redeweise besser für dieses Medium, weil er kurze, prägnante Aussagen formulierte und keine komplexen, zusammenhängenden Argumentationen entwickelte.) Aus dieser kulturellen Atmosphäre heraus entstanden Woody Allens Filme über jüdische Psychiater, die Mode, blaue Blazer über verblassten Jeans zu tragen, oder die Cartoons von Saul Steinberg. Ich erinnere mich, dass ich Steinberg in den Sechzigern auf einer Party in den Hamptons getroffen habe, wo er hinter einem Baum hervorsprang und meine Bekannte zu erschrecken versuchte, eine Kollegen von der Arbeit. Eine weit verbreitete Whiskyreklame jener Zeit zeigte einen jungen Schriftsteller, der auf seine schicke kleine Olivetti einhämmerte und seine Freundin fragte: »Wo du gerade stehst, bringst du mir einen Grant?« Wir kümmerten uns wenig um sogenannte Fernsehstars (es gab damals nur drei Kanäle); unsere Berühmtheiten waren Schriftsteller und Maler.

Alle Orte, an denen diese Szene zusammenkam, sind nach und nach verschwunden. Susan Sontag bemerkte einmal, vielleicht hätten »wir« die kulturellen Institutionen nicht so gewalttätig attackiert, wenn wir gewusst hätten, wie zerbrechlich sie waren und wie leicht sie zerstört werden konnten. Wie David feststellte, waren es die edlen, nonverbalen Gemeinschaftsutopien in Balanchines Choreografien (oder Jerome Robbins Stücken wie *Dances at a Gathering*), mit denen das New York City Ballet so viele streitsüchtige, gesprächige New Yorker herbeilockte und vereinigte. Die drei Pausen jeden Abend boten viel Gelegenheit für spontane Gespräche (und Getränke) im Foyer. Viele New Yorker Denker und Künstler – Edward Gorey, Bob Gottlieb, Susan Sontag, Richard Poirier und der beste Tanzkritiker, Edwin Denby (damals schon ein fast katatonisches Gespenst) – waren jeden Abend dort anzutreffen. Der große Gorey mit seinem weißen Bart, schwarzen Jeans und weißen Sneakers war leicht auszumachen. Denby traf immer umgeben von einer Wolke attraktiver junger Männer ein; sie hatten zu allem eine Meinung, und er sagte gar nichts. Diese Fans waren sich des seltenen Privilegs bewusst, eine meisterhafte Choreografie Balanchines nach der anderen miterleben zu können. Im Laufe des berühmten achttägigen Festivals 1972 zu Ehren Strawinskys, der ein Jahr zuvor gestorben war, gab es zweiundzwanzig neue Ballettstücke zu sehen; während des zweiwöchigen Ravel-Festivals von 1975 wurden sechzehn Premieren von Balanchine und anderen Choreografen aufgeführt.

Balanchines Fans waren so besitzergreifend, dass sie sich nicht eingestehen wollten, dass sie diese Leidenschaft mit anderen teilten. Sie verhielten sich zueinander wie Nebenbuhler, doch am Ende nahmen sie miteinander vorlieb, denn Außenstehende hatten wenig Verständnis für ihre Besessenheit. Sie wollten über ihre große Liebe reden, und wer wäre dabei ein besserer Gesprächspartner als ein anderer verzauberter Bursche oder ein anderes Mädel. Balanchine demonstrierte den New Yorkern, dass ein Genie von Weltklasse in ihrer Stadt Zuflucht und Ausdruck gefunden hatte. Seine Verwendung von Mozart und Bach sowie zeitgenössischer Partituren von Ives, Strawinsky und Hindemith zeigte, dass man Innovation mit Tradition verbinden konnte, genau wie das klassische Vokabular des Balletts und die sperrige Erzählweise des neunzehnten Jahrhunderts aufgesprengt und beseitigt und Tutus durch schwarze und weiße Trainingskleidung ersetzt wurden. Balanchine hatte gesagt, im Ballett gebe es keine Schwiegermütter, doch in fast allen seinen Tänzen waren auch die Mütter eliminiert worden. Was übrig blieb war ein narrativer Impuls ohne Geschichte, ein Gefühl für Dramatik ohne Exposition und Auflösung, alles befand sich in einer ständigen Krise. Das New York City Ballet zeigte in jeder Saison neue Stücke. Es war kein Museum wie die Metropolitan Opera oder die Philharmonie, die beiden Nachbarn des Balletts am Lincoln Center.

Einem Genie bei der Arbeit zuzusehen ist für kultivierte Menschen das größte Glück, und Balanchine war unser hier ansässiges Genie, er war auf der Höhe seiner Produktivität. Wir bekamen nicht nur seine neuesten Choreografien zu sehen, sondern auch die beiden großen Arbeiten aus den 1920ern, als er noch für Diaghilew arbeitete: Prokofjews *Der verlorene Sohn* (mit Kostümen und Bühnenbild von Rouault) und Strawinskys *Apollo*, nicht zu vergessen Tschaikowskis *Serenade*, Balanchines erstes für ein amerikanisches Ensemble choreografiertes

Ballett aus den 1930ern. Das Ballett hatte für uns etwas Anrührendes, es war wie eine in Bernstein gegossene Erinnerung an die ersten unbeholfenen Proben in Balanchines eigener Schule in White Plains. Er erklärte es so:

»Ich war der Auffassung, dass die beste Art, Studenten eine neue Bühnentechnik nahezubringen, darin bestand, sie etwas Neues tanzen zu lassen, etwas, das sie noch nie gesehen hatten. Ich entschied mich, mit Tschaikowskis *Serenade* zu arbeiten. Am ersten Abend bestand die Klasse aus siebzehn Mädchen und keinen Jungen. Das Problem war, was ich mit dieser ungeraden Zahl von Mädchen anfangen sollte, damit es interessant aussah. Ich ließ sie in Diagonalen Aufstellung nehmen und beschloss, dass sie als Erstes die Hände bewegen sollten, um Übung zu bekommen. Dies war der Anfang von *Serenade*. Zur nächsten Stunde kamen nur neun Mädchen, zur dritten sechs. Ich entwickelte entlang der Musik eine Choreografie für die Schüler, die zu einem bestimmten Zeitpunkt anwesend waren. Als Jungen dazukamen, arbeitete ich sie in das Muster ein. Eines Tages, als die Mädchen die Tanzfläche verließen, fiel eins von ihnen hin und fing an zu weinen. Ich sagte dem Pianisten, er solle weiterspielen, und nahm diese Sequenz in den Tanz auf. Ein andermal kam ein Mädchen zu spät, das übernahm ich ebenfalls.«

Weil Balanchine außer Ballett auch Musik studiert hatte, verfügte er über die verblüffende Fähigkeit, die Tiefenstruktur der Musik, mit der er arbeitete, zu »sehen« und sichtbar zu machen. Während ein geringerer Choreograf auf die Ornamente der Partitur reagieren mochte und einen Triller oder einen Schlag der Becken aufgriff, ignorierte Balanchine die oberflächlichen Irritationen und beschäftigte sich mit den der Musik zugrunde liegenden Prinzipien von Entwicklung und Kontrast. Das war die Quelle der überwältigenden Schönheit dieser Abende. Einerseits waren da die jungen, herrlichen Körper der Männer und Frauen, die entlang der mächtigen Alleen aus Licht, die aus den Kulissen projiziert wurden, hereinliefen; ihre Sprünge, die sich in einen funkelnden Rausch der Körper steigerten; die würdevollen, die

Schwerkraft leugnenden Figuren der Solotänzer; diese punktgenauen, frei schwebenden Arabesken und die mitreißenden Flüge der Tänzerinnen hinauf ins Nichts, gehalten von ihren edlen, zurückhaltenden männlichen Partnern. Diesem gefährlichen, den Puls beschleunigenden Schauspiel stand andererseits die abstrakte Schematisierung großer Partituren gegenüber, die Erkundung der Musik selbst als einer spirituellen Alternative zur Sprache.

Balanchine wusste, wie man ein Programm zusammenstellte. Auf ein »weißes« Ballett mit einem exquisit einfachen Pas de deux folgte eine »schwierige« moderne Arbeit und schließlich ein großartiges Stars-and-Stripes-Finale mit wirbelnden Beinen. Ich nehme an, er wollte uns (unbeabsichtigt) zeigen, welche Zugeständnisse selbst der seriöseste Künstler (ob in der darstellenden Kunst oder der Literatur) machen musste, um sich die Aufmerksamkeit des Publikums zu erhalten und massentauglich und wirtschaftlich erfolgreich zu sein. Und andererseits zeigte er uns, wie sehr die Hervorbringungen des Geistes auf Schweiß und Muskeln angewiesen sind und dass die räumlichen und zeitlichen Meditationen eines alten Mannes nur durch willige junge Körper mit roten Wangen, straffen Leibern, langen Hälsen und guter Auswärtsdrehung Wirklichkeit werden können. Seine Arbeit mit jungen Tänzern war keine Wohltätigkeit; es war eine Partnerschaft, von der beide Seiten profitierten, besonders seitdem er neue Ballettstücke einem bestimmten Tänzer auf den Leib schrieb, maßgeschneidert entsprechend seinen Fähigkeiten und Grenzen.

Auch wer sich wie ich für den Tanz – und nicht für interne Klatschgeschichten aus der Tanzkompagnie – interessierte, konnte sich nicht vor einem Drama verschließen, das sich direkt vor unseren Augen abspielte: Balanchines unerwiderte Liebe zu Suzanne Farrell. Sie war ganz wortwörtlich seine Dulcinea, denn er war auf die Bühne zurückgekehrt, um die Partie des liebestrunkenen alten Don Quichotte in einem abendfüllenden Ballett zu spielen, das mehr Handlung hatte als alles, das wir je von ihm gesehen haben – und natürlich war es seine eigene Geschichte. Suzanne war ein zu braves katholisches Mädchen, um mit Balanchine zu schlafen; sie verließ die Truppe 1969 mit ihrem Ehemann, der ebenfalls Tänzer war, und schloss sich in Europa der Truppe des vulgären, untalentierten Maurice Béjart an, der riesige Open-Air-Spektakel mit Windmaschinen und Trockeneis aufführte, die dem Dritten Reich alle Ehre gemacht hätten. Béjarts Truppe war nicht der richtige Platz für die größte Ballerina ihrer Zeit – und auch nicht für andere Frauen. In seinen Choreografien hatten die attraktiven Männer nicht mehr am Leib als ein Lendentuch, und die Frauen wurden in Burkas verpackt; alles war so billig homoerotisch wie eine schlechte pornografische Zeichnung von Cocteau.

Nur sechs Jahre später kehrte Suzanne Farrell zum New York City Ballet zurück. Ihre Rückkehr, voller Weisheit und Zärtlichkeit, aber noch immer geschlechtslos, krönte die letzten Tage Balanchines mit einem unerwarteten, aber vollkommen verdienten Glück. Diese Liebesgeschichte, unerwidert und paradoxerweise dennoch fruchtbar, spielte sich wie ein atemberaubendes Drama in aller Öffentlichkeit ab, vor seinem gierigen Publikum.

David fand eine neue Dame, die er begleiten und ins Ballett einladen konnte – Lillian Hellman. Sie war damals auf der Höhe ihres Ruhms, denn Jahrzehnte nach ihren erfolgreichen Theaterstücken hatte sie damit begonnen, kurze, schwungvolle Memoiren zu schreiben, in denen sie selbst *le beau rôle* einer stillen Heldin einnahm. Nach ihrem Tod fanden wir heraus, dass Mary McCarthy recht gehabt hatte – Lillian war eine Lügnerin. Nicht sie hatte Ende der 1930er Jahre Geld nach Mitteleuropa gebracht, um Juden zu retten. In Wirklichkeit hatte das eine Psychiaterin aus Princeton getan. Die beiden Frauen kannten sich nicht persönlich, doch sie hatten denselben Anwalt – der Hellman die Geschichte dieser mutigen Heldentat erzählt haben muss. Hellman hat sie sich dann einfach angeeignet. Diese Geschichte und ihre wohlbekannte, oft zitierte Verteidigung vor dem Kongessausschuss für unamerikanische Umtriebe – »Ich stutze mein Bewusstsein nicht nach der aktuellen Mode zurecht« – erhob sie in den Rang einer vermeintlichen Pasionaria der amerikanischen Linken, doch in Wirklichkeit war sie eine altmodische, skrupellose Stalinistin. In Übereinstimmung mit Stalins Parteidoktrin protestierte sie dagegen, dass Trotzki in den Vereinigten Staaten Asyl gewährt wurde. Gegenüber ihrer Biografin Joan Mellen gab sie zu, Stalinistin zu sein.

Im Alltagsleben war sie ein schrecklicher Mensch. In Geschäften fing sie Streit mit anderen Kunden an. Das New York State Theater hatte keinen Mittelgang, und um zu den besten Plätzen zu gelangen, musste man sich an einer Reihe sitzender Zuschauer vorbeischieben. Eines Abends in Davids Begleitung trat sie gezielt mit dem hohen Absatz ihres Schuhs auf den Fuß einer sitzenden Frau, die ihr völlig fremd war, und beschimpfte sie auch noch, als sie vor Schmerz aufschrie.

Als ich ihr in Davids Wohnung begegnete, war sie ausgesprochen nett zu mir. Es war merkwürdig, dass sie eine gute Eigenschaft mit ihrer größten Feindin, Mary McCarthy, gemein hatte. Beide Frauen hatten die Gewohnheit, zur jüngsten, am wenigsten bekannten Person im Raum besonders höflich zu sein zu mir, in beiden Fällen. Lillian unterhielt sich deshalb mit mir über meine Literatur, mein Leben und meine Herkunft; natürlich war ich begeistert. Sie hatte ein furchtbares Emphysem, hörte jedoch nicht auf zu rauchen. Sie war schlank wie ein alter indianischer Krieger und hatte tiefe Furchen im Gesicht.

David hatte sie durch einen Kumpel aus Venedig kennengelernt, Peter Feibleman, der seine Nachrichten an sie, die er im Hotel abgab, an »Rabbi Hellman« adressierte. Durch einen ihrer engsten Freunde, Richard Poirier, kam es dazu, dass David diese Bekanntschaft jetzt auffrischte. Ungefähr zur selben Zeit ließ sich Richard Poirier dazu überreden, mich zum Lunch einzuladen. Er wohnte damals in einer Seitenstraße der unteren 5th Avenue, in der Nähe von Howard Moss. (Er musste dann allerdings umziehen, weil das Nachbarhaus, West 11th Street 18, wo James Merrill geboren wurde, regelrecht in die Luft flog, als eine Angehörige der Weathermen eine Bombe zu bauen versuchte.) Zu Anfang war Poirier sehr herzlich zu mir, doch als ich darauf zu sprechen kam, dass es eine schwule Literatur, sogar schwule Lyrik – und noch schlimmer, schwule Empfindsamkeit! – gebe, und dass es sinnvoll sei, Werke schwuler Autoren in diesem Licht zu betrachten, um sie richtig zu verstehen, wurde er furchtbar wütend und redete mich für den Rest der Mahlzeit in Grund und Boden. Richard war empört, dass ich es wagte, den Vorschlag zu machen, man solle schwule Schriftsteller vom literarischen Mainstream trennen. Er hatte eine raue, harsche Stimme, ein kräftiges, männliches Gesicht und schielte auf einem Auge. Er lächelte nicht ein einziges Mal, während er mit Nachdruck seinen Standpunkt vertrat. Ich merkte, dass mir sehr schnell die Argumente ausgingen, wie damals, als ich mit Maitland Edey über Feminismus geredet habe.

Ich konnte nicht recht verstehen, weshalb die Idee einer »schwulen Literatur« solch ein großes Problem darstellte. Ich sagte: »Warum soll man denselben Text nicht aus verschiedenen Blickwinkeln lesen? Uns schwulen Schriftstellern heutzutage macht es nun mal Spaß –«

»Schwule Schriftsteller!«, donnerte Richard. »So etwas Verrücktes habe ich noch nie gehört. Das ist ja obszön!«

Ich hätte ihm einfach recht gegeben, um den Disput zu beenden, aber David hätte sich für mich geschämt, wenn ich so schnell aufgab. Ich wusste, wie sehr er Richards »Wildheit«, seine »Bärenkraft« bewunderte. In ihrer Welt war Richard »berühmt« für seine Unnachgiebigkeit. Ich dagegen hatte nicht ihre Ausbildung, ich hatte in Michigan Chinesisch und nicht Englisch und Geisteswissenschaften in Harvard studiert. Und ich hatte keine Seminare über englische Literatur abgehalten. Ich hatte nur ein paar wenig wahrgenommene Buchbesprechungen geschrieben, die nicht dem Zeitgeist entsprachen.

Es war nicht zu übersehen, dass all die schwulen Schriftsteller, die ich traf – Ashbery, Howard Moss, David Kalstone, Elizabeth Bishop, Richard Poirier –, zwar in ihrem Privatleben kein Geheimnis aus ihrer Sexualität machten, dass jedoch die Öffentlichkeit nichts davon wusste. Richard Howard und James Merrill waren die Einzigen, die in ihrer Dichtung ebenso wie im Leben offen schwul waren.

»Die Dinge ändern sich nun einmal«, sagte ich verwirrt. »Es gibt immer neue Bewegungen in der Belletristik, oder etwa nicht? *Novelle* bedeutet neu. Warum soll es keine Schule schwuler Belletristik geben? Wem tut das weh? Auf jeden Fall ist es neu und aufregend.«

»Aufregend! Aber es ist ein Verrat an der humanistischen Idee der Literatur. Hast du schon mal von Universalismus gehört?«

Jetzt, so viele Jahre später, nachdem »schwule Literatur« als kommerzielle Masche und als ernsthafte Bewegung gekommen und wieder gegangen ist, verstehe ich, was er meinte. Es stimmt, dass diese Bewegung uns isoliert hat – anfangs zu unserem Vorteil, doch letztendlich zu unserem Nachteil. Zuerst hat sie die Aufmerksamkeit der Kritiker und Lektoren auf unsere Arbeit gelenkt, doch dann (als sich unsere Bücher nicht gut verkauften) führte sie dazu, uns in kleinen, abgegrenzten Räumen unter Quarantäne zu stellen. Bevor die Kategorie »schwule Literatur« erfunden wurde, wurden Bücher mit schwulem Inhalt (Vidals *Der geschlossene Kreis*, Baldwins *Giovannis Zimmer*, Isherwoods *Der Einzelgänger*) überall besprochen und wurden oft Bestseller. Nachdem ihnen ein Etikett aufgeklebt worden war, wurden sie ausgeblendet, weil sie angeblich nur für schwule Leser von Interesse waren. Die Autoren konnten jetzt nur noch den Konvertierten predigen. In Wahrheit jedoch war schwule Literatur genauso interessant und vielfältig wie heterosexuelle Literatur.

Genauso erging es auch den Schwulen selbst. Bevor sie »befreit« wurden und eine »Identität« bekamen, waren sie überall und nirgends. Solange niemand das Wort *homosexuell* aussprach, schlichen viele Jungs und Männer über die Grenze von Sitte und Anstand und hatten schwule Affären; dann schlichen sie schuldbewusst unter dem Deckmantel von Anonymität und Dunkelheit zur Heterosexualität zurück. Es gab viel mehr gelegentliche Experimente mit gleichgeschlechtlicher Liebe, bevor eine klare Bezeichnung eingeführt und diese Neigung mit dem Stacheldrahtzaun der Verruchtheit umgeben wurde. In manchen Milieus wurde es leichter, sich offen zu bekennen, aber der Preis dafür war hoch (besonders als Anfang der Achtziger Aids auftrat). In Ländern wie dem heutigen Griechenland sind nur noch wenige Männer und Jungen dazu bereit, Sex mit einem anderen Mann zu haben. Nur die Hochmotivierten wagen sich hinter den Stacheldraht. Manchmal bedauere ich die Erfindung der Kategorie »schwul«.

Ich bin dankbar für die schwule Emanzipation und die schwule Literatur. Die Schuldgefühle und Depressionen, die ich als Jugendlicher und Heranwachsender empfand, lösten sich nach Stonewall in Luft auf, ebenso wie die Zurückweisung, die ich als Schriftsteller in den Sechzigern erlebt hatte; in den Siebzigern wich sie langsam literarischer Akzeptanz. Ich hatte immer über schwules Leben schreiben wollen, schon als ich fünfzehn war und noch zur Highschool ging. Meinen ersten Roman nannte ich damals *Dunkle Strömungen* oder *Das Turmfenster*; es war eine Coming-out-Geschichte. Ich schrieb dieses Buch, bevor ich jemals einen schwulen Roman gelesen hatte (außer *Der Tod in Venedig* und Gides *Der Immoralist*, die in der Vergangenheit spielten und nicht sehr erfreulich waren). Ich schrieb über die sexuellen Nöte und den Liebeskummer, die mich plagten. Manchmal glaubte ich, durch mein Schreiben verzweifelt Wasser aus einem sinkenden Boot zu schöpfen, und wenn ich aufhörte zu schreiben, würde ich ertrinken. Deshalb war es so wichtig, dass die neue Sichtbarkeit der Schwulen auch mir die Möglichkeit gab, gesehen, oder besser gesagt, gehört zu werden. Jetzt durfte ich mich an die Öffentlichkeit wenden, und das bedeutete mir viel.

Dennoch kann ich fünfunddreißig Jahre später, im Jahr 2009, verstehen, was Richard Poirier meinte. Doch selbst, wenn er am Ende recht behält, würde ich sagen, dass wir damals unter einem großen Handlungsdruck standen. Den Gemeinschaftsgeist, den wir nach Jahrhunderten der Unterdrückung gefunden hatten, wollten wir in Romanen feiern, die unsere neue Identität zugleich erschufen und erkundeten. In den Anfangsjahren der Schwulenbewegung waren Schriftsteller von einer noch nie dagewesenen Bedeutung (die sehr schnell nachließ) für ihre Gemeinschaft; für eine kurze Zeit waren wir die einzigen sichtbaren und vernehmbaren Sprecher der gesamten Bewegung, bevor dann Aids Politiker, Schauspieler und Sportler dazu zwang, offen schwul aufzutreten.

In den späten 1970ern befreundete ich mich mit Michel Foucault, und auch mit ihm war ich hinsichtlich der schwulen Identität nicht einer Meinung. Ich habe seine Position nie richtig verstanden, sie schien mir widersprüchlich. Er hatte schon früh der französischen Schwulenzeitschrift *Gai Pied* (der Name stammte von Foucault) ein Interview gegeben, aber sein Name durfte nicht genannt werden. Das schwule Leben faszinierte ihn, besonders die sadomasochistische Szene von San Francisco, die selbstbewussteste und am besten organisierte Subkultur aller Zeiten. Trotzdem war Foucault entschieden gegen Identitätspolitik und die »Kultur des Bekenntnisses«, worunter er eine Kultur verstand, die davon ausging, dass jeder Einzelne ein Geheimnis habe, und zwar ein sexuelles Geheimnis, und dass man durch das Bekennen dieses Geheimnisses mit sich selbst in Übereinstimmung komme. Er führte den Bekenntniszwang auf das frühe Christentum zurück, das noch stärker von bösen Gedanken als von bösen Taten besessen war (in der heidnischen Welt hatten nur die Taten eine Rolle gespielt). Ich konnte seine Einwände gegen eine Emotionalität im Stil Oprah Winfreys und die Erweckungsbewegung »Change of Heart«, die viele Amerikaner so anziehend fanden, verstehen, doch für mich stand unleugbar fest, dass das »Coming-out« ein Akt der Befreiung war, besonders deshalb, weil die meisten Schwulen sich ohne weiteres als heterosexuell ausgeben konnten und es zu ihrem eigenen Schaden noch immer taten. Ja, es mag falsch sein, seine Sexualität als Schlüssel der eigenen Identität zu verstehen – und im Ganzen betrachtet hat die schwule Identitätspolitik vielleicht dazu beigetragen, dass unsere Erfahrungen so leicht in Schubladen gesteckt und kommerzialisiert und unsere bacchischen Riten so trivialisiert werden konnten. (»Ich bin Power Bottom und stehe auf Unterwerfung, aber kein Schmerz, gerne Dirty Talk. Rollenspiele als Trainer und Sportler finde ich geil, aber keine Scheiße oder Blut bitte, dafür gern Wasserspiele.«) Doch wie auch immer, was wir begehren ist von entscheidender Bedeutung dafür, wer wir sind. Ich stimme mit Nietzsche überein, der sagte: »Denn was glaubt man jetzt sicherer als seinen Leib?«

Foucault bekämpfte alle Verallgemeinerungen und alle Kategorien, und als guter Positivist hielt er sich nur an einzelne Fakten, kleine Cluster überprüfbarer Vorkommnisse. Ich würde es nicht wagen, die schwule Identität gegen ein derart überzeugendes Argument zu verteidigen, aber ich möchte dennoch sagen, dass Menschen, die von einer ganzen Gesellschaft unterdrückt werden, sich nur dadurch befreien können, dass sie sich diese Gesellschaft vornehmen und die Regeln, die auf sie angewandt wurden, neu definieren und aus Minus Plus machen.

13.

1978 traf ich William Burroughs, der so lange im Ausland gelebt hatte (meistens in Marokko), dass er eher wie ein Mythos der Vergangenheit wirkte als ein lebender Autor. Seine blutleere, saurierartige Erscheinung als Heroin-Junkie – und in seinem Werk die de Sade'schen, mechanisch wiederholten Beschreibungen massenhafter erotischer Strangulierungen, neuer Gesichtshaut für Lesben aus transplantierten Penissen und lüsterner, insektenhafter Figuren, die entspannt mit Strohhalmen Spinalflüssigkeit trinken – all das betonte seinen Status eines bereits Verstorbenen, zu kalt und totemistisch, um lebendig zu sein.

Ich war zum Abendessen in die Wohnung von Ted Morgan auf der East Side eingeladen. Vier Jahre später schrieb ich eine positive Besprechung seiner Biografie über Somerset Maugham, in der er ein erschütterndes Bild des alternden Autors zeichnet; Maughams Verstand war von Alzheimer zerrüttet, obwohl er sich mit verjüngenden Affendrüsen vollpumpte. Männlich und hyperaktiv, aber unfähig zu denken – der einstmals geistreiche und ironische Autor empfing seine Gäste am Tor seines Anwesens an der Riviera, indem er ihnen eine Handvoll seiner eigenen Scheiße überreichte. Ted Morgan hatte Burroughs in Tanger kennengelernt und schrieb 1988 seine Biografie. Er war ein großer, kantiger Mann, der für seine Reisen durch Afrika berühmt war. Er war französischen Ursprungs und hieß früher Charles de Gramont. Sein Vater hatte dreimal geheiratet, angeblich einmal zur Verbesserung seiner beruflichen Stellung, einmal des Geldes wegen und einmal aus Liebe. Ted entstammte der Liebesheirat mit einer wunderschönen Italienerin. Er hasste seinen Namen und Titel so sehr, dass er die amerikanische Staatsbürgerschaft annahm, seinen französischen Akzent ablegte und sich selbst in Ted Morgan umbenannte (ein Anagramm von »de Gramont«).

An diesem ersten Abend sprach Burroughs beim Essen nur sehr wenig. Er erklärte uns, wie er seine Stimmung beim Schreiben durch bestimmte Techniken manipulierte. »Wenn ich über Sex schreiben will, spritze ich mehrere Tage lang nicht ab, dann bin ich geil und kann in allen Details darüber schreiben.« Wir waren von jedem Wort, das diese Sphinx hervorbrachte, fasziniert. Burroughs murmelte auf eine Weise vor sich hin, dass man ihn später am Abend, als Joints herumgereicht wurden, gar nicht mehr verstehen konnte. Er zeigte nie auch nur ein kleines, verbindliches Lächeln oder ermunterndes Nicken. Er wirkte unbeteiligt und abwesend, aber auf eine gespenstische Weise herzlich. Er trug den alten Anzug und die dünne, langweilige Krawatte, die seine Uniform ausmachten – das Erscheinungsbild eines erfolglosen Beerdigungsunternehmers aus Kansas.

Burroughs hatte einen neuen Betreuer, James Grauerholz, einen großen, sexy wirkenden, etwas gespenstischen Jüngling aus Kansas. Es hieß, Grauerholz habe 1972 zugleich Allen Ginsberg und Burroughs Fanbriefe geschrieben. Als er kurz darauf Ginsberg traf, erfuhr er von ihm, dass Burroughs einen Sekretär brauchte.

James wurde sofort Burroughs Manager. Er beschloss, Burroughs 1978 im Mudd Club, einer Punkerhöhle, auftreten zu lassen, wo die Mischung von literarischer Gewalt, Drogenkonsum und avantgardistischer Glaubwürdigkeit, zusammen mit seinem Aussehen als »sauberer alter Mann«, ihn bei einer ganzen neuen Generation berühmt machte.

Grauerholz verhandelte (mit Unterstützung des Agenten Andrew Wylie) Burroughs Verträge neu und gründete eine Firma mit Namen William Burroughs Enterprises, die seine alten Bücher als Paperbacks herausbrachte und eine Reihe von Medienereignissen lancierte. Plötzlich war dieser halbtote, aber brillante Mann in der öffentlichen Wahrnehmung wieder quicklebendig. Grauerholz redigierte außerdem Burroughs letzte Bücher. Während Balanchine als alter Mann durch die junge Suzanne Farrell wieder auflebte, gelang es dem jungen Grauerholz, sich mithilfe dieser altehrwürdigen, ausgehöhlten Figur selbst zu verwirklichen.

Meistens spüre ich anderen schwulen Männern gegenüber eine Art von Gemeinsamkeit. Nicht unbedingt eine lebenswichtige, aber doch eine reale Beziehung, so, wie man sie etwa zu einem anderen Amerikaner in Berlin empfinden würde. Bei Burroughs gab es jedoch kein verschwörerisches Zwinkern, und seine Sexualität schien nur einmal alle hundert Jahre stattzufinden, wie die mitternächtliche Blüte einer hundertjährigen Pflanze. Mich verblüffte, dass so viele junge Heterosexuelle Ginsberg und Burroughs trotz ihrer Homosexualität verehrten. Ich glaube, für diese jungen Typen war Ginsberg in erster Linie ein Hippie-Guru, ein buddhistischer Kantor und wilder Poetenfreak, und Burroughs war ein wiederbelebter, vollgedröhnter Zombie, beide auf ihre Weise cool, lebende Legenden. Ich kannte einen jungen heterosexuellen Mann, der damit angab, dass er Ginsberg rangelassen hatte. Als ich ihn fragte, wieso er das gemacht habe, sagte er: »Mann, das war Allen Ginsberg, Mann …«

William Burroughs zog schließlich weg und lebte in der Nähe von Grauerholz in Lawrence, Kansas, wo er sich als Künstler versuchte. Er schoss auf Farbdosen, die ihren Inhalt über weiße Leinwände verspritzten. So entstanden die »Shotgun Paintings«.

Die Freuden der Schwulen war erschienen und erwies sich als Erfolg, es wurde im ganzen Land wie ein Mainstream-Buch in normalen Buchhandlungen verkauft, und nur wenige erregten sich darüber. Da Mitchell Beazley das Buch konzipiert hatte und Charles Silverstein und ich nur Lohnsklaven waren, profitierten wir deutlich weniger von diesem Erfolg, als wenn wir selbst das Projekt entwickelt hätten. Aber das war egal. Die Leute glaubten, dass ich Geld verdiente, und ich ließ sie in diesem Glauben. Ich hatte begriffen, dass es im Verlagsgeschäft vor allem um Geld ging, und ich war nun profitabel.

Meinen neuen Roman, *Notturno für den König von Neapel*, konnte ich an Michael Denneny verkaufen, den ersten und wichtigsten offen schwulen Lektor. Michael sprach mit starkem Rhode-Island-Akzent; er hatte bei Hannah Arendt an der University of Chicago studiert und besaß einen sehr neugierigen und skeptischen Verstand, wobei beide Adjektive gleich wichtig waren. Er wollte alles ganz genau wissen (bei einem Lektor eine unbezahlbare Eigenschaft), war aber auch schnell dabei, alles in Frage zu stellen, was ihm zweifelhaft und gekünstelt vorkam. In einer Branche, in der es auf Schnelligkeit ankam, widersetzte er sich übereilten Entscheidungen, und diese Gemächlichkeit wurde ihm schließlich zum Verhängnis. Seine Langsamkeit, aber auch ein Einsatz für schwule Literatur, wie es ihn in diesem Ausmaß noch nie gegeben hatte und kaum je wieder geben würde. Als sich schwule Literatur als wenig profitabel erwies, wurde er gefeuert. Doch bis dahin leistete er viele Jahre lang bei St. Martin's Press hervorragende Arbeit. Es gelang ihm, zumindest ansatzweise seinen Traum zu verwirklichen, dass schwule Inhalte in allen Genres vertreten waren – schwule Liebesromane, schwule Cowboyromane, schwule Gangstergeschichten und so weiter. Er druckte Auflagen von einigen tausend Exemplaren pro Buch und wartete ab, ob es sich durchsetzte oder nicht. Bevor die Sättigung des Marktes erreicht wurde, gab es eine kurze Zeitspanne, in der sich ein heterosexueller Debütroman um die fünftausend Mal verkaufte – und ein schwuler literarischer Titel verkaufte siebentausend Exemplare. Eine Zeitlang hatten schwule Leser einen größeren Hunger auf Bücher als das zehnmal größere heterosexuelle Publikum.

In den Siebzigern öffneten um die fünfzig schwule Buchläden überall im Land; es war die Ära vor der Entstehung großer Buchhandelsketten wie Barnes & Nobel. Mit einem Mal wurden selbst in kleinen Städten in den Bars kostenlose schwule Zeitschriften mit Buchbesprechungen verteilt. Es war alles billig gemacht, aber es kam unbestreitbar von der Basis. Andere Zeitschriften wie *Christopher Street* und später dann die *James White Review* und die *Harvard Gay & Lesbian Review* boten ein seriöses und intelligentes Forum für schwule Kunst und Literatur.

Notturno für den König von Neapel war ein Buch, das ich in erster Linie für mich selbst geschrieben hatte. Ich konnte mir zwar durchaus auch andere Leser vorstellen, aber diese Leser mussten mir sehr ähnlich sein – genauso anspruchsvoll, genauso romantisch und genauso vernarrt in poetische Sprache. Ich hatte mehrere Gedichte, ohne Zeilenumbruch wie Prosa geschrieben, im Buch versteckt. James Merrill war der einzige Leser, der diese versteckten Gedichte von selbst entdeckte. Gleich zu Anfang, in einer Szene, die einen Abend bei Peggy beschreibt, jedoch ohne wiedererkennbare Details oder Anekdoten, komponierte ich eine Sestine, nur um mich wachzuhalten. Später folgt dann ein Sonnett, die Nachahmung des französischen Gedichts *À Madame de Beaufort*. Im letzten Kapitel habe ich noch einige Couplets versteckt. Diese Geschichte einer unglücklichen schwulen Liebe und einer gotischen Kindheit spielte immer wieder auf Heilige und Sufis an, insbesondere auf den hl. Gregor von Nyssa und Salomons *Hohelied der Liebe*. Vermutlich von Nabokov hatte ich gelernt, literarische Anspielungen so unaufdringlich einzusetzen, dass sie den Eingeweihten erfreuten, ohne die anderen zu verwirren. Ich folgte der barocken Vermischung von Spiritualität und Gefühl, auch wenn *Geist* für mich nur ein Wort war, so wie Melville das Wort *Mystik* liebte (ohne daran zu glauben) und Henry James voller Ehrfurcht das Wort *Moral* gebrauchte, obwohl er kaum wusste, was er damit sagen wollte.

Einige Leser (meine wenigen Leser!) hatten *Forgetting Elena* einen »barocken« Roman genannt, obwohl ich jetzt der Auffassung bin, dass er syntaktisch bescheiden und ohne Ornamente daherkommt. Ich glaube, *barock* war damals ganz einfach ein Modewort für alles Außergewöhnliche (und Schwule?). Ich nahm die Bezeichnung ernst und schrieb *Notturno* nach den authentischen Regeln der barocken Ästhetik, die der Handlung große Bedeutung beimessen und verlangen, dass die Motive immer neuen Verwandlungen unterworfen werden; der Text soll reich an Ausschmückungen sein, einen einzigen, überwältigenden Effekt erzielen – und religiöse Gefühle mit Mitteln der Erotik erzeugen (Berninis Seraph, der einer sich windenden hl. Theresa einen Pfeil in die Seite stößt), oder umgekehrt (all die alten Gedichte, die den geliebten Menschen mit der Madonna oder mit Gott vergleichen).

Mit all diesem Bühnenzauber (in einem Kapitel sind meine Figuren tatsächlich auf der Bühne zu sehen) wollte ich meine unerfüllte Leidenschaft zu Keith McDermott und meine heftige, lang anhaltende schmerzvolle Entbehrung verarbeiten. Im wahren barocken Sinn der Verwandlung wurde jedes Ereignis in veränderter Gestalt beschrieben. Im wirklichen Leben hatte ich eine denkwürdige Liebesnacht mit Keith verbracht, eines der sechs Male, die wir zusammenkamen. Als formalistischer Ästhet hatte er alles wie ein Ritual bei Kerzenlicht inszeniert. Ich verwandelte dieses Erlebnis in eine Szene auf dem Theater; der Liebende, ich, ist als Zettel kostümiert, und der Geliebte, Keith, als Titania. Es war keine gewöhnliche Bühne, sondern ein barockes Theater, all die alten Bühnenmaschinen hatte ich sorgfältig recherchiert.

Ich hatte beschlossen, dass die klassische Exposition »langweilig« war, und nach etwas anderem gesucht, das es ersetzen konnte – ein Brief! Ja, denn in Briefen an den Geliebten beschreibt man nicht die Schlüsselmomente der Liebesbeziehung, sondern bezieht sich nur in kurzen Hinweisen darauf. Mein Roman sollte an ein geheimnisvolles »Du« gerichtet sein, das abwechselnd Frank O'Hara und Gott zu sein schien – auf jeden Fall ein Verstorbener. Während zahllose schwule Dichter die »Du-Strategie« benutzt hatten, um das Geschlecht des Geliebten nicht nennen zu müssen (was nur im Englischen und Chinesischen funktioniert, wo Adjektive nicht dekliniert werden), wollte ich offen aussprechen, dass ich mich an einen Mann wandte. Das »Ich« in meinem Buch war jedoch nicht ich, sondern vielmehr Keith McDermott in einer fernen Zukunft, der über einen verlorenen Liebhaber trauert – der in mancher Hinsicht mir ähnelte. Es war also eine Art von »Cry me a river/'cuz I cried a river over you«-Roman. Heute, nach dreißig Jahren, sind Keith und ich die besten Freunde und all diese Verrücktheiten sind Schnee von gestern.

Notturno für den König von Neapel erschien 1978, im selben Jahr wie mehrere andere schwule Romane: Andrew Hollerans lyrisches Buch über Fire Island, *Tänzer der Nacht*, Larry Kramers plumpes, lustfeindliches *Schwuchteln* und Armistead Maupins *Stadtgeschichten*. Mein Buch wurde von allen am wenigsten beachtet, auch wenn ein bestimmter, romantischer Lesertyp noch immer von Zeit zu Zeit danach greift. Für manche Leute war es ganz einfach von allem zu viel. Ich weiß noch, dass Italo Calvinos Frau Chichita Mitte der 1980er abfällig zu mir sagte: »Es ist gefühlsduselig, Edmund, so bist du nicht.« Mein Roman bekam lobende Worte von Gore Vidal und Cynthia Ozick, und wenige, aber gute Besprechungen, mit Ausnahme der *New York Times Book Review*, deren Kritiker schrieb, ich hätte Talent gehabt, bevor ich offen schwul lebte, doch mit dem Coming-out sei es verloren gegangen.

Ein großer, blonder Biologe mit dem Namen Doug Gruenau, vier Jahre jünger als ich, der genau wie ich an der University of Michigan studiert hatte, wohnte zusammen mit Harold Brodkey in der West 88th Street. Harold war – es klingt wie ein Widerspruch in sich – im Underground unglaublich berühmt. In New York war jeder neugierig auf seine Arbeit, aber außerhalb der Stadt hatten nur wenige seinen Namen jemals gehört. Vor langer Zeit, 1958, war sein Erzählband *Erste Liebe und andere Sorgen* erschienen und gut besprochen worden, aber diese Erzählungen waren nicht der Grund für die Aufregung. Neuerdings veröffentlichte er einzelne Geschichten im *New Yorker*, der *New American Review* und sogar im *Esquire*. *Unschuld*, die in der *New American Review* (einem vierteljährlich erscheinenden Magazin, herausgegeben von Ted Solotaroff) veröffentlichte Erzählung, war sehr sexuell, aber nicht schmutzig – ein fünfzigseitiges Kapitel über den ersten Orgasmus eines Radcliffe-Girls. Die Prosa war manchmal forciert, aber eindrucksvoll: »Sah man sie im Sonnenlicht, sah man den Marxismus sterben.« Es ist wohl die längste Sexszene aller Zeiten, der höchstens eine schwule Sexszene in David Plantes *Catholic* Konkurrenz machen könnte – und sie erinnerte an die Sexszene »Die Zeit ihrer Zeit« in Norman Mailers *Reklame für mich selber* (obwohl dort Analsex geschildert wird).

Daneben erschienen im *New Yorker* beunruhigende, labyrinthische Geschichten über Brodkeys Mutter, von einer Länge und Komplexität, die man keinem anderen hätte durchgehen lassen. Wir dachten, dies war offensichtlich ein Schriftsteller, der sich in erster Linie sehr gut durchsetzen konnte. Die Mutter-Geschichten nagten und zerrten mit einer Erbitterung an ihrem Thema herum, wie man es allenfalls von D. H. Lawrence kannte; in dem ruhelosen Bemühen, genau auf den Punkt zu kommen, wurden selbst kleine Behauptungen wenige Zeilen später schon wieder berichtigt. Familiendramen und auch Bekenntnistexte waren uns allen vertraut (obwohl diese Schreibweise erst später Hochkonjunktur haben würde), aber dass ein Autor bei den Themen Sex, Mutter und Kindheit so weit ging, war noch nie dagewesen. Wir erlebten verblüfft eine neue Art von Realismus, in der jeder Millimeter der Vergangenheit unter das Mikroskop des Autors gelegt wurde. Im *Esquire* erschien 1975 eine kurze, extrem lyrische Geschichte, *Sein Sohn, in seinen Armen: beglänzt und sehr weit oben* über ein Baby, das von seinem Vater in den Armen gehalten wird. Die Mutter wurde mit Nörgelei und Freud traktiert, aber Daddy bekam lichtdurchfluteten, William Blake'schen Mystizismus.

All diese »Geschichten« waren offensichtlich nur flüchtige Schlaglichter auf den gewaltigen Roman, an dem Brodkey seit Jahren arbeitete und der Amerikas Antwort auf Marcel Proust sein würde. Brodkeys Fans (davon gab es viele) fotokopierten alle Geschichten, die er in letzter Zeit veröffentlicht hatte, hefteten sie zu kleinen Büchern zusammen und gaben sie ihren Freunden weiter, eine Art New Yorker Samisdat. Seine Gefolgsleute sparten nicht mit Ruhmesworten, er war unser Thomas Mann, unser James Joyce. Dass niemand außerhalb von New York ihn kannte, bürgte für seine Ernsthaftigkeit und seinen Kultstatus als zu ernsthaft für die Ungewaschenen (wobei Gewaschene eine passendere Synekdoche für Menschen aus dem Mittleren Westen wäre).

Er und Doug lebten in einer großen, weitläufigen West Side-Wohnung zusammen mit einem Dritten, Charlie Yordy; ich habe ihn nur einmal getroffen, er roch mir zu sehr nach einer haarigen Wild-West-Sexualität. Charlie war ein freundlicher, lächelnder Mann, wirkte aber ein wenig bedrückt wie alle Menschen, die von einer kraftvollen Sexualität besessen sind.

Harold hatte hängende Augenlider und war bärtig wie Nebukadnezar, aber zugleich groß, schlank und athletisch. Er muss um die vierzig gewesen sein. Er ging regelmäßig im YMCA an der 63rd Street schwimmen und trainieren (demselben YMCA, in dem ich gewohnt habe, als ich nach New York kam), dadurch war er so fit wie ein viel jüngerer Mann. Seine Stimmungen und Gedanken schwankten ruhelos hin und her wie Schiffspassagiere im Sturm. Manchmal sah er aus, als hätte die Migräne ihren grauen, schweren Flügel über seine Augen gelegt. Im nächsten Moment rechnete er leise und fieberhaft etwas aus und sagte dann laut: »Vergiss es.« Kryptisches Lächeln huschte über sein Gesicht. Er achtete selten auf das, was andere in seiner Umgebung sagten, weil er schon seine nächste Ungeheuerlichkeit zusammenbraute – denn die meisten seiner Bemerkungen waren Ungeheuerlichkeiten, und man konnte sie ihm nicht ausreden.

Harold lebte mit Doug seit gut acht oder neun Jahren zusammen. Doug war so höflich und respektvoll, dass er selbst dann, wenn Harold etwas Absurdes und Weithergeholtes sagte, den Kopf zur Seite neigte und nach oben blickte wie ein Vogel, der einen neuen, höheren, schnelleren Ruf eines Artgenossen zu verstehen versucht. Doug war ein kräftiger Mann mit tiefer Lache, aber in Harolds Gegenwart nahm er nicht viel Raum in Anspruch. Ich glaube, er hatte beschlossen, dass Harold sowohl verrückt wie genial war, und dass selbst seine Beleidigungen letztendlich harmlos waren. Doug unterrichtete Biologie an einer Privatschule und brachte endlose Stunden mit Vorbereitungen, Notengebung, Beratungsgesprächen und Unterrichten zu, während Harold genug Geld zu haben schien, um zu faulenzen – und sich überall einzumischen. Als ich David Kalstone von Harold erzählte, sang er nur »Time on my hands …«

Ich weiß nicht mehr genau, was Charlie eigentlich machte, obwohl man es mir gesagt haben muss. (Amerikaner fragen jeden Fremden gern, was er tut.) Ich glaube, er war Mathe-Lehrer und arbeitete dann in einer Textilfabrik in den Adirondacks. Er war nicht oft zu Hause und schien eher mit Harold als mit Doug befreundet zu sein, obwohl ich mir sicher bin, dass Harold sagte, sie seien alle drei Liebhaber. Die Wohnung war groß genug, dass alle genug Platz und auch ihre eigene Privatsphäre hatten. Harold ging gern auf Männerjagd; nur einen Teil seiner langen Aufenthalte im YMCA verbrachte er im Schwimmbecken. Menschen, die ihn kannten, sagten, dass er unverblümt und unentwegt Typen abschleppte.

Harold redete selten über seine eigene Arbeit, aber er äußerte sich gern über Literatur und wie man sie verfasste. Besonders gern gab er anderen Schriftstellern, auch älteren und erfolgreicheren, gute Ratschläge. Im Laufe der Jahre hörte ich viele eigenartige und immer eigenartigere Geschichten über ihn. Ein großer Fürsprecher Harolds war Gordon Lish, ein ranghoher Lektor bei Knopf und der Mann, der praktisch den Minimalismus erfunden hat. Gordon ging anscheinend eines Tages in das Büro seines Chefs Bob Gottlieb (der seine Laufbahn mit der Herausgabe von *Catch 22* begonnen und seinerzeit Joseph Heller überredet hatte, den Titel *Catch 18* in *Catch 22* zu ändern) und sagte so etwas wie: »Bob, du hast ein paar gute Bücher gemacht, aber wenn du tot bist, wird sich keiner mehr daran erinnern. Jetzt hast du die Chance, Proust zu verlegen – aber du musst einen Scheck über eine Million Dollar ausschreiben, ohne auch nur eine Seite gesehen zu haben.«

Zu dem Zeitpunkt stand Harold seit Jahren bei Farrar, Straus unter Vertrag, aber sie hatten ihm nur einen wesentlich kleineren Betrag gezahlt – und sie kümmerten sich nicht in dem Maße um ihn, wie er es verlangte. Harold brauchte mehr als einen Lektor, um die tausenden von Seiten zu sichten, die er bereits geschrieben hatte. Soweit man hörte, war er noch Jahre davon entfernt, das Manuskript abzugeben. Doch der Widerwillen von Farrar, Straus, ihm ihre volle Unterstützung zukommen zu lassen, ärgerte Harold. Und Gottlieb stellte sich der Herausforderung und unterschrieb den Scheck.

Die Medien begleiteten Harold aufmerksam bis zur Veröffentlichung des Buches, und in vielen Zeitschriften erschienen Artikel über ihn, die meisten davon mit höchstem Lob. Ich erinnere mich an den Beitrag des religiösen Schriftstellers D. Keith Mano im *Esquire* 1977 (*Harold Brodkey: The First Rave*); Mano gestand, er sei angetreten, um Harold und seinen Mythos zu entlarven, doch am Ende habe Harold ihn für sich gewonnen. Mano schrieb, er habe Brodkey am Telefon von einem persönlichen Problem erzählt – dem unbedeutenden Treuebruch eine Freundes. Die Passage verdient es, zitiert zu werden, denn sie beschreibt eine von Harolds Verführungstechniken:

> Ich erwähne beiläufig ein persönliches Unglück, einen Treuebruch – welcher Art spielt hier keine Rolle –, der mich am Tag zuvor schockiert und betrübt hatte. Harold hört zu, erteilt einen Rat, geht der Sache auf den Grund. Ich lege auf und fühle mich zugleich aufdringlich und dumm. In welcher Beziehung stehe ich zu Harold Brodkey oder er zu mir, dass ich meine Sorgen vor ihm ausbreite? Doch eine Stunde später ruft er mich wieder an. Mein Kummer, der Kummer eines Fremden, hat ihn erschreckt. Wir führen dreißig Minuten lang ein Ferngespräch auf Harolds Kosten. Der Mann nimmt Anteil. Ich bin gerührt: Wo gibt es schon so viel Mitgefühl. Wir reden noch mehrere Male darüber. Am Ende werde ich regelrecht eifersüchtig. Seine Beharrlichkeit, seine Integrität, sein Verständnis der Situation ist besser als meins, aber, verdammt nochmal, ich bin es doch, um den es hier geht. Nach einiger Zeit bin ich so weit, die Sache auf sich beruhen zu lassen; das ist nur menschlich. Aber Harold kann das nicht akzeptieren; sein moralischer Enthusiasmus ist dynamisch; er weiß, dass ich mich drücken will. Und ich fühle, er hat mich verstanden, durchschaut und in den rationalen, unendlichen Fundus seiner Literatur geworfen. Eine Figur von Brodkey. Ich. Stellen Sie sich vor!

Denis Donoghue und auch Harold Bloom hatten Harold mit Proust verglichen. Nachdem er Auszüge des Romanmanuskripts gelesen hat, fügte Bloom hinzu: »Seit dem Tod William Faulkners ist in Amerika keine vergleichbare Prosa geschrieben worden.« Cynthia Ozick erklärte ihn zu einem wahrhaftigen Künstler. Harold pflichtete bei: »Ich bin nicht sicher, dass ich kein Feigling bin. Wenn einige der Leute, die über mich reden, recht haben, nun – vielleicht nicht nur der beste lebende Schriftsteller englischer Sprache, sondern im Groben etwas Ähnliches wie Wordsworth oder Milton zu sein, ist keine Rolle, auf die ein mittelmäßig ausgebildeter Jude aus St. Louis mit vier Eltern und einem Lumpensammler als Vater angemessen vorbereitet wäre.« Die Resonanz in der Presse (durchweg von heterosexuellen Männern) war so enorm, dass ich eine Theorie entwickelte, um dieses Phänomen zu erklären. Ich ging davon aus, dass Schwule nicht so wettbewerbsorientiert sind wie Heteros; es war kein Zufall, dass Schwule sich in Individualsportarten und nicht im Mannschaftssport engagierten. Und Schwule hatten keine Ehrfurcht vor ihren Vätern und waren nicht heimlich in sie verliebt. Die meisten Schwulen, die ich kannte, hatten sich von ihren Vätern gelöst und verachteten sie. Und schließlich hatten Schwule mit Schmeicheleien große Erfahrung und standen ihnen skeptisch gegenüber – sie teilten sie lieber aus, als sie von anderen anzunehmen. Aus diesen Gründen funktionierten Harolds Methoden bei ihnen (bei mir) nicht, aber er verführte damit mühelos die Heteros. So konfrontierte Harold zum Beispiel einen heterosexuellen Bewunderer (oder Gegner) mit der Feststellung: »Weißt du, Tom, du könntest der größte Schriftsteller deiner Generation sein. Daran besteht überhaupt kein Zweifel. Und ich bin nicht der Einzige, der das so sieht.« Lange Pause. »Aber du wirst es nicht werden, und willst du wissen, warum?« Tiefer Blick in die Augen. »Weil du viel zu faul bist. Und viel zu bescheiden. Du arbeitest nicht hart genug und hast zu geringe Ansprüche.«

Sein Gesprächspartner sah sich in Höhen gehoben, von denen er nie zu träumen gewagt hätte, doch dann zerschlugen sich die Hoffnungen, es sei denn … es sei denn …

Mit einem Mal brauchte er Harold, seine Hilfe, seine Inspiration und schließlich sein Urteil. Harold war sein Vater und Trainer, und sein Gegenüber war der Sohn und Anfänger. Mit etwas Glück würde er zu dem Weltklasse-Genie aufsteigen, von dem er geträumt hatte.

So zickig und unsympathisch Schwule in den Augen vieler Menschen auch sein mögen, sie spielen im Allgemeinen keine so tödlichen Spiele. Sie versuchen nicht, Verhalten zu beeinflussen – vielleicht reicht ihr (mein) Selbstbewusstsein nicht aus, um einen anderen Menschen im Innersten seines Herzens, dem privaten Zentrum seiner Existenz herauszufordern. Wir Schwulen wollen nicht dazugehören, wir wollen nicht Ballspielen – wir sind keine Teamplayer, also warum sollten wir uns vor jemandem erniedrigen, der uns bewertet? Lieber verlieren wir und verlassen das Spielfeld – wir kneifen lieber. Anstatt zuzulassen, dass unser Vater oder der Bruder unseres Vaters uns herumkommandiert, geben wir auf. Dieses Wegducken ist unsere Art zu gewinnen.

Sicherlich wird es geholfen haben, dass Harold fast jede Literatur-Party besuchte und jeden Tag stundenlang mit Don DeLillo, Harold Bloom und Denis Donoghue telefonierte. DeLillo verriet ihm, dass man die Angst vor dem Tod durch Fernsehen besiegen kann.

Das Verrückte war, dass niemand je erwähnte, dass Harold nicht mit einem, sondern zwei Männern zusammenlebte und ein Stammgast der Sauna im YMCA war. Niemand wusste, dass Harold schwul war – und er war nun wirklich kein distanzierter, unpersönlicher Autor. Sein gesamtes literarisches Werk basierte auf den Erlebnissen seiner Kindheit und Jugend. Er hatte sich in einen großen, komplizierten, attraktiven, sportlichen, geistreichen jüdischen Burschen verwandelt, und jeder, der ihn nicht persönlich kannte, nahm ihm das ab.

Harold hatte die Erwartungen so hoch getrieben – schließlich arbeitete er nicht einfach an einem »zweiten Buch«, er schrieb den großen amerikanischen Roman –, dass ihm jedes Hindernis auf seinem Weg mehr als gelegen kam. Er kaufte einen Computer. Doch das war zu einer Zeit, als ein Computer einen ganzen Raum füllte, nur Firmen und Spione besaßen Computer, und man musste eine ganz andere Art zu schreiben erlernen, eine Programmiersprache. Harold lud mich ein, um mir die Maschinen zu zeigen, die in ihrem Zimmer vor sich hin summten und brummten; jemand von IBM unterrichtete ihn Tag für Tag, Woche um Woche darin, dieses Ding zu bedienen. Das gesamte lange, ausufernde Manuskript musste in den Computer übertragen werden. Nur so konnte es bezüglich Inhalt, Wiederholungen, innerer Konsistenz und Ablauf angemessen analysiert werden.

Mein Herz rutschte mir in die Hose, denn ich kritzelte noch immer mit einem Kugelschreiber auf einem Schreibblock. Ich überarbeitete das Geschriebene immer sofort, aber nur einmal; das war der einfachste und bei weitem angenehmste Teil der Arbeit. Das Kürzen spielte beim Überarbeiten eine große Rolle. Am schwersten fiel mir das Schreiben selbst. Ich hatte so wenig Selbstbewusstsein und Ausdauer, dass mich ein einzelner Absatz in lähmende Selbstzweifel stürzen konnte. Manchmal meinte ich, ich müsste mir den Weg durch eine Wand aus Granit freisprengen und mir einen schmalen Pfad durch die gewaltigen, dicken Mauern von Selbstzweifeln bahnen. Dann wieder kam es mir vor, als liefe ich durch einen Wald, aber der Weg war verschwunden, überwuchert – oder spaltete sich in zwei oder drei Wege. Ich wusste nicht, wohin ich mich wenden sollte, mir fehlte der Antrieb und das Orientierungsvermögen.

Harold schien keine dieser Zweifel zu haben. Er redete manchmal in einer Weise über das Schreiben, die mich an die Methoden der französischen Schriftsteller erinnerte. Ein französischer Autor mochte behaupten, er habe das ganze Buch im Kopf ausgearbeitet, die Recherchen abgeschlossen und den gesamten Ablauf durchgeplant – nun fehle nur noch die »*rédaction*«, und damit meinte er das eigentliche Schreiben, als wäre das ganz unbedeutend, so, wie manche Komponisten über die Orchestrierung reden. Ich bekam nie einen Teil des gewaltigen Manuskripts zu sehen, sondern nur vage, erschöpfte Kriegsberichte über den Verlauf der Arbeit.

Ich glaube, man könnte Harold einen Phänomenologen nennen.

Einmal sagte er (im Hinblick auf einen Text von mir): »Wenn jemand schreibt: ›Sie ging vor ihm auf die Knie‹, ist das immer eine Lüge.« Er war überzeugt, dass stehende Redewendungen blasiert und falsch seien, denn die wirkliche Empfindung (zu blasen oder geblasen zu werden) sei so tiefgreifend, so unwiederholbar, so voller Gefühle, unfertiger Gedanken, Angst und Beben, dass der einzige angemessene Ausdruck sorgfältig, präzise, originell und vollständig sein müsse. Einmal schrieb Harold: »Ich misstraue Zusammenfassungen und jedem Versuch, durch die Zeit zu gleiten, jedem zu weit reichenden Anspruch, das, was man erzählt, unter Kontrolle zu haben.«

Ich habe von ihm gelernt – vielleicht, weil es meinem eigenen künstlerischen Temperament entsprach, die Vertrautheit im Zugang zu unserer Welt aufzuheben und unvoreingenommen, wie ein Marsmensch von ihr zu berichten. Doch anders als er bin ich der Meinung, dass nicht alles so sorgfältig behandelt werden kann. Es muss Hintergrund und Vordergrund geben, und der Hintergrund muss notwendigerweise wenn auch nicht mit Klischees, so doch mit vertrauten Begriffen und einer gewissen Leichtigkeit skizziert werden.

Doch Harolds Ratschläge waren nicht durchweg von so sensibler und nützlicher Art; manchmal überkam ihn auch eine merkwürdige kleine Obsession. In einem Manuskript von mir stieß er auf die Beschreibung eines Oberlichts in einer Bibliothek (die in einem Opernhaus aus dem neunzehnten Jahrhundert untergebracht war), und Harold bestand darauf, dass ich dieses Fenster als ein Auge beschreibe. Ich dachte mir, in einem Buch von 220 Seiten spielt es keine große Rolle, ob ich diese Metapher verwende oder nicht, aber um ihm eine Freude zu machen und zu zeigen, dass ich mich durch diesen konkreten Vorschlag geschmeichelt fühlte, entsprach ich seinem Wunsch. Vermutlich hat er auch den Rest des Buchs gelesen (*Selbstbildnis eines Jünglings*), aber zu den anderen 219 Seiten gab er keine Kommentare.

Als die Korrekturbögen meines Buchs vorlagen, rief er meinen Lektor Bill Whitehead an und sagte: »Stoppt die Maschinen! White hat meinen Stil gestohlen.« Bill, der sehr standhaft sein konnte, sagte: »Das ist Unsinn – er will deinen Stil gar nicht, und überhaupt, man kann Stil nicht patentieren«, und hängte ein. Harold rief noch mehrmals an und drohte mit rechtlichen Schritten, aber er wandte sich nur selten direkt an mich, und Bill nahm seine Anrufe nicht mehr entgegen. Harold warf auch John Updike vor, seine Persönlichkeit gestohlen zu haben. »Ich bin der Teufel in *Die Hexen von Eastwick*«, verkündete er.

Die Zeit verging, und Harold drohte damit, sein Buch zu veröffentlichen. Manchmal hieß es, es umfasse zweitausend Seiten, und manche sagten, er habe zwischen drei- und sechstausend Seiten geschrieben. Richard Avedon, der berühmteste Modefotograf der Welt, sagte mir, er wolle mit Harold zusammenarbeiten, denn er war überzeugt, dass Harold der größte Autor Amerikas sei. Harold schrieb die Einleitung zu einem Fotoband Avedons mit Arbeiten aus den Jahren 1947 bis 1977, ein Essay, der die Besonderheit aufwies, sowohl stilvoll als auch umständlich zu sein. Der Titel seines Romans änderte sich von *Party of Animals* zu *Die flüchtige Seele*, das heißt von einer markanten zu einer wenig einprägsamen Formulierung. Man hörte, dass er von Knopf zurück zu Farrar, Straus gewechselt sei. Als neuer Hohepriester der Heterosexualität und des weiblichen Orgasmus' konnte er den peinlichen Beweis für das Gegenteil, den Doug Gruenau und Charlie verkörperten, nicht länger gebrauchen. Charlie war schon 1975 zu seinem neuen Lover gezogen, und Doug verließ die Wohnung 1980. Harold vermietete daraufhin an eine Frau, Ellen Schwamm, eine Schriftstellerin, die er beim Joggen im Park getroffen hatte. (Es gibt auch andere Versionen, wie sie sich kennengelernt haben. In der einen hat Ellen Gorden Lish gefragt, wer der größte lebende Schriftsteller sei, und als er Harold nannte, warf sie ihren Hut in den Ring. In einer anderen trafen sie sich in einer Buchhandlung, der damals angesagten Books & Co. in der Nähe des Whitney.) Ellen und Harold legten sich den gleichen Haarschnitt zu, damit sie sich ähnlich sahen, wie das Paar in Hemingways posthum erschienenem, faszinierendem *Garten Eden*. Sie hatte ihren reichen Ehemann wegen Harold verlassen. Charlie fiel schon früh der Krankheit Aids zum Opfer und starb. Doug blieb mit Harold und Ellen befreundet, auch wenn das nie in der Presse erwähnt wurde. Ich versuchte, mit Doug etwas anzufangen, aber er war zu süß und zu natürlich für mich – außerdem rauchte er nicht, unternahm lange Touren durch die Wüste, um Bisons zu fotografieren, und stand jeden Morgen um sechs Uhr auf und joggte um das Reservoir im Central Park. Ich ließ mich um diese Zeit mit Glück gerade ins Bett fallen und drückte meine zweiundsiebzigste Zigarette aus. Gegenüber Doug kam ich mir schmuddelig und oberflächlich vor – und bald fand er einen richtigen Liebhaber, mit dem er nach all den Jahren noch immer zusammen ist.

Ich hörte ziemlich verrückte Geschichten über Harold. Er hatte einen Lehrauftrag an der Cornell University angenommen. Alison Lurie, die dort unterrichtete, erzählte mir, dass er einen lieben ältlichen Schriftsteller, James McConkey, beschuldigte, über mehrere Dächer geklettert und wie ein Einbrecher in sein Zimmer in Ithaka eingedrungen zu sein, um lange Abschnitte aus Harolds Roman abzuschreiben und unter seinem Namen zu veröffentlichen. In einem empfindsameren Jahrhundert wäre dieser gewaltige Vorwurf in einem Duell entschieden worden und nicht in einer Schlammschlacht, die sich über Jahre hinzog.

Susan Sontag erzählte mir von einem Abend, den sie mit Harold verbracht hatte. Er hatte gesagt: »Susan, du und ich, wir sind die größten Schriftsteller des zwanzigsten Jahrhunderts.« Sie hatte erwidert: »Ach, wirklich, Harold? Gibt es da nicht noch ein paar andere? Was ist zum Beispiel mit Nabokov?«

»Oh, er ist unwichtig«, sagte Harold. »Immerhin war er so höflich zuzugeben, wie viel er mir schuldet.«

»Wirklich, Harold? Wo hat er das getan?«

Harold atmete tief ein, lächelte und sagte ganz langsam und deutlich, als würde er zu einem kleinen Kind reden: »Du erinnerst dich, dass in *Lolita* zu Anfang vom verstorbenen Vater des Mädchens die Rede ist?«

»Ja …«

»Und erinnerst du dich, wie der Vater hieß?«

»Ja, sein Name ist Harold.«

Harold zuckte mit den Schultern – der Fall war erledigt. Harold schien ernsthaft zu glauben, dass seine Geschichten in *Erste Liebe und andere Sorgen* Nabokov inspiriert hatten – ein weiteres Beispiel dafür, dass alle seinen Stil stehlen wollten.

Die Autorin Sheila Kohler erzählte mir ebenfalls von einem Abendessen mit Harold. Sie hatte davon gesprochen, wie sehr sie sich freue, ihm zu begegnen, denn Gordon Lish habe gesagt, er sei der größte lebende Schriftsteller. »Wirklich, er vergleicht Sie mit Shakespeare.«

Harold habe sie unheilverkündend angeblickt und gesagt: »Ich wette, Shakespeare würde er nicht so lange warten lassen.« Harold deutete an, dass er wegen dieser schweren Beleidigung noch einmal den Verlag wechseln wolle.

C. K. Williams, dessen Gedichte mit dem Pulitzer-Preis ausgezeichnet wurden, wohl der liebenswürdigste und talentierteste Mann aus Harolds Generation, wurde Harold von Avedon vorgestellt, doch schon sehr bald geriet Harold mit ihm aneinander. Harold warf ihm vor, einige Seiten seiner Prosa für ein Gedicht verwendet zu haben – doch später wurde ihm klar, dass Williams die Seiten gar nicht kennen konnte, da sie noch nicht veröffentlicht waren. Einmal in seinem Leben entschuldigte sich Harold.

Und dann erschien *Die flüchtige Seele* und wurde ein furchtbarer Flop. Obwohl er das Buch insgesamt verteidigte, bezeichnete James Wood es als »mikroskopisch narzisstisch«. Seiten, die wir im *New Yorker* bewundert hatten, waren durch die Überarbeitung so verdreht, dass man sie kaum noch verstehen konnte. Niemand konnte der Handlung folgen. Nach hunderten von Seiten steckten wir noch immer im Sumpf der frühesten Kindheit – und Harolds Beobachtungen und Erkenntnisse wirkten ausgesprochen unplausibel. Niemand konnte sich so genau daran erinnern, was er im Alter von zwei oder drei Jahren erlebt hat. Piaget hat erklärt, dass selbst dann, wenn wir Zugang zu unseren frühkindlichen Erinnerungen hätten, wir sie nicht verstehen würden, denn sie wurden in einer anderen, früheren Sprache aufgezeichnet als der, in der wir heute denken. Und überhaupt, wen interessierte das schon? Ich glaubte, der teuflische Computer und Harolds endlose Überarbeitungen waren an allem schuld. Das Buch vermittelte keine Vorstellung mehr, es war nur noch ein verschmiertes Palimpsest.

Nachdem sein Meisterwerk so donnernd und offenkundig in die Hose gegangen war, nutzte Harold seine Zeit nun etwas sinnvoller, um kleine Texte für *The Talk of the Town* zu schreiben. Er war ein guter Journalist, es gelang ihm, eine Sache auf den Punkt zu bringen, und er war bereit, seinen exzentrischen Stil so weit zu zügeln, um durchschnittlich gebildete Leser zu erreichen. Angeblich soll er auch Pilotfilme für Fernsehserien geschrieben haben.

Eines Tages verfasste Harold einen kurzen Text für den *New Yorker* und teilte mit, dass er an Aids erkrankt sei und sterbe. Offenbar – so behauptete er – hatte er sich in den 1960ern infiziert, denn damals habe er zum letzten Mal etwas mit einem Mann gehabt. Ich fragte mich, wie Doug wohl auf dieses Leugnen ihrer vielen gemeinsamen Jahre reagierte. Ich glaube, nur Harold konnte anderthalb Seiten über seinen bevorstehenden Aidstod schreiben und den Leser dabei verärgern.

Er veröffentlichte ein merkwürdig homophobes Buch über seine Krankheit, *Die Geschichte meines Todes*. Er behauptete, das Buch sei dem Entschluss entsprungen, die Wahrheit zu sagen und nicht zu lügen, aber er ging recht frei mit den Fakten um. Doug Gruenau and seine zahllosen Sexabenteuer erwähnte er mit keinem Wort, und er tat so, als beruhe sein Kontakt zu Charlie Yordy vor allem darauf, dass sie beide Waisen gewesen waren (Harolds Eltern starben, als er noch sehr jung war). Er behauptete, seine Affäre mit Charlie (im Buch entsteht der Eindruck, als wäre das seine einzige schwule Beziehung gewesen) sei der Versuch gewesen, das Kindheitstrauma, von seinem Stiefvater sexuell missbraucht zu werden, noch einmal zu durchleben. Er sagte, als Erwachsener habe er »mit Homosexualität experimentiert, um meinen Stolz zu brechen und mich der Erinnerung zu öffnen, als Kind missbraucht worden zu sein.« Diese Erfahrung hat Harold vielleicht geholfen, die wiederholten Vergewaltigungen zu verarbeiten, aber, so vermutete er: »Ich glaube, er war derjenige, der es mir gegeben hat«, nämlich Aids. In der Schwulenszene hatte man schon früh beschlossen, dass es nicht koscher sei, auf den zu zeigen, von dem man infiziert wurde. Anschuldigungen auszustoßen war nur vergeudeter Atem – vor allem da Harold, wie wir alle, nicht nur einen, sondern hunderte von Sexualpartnern gehabt hatte.

Harolds Tod war irgendwie enttäuschend. Ganz offensichtlich war er ein brillanter Mann, wenn auch nicht ausgelastet und aufdringlich. Er war von Natur aus begabt und mehr als nur etwas wahnsinnig. Seine Frau Ellen hatte einen Roman geschrieben (den sie ironisch *How He Saved Her* betitelte), in dem Harold der Teufel ist, der alles um ihn herum zerstört. Er starb beinahe am selben Tag wie der berühmtere russische Dichter Joseph Brodsky und hatte das Pech, von vielen Menschen mit ihm verwechselt zu werden. Jetzt ist er so gut wie vergessen – und der Verlust dieses großen, ehrgeizigen Talents erscheint tragisch. Wir alle wünschten ihm Erfolg. Es ist einfach lustiger, ein Genie in seiner Mitte zu haben.

14.

J. D. McClatchy (für seine Freunde »Sandy«) vermittelte mir Mitte der Siebziger meinen ersten Lehrauftrag. Ich hatte keinen Job und bestritt meinen Lebensunterhalt mehr schlecht als recht mit gelegentlichen Zeitschriftenartikeln als Freelancer. Zu jener Zeit stand in Yale kreatives Schreiben noch nicht auf dem Lehrplan des English Department. In Princeton gab es seit 1939 renommierte Schreibkurse; der erste Dozent war R. P. Blackmur. (Allen Tate hat dort unterrichtet, ebenso Elizabeth Bowen, Kingsley Amis und Philip Roth.) Yale und Harvard hielten sich solchen halbseidenen Projekten gegenüber etwas hochnäsig zurück, in denen bloße Schriftsteller ohne akademischen Grad die Erlaubnis bekamen, den Geist junger Menschen zu formen. Als Nabokov in Harvard einen Lehrauftrag für russische Literatur bekommen wollte, wurde der Vorschlag mit der Begründung abgelehnt: »Würden Sie einen Elefanten fragen, ob er Elefantenkunde unterrichten möchte?« Nabokov antwortete: »Ja, wenn er sich gut ausdrücken kann.«

Alles, was sich in Yale hinsichtlich kreativem Schreiben machen ließ, waren Haus-Seminare. Jedes Wohnheim oder College bot den Studenten einige Wahlfächer an. Ich wurde vom Jonathan Edwards College eingestellt. Einmal die Woche stieg ich in den Zug nach New Haven (in jede Richtung eine Fahrt von zweieinhalb Stunden), um meine zwölf Studenten zu unterrichten. Ich stellte mir immer wieder vor, dass die Studenten viel besser ausgebildet wären als ich und mich als Betrüger entlarven würden; ich kannte ja nicht einmal Spensers *The Faerie Queene*!

Natürlich haben nur wenige Neunzehnjährige viel und gründlich gelesen, selbst an einer Universität der Ivy League. Sie hatten ganz einfach noch nicht die Zeit dafür, vor allem weil die Zulassungsgremien darauf bestehen, dass sie eine »umfassende« Vorbildung haben. Auf der Highschool müssen sie sich für das Gemeinwesen engagieren, im Glee Club singen, in einer Lacrosse-Mannschaft mitspielen, im Sommer ehrenamtlich für ihren State Senator arbeiten und einen Teilzeitjob annehmen, um den Wert des Geldes kennenzulernen – und mit einem Tutor zweimal die Woche nach der Schule die Grundlagen des Mandarin-Chinesisch lernen. Woher sollten sie die Zeit nehmen, um Spenser oder Flannery O'Connor zu lesen?

Europäer fragen oft, was eigentlich in einem Kurs für kreatives Schreiben unterrichtet wird. Lustig, das fragen sie die Lehrer von Zeichen- oder Kompositionskursen nicht. Literatur ist zugleich banaler und heiliger als die anderen Künste – oder, anders gesagt, da jeder einen Brief oder ein Thesenpapier schreiben kann, nimmt man an, der Unterschied zwischen einem schreibenden Menschen und einem großen Autor liege in einem magischen Talent, das man nicht lernen kann.

Die wirklich beliebten Lehrer im kreativen Schreiben (zu denen ich nicht gehöre) reden viel über »Kreativität«, »Anregung der Vorstellungskraft« und vom »Abbau« der inneren »Hemmungen«, um zum Selbstausdruck zu finden. Für all das haben sie Übungen entwickelt, um die Studenten mit ihrem »Unbewussten« in Verbindung zu bringen.

Wenn ich diesen Ansatz wählen würde, käme ich mir wie ein Hochstapler vor, denn ich habe selbst nie an solchen Übungen teilgenommen und noch nie mit einem wirklichen Schriftsteller über »Kreativität« gesprochen. Als Jugendlicher und Heranwachsender habe ich zu therapeutischen Zwecken geschrieben, doch als ich mit dreißig meine Probleme in den Griff bekam, musste ich einen professionelleren Grund zum Schreiben finden. Technik hat mich schon immer interessiert, die Interviews der *Paris Review* mit erfolgreichen Schriftstellern habe ich verschlungen, vor allem wegen der Tipps zum literarischen

Schreiben. Elizabeth Bowen hat neun oder zehn nützliche Seiten über Technik geschrieben, doch es ist verblüffend, wie wenige Schriftsteller zu diesem Thema etwas zu sagen haben. Vielleicht haben sie Angst, ihre Leser mit »Fachsimpelei« zu langweilen.

In Yale hielt ich jede Woche einen Kurzvortrag über eine technische Frage: wann man Dialog einsetzt, wie man eine Figur einführt, wie man bildliches Sprechen erlernt und Spannung erzeugt – und dem Text eine durchgängige Dramaturgie verleiht, Satz für Satz, Abschnitt für Abschnitt. Ich fand einen unschätzbaren kleinen Text des russischen Psychologen Lew Wygotski, die Analyse von Bunins Erzählung *Sanfter Atem*. In *Die Psychologie der Kunst* spricht Wygotski von der Bedeutung, die in jeder erfolgreichen literarischen Arbeit der Distanz zwischen bildlicher Sprache und dem Verlauf der Handlung zukommt. Er fand heraus, dass die Größe eines Romans vom Antagonismus zwischen Stil und Geschichte abhängt. Bunin zum Beispiel erzählt in *Sanfter Atem* eine trostlose Geschichte, aber der Gesamteindruck am Ende ist sehr beglückend. Warum? Weil die Vergleiche und Metaphern, die Beschreibungen, selbst der Rhythmus der Absätze animiert, leicht und erhebend sind. Diese Dramaturgie ist das eigentliche Geheimnis der Prosa, behauptet Wygotski – im Gegensatz zu dem, was jeder Ästhetiker seit Aristoteles behauptet. Während sie alle glaubten, es komme darauf an, die Effekte zu verstärken und dem Gesamteindruck der »Anekdote« mehr Nachdruck zu verleihen, konterkarieren die großen Dramatiker und Romanciers vielmehr die Stoßrichtung des Plots durch die »Ornamente« ihrer Prosa. Die Melancholie des Plots von *Don Quichotte* wird durch die Späße der Schreibweise unterlaufen.

Neue, unsichere Lehrer sagen oft bereits in der ersten Vorlesung alles, was sie wissen. Wenn sie danach den Klassenraum verlassen, bekommen sie Panik und wissen nicht, wie sie in den nächsten Wochen die endlosen Stunden füllen sollen. Nun sind die Kurse für kreatives Schreiben recht klein und die Studenten sind so engagiert, dass sich schon bald allgemeine Diskussionen ergeben. Wenn dann die Studenten erst ihre eigenen Geschichten mitbringen, kann man sie analysieren und darüber reden: »Was hältst du von Marjories Geschichte, Helen?« Die meisten Kurse in kreativem Schreiben werden sehr schnell zu Seminaren über angewandte Moral und Situationsethik. Auch wenn Puristen darüber lachen, dass man literarische Figuren wie echte Menschen behandelt, die für ihre Taten verantwortlich sind, reagiert tatsächlich fast jeder genau so auf eine fiktive Geschichte. Erzählungen erregen in dem Maße das Interesse des Lesers, wie sie die Sympathie für die einzelnen Figuren manipulieren. Tschechows Geschichten zum Beispiel sind deshalb so bereichernd, weil sie es dem Leser schwer machen, herauszufinden, wer die Guten und wer die Bösen sind. Diese Ambivalenz führt gerade nicht dazu, dass die Leser ihre bewertenden Instinkte aufgeben, sondern sie regt dazu an, diese Instinkte zu verfeinern und ein größeres Spektrum menschlichen Handelns mit Sympathie zu betrachten. Zu erwarten, dass die Leser ihr Schema für gut und böse überwinden, wäre absurd. Wie David Hume sagt, reagiert der menschliche Geist auf jedes Objekt »sofort mit dem Gefühl der Zustimmung oder des Tadels; keine anderen Gefühle sind für seinen Aufbau und seine Beschaffenheit von größerer Bedeutung.«

Ich befürchtete, dass die Studenten mich auslachen würden, wenn ich mich als ihr Lehrer vorstellte, weil ich so jung wirkte. Charles Silverstein, dem ich diese Sorge beichtete, erwiderte: »Sonst beklagst du dich, dass du so schnell alterst. Jetzt befürchtest du, dass du zu jung wirkst.« Ich *wusste* nicht, wie ich wirkte. Wenn ich es schaffte, abends einen Mann (oder sieben Männer) abzuschleppen, war ich sicher, dass ich gut aussah, obwohl ich mir schon Gedanken machte, warum mich der achte nicht wollte. Ich erinnere mich, dass Brandy Alexander, die berühmte Dragqueen, auf einer Party zu mir sagte: »Ed White, alle sind scharf auf dich, du bist für jeden das Richtige.« Ich presste diese verheißungsvollen Worte an meine Brust; damals war ich vierundzwanzig, doch ich erinnere mich noch heute daran. Ich erinnere mich auch noch an das erste Mal, als mir der Barmann einen Drink hinstellte, den jemand anderer für mich bezahlt hatte. Ich erinnere mich, dass ein verrückter Schneider aus den Südstaaten einen ganzen Roman über mich geschrieben hat, den ich aus Faulheit nie gelesen habe. Jahre später, als mein Aussehen verblasst war und ich einen Bauch bekommen hatte, sagten mir einige Männer und Frauen, wie attraktiv ich gewesen war und wie sehr sie mich begehrt hätten. Harry Mathews wurde richtig wütend und sagte in Key West zu mir: »Warum nimmst du nicht wieder ab? Du sahst so toll aus!«

Später, als ich anfing, als Dozent an der Johns Hopkins zu unterrichten (zwölftausend Dollar im Jahr), war ich zwei Tage die Woche in Baltimore. Niemand sah mich dort an, ich fühlte mich grau und unsichtbar. Ich fuhr mit dem Pendlerzug nach New York, und sobald ich dort ausstieg, waren die lauernden Blicke beruhigenderweise wieder da. New York war der einzige Ort in Amerika, wo jeder – jung oder alt, hetero oder schwul – auf Anmache aus war. Die Menschen in großen Städten cruisen; es ist kein Zufall, dass das französische Wort für »cruisen«, *draguer*, von Heteros wie von Schwulen benutzt wird, denn alle tun es. »Anbaggern« (*mater*, wörtlich »glotzen«, aber auch »unterwerfen«) gilt in Frankreich auch für beide Geschlechter. In New York mustern sich die Menschen gegenseitig, um herauszufinden, wer der andere ist; in anderen Städten gibt es keinen Grund, das zu tun, denn dort ist keiner ein Jemand. Wie Stan gern sagte: »Die Hälfte der New Yorker würde man anderswo entweder interviewen oder verhaften.«

In den 1970ern war New York so schäbig, so gefährlich, so voll von Schwarzen und Puerto Ricanern, dass der Rest des weißen Amerika die Röcke raffte und in die andere Richtung rannte. Tourismus gab es kaum, und Teilnehmer von Talkshows lachten nur, wenn von New York die Rede war, als würden sie diesen unbequemen, bankrotten Sündenpfuhl am liebsten im Meer versenken. Meine Verwandten aus Texas riefen an und wunderten sich, dass ich es wagte, hier zu leben; meine Cousine Dorothy Jean, eine militante Baptistin, machte den nächstgelegenen Baptistenprediger ausfindig und nahm zu ihm Kontakt auf; dann rief sie mich an und sagte, er warte auf meinen Besuch. Die »Big Apple«-Kampagne und der Slogan »I Love New York« (mit einem

Herz an der Stelle des Wortes »Love«) wurden entwickelt, um den Fluch von dieser Stadt zu nehmen. Doch das Gegenteil war der Fall: Niemand liebte New York, außer uns, den Außenseitern der Schwulen- und der Künstlerszene aus dem Mittleren Westen. Gebürtige New Yorker hassten ihre Stadt und sparten darauf, nach Kalifornien zu ziehen. Angestellte großer Firmen, die nach New York versetzt wurden, verlangten Härtezulagen und verbarrikadierten sich in teuren Vorstädten wie Greenwich, Connecticut; ihren Kindern verboten sie, in die Stadt zu fahren. Als ich für den Chemiekonzern arbeitete, kamen viele der weiblichen Angestellten von Staten Island. Sie fuhren mit der Fähre und der U-Bahn zur Arbeit und gelangten von der U-Bahn direkt ins Firmengebäude; in den Straßen von Manhattan spazieren zu gehen hätten sie nie gewagt. Den Studenten der Columbia sagte man, sie sollten in Richtung Süden nie weiter als bis zur 110th Street gehen, und erst recht natürlich niemals über die 125th hinaus nach Harlem. Schüler aus anderen Stadtteilen wurden in Bussen wohlbehütet zum Metropolitan Museum gefahren, schnell durch die großen Ausstellungen gescheucht und sofort zurück nach Hause in die Five Towns auf Long Island gebracht. Darryl Pinckney, der große schwarze Autor und Kritiker, beschreibt, dass er auf der Straße mit einem Band von Heidegger herumwedelte, um die weiße Frau, die allein ein Stück vor ihm ging, zu beruhigen und zu zeigen, dass er sie nicht vergewaltigen oder ausrauben wollte, aber es half nichts. Sie sah sich dennoch immer nach ihm um, bekam Panik und lief beinahe davon.

Perverserweise waren wir stolz darauf, New Yorker zu sein, nicht Amerikaner. Trotzdem rechneten wir mit dem Schlimmsten. Unser Schlaf war voller Weltuntergangsszenarios. Irgendwo im Viertel wurde geschossen. Die Ampeln blinkten unkoordiniert vor sich hin. Alte Menschen an Krücken wurden ausgeraubt. Ein Stück von Jules Feiffer beginnt damit, dass eine New Yorkerin sechs Schlösser aufschließt, um in ihre Wohnung zu kommen; als sie die Bühne betritt, tropft Milch aus ihrem Einkaufsbeutel, der von Kugeln durchlöchert ist. Ich schrieb ein Theaterstück über einen Hermaphroditen in einem Mietshaus, in dem jeder der Mieter eine tragische oder verkommene Figur war; das war mein Eindruck von New York. Der Central Park war nur einen Block von mir entfernt, aber selbst ich fürchtete mich davor, in den Rambles cruisen zu gehen, seitdem man hinter dem Delacorte-Theater, wo im Sommer »Shakespeare im Park« aufgeführt wurde, eine Leiche gefunden hatte. Das Publikum verfolgte diese großen, schmutzigen, wortmächtigen Stücke, als wären es Kriegsberichte: »Diese Lady Macbeth, ist das nicht das durchgeknallte Häschen in 9B? Die ihren Lover getötet hat und dann etwas komisch wurde und ihn gegessen hat? Die Gute sitzt seitdem auf Staatskosten im Bellevue.«

Wir hatten keine Ahnung von den bevölkerungsstarken Stadtteilen auf der benachbarten Hälfte von Long Island – das immerhin hundertneunzig Kilometer lang ist. Für uns waren das »diese« Juden, Polen, Ukrainer, Italiener und Iren, die mit lustigem, aber etwas dämlichem Akzent sprachen, Kaugummi kauten, Haarspray benutzten und Kettchen am Fußgelenk trugen. Der Film *Saturday Night Fever* zeigte den enormen Unterschied zwischen Brooklyn und Manhattan. Jetzt wohnt in jeder zweiten Wohnung in Manhattan ein Anwalt aus einer großen Firma oder ein Banker, und viele davon sind jung und schwul und treffen sich mit unseren Freunden. Damals kannten wir niemanden von der Wall Street und wollten auch keinen von denen kennenlernen. New York, das New York südlich der 14th Street, das wir kannten, war laut und undicht; aus den Kanalschächten stieg Dampf auf, die Hydranten versprühten Wasser, in dem nackte Kinder aus der Nachbarschaft tanzten, die Sirenen der Krankenwagen und Löschzüge heulten rund um die Uhr, aus menschlichen Körpern tropfte Blut und Sperma, und die Notaufnahmen und Darkrooms waren voll, die Fenster der Wohnungen wurden aufgerissen, um die Hitze der unkontrollierbaren Zentralheizung hinauszulassen – und die öffentlichen Kassen bluteten aus. Und Milchpackungen tropften aus ihren Einschusslöchern.

Wir sprachen ernsthaft darüber, dass New York seine Unabhängigkeit vom Rest der Vereinigten Staaten erklären solle. Wenn die Amerikaner uns nicht wollten, wollten wir sie auch nicht. Wir hatten Bequemlichkeit, Sicherheit und Achtbarkeit geopfert, um hier zu leben und wollten unseren Verwandten irgendwo auf dem Land mit milder Verachtung begegnen; wir nahmen ihnen übel, dass sie uns von oben herab behandelten. Wir verstanden nicht, warum sie ihre Kriege mit unserem Steuergeld führen sollten. Wir wollten die Zugbrücken hochziehen und die Fallgitter senken, um unsere Insel vom furchtbaren Festland zu isolieren. Amerikaner sahen Filme wie *Taxi Driver* (1976) als Abbilder des gesetzlosen New York, aber wir wussten, dass abgesehen von den herumlaufenden Psychopathen hier auch Künstler und Liebende, Hippies und Bohemiens lebten – ja, *La Bohème* traf unser Lebensgefühl besser, und Jahre später wurde *Rent*, unsere eigene, New Yorker Aids-Version dieser Oper, wenig überraschend ein Musicalerfolg. Wir waren politisch radikal, und Demonstranten, deren Haare zu lang und deren Geduld zu kurz war, verstopften wegen ihrer radikalen Anliegen unsere Straßen und schwangen mit rollenden Augen große Reden. Das restliche Amerika wusste nicht, ob es vor lauter Angst über all das spöttisch lachen oder zum nächsten Kanal zappen sollte. Seit 1970 wurden die Paraden zum Christopher Street Day, die die schwule Emanzipation feierten, länger und länger und immer verrückter, Dragqueens, Lesben auf Motorrädern (Dykes on Bikes) und Lederkerlen führten diese menschliche Flutwelle an, die stets für einen speziellen antikatholischen Moment vor St. Patricks zum Halten kam. Wenn ich die alten Nachrichtensendungen über diese und andere Paraden anschaue, bin ich jedes Mal überrascht, dass diese Horden bekiffter, magerer, zotteliger Kids mit langen Koteletten im Jahr 1980 marschierten, und nicht 1965. Die Sechziger warfen einen langen Schatten.

15.

Als Jasper Johns im Herbst 1977 eine Retrospektive im Whitney Museum bekam, schickte mich *Horizon* zu seinem Haus draußen in Stony Point, New York. Das Haus war von einer Einfachheit, die viel Geld kostet – wir saßen in einem großen Wohnzimmer mit hohen Fenstern, die in den Wald und zum nahen Fluss blickten. Ich fand Johns faszinierend – und war verwirrt. Er hatte meine Bücher, oder zumindest *Forgetting Elena*, gelesen und begegnete mir mit Respekt. Doch sein Gesicht war eine No-Maske, er lächelte selten und sprach noch seltener. Wie Vivian Raynor in *Artnews* geschrieben hat: »Er ist so entrückt, wenn auch sehr liebenswürdig, dass alle Fragen ein wenig unfein und unwichtig klingen.«

Wir arbeiteten uns durch meine Liste vorbereiteter Fragen. Wenn eine Frage zu indiskret oder dumm war, sah er mich mit großen Augen an, lachte sein Gruselkabinett-Lachen und erwiderte: »Ich weiß nicht, was ich darauf sagen soll.« Er sagte, seine Lieblingssendung im Fernsehen sei *The Gong Show*, und ich konnte mir sehr gut vorstellen, wie Johns sein irres Lachen lachte, wenn die ausgeschiedenen Kandidaten von der Bühne gejagt wurden. Raynor hatte geschrieben, dass Johns dröhnend lachte, nachdem er gesagt hatte: »Das Problem von Einflüssen besteht darin, dass das Ding oder die Person, die man als einflussreich benennt, einen Teil der Kritik für das einstecken muss, was man gemacht hat.« Er erfasste schnell die Absurditäten und Vergeblichkeiten des Lebens, und selbst die kleineren Merkwürdigkeiten quittierte er mit schallendem Lachen.

Wir tranken Whiskey mit Eis, und ich hätte am liebsten den Kopf auf die Tischplatte gelegt (ich kam mir vor wie in der Schule) und ein Nickerchen gemacht. Ich hätte den Kopf auch gern in seinen Schoß gelegt, denn ich fand ihn auf beängstigende Weise sexy. Ich konnte ihm nur eine Bemerkung über Robert Rauschenberg entlocken, der in den 1950ern sein Lover gewesen sein soll, und die Bemerkung war recht verächtlich. Oder besser gesagt, er distanzierte sich schnell von Rauschenberg und sagte, wie glücklich er sei, dass ich keine Ähnlichkeit in ihrer beider Werk entdeckt habe. Tatsächlich hatten sie keinen Kontakt mehr zueinander. Johns sprach nie von seinem Schwulsein, falls er überhaupt schwul war. Jahre später übernachtete ich in dem neuen Haus, das er gerade gekauft hatte, und er ging spät abends noch aus und kam mit einer Frau zurück; er war also allenfalls bisexuell. Ich war ein wenig ärgerlich darüber, dass all diese erstklassigen Künstler – Jasper Johns, Cy Twombly, John Ashbery, Elizabeth Bishop, Susan Sontag, Robert Wilson – nie ihr Coming-out schafften. Wir offen schwulen Künstler mussten allein mit den abschätzigen oder gönnerhaften Kommentaren fertig werden, die gern geäußert wurden – »Nun ja, da ich selbst nicht schwul bin, kommt mir ihre Arbeit so exotisch vor« –, während die Stars gelassen dahinsegelten, ewig und universell. Sich nicht zu outen zahlte sich ganz offensichtlich aus. Natürlich würden sie nach ihrem Tod geoutet werden, aber das würde ihren Nachruhm nur steigern und jede Menge weiterer Monografien inspirieren, die eine völlig neue Sichtweise auf das Werk einforderten. Zu Lebzeiten waren sie in Sicherheit und wurden nicht an den Rand gedrängt. Aber nur zu, dachte ich. Sie wussten wenigstens, wie man Karriere macht.

Ich hatte Johns immer bewundert. Auch wenn die Zielscheiben, Ziffern und Flaggen als die bahnbrechenden Anfänge der Pop-Art gelten, wirkten sie auf mich ganz anders als Pop-Art. Zunächst einmal waren sie viel zu schön, geradezu saftig gemalt, um so flache und starke Statements wie Warhol, Rosenquist oder Tom Wesselmann abzugeben. Ja, Johns schien nicht etwa deshalb auf Flaggen gekommen zu sein, um sie ironisch (wie Lichtensteins Comicstrips) oder ikonografisch (wie

Warhols Campbell's-Suppendosen) vorzuführen, sondern weil die Flaggen verbrauchte Zeichen waren, so banal (wenn auch schön), dass niemand sie lange Zeit anschauen mochte. Als Johns einmal gefragt wurde, welche zeitgenössischen Maler er am meisten schätzte, stellte sich heraus, dass es sich bis auf einen allesamt um abstrakte Expressionisten handelte (mit de Kooning an erster Stelle). Johns angebliche Rebellion gegen den abstrakten Expressionismus richtete sich vor allem gegen dessen »soziologischen« Anspruch. Doch er lobte die wunderbare Pinselführung der Expressionisten.

Um es ganz deutlich zu sagen, er war, in Übereinstimmung mit seiner reservierten, ja, kontrollierten Persönlichkeit, kein Farbenkleckser, und seine Pinselführung deutete weder auf Schnelligkeit noch auf Spontaneität. Im Gegenteil – für seine Flaggen verwendete er die Technik der Enkaustik (Farbpigmente eingeschlossen in heißem Wachs), ein langsames, mühseliges Verfahren, das ihm genau deshalb gefiel, weil es Spontaneität verhinderte. Zu Anfang hatte er die Flaggen mit Emaille gemalt: »Ich wollte, dass meine Striche getrennt blieben, aber die Emaille ließ das nicht zu, weil sie nicht schnell genug trocknete. Die Enkaustik machte es möglich, die Striche schon kurz darauf zu übermalen.« Jahre später, aus Anlass eines weiteren Interviews, zeigte er mir den kleinen elektrischen Apparat, der die Enkaustik erhitzte.

Johns verwendete immer wieder dieselbe Bilderwelt, als wäre jede Erfindung eine unhöfliche Intervention – oder eine unwillkommene Anforderung an die Vorstellungskraft. Die Arbeit machte ihm keine Freude. Zu Raynor sagte er, er habe »den Druck zu arbeiten nie als angenehm empfunden«, und: »Ich tue, was ich tue, ohne dem eine besondere Bedeutung beizumessen.« Er erzählte mir, dass er Samuel Beckett, als er ihm in Paris begegnet sei, gesagt habe, er würde gern ein neues Werk von ihm illustrieren. »Er sah mich erschrocken an. ›Ein neues Werk?‹, fragte er. ›Sie möchten also, dass ich ein weiteres Buch schreibe?‹« Diese Art verwöhnten Dandytums und stilisierter »Faulheit« war ganz nach Johns Geschmack. Er sagte, wenn er die

Retrospektive auf sein Werk anschaue, sei er ganz erschüttert, wie viel er bereits geschaffen habe. Zielscheiben, Flaggen, Ziffern tauchten immer wieder auf, außerdem Bierdosen und Taschenlampen – lauter Gegenstände, bei denen man nicht mehr weiß, ob man sie gerade gesehen hat oder nicht. Auch diese Wiederholungen, behauptete er, quälten ihn. »Ich glaube schon immer, dass ich zu viel von allem gemacht habe. Man möchte, dass der Verstand beweglich bleibt und nicht immer dasselbe erzeugt, doch jeder Maler bildet unweigerlich unbewusste Gewohnheiten heraus.« Darauf schien er stolz zu sein.

Als ich zum ersten Mal über Johns schrieb, wagte ich nicht, auch nur ein einziges Wort über Homosexualität fallen zu lassen. Und als ich 1996 einen Artikel über die Retrospektive im MoMA schrieb, wollte ich Johns nicht allzu sehr verprellen, indem ich auf seine Sexualität zu sprechen kam, aber es sollte auch nicht der Eindruck entstehen, ich sei zu feige, das Thema anzuschneiden. Ich erwähnte deshalb ein sehr persönliches Buch über Johns und seine Homosexualität, geschrieben von seiner alten Freundin Jill Johnston, *Jasper Johns: Privileged Information*, die Erinnerung an ihre Beziehung und der Versuch, sein Werk unter persönlichen und sexuellen Aspekten zu entschlüsseln. Ein weiterer Kunstkritiker, Jonathan D. Katz, hat über die verborgenen schwulen Inhalte von Johns' Werken gearbeitet, sicherlich nicht im Sinne Johns'. Johns sagte einmal zu Vivian Raynor, die den Satz als Titel verwendete: »Ich habe versucht, mein Denken so zu entwickeln, dass die Werke, die ich geschaffen habe, nicht zu mir gehören.« Selbst Katz sagt über die Zeit nach der Trennung: »Es scheint, dass Johns und Rauschenberg ohne den anderen nicht mehr in der Lage sind, ihr eigenes Selbst zu verkörpern.«

Nachdem unser erstes Interview beendet war, erzählte mir Johns ein paar lustige Anekdoten. Er sagte, als er jung war, sei er mit einem Kunsthändler in einem Lastwagen zum Utopia Parkway in Queens gefahren, um ein paar Schachteln abzuholen, die der amerikanische Surrealist Joseph Cornell für eine neue Ausstellung geschaffen hatte.

Cornell kam ziemlich nervös zum Wagen gelaufen und sagte: »Mir war nicht klar, was Sie wollten – ein paar Meisterwerke und der Rest unbedeutende Arbeiten? –, deshalb habe ich nur Meisterwerke gemacht.« Johns erzählte mir auch von einer Fahrt nach Buffalo, wo er ein Bühnenbild für Merce Cunningham gestaltete. Duchamp kam vorbei und bestand darauf, dass sich alle die Niagarafälle anschauten. Duchamps legte die Route bis ins letzte Detail fest, doch als sie dann aufbrachen, weigerte er sich mitzufahren: »Ich interessiere mich wirklich überhaupt nicht für die Niagarafälle.« Ich war mir sicher, dass Johns sich deshalb an diese Geschichten erinnerte, weil Cornells einfache, geradezu einfältige Eitelkeit das genaue Gegenteil seiner eigenen komplizierten Befangenheit darstellte, wogegen Duchamps elegante *désinvolture* für Johns das Ideal, geradezu ein Fanal darstellte.

Der schönste Moment an diesem Nachmittag kam, als Johns mir eine Serie von Radierungen Picassos zeigte, die 1971 zur Illustration einer Vorzugsausgabe der *Celestina* verwendet wurden, eines spanischen Theaterstücks vom Anfang des sechzehnten Jahrhunderts über eine Kupplerin. Ich war so betrunken, dass ich mich nicht erinnere, was Johns über das Herstellungsverfahren sagte, aber ich weiß noch, dass Picasso Zucker verwendet hat – und die Linien waren tatsächlich körnig und »krümelten«. Ich habe noch immer die alte Kupplerin mit ihren dünnen Lippen und der großen Nase vor Augen, und die reine, makellose Jungfrau, die einem hoffnungslos verliebten Verehrer zugeführt wird – ein Mädchen, dessen feste junge Brüste immer zu sehen sind. Johns wies auf dutzende kleiner Details hin – es kam mir wie ein seltenes Privileg vor, von Johns dieses wundervolle Buch Picassos gezeigt zu bekommen.

Wenn ich jetzt in einem Museum einen Johns entdecke, bin ich jedes Mal verblüfft, wie nüchtern seine Arbeit wirkt, wie dunkel und würdevoll. Es ist kaum vorstellbar, dass man sie jemals pompös und schockierend fand. Jetzt sind sie vergeistigt und distanziert – fast unsichtbar in einem überfüllten Raum, in dem hellere, leichtere Werke um Aufmerksamkeit wetteifern.

16.

Stephen Orgel, Davids erster Freund, verhalf mir zu einem Lehrauftrag an der Johns Hopkins, derselbe Mann, der mir sein Haus in den Bergen von Berkeley überlassen hatte. Er war von Kalifornien nach Baltimore gezogen und brachte meinen Namen ins Spiel. Ich hatte ein Vorstellungsgespräch bei John Barth, dem bekannten Schriftsteller, der damals auf der Höhe seines Ruhms war, nachdem er in den 1960ern ein langes, ernsthaftes Pastiche über das achtzehnte Jahrhundert veröffentlicht hatte, *Der Tabakhändler*, und danach eine Sammlung metafiktionaler Erzählungen unter dem Titel *Lost in the Funhouse*. Ich nehme an, ich habe die Musterung bestanden; er sagte Stephen, ich sei der erste Homosexuelle, dem er wissentlich begegnet sei, und eigenartigerweise mochte er mich. Stephen lächelte nur, schnalzte mit der Zunge und schloss die Augen. Er hatte die dezent freche und unglaublich anziehende Angewohnheit, die Augen eine Sekunde lang zu schließen und sie dann wieder zu öffnen, als ob er ihnen nicht wirklich trauen würde; dabei kicherte er die ganze Zeit. Er verhielt sich, als wolle er das Opfer seiner subtilen Ironie dazu einladen, seine Belustigung mit ihm zu teilen.

Stephen log nie. Einmal hörte ich, wie John Irwin, der Chef des Departments, Stephen fragte, ob er sein Buch über Faulkner gelesen habe, in dem er nachwies, dass Faulkner nach dem Tod seiner neun Tage alten Tochter Alabama eine inzestuöse Beziehung zu seinem Schreiben entwickelte. Das Buch hieß *Doubling and Incest/Repetition and Revenge: A Speculative Reading of Faulkner*. Stephens Augen schlossen sich und wurden ganz rund, dann schaltete er sie wieder ein. Er starrte Irwin einen Moment lang an und sagte schließlich: »Ich wüsste nicht, warum ich Ihr Buch kennen sollte, ich habe Faulkner nämlich nie gelesen.«

Ich gab ein Literaturseminar für Schriftsteller und einen Schreib-Workshop. Im Literaturseminar lasen wir *Hundert Jahre Einsamkeit*, *Die Blechtrommel*, *The Blood Oranges*, *Ein Kirschbaum im Winter*, *Die Enden der Parabel* und anderes. Ich weiß nicht, ob ich Garcia Marquez, Grass oder Pynchon je gelesen hätte, wenn ich sie nicht als Unterrichtsstoff ausgewählt hätte, doch ich lernte einiges bei der Analyse dieser Texte. Da es ein Seminar für Schriftsteller war, lag der Schwerpunkt auf Fragen der Technik, nicht auf Symbolsprache, Bezügen zu anderen Autoren oder soziologischem Gehalt, was sonst in Seminaren über Gegenwartsliteratur am English Department behandelt wird. Louise Erdrich, die einige Zeit später *Die Rübenkönigin* und andere literarische Bestseller schrieb, besuchte mein Seminar. Wenn ich auf die gut zwanzig Jahre Lehrtätigkeit zurückblicke, muss ich zugeben, dass nur fünf oder sechs meiner Studenten bekannte Schriftsteller wurden. Zu denen, die mir sofort einfallen, gehören Stephen McCauley, Mona Simpson, Louise Erdrich, Christopher Beha und Andrew Sean Greer. Zwei oder drei hervorragende Studenten, in die ich große Hoffnungen setzte, schafften es nie, ein Buch zu Ende zu bringen. Keiner von ihnen, vielleicht mit Ausnahme von Greer, schreibt auf eine ähnliche Weise wie ich.

Ich hatte mich in New York mit Manuel Puig angefreundet, dem argentinischen Autor von *Kuss der Spinnenfrau* (1976). Bald nach der Gründung des schwulen Literaturmagazins *Christopher Street* schlug ich vor, ihn auf dem Cover abzubilden. Ich traf mich mit Puig zum Lunch, und er eroberte mich mit seiner eigenartigen Mischung von Tuntigkeit und Seriosität. »Gestern war ich den ganzen Tag in der Sauna, Edmund, auf der Suche nach einem Ehemann.« Langer, trauriger Blick. »Ich habe keinen gefunden.«

Ich lud ihn für einen Tag an die Johns Hopkins ein, um mit John Barth zu Mittag zu essen und zu seinen Studenten im Hauptstudium zu sprechen. Als wir auf dem Campus spazieren gingen, fragte Barth: »Sag mir, Manuel, hast du dich deshalb für den Briefroman entschieden, weil du zu den Wurzeln des fiktionalen Erzählens zurückkehren wolltest, wie ich in meinem Briefroman *Letters*?«

Zu Barths Verwunderung antwortete Puig in seinem Latino-Tunten-Singsang: »Oh nein – weißt du, ich habe so lange in Amerika und Frankreich gelebt, dass ich mein Spanisch verlernt habe. Also dachte ich mir, ich lasse sie Briefe schreiben, wenn dann darin Fehler vorkommen, ist es ihre Schuld.«

Wie trostlos mir auf dem Campus auch zumute war, in dem Moment, in dem ich Stephen Orgels Haus betrat, ging es mir besser. Ich wusste, jetzt begann ein langer, wundervoller Abend mit intensiven Gesprächen und gutem Essen, auch wenn es zum Auftakt immer eine englische Anchovispaste gab, die Gentleman's Relish genannt wurde. Wir erlebten wundervolle Abende mit der Dichterin Cynthia Macdonald und verschiedenen jungen Schönheiten, die Stephen ausprobierte – darunter ein nahezu hysterischer Konzertpianist mit Wespentaille und riesigen weißen Händen, der gerade eine Biografie über Horowitz schrieb, die Jackie Kennedy dann bei Doubleday veröffentlichte. Oft waren auch junge elisabethanische Gelehrte anwesend – Stephens Interessen waren breit gestreut. Er war ein bedeutender, anspruchsvoller, gieriger Sammler seltener Buchausgaben, besonders von Titeln mit Bezug zu Shakespeare und seinen geistigen Nachfolgern. Er hatte begonnen, alles von Trollope und Wharton zu lesen, deren beste Bücher er in neuen Ausgaben mit eigenen Vorworten herausbrachte. Mavis Gallant las ich das erste Mal in seinem Gästezimmer. Sie wurde eine meiner Lieblingsautorinnen und später, als ich in Paris lebte, auch eine Freundin. Stephen führte Tagebuch, in dem er unser aller Leben Augenblick für Augenblick festhielt – er wird noch der Pepys unserer Generation werden. Er sah sich selbst als die Landmaus und David als die Stadtmaus, aber natürlich notierte er auch Davids gesamten Klatsch. Wie David hatte er die besondere Gabe, Freundschaften zu schließen, häuslich zu leben und Menschen die Treue zu halten. Stephen war immer sanft und hilfsbereit zu seinen »Herzchen« und von kalter Arroganz all den Menschen gegenüber, die ihn nicht interessierten.

Anne Freedgood, meine alte Lektorin bei Random House, hatte John Gardner veröffentlicht und seiner Karriere dadurch auf die Beine geholfen, dass sie *Die Ruhestörer* im Januar herausbrachte, als sonst keine wichtigen neuen Bücher erschienen. Der Roman wurde auf der Titelseite des *New York Times Book Review* positiv besprochen, das damals noch die Macht besaß, über Wohl und Wehe eines Buchs zu entscheiden. Danach erschienen weitere dicke Bände Gardners (*Nickel Mountain* und der einzige gute Roman, *Grendel*, Gardners Nacherzählung der Beowulf-Saga, der schon ein Jahr vor *Die Ruhestörer* erschienen war, damals aber nur wenig Aufmerksamkeit bekommen hatte). Doch keins dieser Bücher erregte solches Aufsehen wie sein Angriff auf die zeitgenössischen Schriftsteller, *On Moral Fiction* (1978). Seine Polemik orientierte sich offenbar an Tolstois *Was ist Kunst?* und kritisierte andere Schriftsteller, die dunkel oder experimentell schrieben. Gardner wollte, dass der Stil eines Buchs vollkommen transparent war, damit sich die Handlung dahinter wie ein stets in Bewegung befindlicher, panoramischer Traum entfalten konnte.

Gardner war in seinen Vierzigern eine eigenartige Erscheinung; an den Seiten ließ er sein Haar lang und glatt wachsen, doch sein Schädel war fast völlig kahl; angeblich hatte er einen Anus praeter, und er fuhr Motorrad. Seine Freundin Liz Rosenberg studierte im Hauptstudium Poesie an der Johns Hopkins; später wurde sie Professorin an der Binghamton University. Ich glaube, Gardner war eifersüchtig auf Barths Einfluss auf Liz. Gardner war eingeladen worden, an der Johns Hopkins zu sprechen, bevor *On Moral Fiction* erschien, worin er John Barths Schreibweise heftig attackiert. Barth teilte den Kollegen mit, er würde bei dem Essen für Gardner nicht als Gastgeber in Erscheinung treten, aber er würde kommen (die Begrüßung musste ich übernehmen). Barth untersagte jedoch, dass Gardner seine Attacken vor seinen Studenten wiederholte. Beim

Essen sagte mir Gardner, mein Schreiben sei »unmoralisch«. Ich äußerte die Vermutung, der Grund dafür seien womöglich die homosexuellen Bezüge. Ganz und gar nicht, versicherte mir Gardner. Unmoralisch sei, dass in *Notturno für den König von Neapel* der Vater nicht wütend wird, als er herausfindet, dass sein Sohn homosexuell ist, sondern sich darüber freut, weil dadurch mehr Frauen für ihn übrig bleiben und er keinen Wettbewerb mit einem jüngeren Mann befürchten muss. Im Roman wird dieser Vater als großer Wüstling geschildert, der Heroin spritzt, sich Alkoholexzessen hingibt und in einer Villa in Spanien Orgien veranstaltet…

Gardner: »Sie wissen, dass Ihr eigener Vater niemals so reagiert hätte.«
Ich: »Das stimmt. Im realen Leben war er sehr aufgeregt. Aber der Vater in meinem Buch ist eine Figur –«
Gardner: »Die es niemals gegeben hat und die es niemals geben wird. Kein Vater würde so reagieren. Deshalb ist Ihr Buch unmoralisch.«

Ich war verblüfft, dass er mein Buch so weit gelesen hatte (das praktisch unbekannt war), und seine Einwände dagegen beeindruckten mich weniger als die Ernsthaftigkeit, mit der er sie vortrug. Ich wies dennoch darauf hin, dass nicht alle Väter der amerikanischen Mittelschicht angehörten und dass meine Figur eine Erfindung sei, die ich erdacht habe –

Doch nein, das wollte Gardner nicht hören. Ich war unmoralisch, aber ich befand mich natürlich in guter Gesellschaft der meisten amerikanischen Romanciers jener Tage, darunter vor allem der verwerflichen Autoren Barth und Updike, auch wenn ich keiner Erwähnung in Gardners »Who is who in der Hölle« für würdig befunden wurde. Jahre später erstaunte mich vor allem, dass dieses Buch noch immer ernst genommen und gelesen wurde, wogegen Gardners Romane längst vergessen waren. Mochte seine Perspektive noch so puritanisch, eng und einschüchternd sein, es vertrat einen festen Standpunkt und kam klar auf den Punkt. Ich habe die Theorie, dass viele Leser, besonders ernsthafte junge Literaturstudenten, so ratlos sind, wie sie Belletristik bewerten sollen, dass sie jedem Kritiker folgen (F. R. Leavis, Harold Bloom, John Gardner), der ihnen sagt, was sie denken sollen, der einfache Kriterien für Qualität aufstellt und oft und nachdrücklich das Wort *groß* verwendet.

Obwohl Gardner versprochen hatte, Barths Bücher nicht zu erwähnen, war das Erste, das er sagte, als er vor die Studenten getreten war, eine Attacke auf Barth. Barth saß auf dem Podium vor dem überfüllten Raum und protestierte, doch Gardner holzte weiter. Wütende Worte wurden zwischen den beiden großen Männern gewechselt. Ein Reporter der *Baltimore Sun* saß im Hintergrund und machte sich hektisch Notizen – und bald wusste das ganze Land davon.

Eine solche Auseinandersetzung war in Baltimore besonders dramatisch. In New York, wo alles durch die Straßen lief und mit einer Verbissenheit, die sanfte Ausländer verwunderte, lauthals das eigene Terrain verteidigte, kam es täglich zu verbalen Streitigkeiten. Der Führer der Lehrergewerkschaft attackierte einen schwarzen Pädagogen, der verlangt hatte, Black English als Schulfach einzuführen. Im Frühjahr 1970 wurde der Earth Day gefeiert, eine der ersten Massendemonstrationen zum Schutz der Umwelt. Gay Day, Antikriegsproteste – jeden Monat gab es eine andere riesige Demonstration.

Doch im übrigen Land (diesem melancholischen, einsamen Land) waren die Straßen leer, die Menschen saßen abgeriegelt in ihren Büros, Autos oder Häusern, man traf niemanden außerhalb des eigenen Bekanntenkreises und hatte keinen Kontakt zu Fremden. Die Vorstädte, Fernsehen und Autos hatten die Menschen isoliert – was in einem so latent gewalttätigen Land vielleicht ganz sinnvoll war. Selbst in bewachten Wohngebieten, viele Kilometer vom nächsten Getto entfernt, kauften sich die verängstigten Senioren Waffen oder besuchten Karatekurse. Gerade die am besten beschützten Menschen an den sichersten Orten fürchteten sich vor drohender Gefahr.

Armageddon war für beinahe ein Drittel der Amerikaner sowohl in religiöser wie sozialer Hinsicht eine heraufziehende Realität. In Utah wurden Häuser zum Verkauf angeboten, die über ein »voll ausgestattetes Untergeschoss« verfügten, womit Bunker gemeint waren, in denen Überlebenswillige getrost den Jüngsten Tag erwarten konnten, wenn die Entrückung beginnt und die Schafe von den Ziegen getrennt werden. Vielleicht ist es schon morgen so weit. Oder übermorgen.

Ich habe beide Stromausfälle in New York erlebt. Der erste, 1965, verlief mehr oder weniger friedlich, weil er in die kalte Jahreszeit fiel. Aber der zweite vom 13. und 14. Juli 1977 war der Anlass für zwei Tage der Aufruhr und des Plünderns. 1616 Geschäfte wurden geplündert, und manche der Plünderer wurden von anderen wiederum ausgeplündert. Insgesamt 3776 Menschen wurden verhaftet – die größte Massenverhaftung in der Geschichte der Stadt – und 1037 Brände wurden gemeldet.

New York war in den späten Siebzigern arg heruntergekommen. Hunderttausende von Jobs waren in der Stadt verloren gegangen. Zeitweise konnten die Gehälter der Lehrer nicht ausgezahlt werden. Die U-Bahn-Wagen waren voller Abfall, und jeder Zentimeter war von Graffiti bedeckt. Die Fahrgäste wurden unerträglich lauter Musik aus Gettoblastern ausgesetzt. Die Kriminalitätsraten waren in den Sechzigern (und auch in den Siebzigern) stärker angestiegen als in allen anderen amerikanischen Städten seit den 1930ern. 1975 musste Bürgermeister Beame tausende von kommunalen Angestellten beurlauben, auch aus den Bereichen Polizei und Müllabfuhr. Als Beame Präsident Ford um Unterstützung aus Bundesmitteln bat, um Löhne zahlen zu können, sagte Ford, New York solle sich zum Teufel scheren. Man hatte New York einmal Fun City genannt. Jetzt war es Fear City und Stink City geworden.

Mein Freund zu jener Zeit hieß Ken; er verkaufte kitschige Postkarten und war durch und durch Masochist. Ken kam aus Kentucky und redete ununterbrochen – er war ein derartig nervtötendes Plappermaul, dass es mir nicht schwerfiel, ihm von Zeit zu Zeit aus purem Frust den Arsch zu versohlen. Wir saßen in seiner Wohnung – er redete, ich langweilte mich –, als der Stromausfall von 1977 eintrat. Er dachte, es wäre ein Witz, das Allerneuste, und dafür war er immer zu haben. Er wohnte im Village an der West 4th Street gleich um die Ecke von Pizza Uno, wo nach ein paar Stunden hunderte gefrorener Pizzen zu tauen begannen und deshalb umsonst an die Passanten verteilt wurden. Ken holte sich gleich mehrere, und »wir hatten ein Fest«, wie er sagte – »Das ist fantastisch!« Er wollte, dass ich richtig »mitmache«, doch als Sadist kann man in Gegenwart seines Sklaven nicht allzu ausgelassen herumtoben. Ich war etwas befangen, denn diese Rolle war für mich noch ungewohnt. Wir saßen auf seiner Feuerleiter. Der vorherige Stromausfall hatte beruhigend gewirkt, weil sich gezeigt hatte, wie gutmütig und letztendlich auch diszipliniert die New Yorker waren. Der neue Stromausfall offenbarte, wie sehr die Stadt gespalten war, wie viel Wut nur knapp unter der Oberfläche brodelte, wie raublustig und wie eigennützig wir alle geworden waren.

1978 zog ich wieder nach Lower Manhattan. Keith McDermott lebte überwiegend an der Westküste, mein Neffe hatte beschlossen, in den Mittleren Westen zurückzukehren und hatte sich an der University of Chicago eingeschrieben – und ich fand die West Side deprimierend. Mein Teilzeit-Schönling Norm Rathweg besorgte mir ein Studio in den Colonaden der Lafayette Street, einer Reihe verwahrloster klassizistischer Gebäude aus den 1830ern – zur Zeit ihrer Erbauung die eleganteste Wohngegend voller Astors, doch in den späten 1970ern war alles in einem pittoresken Verfallsstadium wie das French Quarter von New Orleans. Mein großes Studio hatte sechs Meter hohe Decken, Parkettboden, einen kleinen Kamin aus weißem Marmor und große Fenster mit hölzernen Jalousien, die sich in die tiefen Fensternischen einklappen ließen. Unter meinen Fenster lag ein Gartenrestaurant, und im Sommer hörte ich das friedliche Stimmengewirr und das Klappern von Bestecken und Geschirr. Im Winter brannte bei mir meistens ein Feuer im Kamin oder im Grill, auf dem ich für meine Gäste

Schwertfisch oder Lamm zubereitete. Norm baute eine neue Küche und ein neues Badezimmer ein, außerdem ein Hochbett, und strich alles graublau mit weißen Kanten. Als mein Neffe mich mit einem Schulfreund, Richard Kaye, besuchte, waren sie erschrocken, wie bescheiden man als Schriftsteller lebte. Ich lud sie zum Essen ein und sie waren beeindruckt und verwirrt, dass ich als offen Schwuler versuchte, den Literaturkritiker Richard Gilman mit einer Frau zu verkuppeln. Wie kam ich dazu, mich in das Leben der Normalen einzumischen?

Norm Rathweg hatte ich im Sportstudio am Sheridan Square kennengelernt, wo ich seit Mitte der 1960er trainierte. Als ich damit anfing, Gewichte zu heben, war das für einen schwulen Mann noch ungewöhnlich. In den Fünfzigern und Sechzigern wollten alle möglichst dünn sein, es kam ihnen noch nicht in den Sinn, *Männer*, und keine Jungs sein zu wollen. In den Siebzigern blieben wir zwar dünn, fügten aber Muskeln hinzu – eine gut definierte Brust, einen festen, gewölbten Hintern, kräftige Beine, kleine Bizeps, muskulöse Schultern. Ich unternahm als einer der Ersten diese Metamorphose vom Jungen zum Mann.

Bei Norm nahm diese Umwandlung dramatischere Ausmaße an. Als er anfing zu trainieren, war er ein großer, blasser, dünner Junge mit fast unsichtbaren blonden Wimpern und einem Teint wie ein Pudding. Er war ängstlich und sprach mit niemandem außer seinem Lover, Louis Keith Nelson. Sie kamen jeden Tag ins Studio, blieben aber unter sich. Norm sah mir oder anderen nicht in die Augen. Die einzige selbstbewusste Lebensäußerung war sein gelegentliches Rülpsen, was ihm wohl unbewusst unterlief.

Doch allmählich änderte er sich. Er nahm zu und bekam Muskeln. Er wurde selbstbewusster. Wir gingen zusammen aus, obwohl klar war, dass er und Louis Keith Nelson ein Paar waren und zusammenbleiben würden. Damals, in den Siebzigern, wurde noch nicht über Treue und Paarverhalten geredet, wir hätten gar nicht gewusst, wie wir uns ausdrücken sollten. Wenn man heute darüber spricht, entsteht leicht ein falscher Eindruck von der ruhigen, natürlichen Einstellung, mit der wir damals davon ausgingen, dass jeder mehrere Sexualpartner hatte. Eifersucht war nicht cool, neue Bekannte konnten feste Fickkumpel oder Teilzeitgeliebte werden – an das Molekül konnte sich immer noch ein weiteres Atom ankoppeln. Natürlich hatte man Angst, dass die neue Bekanntschaft einem den Lover wegnehmen würde, aber das geschah nur selten. Wir Schwulen verteilten die drei Elemente Liebe, Sex und Freundschaft, die Heteros auf eine einzelne Person bündelten, auf mehrere Menschen, und diese Verteilung schuf solidere Verhältnisse als die Kameradschaftsehe.

Während ich in dem Studio in den Colonaden wohnte, hatte ich jede Menge Gruppensex. Ich kannte einen bulligen, leicht verrückten Indianer aus Colorado, den Allen Ginsberg im Alter von sechzehn am Naropa-Institut in Boulder »entdeckt« hatte. Sein Körper war glatt wie ein von Kissen ausgestopfter seidener Fallschirm. Ich kannte einen attraktiven norwegischen Flugbegleiter aus St. Paul, der distanziert und verträumt wirkte, aber für alles zu haben war. Und es gab noch jede Menge andere Typen; wir lagen in meinem Hochbett, redeten, küssten uns, hörten Musik und wurden high. Ich war Ende dreißig, und die Schwulen meiner Generation waren immer davon ausgegangen, dass die Sexualität mit dreißig zu einem abrupten Ende kommen würde, aber diese Schwelle hatten wir nun schon längst überschritten, und es schien einfach nicht aufzuhören, genau wie die Jugend. In der Generation meiner Elter heiratete man mit zweiundzwanzig, bekam zwei Jahre später Kinder und war mit vierzig ausgelaugt und dickbäuchig, aber wir gingen zum Fitnesstraining, machten die Nächte durch, verliebten und entliebten uns, waren »unreif«, aber von gespenstischer Jugendlichkeit.

Wir fragten uns, was wohl aus uns werden würde. Anscheinend hatte sich das schwule Leben vom normalen Familienleben abgekoppelt, so wie sich der *Homo sapiens* in eine andere Richtung entwickelt hatte als der *Homo erectus*. Wir glaubten, dass Schwulen ein eigenes Schicksal vorherbestimmt war, dass wir den Weg zu eleganteren und umfassenderen Formen des Zusammenseins weisen sollten. Der Idee der Assimilation standen wir feindlich gegenüber, denn uns war klar, dass wir dann so werden würden wie die Heteros, doch wir waren der Meinung, dass wir ihnen voraus waren.

Norm stand sinnbildlich für viele der jungen Männer, die in den 1970ern nach New York kamen. Er stammte aus Florida, wo er ein Bücherwurm gewesen war. Sein Vater war ein berühmter College-Sportler, hatte jedoch bei einem furchtbaren Motorradunfall beide Beine verloren; er lag als Invalide den ganzen Tag im Bett, betrank sich und beleidigte seinen dicken, ängstlichen, feigen Jungen als Schleimer und Tunte.

Norm verwandelte sich in einen anderen Menschen. Bruce Mailman, dem mein Mietshaus in den Colonaden gehörte, stellte Norm ein, um die St. Marks Baths am St. Marks Place nach eigenen Entwürfen umzubauen. Ich war vor Jahren in dieser Sauna gewesen, damals war sie schmutzig und wurde von Ukrainern frequentiert; es gab Gerüchte, der Masseur im Untergeschoss sei das Vorbild des Kannibalen in Tennessee Williams' Erzählung *Desire and the Black Masseur*. Norm baute viele Duschen und Waschgelegenheiten ein, brachte Spots an, strich alles in bodenständigen Grundfarben und verlegte Steingutfliesen. Er, der vor seinem eigenen Schatten Angst gehabt hatte, kletterte jetzt mit Schutzhelm hoch oben auf Stahlträgern herum, um Deckenbalken zurechtzurücken. Jeden Tag traf er hunderte kleiner Entscheidungen – und alles funktionierte. Bruce gab ihm daraufhin den Auftrag, die ultimative Disco zu bauen – ich nannte sie »die *Hindenburg* der Discos«, ohne zu ahnen, dass es tatsächlich die größte und eine der letzten schwulen Riesendiscos werden würde. The Saint wurde 1980 im Gebäude des alten Fillmore East eröffnet, Bill Grahams Rock-Tempel in der 2nd Avenue. Eine Stahlgitterrampe führte zu der riesigen Tanzfläche von beinahe eintausendfünfhundert Quadratmetern empor, über der sich ein Dom wölbte, in dem Roboterarme ganze Lichtphalanxen hin und her schwenkten. Auf der Bühne in der Mitte traten Madonna oder Whitney Houston auf. Spät,

spät in der Nacht (in Wirklichkeit gegen Mittag am nächsten Tag) verwandelte sich der Dom in ein Planetarium, und tausende von Sternen glitten langsam durch das Weltall. Außerhalb des Doms waren Teile der Empore erhalten geblieben; dort saßen bekiffte junge Männer einsam und verwirrt im Dunkeln und blickten auf die bunt angestrahlten Verrenkungen der Tänzer hinab. Wenn man richtig zugedröhnt war, sahen sie wie kleine Helferlein des Weihnachtsmanns aus, die Berge von unsichtbarem Spielzeug herstellten. Da ich nur fünf Blocks entfernt wohnte, stellte ich mir manchmal den Wecker, kam um fünf Uhr morgens und ging gleich hinauf zur Empore, wo viele dieser einsamen Männer bereit zum Sex waren.

Norm wandelte sich zum großen Mann unter Männern. Er und Louis bauten das Sportstudio in Chelsea, das fast zehn Jahre lang das schwule Chelsea versinnbildlichte. Man sah Norm mit vier anderen Männern die Straße entlanggehen, alle um die dreißig, in Jeans und Lederjacken, mit Bürstenhaarschnitt und lauten Stimmen. Sie waren keine Schläger oder Schweine, sie lasen Bücher, hörten klassische Musik und verliebten sich. Sie waren politisch fortschrittlich und sprachen über ihre Vorstellungen. Norm konnte einen Trupp heterosexueller Arbeiter auf einer Baustelle kommandieren und seine Gefühle unter einem schroffen Äußeren verbergen. Er war der Neue Schwule Mann. Ein heterosexueller Journalist widmete ihm ein Kapitel in einem Buch über Männer unserer Zeit.

In der Wohnung von Norm und Louis kamen viele dieser kräftigen, herzensguten Männer zusammen, es gab ein Buffet mit gutem Essen und Weißwein, und sie redeten über ihre Gefühle oder über ihre Interessen. Ich weiß noch, wie ich mit all diesen Männern auf der Gay Pride Parade marschiert bin, wir legten uns die Arme über die Schultern und gingen mit den Lederjungs, es roch nach Leder und nach Bier.

Einer der Stars aus dieser Gruppe war Thom Gunn, der große englische Dichter, der die meiste Zeit seines Lebens in San Francisco verbracht hat. Thom trug einen Bart und war groß und schlank, ein ernsthafter Lederkerl und zehn Jahre älter als der Rest von uns (obwohl er nicht älter aussah). Er fand Norm großartig und war vielleicht ein wenig verliebt, auch wenn sein »Typ« eigentlich jünger und zierlicher war. Als Norm frühzeitig an Aids starb, schrieb Thom eine wunderbare Elegie über ihn, *Courtesies of the Interregnum*. Wer Norm heute googelt, findet wenig über die erstaunlichen Gebäude, die er entworfen hat. Die meisten Treffer sind Links zu Gunns Elegie.

Ich besuchte Thom zwei oder drei Mal in San Francisco, und alle Jubeljahre rief ich ihn ohne besonderen Grund von New York aus an. Er lebte mit seinem lebenslangen Liebhaber Mike Kitay, einem Amerikaner, den er als Student am Trinity College kennengelernt hatte, in einer kleinen Gemeinschaft schwuler Männer. Jeder der fünf oder sechs Männer war abwechselnd für das Abendessen zuständig, und Thom nahm die Mahlzeiten und andere Verantwortlichkeiten sehr ernst. Sie wohnten bequem und ruhig an der Haight hinter der Castro Street auf der anderen Seite der Market. Ich nahm Thom mit nach Princeton, um dort zu lesen, aber er fühlte sich unbehaglich und schaffte es nicht, das Publikum von seinen wahren Qualitäten zu überzeugen. Er hatte sein Selbstbewusstsein verloren und nuschelte vor sich hin. Er hatte seine Poesie-Kurse in Berkeley aufgegeben und auch aufgehört zu schreiben; das Schweigen war sehr schmerzhaft für ihn. Gegen Ende seines Lebens nahm er häufig Drogen, meistens in Verbindung mit Sex.

Amerika hatte ihn immer fasziniert. Seine Mutter beging Selbstmord, als er fünfzehn Jahre alt war, und nach dem College kam er in die Staaten. Donald Hall, der Dichter, erzählte mir, dass er Thom schon damals ganz in Leder auf einem Motorrad gesehen habe, und ein tolles Foto (von Mike Kelly aus dem Jahr 1963) zeigt ihn im Stil der Hells Angels auf einem Bike. Er trägt Jeans, Motorradstiefel, eine enge schwarze Lederjacke und eine Kapuze, das einzige unpassende Element ist sein breites Lächeln. Der Shakespeare'sche Titel eines seiner frühen Bücher, *My Sad Captains*, bezieht sich sicherlich auf all die Ledermänner, die er so sehr mochte, obwohl Thom zu Anfang kantige, formale und eher unpersönliche Gedichte schrieb – unter dem Einfluss Yvor Winters', seines Lehrers in Stanford. Winters, ein Dichter und Kritiker, der zur Jahrhundertwende im Mittleren Westen geboren wurde, predigte das karge, imaginistische Ideal einer formalistischen Lyrik, und Gunn folgte diesem Ideal. Glücklicherweise entwickelte sich Gunn in den 1980er Jahren durch Aids – und den Tod vieler Freunde – zu einem wärmeren, expressiveren Dichter, vor allem in seiner besten Sammlung, *The Man with Night Sweats* (1992). Durch Aids bekam unser Schreiben ein Thema und eine Ernsthaftigkeit, die es vorher noch nicht besessen hatte. Thom näherte sich diesem Thema mit einer rigorosen Technik und stillen Kontrolle, die er in vielen Jahren erworben hatte.

Typisch für Gunns späte, starke Texte sind diese Zeilen für Mike Kitay mit ihren wundervoll subtilen Verssprüngen:

Nothing is, or will ever be,
Mine, I suppose. No one can hold a heart
But what we hold in trust
We do hold, even apart.

Als die Siebziger voranschritten, wurden die sexuellen Vorlieben der Schwulen immer outrierter. Gunn zelebrierte diese Extreme. Er zitierte zustimmend einen Artikel von Ellen Willis in der *Village Voice*, in dem sie sagt, in der Lesbenbewegung der Siebziger sei es nicht um die Befreiung der Lüste, sondern die Ausweitung weiblicher Solidarität gegangen. Für die Männer galt: »Die Solidarität der schwulen Community bezog sich in ihrem Kern auf das Begehren.« Anders gesagt hieße das, weibliche Homosexualität verhielt sich zum Feminismus wie männliche Homosexualität zu … gar nichts. In dieser Gleichung gab es keine vierte Variable. Schwule hatten nie darunter gelitten, Männer zu sein, vielmehr hatte ihnen die heterosexuelle Gesellschaft ihre männlichen Privilegien entzogen. Sie verlangten nur das zurück, was ihnen ihrer Meinung nach zustand.

Gunn verstand die schwulen Männer der Siebziger – die draußen unterwegs und sexuell aktiv waren – als die Erben der Drogen konsumierenden Hippies. Die Schwulen in den Saunen waren »Drogen-Visionäre«. »In den Saunen«, schrieb Gunn, »und auch bei weniger durchorganisierten Aktivitäten, ließen wir uns von der Abenteuerlust treiben – erregt, ausgelassen, experimentell.« Gunn glaubte, die Schwulen überquerten »mit den breiten Flügeln unserer sexuellen Triebkraft« gewaltige, dramatische Abgründe. Bezogen auf eine Sauna in San Francisco schrieb Gunn:

This was the Barracks, this the divine rage
In 1975, that time is gone.
All here, of any looks, of any age,
Will get what they are looking for,
Or something close, the rapture they engage
Renewable each night …

Ich weiß noch, dass es in New York Mitte der Sechziger nur eine einzige Lederbar gab, die nach außen hin ganz unauffällig war. Die Gäste kamen in ihrer normalen Kleidung und brachten die Ledersachen in einem Beutel mit; im Taxi zogen sie dann Chaps und Lederjacke an. Sie hatten furchtbare Angst, ein Freund, selbst ein schwuler Freund, könnte sie in dieser verrückten Aufmachung sehen. Sadomasochismus hatte noch einen perversen Beiklang und war irgendwie schäbig – so wie New Jersey. Und ältlich. Man glaubte, ältere Männer aus der Unterschicht, die in richtigen Kneipen keine Chance hatten, zögen Leder an, um besser, oder wenigstens bedrohlich, auszusehen.
All das änderte sich in den Siebzigern. 1972 hatte an der 55th Street *L.A. Plays Itself* Premiere, ein Hardcore-Pornofilm mit dem charismatischen Regisseur und Darsteller Fred Halsted, der bald darauf von den Bullen verboten wurde. Im Film gibt es eine berühmte Fisting-Szene, und die düstere Atmosphäre des zweiten Teils steht in starkem

Gegensatz zum cleanen Look der neuen Ostküstenpornos mit jungen Schönlingen wie *The Boys in the Sand.* Unmittelbar südlich der 14th Street eröffnete 1974 The Anvil (Der Amboss), eine Bar mit Go-go-Boys. Im Parterre tanzten die Jungs auf dem Tresen, während in den dunklen Eingeweiden des Hauses Männer miteinander Sex hatten. Ich habe es nie gesehen, aber manche behaupteten, dass Gäste aus Uptown die Go-go-Boys fisteten, sogar elegante Frauen, die vorher sorgfältig ihre Ringe abzogen.

1975 wurde das monatliche Hardcore-SM-Magazin *Drummer* gegründet. Es gab solide technische Informationen, wie man foltert und sich der Folter unterwirft – wir verschlangen sie gierig. Der Look und auch der Geruch der schwulen Kultur New Yorks veränderte sich; kräftigere Körper, Bärte, Harnisch und das Aroma von Schweiß, Crisco und Bier bestimmten die Szene. Keith McDermott sagte, die New Yorker würden so blass und ungesund aussehen, dass schwarzes Leder das einzige sei, was zu ihnen passt.

Die Lederkneipen drangen immer weiter nach Uptown vor, bis sie mit dem Eagle's Nest schließlich die 21st Street und 11th Avenue erreicht hatten. Die Männer dort sahen älter, bärtiger und muskulöser aus und waren über eins achtzig groß. Mit eins fünfundsiebzig war ich mir vorher noch nie klein vorgekommen, außer vielleicht in Amsterdam. Jetzt war ich in meiner eigenen Stadt ein Winzling. Auf dem Weg vom West Village zum Spike und Eagle kamen die Schwulen an der 9th Avenue hinter der 16th Street an drei Blocks mit Baustellen vorbei. Die Banden, die auf den Baustellen hausten, attackierten einzelne Schwule auf der Straße. Wir trugen deshalb Trillerpfeifen um den Hals, um andere Schwule zu Hilfe rufen zu können – eine ausgesprochene effektive Methode. Ich dachte an die fünfziger Jahre zurück, als wir alle Sissy Boys mit glatten Haaren, Eau de Cologne, babyblauen Kaschmirpullovern und Pennyloafern waren. Damals hätten uns diese Gangs in Angst und Schrecken versetzt. Jetzt nicht mehr. Viele von uns besuchten Judo-Kurse.

Und der Dresscode war streng:

N.Y. EAGLE DRESS CODE ANNOUNCED or REVISED?

SHIRTS: **No** patterned, dress, sports or baggy pants, or shorts.

SHOES: **No** sandals, sneakers, track shoes, tennis, or gym shoes, any multi-colored, white or brightly-colored shoes, or open front-, back-, or side-shoes, or clogs or stack heels.

BELTS: **No** skinny, plastic, or white belts, or suspenders.

SHIRTS: STRETCH OR KNIT: **No** buttoned, colored, patterned, second-color trim, multi-colored, lettered (unless for bar, club, or the "scene"), V-neck, or "designer shirts".

SHIRTS: COLLARED AND CUFFED: **No** pattern (except for plaid or western-cut shirts) dress shirts or extremely flamboyant western shirts.

HATS: **No** hat other than leather cycle caps, western hats, construction hats or uniform hats.

JACKETS AND COATS: **No** jackets or coats other than leather or western style.

Ed Note: For those of our Leather/Western/Biking readers that prefer to maintain their individuality (pea-caps/coats, warm jackets, winter riding gear/sweaters or whatever) may we suggest patronizing the **SPIKE BAR** whose advertisement appears elsewhere in THE BOLT. Located one block from the Eagle, their courteous and "friendly" atmosphere is more than condusive to the scene.

Eine Zeitlang war das Mineshaft der berüchtigtste »Nur für Mitglieder«-Klub New Yorks. Die Mitgliedschaft wurde sofort gewährt, wenn man den Vorschriften entsprach: keine Designermode, keine Sneaker, kein Eau de Cologne. Das Mineshaft lag an der Ecke Washington Street und Little West 12th Street im Herzen des Meatpacking District und war von Mittwochabend bis Montagmorgen rund um die Uhr geöffnet; es verfügte über eine Garderobe, Kerker und andere Annehmlichkeiten. Ja, man durfte nicht nur die gesamte Kleidung an der Garderobe abgeben und nackt oder im Jockstrap herumlaufen – man wurde sogar dazu ermuntert. Das Mineshaft wurde 1977 vor der Aids-Ära eröffnet und 1985 von der Städtischen Gesundheitsbehörde endgültig geschlossen, vier Jahre, nachdem zum ersten Mal Aids diagnostiziert wurde.

Leute von außerhalb staunten über den Klub und seine Umgebung. Die ganze Nacht über luden in den angrenzenden Blocks Schlachter in blutverschmierten Schürzen gehäutete Kalbs- und Lammhälften aus Kühlwagen, die am Straßenrand parkten, und hängten sie an die Haken eines Transportbands, das in die gekühlten Lagerhäuser führte. Es roch übel und die Bürgersteige waren glitschig und schwarz von Blut. Die Schlachter redeten laut und ihre Gesichter leuchteten grell im Widerschein der Feuer in den Ölfässern, an denen sie sich immer wieder aufwärmten.

Hinter der unauffälligen Eingangstür des Mineshaft führte eine Treppe gerade hinauf zum Türsteher, der auf einem Barhocker saß, nicht mehr der Zigarre rauchende Mafia-Typ mit Kreissäge wie früher, sondern ein bärtiger, kräftiger Schwuler in Jeans und Arbeitsstiefeln. Man kam dann in einen großen Barbereich mit gedämpftem Licht und Pool-Tischen. Hinter einer Trennwand lag auf zwei Stockwerken der »Action«-Teil des Klubs. Es gab eine ganze Wand mit Glory-Holes, vor denen Männer knieten und körperlose Erektionen bedienten. An starken Ketten hing ein Sling von der Decke; wenn ein Fistfuck im Gange war, versammelte sich dort eine Gruppe von Zuschauern und verfolgte die nahezu gynäkologischen Vorgänge. Der Keller war ein Kaninchenbau, lauter kleine Räume; in einem davon stand eine Badewanne, in die sich Männer legten, um sich anpissen zu lassen.

1979 schrieb ich in der linken *New Times* einen Essay zur Rechtfertigung von schwulem SM. »Was Heterosexuelle sich unter schwulem S und M vorstellen, ist ungefähr so verstörend wie Jonathan Swifts Vorstellung der hübschen Celia auf dem Klo.« Ich widmete mich der Dramatik und Romantik kurzer Momentaufnahmen aus dem Mineshaft: »Im Keller stehen zwei bekiffte Männer und küssen sich im Schwarzlicht. Sie sind sich all der anderen um sie herum nicht bewusst, es ist absurd, berührend und auf anachronistische Weise romantisch – ihre fluoreszierenden weißen Hemden leuchten gespenstisch wie Baudelaires Schwan, der seine Flügel im Staub badet.«

Mein wichtigstes Argument lautete, SM sei der Versuch, die Brutalität unserer Klassengesellschaft in abgeschwächter Form auszuleben und so zu exorzieren. Wörtlich schrieb ich: »Während der gewöhnliche soziale Umgang durch witzige Bemerkungen charakterisiert ist, war der Humor schon immer ein Feind des Sadismus, so wie Licht für Vampire. Dieser Humor, der die Wut entschärft und die Empörung dämpft, gleichgültig, wie gerechtfertigt beide sind, ist nur ein anderer Ausdruck für Unterwerfung. Der Sadomasochismus weist das Lachen zurück, von dem das soziale Gewissen gelähmt wird. In dem hoch aufgeladenen Raum, der Meister und Sklave umgibt, herrscht die Wahrhaftigkeit. Ein Mann unterwirft sich einem anderen. Ein Mann demütigt einen anderen. Dieselbe Erleichterung, die wir beim Betrachten eines Dramas von Shakespeare erfahren, die Erleichterung, an einem Geschehen teilzuhaben, das bar jeder Ironie klare Werte zum Ausdruck bringt, können auch Sadist und Masochist erlangen. Dieses Paar vollzieht das Ritual von Herrschaft und Macht, von dem unsere Kultur so besessen ist. Wie Gilles Deleuze und Félix Guattari im *Anti-Ödipus* gesagt haben: »Klassenkampf berührt das Herz der Begierden.«

Ich bin mir nicht sicher, ob ich heute noch eine solche bußfertige Sicht auf SM unterschreiben würde, genauso, wie ich Shakespeare heute nicht mehr so undifferenziert wahrnehme. Intellektuelle »Durchbrüche« sind im Rückblick oft schwer nachzuvollziehen und immer ein wenig peinlich, weil später alles so offensichtlich ist – oder so falsch. Aber ich weiß noch genau, dass ich damals, als ich »Sado-Machismo« für die *New Times* schrieb, genauso wie ein junger heterosexueller Autor der *Village Voice* darauf brannte, der Idee nachzugehen, dass Sex nicht mit den Augen von Freud und Darwin gesehen werden musste, sondern auch »künstlerisch«, »expressiv« oder vielleicht sogar »marxistisch« sein konnte. Wir waren so sehr Teil der puritanischen Gesellschaft, dass die Behauptung, Sex könnte so »zweckfrei« sein wie Kunst oder so dramatisch wie Klassenkampf, uns äußerst gewagt vorkam. Wir saßen in Richard Sennetts Stadthaus in Washington Mews auf dem Sofa und trieben uns gegenseitig immer weiter in diese Vorstellungswelt hinein.

Anfang der Achtziger war für die Szene im Mineshaft der Spaß vorbei. Zum einen spürte jeder das Gespenst Aids im Nacken, zum anderen war ein scheußlicher Ritualmord geschehen. Anscheinend hatte ein vollgekokster Kunsthändler namens Andrew Crispo von seiner Wohnung aus immer wieder die Nummer der Telefonzelle vor dem Mineshaft angerufen. Schließlich nahm ein attraktives norwegisches Model den Hörer ab und war bereit, sich von Crispo mit dem Wagen abholen und eine Nacht lang foltern zu lassen. Die Session lief jedoch aus dem Ruder und das Model wurde nach einigen Stunden von Crispos Assistent und Bodyguard, einem verkommenen Sohn aus reicher Familie, zweimal in den Kopf geschossen. Die Leiche wurde auf dem Grundstück der Eltern des Bodyguards auf Long Island in eine Räucherkammer gelegt. Als die Leiche einige Zeit später gefunden wurde, hatte sich die Ledermaske in sein Gesicht eingebrannt und der restliche Körper war vollkommen unkenntlich geworden.

Mit Robert Mapplethorpe lernte ich einen neuen Freund kennen. Ich glaube, vor ihm hatte mir noch niemand aus der Kunstszene den Hof gemacht. Doch Mapplethorpe, der gerade erst berühmt wurde, hatte erkannt, dass ich jemand war, der über ihn schreiben konnte. Ich weiß nicht mehr, wie wir uns getroffen haben. Vielleicht hat uns auf der Straße jemand einander vorgestellt, oder es war auf einer Party. Er machte deutlich, dass es ihm nicht um Sex ging; nein, er wollte, dass ich über ihn schrieb.

Er hatte ganz bestimmt keine Angst davor, für schwul gehalten zu werden – im Gegenteil. Er interessierte sich für Leder, SM, Scheiße, Schmerz, Blut – all die Dinge, die die meisten Schwulen in Kontaktanzeigen (oder heute in Online-Profilen) von der Liste ihrer bevorzugten Sexualpraktiken streichen. Mapplethorpe hatte eine spektakuläre Affäre mit der Punk-Sängerin Patti Smith gehabt, doch nun war er noch spektakulärer in den großen, viel älteren, aristokratischen Sam Wagstaff verliebt. Sam hatte Roberts Karriere in Gang gebracht, indem er die größte private Fotosammlung erwarb und ausstellte; sie begann mit Fox Talbot, und am Ende dieser großartigen Tradition stand Robert. Sam zeigte all diese Fotografien und gab dann eine große Party für Robert in einer schicken Tränke an der Park Avenue Nummer eins (Sam wohnte dort im Penthouse); er lud dazu die ganze Presse und die wichtigen Kritiker und Sammler ein. In jener Epoche der 1970er wiesen Schwule fremde Zuschreibungen zurück und folgten einer neuen Vision des »hypermännlichen« Homosexuellen – dem berühmtem »Clone«-Look –, und Mapplethorpe war der Hohepriester dieser Virilisation. Soldat, Bulle, Bauarbeiter, das waren die Typen, die von der Disco-Band Village People gefeiert und parodiert wurden. Doch Mapplethorpe verweigerte sich der Konformität und Harmlosigkeit dieses modischen Looks und überschritt seine Grenzen, indem er ihn um Schmerz, Folter und Opfertod erweiterte. Seine Bilder waren nicht erotisch und wirkten höchstens auf Fetischisten erregend. Sie zeigten auch keine namenlosen Darsteller, aufgenommenen von einem namenlosen Fotografen, wie es bis dahin in der Pornografie üblich war. Nein, als guter katholischer Junge glaubte Mapplethorpe an den Teufel. Beim Sex flüsterte er seinem Lover ins Ohr: »Tu es für Satan.« Pasolini, der italienische Filmregisseur, ging vielleicht noch einen Schritt weiter als er; in seinem skandalösen Film *Salo* würdigt er die beiden größten Sünden der schwulen Welt: Satanismus und Pädopilie. Mapplethorpe interessierte sich nicht für Kinder, aber es kam in England zu einem Skandal, als eine Galerie sein Foto eines Mädchens ausstellte, das kein Höschen unter dem Kleid trägt und die Beine spreizt. Dass sich das Kind ganz unschuldig bewegt, und dass ihre Mutter beim Fototermin anwesend war, konnte die schmutzige Fantasie der Öffentlichkeit nicht beruhigen.

Als ich mit ihm befreundet war, ging Mapplethorpe fast jede Nacht in eine Bar am Ende der Christopher Street ganz in der Nähe der Trucks und der Piers am Hudson River. Er war einer der wenigen weißen Gäste im Keller's, einer Kneipe für schwarze Schwule. Manchmal trug Robert Leder, aber es war kein schweres Zeug, wie Marlon Brando es in *Der Wilde* trägt, keine Ketten und Schnallen, sondern elegante, gut sitzende holländische Ledersachen mit blauen oder roten Nähten. So stand er da und starrte voller Begeisterung und fest entschlossen diejenige Person an, die er an diesem Abend am meisten begehrte.

Ich habe Mapplethorpes Sexualität nie verstanden. Er erklärte sie mir und korrigierte immer wieder lächelnd die falschen Schlussfolgerungen, die ich zog. Zum Beispiel sagte er: »Nein, mit Fantasie hat das nichts zu tun.« Oder: »Nein, es ist kein Rollenspiel. Das, worauf ich stehe, könnte nicht echter sein. Deswegen stehe ich drauf – weil es echt ist.«

Er war ein Mann der leisen Töne, höflich und völlig unprätentiös; ganz offen, aber ohne viel Anteilnahme sprach er über seine arme katholische Familie auf Long Island. Mit Patti Smith hatte er im Chelsea Hotel gewohnt, aber er sprach nur selten von ihr. Vielleicht habe ich auch zu wenige Fragen gestellt, aber nein, ich glaube, es war so abendfüllend, jung und auf der Jagd nach Sex und Ruhm zu sein, dass die Menschen sich über die Vergangenheit nur wenig Gedanken machten. Wer oft von früher spricht, glaubt, dass es damals besser war, aber für uns war die Gegenwart das Goldene Zeitalter.

Eines Tages rief er an und sagte, er würde einen interessanten neuen Schriftsteller vorbeischicken – Bruce Chatwin. Wir reagierten sofort sexuell aufeinander, vielleicht, weil Mapplethorpe den Kontakt hergestellt hatte. Kaum hatte ich die Wohnungstür geschlossen, begrapschte mich Bruce, dieser so heldenhaft wirkende WASP-Typ mit seinen hellen, harten Augen, dem geruchlosen Körper und dem kurz aufflackernden, ironischen Lächeln. Eine Minute später hatten wir uns dort, wo wir standen, die Sachen vom Leib gerissen. Wir hatten auf sehr effiziente Art Sex, zogen uns an und wiederholten diese Erfahrung nie wieder, obwohl wir uns bis wenige Monate vor seinem frühem Aids-Tod noch häufig trafen. Bruce schrieb einen wunderbaren Essay über Mapplethorpe, und Susan Sontag ebenfalls. Robert war gut darin, die besten Schriftsteller dazu zu bringen, über seine Arbeit zu schreiben, auch wenn er selbst nicht gerade ein Leser war.

Robert wohnte allein in einem finsteren Loft an der Bond Street, nicht sehr weit von meiner Wohnung an der Lafayette entfernt. Sie war mit dunklen Stickley-Möbeln und Accessoirs vom Anfang des Jahrhunderts vollgestellt, schönen Stücken, aber sehr wuchtig. In das lange, schmale Wohnzimmer ragte vom Badezimmer aus ein merkwürdiges Tablett herein. Ich habe seinen Zweck nie richtig verstanden, aber Robert erzählte mir, er habe »auf Scheiße gestanden, bevor es zu gefährlich wurde, weil alle Amöben hatten.« Weil er »das mit der Scheiße« ließ, habe er dann »das mit den Niggern« angefangen.

Wir aßen einige Male gemeinsam Lunch in einem Restaurant namens Binibon an der 2nd Avenue. Mein Freund John Purcell und ich nannten das Lokal »Tanzende Tische«, denn die Tische standen in eigenartigen Winkeln zueinander. Im Binibon verübte Jack Abbott, der Autor von *In the Belly of the Beast*, 1981 einen berüchtigten Mord. Abbott hatte wegen Fälschung und Bankraub im Gefängnis gesessen; seine Haftstrafe war um einundzwanzig Jahre verlängert worden, weil er einen anderen Insassen niedergestochen hatte, doch wurde er vorzeitig auf Bewährung entlassen, weil Norman Mailer als Leumundszeuge für seinen Charakter bürgte. Einen Tag, bevor sein Buch erschien, tötete er einen Kellner im Binibon. Die ganze traurige Geschichte fiel mit dem Ende des linken Idealismus der Siebziger zusammen. Kurz darauf wurde Reagan gewählt.

Ich schrieb den Katalogtext für *Black Males*, eine frühe Ausstellung Mapplethorpes 1980 in der Galerie Jurka in Amsterdam. Meine These war, wann immer ein weißer Mann in Amerika einen schwarzen Mann anschaue, handele es sich um einen komplexen und schuldbeladenen Vorgang, und Mapplethorpe dekliniere das ganze Repertoire möglicher Reaktionsweisen durch (Art Deco Plastik, Sexualobjekt etc.). Später griff der schwarze Dichter Essex Hemphill mich (und den verstorbenen Mapplethorpe) dafür an, dass wir Schwarze wie Objekte behandelten. Er bezog sich dabei auf die Fotografie *Man in Polyester Suit*, auf der Mapplethorpes Lover Milton Moore zu sehen ist. Der Penis des Models hängt aus dem Hosenschlitz, aber sein Kopf ist abgeschnitten. In einer Debatte in einer Schwulenzeitschrift wies ich darauf hin, dass Mapplethorpe einen Vertrag mit Milton unterschreiben musste, dass er niemals auf demselben Bild seinen Penis und sein Gesicht zeigen würde, denn Milton wollte nicht, dass seine Familie davon erfuhr, dass er schwul war.

Als Robert nach Amsterdam musste, um seine Ausstellung zu eröffnen, bat er mich, auf Milton aufzupassen; er war ziemlich verrückt (einmal versuchte er, durch den Hudson nach New Jersey zu schwimmen). Milton war ein netter Mensch, aber Roberts Leben in New York überforderte ihn; manchmal nahm er ein Wörterbuch mit, wenn sie zum Dinner eingeladen waren, damit er die großen Wörter verstand, die die anderen gebrauchten. Bevor Robert 1989 mit zweiundvierzig an Aids starb, bekam er einen Brief von Milton, der im Gefängnis von Alabama eine Haftstrafe verbüßte, weil er einen Mann mit einem Bleirohr ermordet hatte. Er fragte, ob er ihm dreitausend Dollar borgen könne. Ich weiß nicht, ob Robert ihm das Geld gegeben hat.

Als Robert und ich befreundet waren, hatte er nicht viel Geld. Zweifellos hatte Sam Wagstaff ihm sein Loft gekauft, genau wie er ihm später das größere an der 23rd Street kaufte. Viel Bargeld schien Robert nicht zur Verfügung zu haben. 1980 machten wir beide zusammen ein Feature über Truman Capote für die schicke, halbschwule Theaterzeitschrift *After Dark*, und 1981 schrieben wir einen Artikel über William Burroughs für *SoHo News*. Ich glaube kaum, dass Robert irgendetwas von einem der beiden gelesen hatte (oder von mir), aber das schien keine Rolle zu spielen. Als wir an einem Tag im Juni im United Nations Plaza ankamen, spielte die Klimaanlage verrückt, und Capote kam uns am Fahrstuhl barfuß mit einem Palmwedel in der Hand entgegen. Während des Interviews schoss Capote immer wieder nach nebenan, um Kokain zu schnupfen. Er durchlief abwechselnd verschiedene Phasen; mal war er geistreich und ziemlich aufmüpfig, dann wieder redete er unzusammenhängendes Zeug – als würde man einen Ballon erst aufpumpen und die Luft dann wieder herauslassen. Robert hatte seinen attraktiven Assistenten Marcus Leatherdale dabei, der James Dean sehr ähnlich sah und später selbst ein bekannter Fotograf wurde. Capote schien sich für keinen von uns besonders zu interessieren, obwohl er mir zum Schluss sagte, er habe das eine oder andere von meinen Sachen gelesen und sei ganz beeindruckt gewesen. »Du wirst vielleicht noch ein paar gute Bücher schreiben«, sagte er. »Aber denk dran, das ist ein furchtbares Leben.« Mapplethorpe bestand darauf, ein gemeinsames Foto von Capote und mir aufzunehmen. Ich fragte ihn, warum. Er lächelte auf seine geheimnisvolle Art und sagte: »Eines Tages freust du dich noch darüber.«

Burroughs empfing uns im »Bunker«, so nannte er seine Wohnung an der Bowery. Er lebte im selben Gebäude wie der Dichter John Giorno, der zu jener Zeit Gedichte über Zucker, Alkohol und Fleisch schrieb. Burroughs wohnte im ehemaligen Umkleideraum des YMCA und zeigte uns stolz die alten Graffiti an den Wänden der Toilette. In Burroughs Büchern weht so oft ein grauer Wind durch halbvergessene Szenen jugendlicher Einsamkeit; die fast unleserlich gewordenen obszönen Kritzeleien erschienen mir wie perfekte Embleme dieser Vision.

Im Verlauf des Abends wurde Burroughs immer bekiffter. Obwohl er homosexuell war, wirkte er genauso geschlechtslos wie Capote, wenn auch auf andere Art. Ich gab meinem Text die Überschrift *Dies ist kein Säugetier*, unter Verwendung einer Formulierung, die Susan Sontag einmal in Bezug auf Burroughs gebraucht hatte.

In den späten 1970ern eröffnete in der Nähe der Lederbars ein Glory-Hole-Treffpunkt. Man zahlte Eintritt und kam in einen großen Raum voller Kabinen mit verschließbaren Türen. In den Kabinenwänden befanden sich hüfthohe Löcher, durch die man den Schwanz des Nachbarn lutschen konnte. Es war ein wenig wie im Beichtstuhl, denn die Gesichter waren nicht zu sehen, doch manchmal nahm der Kontakt eine romantische Wendung und die Leute küssten sich durch das Loch und streckten sogar die Hände und Arme hindurch und streichelten Körper und Gesicht des anderen. Ich weiß noch, dass in der Mitte des Raums eine große Kabine mit zirka acht Glory Holes stand, zwei an jeder Seite. Einmal sah ich, wie ein Mann um diese Kabine herumging und seinen großen, harten Schwanz in ein Loch nach dem anderen steckte, ein ruheloser Minotaurus. Durch mein Loch sah ich, wie all die anderen Löcher auf irritierende Weise lebendig wurden – ausgestreckte Hände winkten ihn heran, Münder wurden aufgerissen und feuchte Augen blinzelten. Der Minotaurus war so wild und leidenschaftlich, dass er in jedes dieser verzweifelten, lebendigen Löcher hineinstieß.

Eines Abends, als ich mich dort aufhielt, machte mich der Junge am Einlass high, damit ich blieb und wartete, bis er um zwei Uhr morgens Feierabend hatte. Das klang verlockend, und ich saß bei ihm an der Kasse und plauderte, als plötzlich ein scharfer junger Mann mit der Aufmachung und dem knackigen Arsch eines Tänzers hereingestürmt kam. Ich war so bekifft, dass ich einfach hinter ihm herrannte, ihm direkt auf den Fersen, und in dem Moment, als er in seiner Kabine den Riegel vorlegen wollte, schlüpfte ich mit hinein. Das war zwar verboten, aber niemand überwachte die Regeln.

Ich ging mit ihm nach Hause. Er hieß Chris Cox. Für die nächsten drei Jahre waren wir beide mit Unterbrechungen zusammen. Er hatte an diesem Abend Acid genommen und kriegte ihn nicht hoch, aber er war im Grunde Top und ich Bottom, also gab er mir genaue Anweisungen, wie ich ihn ficken sollte; es war das einzige Mal in unserer Beziehung, dass ich das tat. Sogar als ich ihn fickte, war ich vollkommen verzaubert von ihm. Ich sah die Bücherstapel neben seinem Bett und war ganz erstaunt, wie viele dieser Bücher auch in meiner Wohnung standen. Er war so leidenschaftlich – manchmal bis zur Besinnungslosigkeit –, dass ich dachte, wenn dieser geile Typ auch noch dieselben Bücher besitzt wie ich, dann sollten wir Liebhaber werden.

Am nächsten Morgen fotografierte er mich beim Aufwachen. Auf den Fotos sehe ich benommen, verletzlich und glücklich aus, viel jünger als die siebenunddreißig, die ich in Wirklichkeit war, und gut gefickt, obwohl dieses Mal ich das Ficken übernommen hatte, eine Anomalie, die er sofort beendete. Er wohnte an der 23rd Street in einem großen, leeren Loft mit Dachfenster; über dem Bett, das nur aus einer Matratze auf dem Boden bestand, hingen von der Decke Blumentöpfe mit Spinnenpflanzen hinunter. In einem großen, abgetrennten Raum befand sich ein uraltes Badezimmer. Zu jener Zeit war ein spärlich möbliertes Loft das Schickste überhaupt, und es war schwer zu sagen, ob ein Loftbesitzer wirklich arm war oder ein Künstler, der sich minimalistisch geben wollte. Chris' Loft hatte einen Holzfußboden und schien sich über hunderte von Quadratmetern zu erstrecken. Die Fenster hatten keine Vorhänge; ein Telefon und ein Aschenbecher standen auf dem Fußboden neben einem Klappstuhl aus Metall. Der Raum war groß genug für ein Tanzstudio, und manchmal probte Chris auch dort, obwohl er zu der Zeit, als ich ihn kennenlernte, seine Theaterkarriere weitgehend beendet hatte. Lofts wurden meist halb illegal als Wohnungen vermietet, und deshalb war die Miete günstig.

Chris hing mir geradezu an den Lippen und wollte sich jeden Abend mit mir treffen. Er machte gerne Fotos von mir und schoss auch das Autorenfoto für meinen Roman *Notturno für den König von Neapel*, wofür er versehentlich einen teuren Rotfilter verwendete, wodurch die Ringe unter meinen Augen deutlich hervorgehoben werden, mein Haar dunkler und meine Haut blasser wirkte. Als er mich zwei Jahre später in Key West noch einmal für *Staaten der Sehnsucht* fotografierte, entstand das beste Foto, das jemals von mir gemacht wurde, womit ich natürlich »das schmeichelhafteste« meine. Ich war ausgeruht und hatte gerade zehn Kilo abgenommen.

Chris besaß eine dämonische Energie und überschüttete mich geradezu damit. Er löcherte mich endlos über Freunde und Familie. Als er meine Mutter kennenlernte, nannte er sie bei ihrem Vornamen, Delilah, und machte ihr mehrere Highballs. Er lauschte ihrem Monolog mit gelegentlichem Nicken und zustimmendem Murmeln, als säße er im Gottesdienst einer Pfingstlergemeinde, aber seine Augen gingen unruhig hin und her, und er hätte außer dem letzten Satz, der noch in seinen Ohren klingelte, nichts von dem wiederholen können, was sie gesagt hatte.

Am 27. Januar 1979 rief mich meine Stiefmutter an und sagte mir, dass mein Vater gestorben sei. Er war am 18. Dezember 1905 geboren worden. Sie sagte, sie würde ihn zwei Tage später in Findley, Ohio, beerdigen, dem Ort, in dem ihre Familie lebte. Ich rief meine Schwester an und verabredete mich mit ihr in Toledo, um gemeinsam in einem Mietwagen zur Beerdigung zu fahren. Dann reservierte ich einen Platz in einer Maschine nach Cleveland mit Anschlussflug nach Toledo. Meine Schwester reiste aus Chicago an.

Chris hielt mich die ganze Nacht im Arm. Er konnte warm und liebevoll sein, wenn er nicht gerade einen seiner Eifersuchtsanfälle hatte.

Am nächsten Tag torkelte ich um sechs Uhr morgens auf die fast leere Straße und winkte dem ersten Taxi, das ich sah. Der Fahrer stammte aus Haiti und sprach kaum englisch; er hatte keine Ahnung, wo der Flughafen war, und war ziemlich zugedröhnt. Er fuhr nicht auf den Highway zum Flughafen, sondern kurvte ziellos und unbekümmert durch Brooklyn. Er wirkte so verrückt wie der Teufel in einem schlechten brasilianischen Spielfilm. Als ich ein anderes Taxi sah, sprang ich aus seinem Wagen und stieg um.

Ich verpasste das Flugzeug. Mein Verhältnis zu meinem Vater war so kompliziert gewesen, dass ich auf keinen Fall seine Beerdigung verpassen wollte. Ich rief meine Schwester an, und wir machten neue Pläne. Am Ende kamen wir rechtzeitig in der Aufbahrungshalle an. Unser Vater schien geschrumpft zu sein und in weißem Wachs gebadet wie eine teure weiße Aubergine, die der Gemüsehändler vorm Verderben schützen will.

Der Tod meines Vaters hinterließ auf mich einen sehr viel stärkeren Eindruck als der Tod meiner Mutter viele Jahre später, vielleicht weil ich mit ihr gut auskam und sie ein Jahrzehnt lang unterstützt hatte. Ich hatte meinen Vater immer zurückgewiesen, genauso, wie ich mich von ihm zurückgewiesen gefühlt hatte. Ich hatte ihn zehn Jahre lang nicht mehr gesehen, nur einmal ganz kurz auf der Durchfahrt wenige Monate vor seinem Tod.

Als ich ihn in diesem kitschigen kleinen Aufbahrungssaal im offenen Sarg liegen sah, kam es mir albern vor, dass ich ihm derart satanische Kräfte zugeschrieben hatte. Da lag er, eine kleine wächserne Puppe, geschminkt und irgendwie *rekonfiguriert*. Kein Wunder, dass so viele stark riechende Pflanzen aufgestellt waren; ein leichter Geruch nach verdorbenem Fleisch hing in der Luft.

Ich habe mich oft gefragt, ob ich mich mit meinem Vater besser verstanden hätte, wenn ich hetero gewesen wäre. Als mein Neffe 2003 ein Buch über meine Kindheit schrieb, sprach er mit einem Nachbarsjungen, der ihm erzählte, Mr. White sei ein wunderbarer Mann gewesen, der ihn zu Konzerten des Cincinnati Symphony Orchestra mitgenommen habe. Wenn ich hetero gewesen wäre und mit meinem Dad Baseball gespielt hätte, hätte er mich vielleicht gemocht.

Doch als Hetero wäre ich ein vollkommen anderer Mensch geworden. Ich wäre niemals aus dem brennenden Bedürfnis, mich selbst besser zu verstehen, mich mitzuteilen und zu rechtfertigen, Schriftsteller geworden. Als Hetero wäre ich nicht gezwungen gewesen, in New York zu leben und statt der Bequemlichkeit des Geschäftslebens die bittere Armut der Boheme zu erleiden. Mein Vater war enttäuscht gewesen, dass ich seine Firma nicht übernehmen wollte. Meine Homosexualität war ihm peinlich.

Als er gestorben war, erkannte ich mehr und mehr den menschenfeindlichen Langweiler in ihm anstelle des Sadisten, den ich heraufbeschworen hatte. Er war sicherlich der geistloseste Mensch, der je gelebt hat – und wirkte schon zu Lebzeiten halb tot. Vor seinem Tod hatte ich Ende der Siebziger öfter den furchtbaren Traum, in mehreren ineinanderliegenden Mumiensärgen eingeschlossen zu sein, die ganz genau so aussahen wie ich, aber vollkommen reglos waren. Ich hatte Angst, genau wie mein Vater für die Welt schon gestorben zu sein, lebendig umschlossen von einem Rahmen, der nur so aussah wie ich, aber größer war und leblos.

In der Vergangenheit war Chris Schauspieler gewesen, jetzt war er Fotograf, aber er wollte Schriftsteller werden. In den drei Monaten, die wir in Key West verbrachten, schrieb er 156 Mal die erste Seite eines Romans, weiter kam er nicht. Er war ständig ärgerlich und enttäuscht und knüllte jede Seite sofort zusammen, nachdem er sie aus der Schreibmaschine gezogen hatte. Seine Katze rannte immer wieder weg und versteckte sich unter dem Haus, und Chris lief hinter ihr her und rief nach ihr. Doch Key West war eine Schriftstellerkolonie, und wann immer wichtige Leute aus der Welt der Literatur vorbeikamen, zeigte er sein schönstes Lächeln.

Er verdiente seinen sehr, sehr bescheidenen Lebensunterhalt als Verwaltungsassistent des Komponisten Virgil Thomson. Virgil war 1896 geboren und damals Anfang achtzig. Er war pummelig, griesgrämig und furchtbar taub – eine schreckliche Sache für einen Komponisten, der immerzu die Tonart wechselte und die Notenwerte geringfügig nach oben transponierte. Seine gewöhnliche Reaktion auf das Plappern und Kreischen um ihn herum bestand darin, einzuschlafen. Auch bei Tisch schlief er ein, doch wenn man ihn direkt ansprach, öffnete er sofort die Augen und sagte ohne die kleinste Schrecksekunde ganz sanft: »Ja, Schätzchen?«

Der bestimmende Einfluss auf Virgils Leben und Werk war Gertrude Stein gewesen, mit der er zwei Opern geschrieben hatte.

Er erzählte, dass sie beide von dem Moment an, als sie sich in Paris das erste Mal trafen, so vertraut miteinander umgegangen seien wie zwei Harvard-Absolventen. Ich habe *The Mother of Us All*, das von Susan B. Anthony handelt, nicht einmal, sondern zweimal gesehen, zuerst am Hunter College und dann Jahre später an der New York City Opera. Als ich ihn kennenlernte, leckte Virgil sich nach dem Misserfolg von *Lord Byron*, seiner ersten neuen Oper nach vierzig Jahren, noch immer die Wunden; die Aufführung an der Juilliard School in New York unter Leitung von John Houseman war 1972 ein großer öffentlicher Flop gewesen. Die Metropolitan Opera hatte die Oper in Auftrag gegeben, jedoch nie aufgeführt. Der Musikkritiker der *New York Times* hatte sie verrissen; er nannte sie »affektiert« und klagte, »diese vielen Walzer!« (Merkwürdig, den *Rosenkavalier* oder die *Kleine Nachtmusik* hat niemand deswegen kritisiert.) Dass alle Daumen nach unten gingen, muss Virgil besonders deshalb geärgert haben, weil er selbst viele Jahre lang der führende Kritiker New Yorks gewesen war und die Kunst, andere abzuqualifizieren, bestens beherrscht hatte; so nannte er Heifetz' ultraromantisches Geigenspiel »seidene Pyjama-Musik«. Später sah ich Virgils Inszenierung eines anderen Stein-Texts, *Capitals, Capitals*, in einem kleinen Theater an der West Side, wo es zusammen mit Eric Saties *Socrate* zur Aufführung kam. In dem Stück von Satie gab Rita Hayworths Tochter die Rolle der Prinzessin Yasmin Aga Khan; sie sang mit einer süßen, kleinen Stimme.

Chris Cox verehrte Virgil nach Art des netten, charmanten Südstaatenjungen. Er konnte ehrerbietig sein, ohne zu katzbuckeln, und war mit allen Details aus Virgils Leben bestens vertraut, einschließlich aller Dramatis Personae, mit denen er im Laufe vieler Jahre zu tun gehabt hatte. Blinde Verehrung war es nicht, aber als ehemaliger Schauspieler hielt Chris das Leben für eine von Grund auf glamouröse Angelegenheit, und Virgil war in seinen Augen der Gipfel an Verfeinerung, Genie – und sogar Geschichte! Er konnte es nicht leiden, wenn ich mal wieder den Mund zu voll nahm. Einmal saß ich mit ihm und Virgil zusammen und sagte: »Oh Gott, das war noch bevor Balanchine wirklich zu sich gefunden hatte und sie uns noch schreckliche Americana vorsetzten wie *Filling Station*, ein furchtbares Ballett, in dem –« Chris versetzte mir unter dem Tisch einen heftigen Tritt; die Musik war von Virgil, aber glücklicherweise hatte der nichts mitbekommen, so taub, wie er war. Ein anderes Mal stellte Chris mich Dominique Nabokov vor, kurz nachdem ihr Mann, der Komponist Nicholas Nabokov (ein Cousin des Schriftstellers) verstorben war. Ich war vom Namen Nabokov so beeindruckt, dass ich den ganzen Abend ununterbrochen redete, auch wenn mein Schienbein am nächsten Tag grün und blau war. Chris beherrschte die Kunst des Small Talk, aber ich redete immer wichtigtuerisch und ausschweifend daher oder doch zumindest unbeholfen und selbstbezogen.

Virgil war Teil der Geschichte, weil er mit Nadia Boulanger in Paris studiert und sich in den 1920ern mit Aaron Copland angefreundet hatte; Ned Rorem war in den 1950ern Virgils Kopist gewesen, und Virgil hatte ihn in Orchestrierung unterrichtet. Virgil war mit der französischen Geigerin Yvonne de Casa Fuerte und dem Komponisten Henri Sauguet befreundet und redete oft von ihnen. Für Chris waren sie Hausgötter, besonders, nachdem er mit Virgil nach Paris gereist und ihnen vorgestellt worden war; dort wurde er auch von Mary McCarthy zum Dinner eingeladen – sie nahm ihn beiseite und unterhielt sich volle zwanzig Minuten mit ihm (sie war eine Diplomatengattin).

Virgil hatte eine hohe, nasale Stimme und machte die verblüffendsten Bemerkungen, ohne mit der Wimper zu zucken. Und er nannte jedermann »Schätzchen«. Als ich in Key West an *Selbstbildnis eines Jünglings* arbeitete, wohnte ich zusammen mit Chris und Virgil in einem großen, altmodischen Haus mit Hollywoodschaukel auf der Veranda, es gab ein Wohnzimmer und ein Esszimmer, drei Schlafzimmer und Grapefruit- und Orangenbäume im großen Garten, außerdem eine Pflanze, an der kleine Bananen wuchsen. Ich gab Virgil das erste Kapitel meines Romans zu lesen. Er verbrachte einen Tag damit, dann kam er aus seinem Zimmer geschlurft und krächzte: »Wir bei uns in Missouri sagen zu sowas ›Große Wäsche, aber wenig zum Aufhängen‹, Schätzchen.« Eine andere Südstaatlerin, meine damalige Kollegin an der Columbia, Elizabeth Hardwick, brachte ihr Missfallen mit einem geträllerten und getanzten Lied zum Ausdruck: »Ach, ich weiß nicht, Süßer, es ist so furchtbar ›*I did it myyy way!*‹« Ich glaube, Virgil konnte sich unter »schwuler Literatur« nur Pornografie vorstellen und war enttäuscht, dass mein Buch zu keinen nennenswerten Ausschlägen auf der Lümmelskala führte.

Ich hätte kaum den Mut gehabt, einen neuen Roman in Angriff zu nehmen, wenn mich meine Autorengruppe *The Violet Quill* (*Die violette Feder*) nicht unterstützt hätte. Wir sechs oder sieben Autoren trafen uns nur acht Mal in einem Zeitraum von anderthalb Jahren, aber allein der Gedanke, dass andere schwule Männer meines Alters und meines Erfahrungshintergrunds nur darauf warteten, mein nächstes Kapitel zu lesen, gab mir die Stärke, weiterzumachen. In *Staaten der Sehnsucht* hatte ich über dutzende anderer schwuler Männer überall im Land geschrieben, aber ich spürte, dass ich nun mit aller Gründlichkeit nur über ein Kind und einen Jugendlichen schreiben wollte: mich. Es ist schwer zu glauben, doch damals hatte noch so gut wie niemand einen Coming-out-Roman geschrieben, diese Art von Geschichten, die wir uns gegenseitig nach dem Sex im Bett erzählten. Jeder von uns hatte seine Geschichte jahrelang immer wieder erzählt, und sie kam uns banal vor, aber aufgeschrieben war sie wieder brandneu.

Virgil wohnte im Chelsea Hotel in der originalen, holzvertäfelten Geschäftsführer-Suite. An der Wand hing ein großes Porträt des jungen Virgil von Florine Stettheimer (sie hatte das Zellophan-Bühnenbild für die Erstaufführung von *Four Saints in Three Acts* 1934 im Wadsworth Athenaeum in Hartford gestaltet). Virgil kochte einfach, aber hervorragend. Chris kaufte ein und putzte das Gemüse, und Virgil wusste, wie man daraus ein köstliches Dinner zubereitete – grünen Salat, Estragonhühnchen, ein *Purée de pommes de terre* (er konnte nicht einfach Kartoffelbrei dazu sagen) und ein fertig gekauftes Dessert. Maurice Grosser, der seit fünfzig Jahren Virgils Liebhaber war, nahm oft an diesen Essen teil; er malte von Cézanne inspirierte, riesengroße Äpfel. Obwohl er schon das Ende der Siebziger erreicht hatte, fuhr er noch immer Motorrad, und Virgil sagte bewundernd über ihn: »Er ist der einzige Mann aus meiner Generation, der unbekleidet einen erfreulichen Anblick bietet.« Von meinen Bekannten, die in den 1980ern an Aids verstarben, war Maurice der älteste, und auch das war eine Auszeichnung. Er war ganz offensichtlich sexuell aktiv. Auch wenn Virgil selten über Homosexualität sprach, hatte er ein scharfes Auge, eine giftige Zunge und einen guten Sinn für Humor. Als er mich einmal fragte, wie ein bestimmter Junge ausgesehen habe, sagte ich: »Er hat einen bezaubernden Körper.« Virgil lachte sich kaputt über das Wort »bezaubernd« und meinte: »Nicht gerade die Eigenschaft, auf die man bei einem Männerkörper Wert legt.« In Key West blieb er den ganzen Tag über in seinem Schlafzimmer und gab furchtbare Töne von sich. Doch um halb sieben erschien er perfekt gekleidet in Seersucker-Anzug und hellgelber Fliege. Sekunden später hatte er unsere Cocktails gemixt. Eines Nachts saßen wir alle schrecklich betrunken im Garten einer schwulen Disco, und Virgil erzählte uns, ziemlich aufgedreht vom Alkohol, dass er als junger Mann wegen seines schönen Hinterns viele männliche Verehrer hatte. Die Kröte erinnerte sich an ihre Tage als Prinz.

Chris katalogisierte Briefe, Noten, Programme, Besprechungen, Fotos und Erinnerungsstücke aus einem halben Jahrhundert, damit Virgil das alles an Yale verkaufen konnte. Für die Beinecke Library müssen Virgils Papiere besonders wertvoll gewesen sein, denn sie besaßen bereits das Archiv von Gertrude Stein – sogar den Lehnstuhl, den sie in der *Autobiografie von Alice B. Toklas* erwähnt, das Möbelstück, das Ezra Pound zerbrach, als er Stein und Toklas mit seinen Theorien und Meinungen tyrannisierte. Der Stuhl hatte den Damen besonders viel bedeutet, weil Alice das Polster nach einem Entwurf bestickt hatte, den Picasso ihr direkt auf den Stoff gezeichnet hatte. Wegen seines schlechten Benehmens verkündete Stein, Pound sei ein Dorferklärer, und das sei in Ordnung, wenn man ein Dorf wäre, aber »wenn nicht, nicht.«

Virgil lud Chris und mich zu einem Abendessen mit Christopher Isherwood und seinem Freund, dem Künstler Don Bachardy, ein. Wir waren damals alle große Trinker, und bald schon ging es ziemlich hoch her. Isherwood war ausgesprochen zugänglich und unprätentiös. Ich war noch lange Jahre mit Don und ihm befreundet (mit Don bin ich es noch heute). Chris Isherwood bekam nicht gerne Briefe, denn er hatte weder Zeit noch Lust, sie zu beantworten (E-Mails hätten ihm bestimmt gefallen); aber es machte ihm nichts aus, angerufen zu werden – er war immer sofort am Apparat. Wenn man zu pathetisch wurde, fing er schnell an zu lachen. Ich weiß noch, dass ich ihn von Key West aus anrief, wo ich gerade (auf Englisch, ich konnte noch kein Französisch) Chateaubriands *Erinnerungen* las. Ich las Chris am Telefon die letzten Seiten vor, vom Ergreifen des Kreuzes und dem langsamen Abstieg ins Grab. Wegen der großen Gefühle hatte ich Tränen in den Augen, aber Chris brach in haltloses Gelächter aus. Als ich später Keith McDermott in einer Bühnenbearbeitung von Chris' Roman *Treffen am Fluss* sah, der bei den heiligen Männern Indiens spielt, lachten die Mönche die ganze Zeit, sie bekamen richtige Anfälle und lachten sich krank. Gelächter stand im Zentrum von Chris' Vorstellung von Heiligkeit. Damals gefiel mir seine ausufernde Respektlosigkeit, denn das Thema Religion war für mich noch immer von Bedeutung. Heute zucke ich nur die Schultern, wenn man darauf zu sprechen kommt, aber damals verstand ich mich als »mystischen Atheisten«, Frömmigkeit beeindruckte mich, und ich glaubte, sie habe ihren Platz in dieser Welt, wenn auch nicht in meiner. Heute bringe ich der Religion wie Voltaire nur Geringschätzung entgegen, obwohl Voltaire wohl eher ein Pantheist gewesen ist. Isherwoods Bemühungen zu meditieren und die Vedanta anzunehmen waren auf amüsante Art glaubwürdig. In der Geschichte *Paul* in *Down There on a Visit* beschreibt er sehr komisch den Versuch, zusammen mit einem hübschen Junkie in seiner Wohnung in Los Angeles zu meditieren – keinem von beiden gelingt es, seinen Geist von allen Gedanken zu entleeren. Ich bin einige Male nach Los Angeles geflogen, um Chris und Don zu besuchen. Don zeichnete mich, und Jahre später hatte er eine intensive Sitzung mit meinem französischen Lover Hubert, der bereits den Aidstod vor Augen hatte. Als Don seine Augen zeichnete, brach Hubert in Tränen aus. Als er seine Nase zeichnete, fing die Nase an zu laufen. Als Don seinen Mund zeichnete, musste sich Hubert übergeben. Um es deutlich zu sagen, Hubert war schon sehr krank, aber Dons prüfender Blick wirkte wie ein Zaubertrick, der den Teufel austreiben konnte.

Nach unserer ersten Begegnung bei Virgil luden Chris Cox und ich Isherwood und Bachardy für den nächsten Abend zum Essen in meine Wohnung ein. Ich verbrachte den ganzen verkaterten Tag damit, die zwölf Sorten Fisch einzukaufen, die nach Julia Childs Rezept für den Fischtopf Dieppoise benötigt werden; dazu gibt es dann noch eine schwierige helle Soße. Es wurde ein Triumph, und bis zum Morgengrauen waren wir außer Rand und Band. Seitdem ich keinen Alkohol mehr trinke, frage ich mich, ob ich noch immer einen so selbstvergessenen, wilden Spaß empfinden und mich von der Flut des Lachens und Vergessens davontragen lassen kann.

* * *

Chris Cox entwickelte eine fast krankhafte Eifersucht. Ich spürte, dass er mich um meine sich allmählich entfaltende, verspätete »Karriere« beneidete. (Gerade weil sie eben erst begann, konnten wir noch hoffen, dass sie eines Tages zur vollen Blüte kommen würde.) Doch es war einfacher zu behaupten, es handele sich um sexuelle und gefühlsmäßige, besitzergreifende Eifersucht. Wenn ich von seiner Wohnung zu mir nach Hause ging, klingelte bereits das Telefon, wenn ich dort ankam. »Warum bist du so lange unterwegs gewesen? Man geht doch nur fünfzehn Minuten, und keine zwanzig! Was hast du gemacht? Hast du dich mit einem großen, schönen, dunkelhaarigen Fremden in einen Hauseingang verzogen? Nun los, sag schon. So war's doch, oder?« Ich hörte, wie er den Rauch seiner Zigarette inhalierte und dann wieder ausstieß wie kondensierte Wut. »Na? War es so? Halt mich nicht für naiv. Ich weiß, was für ein kleines Flittchen du bist. Du lässt doch keine Gelegenheit aus, dich ficken zu lassen.«

Wenn ich zu ihm kam, nahm er mich fest in den Arm; ich war bewegt und fühlte mich geschmeichelt, bis ich merkte, dass er mir die Hand hinten in die Hose steckte um zu fühlen, ob mein Arschloch noch feucht war vom Ficken. Er stieß mich von sich und sagte: »Wie oft hast du dich heute schon ficken lassen, hm?« Er wurde richtig wütend.

Wenn es alle zwei Wochen zu solchen Auftritten gekommen wäre, hätte ich es als antörnendes Sexspiel nehmen können, aber sie wurden zum festen Bestandteil unseres Lebens, als lebten er, ich und seine Eifersucht in einer Dreierbeziehung, und das war ein unerträglicher Eingriff in meine Freiheit. Ich war in meinem Leben drei Mal hoffnungslos verliebt gewesen und hatte mir jedes Mal alle Mühe gegeben, Gefühle der Eifersucht als unzivilisierte und auf jeden Fall sinnlose Zeitverschwendung zu unterdrücken. Chris ließ sich von seiner Eifersucht vollkommen in Besitz nehmen und fragte sich nie, ob er überhaupt das Recht habe, eifersüchtig zu sein.

Nach den Jahren der Zurückweisung durch Keith McDermott war ich so ausgehungert, dass ich anfangs selbst diese pathologische Form von Anhänglichkeit genossen habe. Mein Therapeut meinte, ich hätte ein sehr geringes Selbstwertgefühl und brauchte deshalb so starke Signale, wie sie nur ein Irrer aussenden könne. Doch bald schon nahm ich Chris seine eifersüchtigen Fragen und Überprüfungen übel, denn ich war schließlich schon immer ein Apostel der Promiskuität gewesen.

Mein neuer Lektor bei Dutton war Bill Whitehead, ein witziger, attraktiver Mann, der 1987 mit vierundvierzig Jahren an Aids verstarb. Er entwickelte eine neue Taschenbuchreihe und überzeugte Chris, als sein Assistent für ihn zu arbeiten. Chris war für diesen Job perfekt geeignet – durch seine Akribie, seinen Charme, seine Hingabe an Bill und die Autoren, und seinen Sachverstand, was New Yorker Namen betraf (das ist es, was den Newyorkismus vor allem ausmacht: die Kenntnis tausender von Namen und Gesichtern).

Durch Chris lernte ich einen schwierigen Menschen kennen, Coleman Dowell, den Autor von Southern-Gothic-Romanen. Wenn Schwule in ihrem Profil schreiben: »Keine Drama Queens«, dann geht es ihnen darum, den Kontakt zu Menschen wie Coleman zu vermeiden. Er verleugnete seine arme Familie aus Kentucky und behauptete, reich zu sein; seiner Familie gehörte angeblich die Destillerie von Heaven Hill Bourbon. Er wollte verheimlichen, dass sein Lover Bert, ein Psychiater, ihn unterstützte. Cole schrieb kunstvolle postmoderne Romane mit verschachtelter Erzählstruktur, die von boshaften Menschen in Führungspositionen handelten, die sich gegenseitig aufs Kreuz zu legen versuchen – oder Geschichten aus dem ländlichen Kentucky über einen Bauern, der mit einem zu großen Penis gestraft ist, zu groß für jede Frau (schließlich findet er einen minderjährigen Jungen, der damit fertig wird). So grotesk diese Geschichten auch waren, ihre pornografische Absurdität wurde durch windige modernistische Tricks und den undurchsichtigen Faulkner'schen Stil überlagert.

Ich lernte Cole kennen, weil die *New York Times Book Review* mich gebeten hatte, den Roman *Island People* zu besprechen, wahrscheinlich sein bestes Buch, auch wenn es so sehr von Paranoia und Groll auf wirkliche Menschen zerfressen ist (vor allem auf Carl van Vechten, der das Pech hatte, Coles Mentor zu sein), dass es schwerfällt, es bis zu Ende zu lesen. Ihm fehlt die entscheidende, heikle literarische Eigenschaft, die niemand so recht einzuschätzen weiß: Charme. Dieses komplizierte Buch versetzte mich in Erstaunen, es war so unlesbar, dass es zwangsläufig zum Flop werden musste. Dennoch schrieb ich eine positive Besprechung; allerdings brachte ich gegenüber hochtrabenden Formulierungen wie »sie war eine Langweilerin von Format« meine Vorbehalte zum Ausdruck.

Wie auch immer. Mein begründetes Lob verschaffte mir eine Einladung zum Essen in Coles und Berts Wohnung im fünfzehnten Stock an der 5th Avenue mit Blick auf den Central Park und das Guggenheim Museum. Cole war ein großer, nett aussehender Mann mit einer großen, künstlich wirkenden Perücke. Berts Perücke war dunkler und bescheidener, aber sie saß nicht richtig. Das Wohnzimmer war sehr geräumig; große Spiegel fingen das Licht ein, das durch die Fenster fiel. Eingerichtet war der Raum im klassischen Hollywood-Stil; alles war aufeinander abgestimmt, die weißen Polstermöbel und die weißen Teppiche, die theatralisch angestrahlten Gemälde und die unzähligen Esszimmerstühle am schmalen mittelalterlichen Refektoriumstisch. Alles war etwas theatralisch, aber reizend und gemütlich – und so viel luxuriöser als alles, was Chris und ich je gesehen hatten, dass wir ziemlich eingeschüchtert waren.

Genau wie vom Essen. Cole war ein Küchenmärtyrer. Da er die Wohnung nur verließ, um sich auf obdachlose Schwarze im Central Park zu stürzen, blieb ihm viel Zeit zum Schreiben und für die Ausarbeitung kunstvoller Menüs, deren Vorbereitung manchmal drei Tage in Anspruch nahm. Cole begrüßte uns an der Tür mit dunklen Ringen unter den Augen und vor Erschöpfung zusammengekniffenen Lippen. Unsere »Gastgeberin« war Tammy, jedenfalls waren das die Worte, mit denen uns Cole sein kleines Hündchen vorstellte. Sie war alt und lahm, ein intelligenter, scheinbar ganz normaler Dachshund, aber Cole war geradezu besessen von ihr und brachte ihr eine ganze Palette befremdlicher, mal freundlicher, mal bösartiger Gefühle entgegen. Er schlug sie, wenn sie »böse« (oder er betrunken und wütend) gewesen war, doch sie schlief jede Nacht zwischen ihm und Bert und hatte einen Schrank voller Diamanten, Diademe und Pelze, die nach ihrem Tod einem Museum übergeben wurden. Dem Schriftsteller Walter Abish, Autor von *Wie deutsch ist es?*, unterlief ein furchtbarer Fauxpas, als er in einem Brief an Cole über literarische Themen hinzufügte: »PS. Tut mir leid, dass der Hund tot ist.« Cole rauchte vor Empörung aus allen Körperöffnungen. Zitternd vor Wut sagte er zu mir: »Hoffentlich stirbt seine Frau Cecile bald, dann schreibe ich ihm ›PS. Tut mir leid, dass die Frau tot ist.‹ Wie häufig waren die Abishes hier bei Tammy zu Gast!« Einmal erzählte mir Cole, dass all seine positiven weiblichen Figuren auf Tammy basierten. Die negativen basierten auf Susan Sontag, die er nicht persönlich kannte, doch er war überzeugt, dass jede gute Besprechung, die nicht veröffentlicht wurde, von ihr verhindert und jede Ablehnung eines Verlegers von ihr herbeigeführt worden war. Er wusste, dass sie gegen ihn intrigierte, weil er sie in seinem Roman *Mrs. October Was Here* angegriffen hatte, obwohl er so vorsichtig gewesen war, den Roman in »Tasmania, Ohio« spielen zu lassen. In Wirklichkeit hatte Susan Sontag trotz ihrer Argusaugen noch nie von Coleman Dowell gehört, doch Cole brauchte einen Feind, am besten einen Juden oder eine Jüdin wie Sontag, Abish und Bert, seinen Lover. Cole war von wütendem, unsinnigem Antisemitismus besessen, denn er wurde von einem liebenswürdigen, geduldigen Juden ausgehalten, und all seine literarischen Freunde waren entweder Juden oder ganz konventionell politisch korrekt – und New York hatte nach Israel die zweitgrößte jüdische Bevölkerung der Welt (zwei Millionen gegenüber fünf Millionen). Und natürlich war das gesamte kulturelle Leben New Yorks, auf das sich seine Hoffnungen richteten, in hohem Maß von Juden beeinflusst. Coles Antisemitismus hatte zudem keine andere Grundlage als das Bedürfnis, zu schockieren und sich interessant zu machen, und ich glaube, er war seine Unabhängigkeitserklärung seinem unendlich nachsichtigen Liebhaber gegenüber.

In der zweiten Hälfte des zwanzigsten Jahrhunderts fühlten sich die meisten literarischen Autoren betrogen, vernachlässigt und als Opfer von Intrigen, doch Cole war einer der wenigen, die unablässig über ihr Hiobs-Schicksal klagten. Vielleicht, weil Tennessee Williams und Truman Capote die Stars seiner geistigen Landkarte waren, erhoffte er sich, dass auch er bald auf dem Cover der *Time* zu sehen sein würde. Vielleicht lag es daran, dass er in seinen Zwanzigern im Fernsehen aufgetreten war und an ein großes Publikum und Fans, die ihn auf der Straße ansprachen, gewöhnt war, dass er Verkaufszahlen von hunderten statt von hunderttausenden von Exemplaren grausam und beklagenswert fand. Und er beklagte sich immerzu.

Als ich Coleman 1974 zum ersten Mal begegnete, trank ich noch reichlich Alkohol und fühlte mich infolgedessen ständig schuldig. Ich wusste nicht mehr, was ich am Abend zuvor gesagt oder getan oder gerufen hatte, und das machte mich zu einem aufnahmefähigen Freund für Cole und seine Klagen. Aus Unsicherheit hatte ich eine recht enthusiastische Besprechung eines Buchs geschrieben, das mir nicht besonders gefiel, das zu kritisieren ich mich jedoch nicht traute. Warum sollte ich einen unbekannten Autor verletzen? Und was, wenn es sich am Ende als ein wichtiges Buch herausstellte? Eine einzige Besprechung in der *New York Times* konnte ein Buch berühmt machen oder die Reputation eines Autors zerstören. Ich hatte bereits erlebt, dass schlechte Besprechungen dort zu niedrigen Verkaufszahlen, mitleidigen Blicken der Freunde und geringeren Vorauszahlungen für das nächste Buch führten.

Wenn mir heute ein Buch zur Rezension vorgeschlagen wird, das mir nicht gefällt, schicke ich es an die Redaktion zurück, aber damals war ich so aufgeregt, dass mich jemand um eine Besprechung bat, dass ich mich nicht entschließen konnte, das kostbare Angebot abzulehnen. Keiner von uns vermochte es, sich im Angesicht der Macht, der absoluten literarischen Macht natürlich zu benehmen; wir alle waren unterwürfige Höflinge, ich weniger als die meisten anderen Schriftsteller.

Doch meine Feigheit, die mich dazu gebracht hatte, ein verwirrtes und verwirrendes Buch zu sehr zu loben, bescherte mir eine lange und schmerzhafte Freundschaft. Als Cole spät abends sehr betrunken war (und ich auch), kam er auf die Vorbehalte zu sprechen, die ich in meiner Rezension geäußert hatte – warum sollte man nicht sagen »eine Langweilerin von Format«? In seinen Worten lag echte Gehässigkeit, und in seinem Verhalten mir gegenüber blieb immer ein Rest von Wut und Abneigung – und das verängstigte mich so, dass ich stets bemüht war, ihm meine Hingabe zu beweisen. Chris Cox und ich erklärten uns sogar bereit, seinen Roman *White on Black on White* als Agenten zu vertreten. Cole war so wütend auf New Directions, weil sie seine bisherigen Bücher nicht ausreichend beworben hätten, dass er sich von James Laughlin, der seine Literatur wirklich zu schätzen wusste, trennte und einen neuen Lektor suchte. Natürlich verstand er nicht, dass Laughlin, der selbst psychisch labil war, als loyaler und uneigennütziger Lektor einer sehr seltenen Spezies angehörte. Und Cole hatte auch keine Ahnung, wie er einen neuen Verlag finden sollte. Da Chris neuerdings im Verlagsgeschäft arbeitete und ich einige Kontakte hatte, schickten wir das Buch an jeden, der uns einfiel, doch ohne Erfolg. Ich glaubte, es sei ein Selbstläufer, weil es von Rasse und Sex handelte, zwei großen amerikanischen Obsessionen. Doch niemand wollte es – es lag wohl an der verschachtelten Erzählweise und dem Mangel an Charme. Schließlich gelang es einem anderen Freund, die Countryman Press zu interessieren, einen kleinen Verlag mit einem winzigen Programm. Das Buch bekam viel weniger Aufmerksamkeit, als es bei New Directions erhalten hätte – und viel weniger, als es verdiente.

Am 3. August 1985 sprang Dowell in den Tod. Wir alle hatten es kommen sehen. Cole hatte pausenlos davon geredet, und als Bert mich in Paris besuchte, einige Wochen, bevor es passierte, fragte ich ihn, ob er auf eine solche furchtbare Möglichkeit vorbereitet sei. Wir alle waren erschrocken und verängstigt – uns schien, dass jeder in die Versuchung kommen könne, es zu tun. Wir fragten uns, ob er an Aids erkrankt war und es nicht zugeben konnte, oder ob er Angst vor einem langsamen, schmerzhaften Tod hatte. Man hörte, dass er einen schwarzen Lover verpfiffen hatte, der auf Bewährung aus dem Gefängnis gekommen war – er hatte ihm Drogen zugesteckt und der Polizei einen Tipp gegeben, dass ein Häftling auf Bewährung mit Drogen handele, aus Rache, weil der Typ ihn betrogen hatte. Vielleicht hatte er auch, wie er selbst oft sagte, Angst vor dem Alter und davor, seine »Schönheit« zu verlieren.

Unter meinen Bekannten aus den Siebzigern waren gewiss viele schräge Typen, Paranoide oder schlechte Kerle, aber nach einhelliger Meinung gab es auch einen Heiligen: Joe Brainard. Joe war ein Schriftsteller und bildender Künstler aus Oklahoma; er stotterte, konnte nicht richtig schreiben und war so schüchtern, dass er zu Boden sah und herumzappelte, wenn er glaubte, dass ihn jemand beachtete. Einmal hatte er Komplimente für seinen Brustkorb bekommen, deshalb trug er das Hemd aufgeknöpft bis zur Taille, selbst im kältesten Winter.

Wir hatten einige Dates, und er brachte immer einen Block mit zum Essen. Für ein normales Gespräch war er zu schüchtern, deshalb schrieb er etwas auf den Notizblock, schob ihn herüber und wartete auf eine schriftliche Antwort. Es war ein wenig so, als äße man mit einem tauben Menschen zu Abend, der nicht von den Lippen ablesen konnte, während man selbst die Gebärdensprache nicht beherrschte. Manchmal warf er mir einen direkten, warmen Blick zu, doch im nächsten Moment schaute er pfeifend zur Decke wie ein schlechter Schauspieler, der unschuldig wirken will.

Er war in einer armen Mittelschichtsfamilie aufgewachsen, und als er nach New York kam, zog er ins East Village und ernährte sich aus Abfalleimern. Kenward Elmslie, der Dichter und Erbe des Pulitzer-Vermögens, nahm ihn auf, und sie waren ihr Leben lang Liebhaber. Ich höre immer wieder, dass ahnungslose Leute sagen, die Zeiten, in denen Menschen ausgehalten werden, seien vorbei, dass man heute nicht mehr wie ein Held Balzacs in die Hauptstadt kommt und dort einen Beschützer findet, doch in Wirklichkeit geschieht es noch genauso häufig wie zu allen Zeiten. Natürlich können nur sehr reiche Menschen so etwas tun, und von denen kennt man nicht viele. Und heutzutage stehen weder der ausgehaltene Junge noch der ältere Mann offen zu der Art ihrer Beziehung.

Niemand konnte weniger berechnend sein als Joe. Mit den Aktien, die er bekommen hatte, verdiente er in jedem Quartal sehr viel Geld, und er ließ sich alles bar auszahlen und bewahrte es in einer großen Schublade auf. Er zog tausend Dollar aus der Schublade und fragte ganz ernsthaft, ob das genug sei, um essen zu gehen. Meistens war er zur Essenszeit völlig zugedröhnt. Die Rechnung bezahlte immer er.

Er wohnte in einem großen Loft an der Greene Street, das nur aus zwei Räumen bestand. Im hinteren Zimmer standen hunderte von

Kisten voller Material, das er eines Tages vielleicht für seine Collagen verwenden würde. Im vorderen Zimmer gab es einen Sitzbereich und eine Matratze auf dem Fußboden; im Radio lief Tag und Nacht Country-and-Western-Musik. Joe fraß sich beharrlich durch einen dicken viktorianischen Roman nach dem anderen. Um zwei Uhr morgens war er mit *Middlemarch* fertig und begann mit *The Way We Live Now*. Er sagte nie viel über diese Bücher, außer dass es gute Bücher seien und sie ihm gefielen. Oder er sagte: »Also diese Dorothea!« und lächelte sein breites dümmliches Lächeln.

In den späten Sechzigern und frühen Siebzigern war er ein Speed-Freak gewesen, dadurch hatte er es geschafft, hunderte und aberhunderte kleiner Collagen fertigzustellen. Als ich ihn kennenlernte, gestaltete er noch Buchcover für seine Freunde Ron Padgett, John Ashbery und Kenward Elmslie. Im Laufe der Jahre hatte er auch viele witzige Variationen der Comicfigur Nancy angefertigt. Vielleicht ist sein bekanntestes Werk sein Buch *I Remember*, in dem er ganz einfach alles aufzählt, woran er sich erinnert – das ultimative Dandy-Buch, besteht doch das Prinzip des Dandys darin, alle Hierarchien einzuebnen und alle gängigen Wertsysteme durch die Beliebigkeit von Geschmack und Persönlichkeit zu ersetzen.

Im Buch liest sich das so:

> Ich erinnere mich an Fischernetze.
> Ich erinnere mich an Bücherregale aus Brettern und Backsteinen.
> Ich erinnere mich, mit dem Auto zu fahren und im Geist die Landschaft zu malen (das mache ich noch immer).

Joe war lange mit Warhol befreundet gewesen und hatte die Pop-Art mit dem frühen Gemälde *7-Up* vorweggenommen; als er dann Andys Arbeiten sah, gab er diesen Ansatz auf. An einem Gemälde hat er zusammen mit Jasper Johns gearbeitet. Doch am liebsten zeichnete er. Er zeichnete Kenwards schönen Hund Whippoorwill oder seinen eigenen Fuß, oder er zeichnete die Beine eines Jungen in Sportsocken, oder einen schlafenden nackten Mann. Seine Arbeiten waren entweder coole, sorglose Americana oder sie waren witzig. Er malte nur selten, doch wenn er es tat, war das Ergebnis höchst originell und überzeugend. Er parodierte zum Beispiel Wyeths Stil und malte Whippoorwills langen weißen Körper, der lang hingestreckt über die Grasfläche vor einem Haus kriecht.

Joe verbrachte jeden Sommer mit Kenward in Calais, Vermont. Von dort schrieb er uns allen Briefe in seinen großen, fetten Buchstaben und teilte uns mit, was er gerade las (*Große Erwartungen*, *Bildnis einer Dame*) oder wer zu Besuch kam.

Mitten aus diesem sehr geregelten Leben heraus (Lesen, Essen in teuren Restaurants, sehr seltene Sexabenteuer, ständige Country-and-Western-Musik, Sommer in Vermont) verliebte sich Joe bis über beide Ohren in meine alte Liebe Keith McDermott. Keith war nach einigen Jahren in Los Angeles wieder nach New York gezogen. Ich hatte ein paarmal mit Joe geschlafen, aber es klappte mit uns im Bett nicht so richtig. Jetzt war Joe überwältigt von Keiths Aussehen. Immer, wenn Keith in einem Stück auftrat, überschüttete Joe ihn mit Rosen. Joe war auf die alleraltmodischste Weise romantisch, und Keith erlag dieser überschwänglichen Verehrung. Auch Keith fand Joe sehr attraktiv; er hatte Exzentriker und Bohemiens immer gemocht. Mit seinen Armani-Anzügen, seinem riesigen Vorrat an Bargeld und seinen ruhigen, tatenlosen Tagen und Nächten, nach so vielen Jahren hektischer Arbeit auf Amphetaminen, entsprach Joe Keiths Horror vor der Mittelschicht und seiner Sehnsucht nach dem Ungewöhnlichen.

Vielleicht kamen sie zusammen, weil jeder das Ideal des anderen verkörperte. Keith war der kleine, unbehaarte, perfekt gebaute junge Mann mit dem Körper eines Turners und ebenmäßigen Zügen – jemand, der direkt aus einer von Joes Zeichnungen herausgetreten sein könnte. Joe war warm und liebenswürdig und anders als jeder andere.

Als die englische Fernsehserie *Wiedersehen mit Brideshead* gezeigt wurde, luden wir uns in unserem Freundeskreis für jede Folge reihum nach Hause ein, und jeder kochte sein bestes Essen, wenn er an der

Reihe war. Joe konnte nicht kochen, deshalb ließ er Kaviar und Schokolade liefern, das Teuerste, was es gab.

Joe war wirklich süß und selbstlos – wir nannten ihn Fürst Myschkin. Später, als er in jungen Jahren an Aids sterben musste, wurde er bitter, verständlicherweise. Ich bin froh, dass ich nicht Zeuge dieser letzten Lebensphase wurde.

17.

Ich weiß nicht mehr, wann ich Richard Sennett das erste Mal getroffen habe, denn dutzende von Wegen führten zu dem intellektuellen und gesellschaftlichen Rom, das er verkörperte. Dick war Soziologieprofessor an der New York University und hatte mehrere bemerkenswerte Bücher geschrieben, darunter *The Hidden Injuries of Class* und *Verfall und Ende des öffentlichen Lebens*. Er war ein bekannter Lehrer und gefragter Vortragsredner, und er war auch eine verrückte Kombination aus Streber, extravaganter Tunte und Mrs. Astor, insofern, als er Ideen und Intellektuelle liebte und gern in tollen Fummeln herumlief, auch wenn das bei ihm nur eine Phase war. In seinem kleinen Haus in Washington Mews, einer Pflasterstraße ganz in der Nähe des Washington Square, empfing und bewirtete er charmant und unermüdlich seine Gäste. Im alten New York des neunzehnten Jahrhunderts lebten die von Henry James beschriebenen Patrizier in großen Stadthäusern um den Platz herum, und die Ställe und Wohnquartiere der Diener befanden sich in schmalen Gassen dahinter. Als Anfang des zwanzigsten Jahrhunderts Automobile die Kutschen ersetzten, wurden diese Stallungen in Künstlerwohnungen umgebaut. In New York war jede Art von freundlichem, historischem, privatem Wohnraum so ungewöhnlich, dass umgebaute Ställe uns wie der Inbegriff des zivilisierten Luxus vorkamen. Washington Mews genauso wie die entsprechende MacDougal Alley an der 5th Avenue waren die besten Wohnadressen in Manhattan. In Philadelphia wären sie nur zwei von dutzenden und dutzenden ruhiger Straßen mit Stadthäusern aus Backstein, mit Gaslicht und hundertjährigen Bäumen gewesen, und in London würde sie niemand zur Kenntnis nehmen.

Dick war schon zweimal verheiratet gewesen, bevor ich ihn kennenlernte – und heiratete später noch einmal, und zwar die fröhliche und bezaubernde, in den Niederlanden geborene Saskia Sassen. Doch in den späten Siebzigern und frühen Achtzigern, als wir befreundet waren, versuchte er schwul zu sein, wenn auch mit wenig Erfolg. Vielleicht war er etwas bisexuell, aber seine Schwärmereien für schöne Jungs klangen eher pflichtbewusst als authentisch. Dick bemühte sich sehr um einen großen, kräftig gebauten jungen Mann mit schwarzem, lockigem Haar, geschwungenen Lippen, starken, muskulösen Beinen und großen schwarzen Augen, der Dick auf sehr beklommene Weise zu lieben schien; ich habe meine Zweifel, ob ihre Liebe auch nur für einen von ihnen wirklich befriedigend war.

Dick hatte immer gern Gäste, aber nicht irgendwelche. In seinem Haus in den Mews konnte man Isaiah Berlin, Michel Foucault, Susan Sontag, Jürgen Habermas oder Alfred Brendel treffen. Wie die meisten Intellektuellen verabredeten sich diese Männer – und die gelegentlich vertretenen Frauen – nicht gern für längere Zeit im Voraus, wie das im geschäftigen New York sonst üblich war. Sie wussten nie, wann die Inspiration sie überkommen würde, und außerdem gehörte gesellschaftlicher Umgang nicht zu ihrem Selbstverständnis. Sie waren keine dieser frivolen (oder konventionellen) Wesen, die wussten, was sie am nächsten Donnerstag tun würden. Doch da sie sich wie jeder andere auch manchmal einsam fühlten, besonders an kalten Februartagen nach Einbruch der Dunkelheit, fuhren sie dann ganz einfach zu Dick und klingelten. Dick konnte man immer besuchen, während die meisten New Yorker sich in ihren Wohnungen verbarrikadierten und wie Spitzenpolitiker nur nach sorgfältig arrangierten Verabredungen erreichbar waren – und selbst dann erst nach zwei Absagen und drei Terminverschiebungen an einem neu festgelegten Ort. Entweder kochte er gerade in seiner modernen, geräumigen Küche im Erdgeschoss, oder er saß mit Gästen im ersten Stock in seinem atelierartigen

Wohnzimmer mit hoher Decke, in dem auch sein Flügel stand. Manchmal fiedelte er auf seinem Cello, und Brendel spielte den Klavierpart. Auf dem großen, tiefen Sofa und den Lehnstühlen saßen die verschiedensten Menschen, darunter viele Europäer, und plauderten. Eine seiner Lieblinge war Diana Trilling, eine füllige, lebendige Frau von fünfundsiebzig, die ihr mit Henna gefärbtes Haar in einem Knoten trug; sie war schlicht, aber vornehm gekleidet, brachte jedem einzelnen Anwesenden großes Interesse entgegen und vertrat ihre Auffassungen äußerst pointiert.

Ich erinnere mich, neben der Schriftstellerin Janet Hobhouse gesessen zu haben, als Trilling aufsah und fragte: »Wer ist dieser junge Mann, der wie ein Fürst aus einem Roman von Turgenjew den Raum betritt?« Es war Wladimir de Marsano, mein Kumpel aus Venedig. Ich sagte: »In Wirklichkeit ist er ein halb serbischer, halb italienischer Aristokrat, und er wird in einem meiner Romane vorkommen.« Wladimir kam zu mir herüber, mit seinem wunderbaren, etwas schiefen Grinsen, den entschlossenen, aber freundlichen Augen und der etwas asymmetrischen Boxernase – als hätte jemand den Kopf einer antiken Statue in Wachs nachgebildet und dann ganz leicht zur einen Seite gedrückt. Er war in erster Linie ein ausgelassenes Kind von tadellosen Manieren, und er bewegte sich mit der Eleganz und Leichtigkeit eines slawischen Fürsten. Er hatte die Art, sehr nah an sein Gegenüber heranzutreten, als sei er sich bewusst, dass seine Anziehungskraft mit jedem Zentimeter verringerten Abstands exponentiell zunahm. Er wusste, dass jeder ihn küssen wollte. Ihm selbst lag daran nichts, aber er genoss es, diese Macht über uns zu besitzen.

Er erschien zusammen mit einem robusteren blonden Mann, einem Studenten aus Südafrika. Anscheinend verbrachten sie einen Großteil ihrer Zeit in der angesagten Disco Studio 54. Ich bin nie dort gewesen, aber offensichtlich legte der Eigentümer, Steve Rubell, Wert auf eine gute Mischung von Berühmtheiten jeder Art und schöner Nobodies. In New York wurde Wladimir wohl als schöner Nobody angesehen, aber für alte Venezianer wie David und mich war er ein Mythos. Im

Scherz beklagte sich Wladimir darüber, dass die Leute ihn und seinen animalischen Freund für Liebhaber hielten, weil sie so unzertrennlich waren. Er schien stolz auf diese Unterstellung zu sein – und vielleicht auch auf die Wahrheit dahinter.

Im Studio 54 hing ein riesiger, lächelnder Mann im Mond über den Tänzern, der sich in endloser Wiederholung einen Löffel mit Kokain zur Nase führte. Damals versicherten mir viele meiner Bekannten, Kokain sei nicht schädlich und mache nicht süchtig. Man hielt sie für die perfekte Yuppie-Droge, weil sie den Kopf klar machte und man dann noch härter arbeiten wollte.

Dick Sennetts Salon war etwas vollkommen anderes als das Studio 54, aber auf seine Art nicht weniger exklusiv. Dick war ein ehrgeiziger Koch, der mal mehr, mal weniger gelungene Gerichte zubereitete, und oft traf man ihn an, wie er gerade ein kompliziertes Essen aus dem aktuellsten Kochbuch brutzelte – das er dann einfach so zwischendurch servierte.

Aber niemand schenkte dem Essen oder dem großzügig ausgeschenkten Wein besondere Aufmerksamkeit, sie waren nur der edle Hintergrund der höchst mondänen Szenerie: der guten Gespräche und der Aussicht auf noch bessere Gespräche. Dick stellte den Berühmtheiten keine Fragen zu ihrem Arbeitsgebiet und ihren Errungenschaften, stattdessen versuchte er mit kleinen Sticheleien, ihre geheimen Laster, verborgenen Vorzüge und der Öffentlichkeit unbekannten Tricks und Schliche aus ihnen herauszukitzeln. Er tätschelte die greise Hand eines ergrauten Oxford-Professors und sagte: »Oh, was für ein unartiges Kätzchen du bist! Stimmt's nicht? Stimmt's nicht? So böse, böse und unartige Gedanken – und Taten! Jawohl, Taten, du Kater Murr! Na gut, und jetzt à table, à table, ihr alle, und denkt dran: Flossen hoch!« Niemand wusste so richtig, was er mit »Flossen hoch« genau meinte, aber es klang wie eine Mischung aus dem Slogan eines Eating Clubs und einem halb vergessenen Kinderlied. Diese einsamen Intellektuellen, deren Augen vom jahrelangen Studium von Mikrofilmen und mittelalterlichen Schriften eingefallen und deren Stimmen heiser waren vom sinnlosen Brabbeln, während sie allein in ungeheizten Räumen Bohnen aus der Dose mit Bovril in sich hineinlöffelten, wurden hier gestreichelt, gelobt und gefüttert. Sie waren wie sträunende Katzen, die zum ersten Mal hinter den Ohren gekrault wurden. Sie schnurrten behaglich, auch wenn sie zugleich besorgt nach dem nächsten Tritt in den Hintern Ausschau hielten und nach der nächsten gehässigen Rezension eines Rivalen im *Times Literary Supplement*. Doch Dick lud nicht nur die Alten und Berühmten ein. Er wusste, dass sie junge, liebenswürdige Nobodies brauchten, die sie verehrten. Angesichts des Durchschnittsalters im Raum galt jeder unter fünfzig als jung.

Dick war das, was die Franzosen einen Mythomanen nennen, was auf sein flexibles und stets unterhaltsames Verhältnis zur Wahrheit anspielte, die er jedoch nie zu seinem Vorteil zurechtrückte. Er versuchte nicht, irgendjemanden zu beeindrucken oder mit seinen großen Gedankengebilden den Ton anzugeben. Nein, er träumte nur laut vor sich hin und erweiterte dabei den schmalen Horizont des Denkens, indem er zu beiden Seiten des öden Kieswegs der Realität bunte Blumenrabatte anlegte. Andererseits war seine Mythomanie auch eine Form von nahezu orientalischer Höflichkeit. So begegnete er Susan Sontag und Joseph Brodsky bei demselben Anlass. Susan sagte er, dass er genau wie sie gerade erst eine ernsthafte Krebserkrankung überstanden habe, und Joseph sagte er, genau wie er habe er gerade erst einen fast tödlichen Herzinfarkt überlebt. Niemand nahm Anstoß, als herauskam, dass Dick vollkommen gesund war, in der Gegenwart wie in der Vergangenheit. Man lächelte verlegen und zuckte die Schultern. Es war ja niemand zu Schaden gekommen. Ich hörte von ihm drei verschiedene Geschichten über seine Kindheit. Das eine Mal war er an der South Side von Chicago von Sozialisten aufgezogen worden. Ein andermal waren seine Eltern ein Paar »radikaler« Lesben aus Minnesota. Und einmal, als wir auf der Île St.-Louis in Paris spazieren gingen und ich sagte: »Ist es hier nicht wunderschön?«, erwiderte er: »Ich bin so froh, dass du es magst, hier bin ich gleich nach dem Krieg bei meinen französischen Tanten aufgewachsen«, und dabei deutete er etwas vage in die Richtung eines dunklen *hôtel particulier* am Quai de Bethune. Doch warum fehlt ihm immer das richtige französische Wort, und warum spricht er mit einem so unverständlichen Akzent, wenn er hier seine Kindheit verbrachte?

Außerdem gab es eine Menge verschiedener Geschichten darüber, weshalb er aufgehört hatte, Cello-Konzerte zu geben – seine gelähmte Hand ist eine davon. Aber sie ist nicht gelähmt. Eine andere handelt davon, wie er sich in sein Cello übergeben hat. Aber warum spielte er so viele falsche Töne, obwohl er sein Gesicht doch auf erschreckend professionelle Weise einfrieren und durch geblähte Nasenflügel atmen konnte wie eine Teufelsfigur vor einem japanischen Tempel oder eine Dostojewski'sche Figur kurz vor dem Herzinfarkt? Dick liebte Musik und hatte viel Freude daran, zu spielen, obwohl er oft eigenartige Töne hervorbrachte. Und, he, ist das Schallloch im Cello wirklich groß genug, um sich dort hinein zu erbrechen? Ich glaube, es hat nur zwei schmale S-Kurven beiderseits der Saiten.

Doch wer sind wir, um uns zu beklagen? Dick versorgte uns mit vielen guten Geschichten, und die Hälfte unserer Gespräche drehte sich um seine letzten Erfindungen und seine höchst beachtenswerten Vorstöße. Habe ich schon erzählt, wie er, obwohl er fast kahl und sein Haarkranz grau ist, ein imaginäres Haarband mit dem Ausruf zurückwies: »Wie, ich als Blonder …«? Oder habe ich vom Dinner gestern Abend erzählt, als er die Treppe in einem kleinen lila Trägerkleid herunterkam, obwohl er furchtbar behaarte Schultern hat? Und während des Essens in ein kleines schwarzes Kleid wechselte? Offenbar trauerte er dem achtzehnten Jahrhundert nach, als öffentliche Auftritte expressiven Charakter hatten, vergleichbar mit Kunstwerken. Man erzählt noch immer Geschichten über Dick Sennett. Erst neulich, gut zwanzig Jahre später, traf ich jemanden, der behauptete, er habe Dick während seiner Fummelphase in Kleiderfragen beraten.

Als Freund war Dick eine wunderbare Stütze. Er stellte mich als Geschäftsführer des New York Institute for the Humanities ein, obwohl ich nur über geringe akademische Weihen verfügte und nie in der Verwaltung gearbeitet hatte, außer der kurzen Zeit bei der *Saturday Review*. Der Teilzeitjob brachte mir zweiundzwanzigtausend Dollar im Jahr – und meine Hauptbeschäftigung bestand darin, die Leute mit Kaffee zu versorgen und Geschichten über Dick Sennett zu erzählen. Aber in mancherlei Hinsicht war ich eine gute Wahl. Ich mochte die meisten Mitarbeiter, ich wollte alles über ihre wissenschaftlichen Projekte wissen, ich war ausgeglichen und hatte einen gewissen Ruf als Schriftsteller. Ich gab zwei Schreibkurse an der Columbia und einen an der New York University. Meine Miete war niedrig, und ich hatte wenige Ausgaben.

Dick tat alles, um mich zu ermutigen. Als ich ein Theaterstück schrieb, ein ziemlich langweiliges, beschloss er, am Institut eine Lesung zu veranstalten. Val Kilmer, damals ein junger, unbekannter Schauspieler, war bereit, den jungen Liebhaber zu lesen. Im wirklichen Leben war angeblich die viel ältere Cher Kilmers Geliebte; sie wartete jeden Abend nach den Proben vor dem Ausgang in ihrer Limousine. Cher war nicht dumm – sie wollte diesen Schatz (eine junge, maskuline, heterosexuelle Schönheit, bei der einem der Mund wässrig wurde) nicht entwischen lassen. Die anderen Schauspieler waren Bob Gottliebs Frau, Maria Tucci, und David Warrilow, ein führender Beckettdarsteller. Ich habe ihn später in Paris in einem französischen Stück auf der Bühne gesehen, seine Aussprache war perfekt. Er erzählte mir, dass er es so gehasst habe, Engländer zu sein, dass er sich seinen Weg, ein französischer Schauspieler zu werden, aus tiefer Überzeugung »erspielt« habe. Er hatte eine kurze Filmkarriere in *Barton Fink* und *The Last Days of Immanuel Kant*, aber er war zu depressiv und trank zu viel, um ein Hollywoodschauspieler zu werden. Maria Tucci, die Tochter von Niccolò Tucci, dem italienisch-schweizerischen Schriftsteller, musste ihre Schauspielkarriere opfern, um ihr krankes Kind zu pflegen, doch später kehrte sie zur Bühne zurück – und ins Fernsehen in der Serie *Law & Order*.

In einer Zeit, als fast niemand sonst es tat, nahm Dick mich ernst.

Ich brachte Patrick Merla am Institut unter, und Dick ließ ihn das W. H. Auden Festival organisieren, das sieben Tage dauerte. Patrick, der nie an einer Universität studiert hatte, wusste besser Bescheid als wir anderen zusammen und war ein hervorragender Dichter. Das Institut veranstaltete die Buchpremieren seiner Mitglieder als rauschende Feste, aber vor allem lud es einmal die Woche zum Lunch im *Deutschen Haus* ein, gleich neben Dicks Haus in den Mews. Besucher aus aller Welt konnten ihre neuesten Forschungsergebnisse und Gedanken in einer informellen, kollegialen Umgebung vorstellen, und die Diskussionen, die auf ihre kurzen Vorträge folgten, konnten sich mit allem messen, was ich anderswo erlebt habe.

Wir luden Borges nach New York ein. Er und seine Partnerin Maria Kodama (die später seine Frau wurde) mussten natürlich erster Klasse von Buenos Aires nach New York fliegen, und wir brachten sie in einer wundervollen Wohnung der NYU unter, mit Blick auf den Washington Square. Der einzige Nachteil war der fehlende Zimmerservice. Maria Kodama rief mich am Sonntagnachmittag an und fragte: »Wer kommt und wäscht Borges' Unterwäsche?« Zuerst wollte ich die Aufgabe freiwillig selbst übernehmen, aber ich befürchtete, das könnte für alle Beteiligten peinlich werden. Schließlich engagierte ich ein Dienstmädchen für hundert Dollar die Stunde, um am Sonntagabend zu ihm zu gehen und die noblen Schlüpfer zu waschen.

Borges hielt eine Rede, eine der beiden Reden, die er überall und immer wieder ohne die geringste Änderung hielt. Eine Unmenge studentischer Bewunderer stellte sich ein, so viele, dass wir seine Stimme auf den Bürgersteig übertragen mussten, wo hunderte von Menschen standen und ehrfurchtsvoll lauschten. Er hielt die Rede darüber, dass die besten Metaphern deshalb so oft gebraucht werden, weil sie die Wahrheit sagen: Das Leben ist ein Traum und die Zeit ist ein Fluss, und jede Bemühung, neue, frischere Bilder zu finden, sei falsch und irreführend. Niemand achtete darauf, was er sagte. Er war eine Ikone, weil er in den späten 1930ern und frühen 1940ern ein halbes Dutzend verzwickter Geschichten von bewundernswerter Leichtigkeit geschrieben hatte, Geschichten, die den urbanen Stil G. K. Chestertons und anderer edwardianischer Autoren seiner Jugend aufgreifen, Autoren, die ihm seine schottische Großmutter vor langer Zeit vorgelesen hatte. Noch so viele Jahre später wurde er wegen dieser wenigen großartigen Erzählungen, die nur wenige Menschen im Publikum gelesen oder gar verstanden hatten, überallhin eingeladen. Wohin er auch ging, er sprach darüber, dass tote Metaphern die besten Metaphern seien. Von uns aus fuhr er direkt weiter nach Cornell, um an einem Nabokov Festival teilzunehmen. Dort gab er zu, Nabokov niemals gelesen zu haben, aber er konnte seine kleine Rede über tote Metaphern halten. Ich las die Meldungen der verschiedenen Regionalzeitungen über seine Reise durch Amerika. Er hielt in jeder Stadt dieselbe Rede über die Schönheit und Richtigkeit toter Metaphern. Ich glaube, ich war noch nie mit einer so erfolgreichen Karriere in Berührung gekommen und hatte noch nie bemerkt, dass sein Ruf auf einem derart kleinen Werk beruhte, das vor vier Jahrzehnten geschaffen wurde.

Während er in New York war, gab eine schicke spanische Vereinigung ihm zu Ehren ein Bankett an der Park Avenue. Ich saß neben Borges, und während des Essens wollte er von mir in aller Ausführlichkeit die neuesten schmutzigen Worte der englischen Sprache erfahren. Da er blind war, sah er nicht, wie die schneeweißen Häupter der Matronen des Cervantes Club, oder was immer es war, sich herüberneigten, um der Konversation des großen Mannes zu folgen … Luisa Valenzuela, die argentinische Schriftstellerin, war ein Mitglied unseres Instituts. Sie sagte, sie halte Borges, mit dem sie zusammengearbeitet hatte, für ein großes, unförmiges Baby, das von seiner Mutter verhätschelt wurde und gleich nach deren Tod eine junge Frau geheiratet habe – ich hielt Maria Kodama allerdings eher für ein Kind als einen Muttterersatz.

Ein Seminar an unserem Institut beschäftigte sich seit Jahren mit dem Thema Geschlecht und Konsumverhalten. Allgemein gesprochen, interessierten wir uns damals alle dafür, wie die Kultur, besonders die materielle Kultur, mit Ökonomie und wirtschaftlichen Nöten einerseits und den aus dem Geschlechtergegensatz resultierenden Konflikten andererseits interagierte. Heute sind diese Zusammenhänge bekannt und schlagen nicht mehr viele Funken, aber damals lasen wir Gramsci und Mitglieder der Frankfurter Schule, den Roland Barthes der *Mythologien des Alltags* und den Foucault von *Wahnsinn und Gesellschaft*, weil wir keine Marxisten mehr waren und nicht länger an die bestimmende Rolle des Klassenkampfs glaubten, aber überzeugt waren, dass die Welt um uns herum bestimmten Mustern folgte, die wir entlarven mussten, und zwar nicht nur in der Ökonomie, sondern vor allem in der Kultur. Im Seminar über Geschlecht und Konsumverhalten konnte es kontrovers und erregt zugehen.

Ich rannte herum und kochte Kaffee, druckte Programme und jammerte über die Zeitpläne, Budgets und Raumvergabe, aber ich schaute auch gern im Biografie-Seminar von Aileen Ward, der Keats-Stipendiatin, vorbei, oder plauderte mit John Guare, dem Theaterautor, der *Das Leben – ein Sechserpack* geschrieben hatte und der größte Kulturfanatiker war, den ich je getroffen habe. Barbara Ehrenreich, die später durch *Arbeit poor* berühmt wurde, ihr Buch über das Leben mit Mindestlohn, befasste sich noch im üblichen Stil der Linken mit sozialen Fragen, genau wie Todd Gitlin, ein Experte für die Neue Linke der 1960er. Doug Ireland war der offensivste Linke aus unserem Kreis. Er war ein großer, schwerfälliger Mann mit gebrochener Stimme, der ständig von Schmerzen geplagt wurde. Seine Eltern, die der Christian Science folgten, hatten nicht erlaubt, dass er gegen Kinderlähmung geimpft wurde, und er war eins der letzten Kinder, die von dieser Krankheit in den 1950ern befallen wurden. Vielleicht nicht durch Zufall wurde Doug ein militanter Atheist. Er schrieb regelmäßig für die *Village Voice*, die damals noch eine wirklich alternative Zeitung war, die sich zu lesen lohnte. Doug lebte zehn Jahre in Frankreich und befreundete sich mit dem charismatischen Schriftsteller und Schwulenaktaktivist Guy Hocquenghem, der das erste Buch der Queer Theory schrieb, *Homosexuelles Begehren* (1972); zusammen mit seinem Liebhaber Lionel Soukaz drehte Hocquenghem einen der ersten

Filme über die Geschichte der Homosexualität, *Race d'Ep*. Ich saß damals in Paris oft in Räumen voller Haschischqualm und redete mit Doug und Guy, einem Mann von eigenartiger Schönheit, blass und scharf geschnitten wie aus Elfenbein gemeißelt, sowie dem Philosophen René Schérer (mit dem zusammen Guy mehrere Bücher schrieb, zuletzt *L'Âme atomique*).

Während seiner Zeit am Institut wohnte Doug in seinem Büro. Er hängte in dem kleinen Raum seine Unterwäsche zum Trocknen auf und hatte eine Kochplatte, um Eier zu kochen. Dick Sennett war auf Doug immer ein wenig wütend, weil er sich nicht an die Regeln hielt und eine Brandgefahr darstellte, aber er respektierte Dougs Militanz und ließ sich von seiner vermeintlichen Selbstsicherheit einschüchtern. Damals, am Ende der Siebziger, bewegte sich das ganze Land und auch New York nach rechts. In den Sechzigern und den frühen Siebzigern gewann in Diskussionen immer derjenige, dessen Standpunkt am weitesten links lag, aber jetzt begannen Intellektuelle aus der Mittelschicht mit Festanstellung und Eigentumswohnung gegen die Tyrannei der Unruhestifter zu rebellieren. Auf gewisse Weise war der latente Krieg zwischen Doug Ireland und Dick Sennett (ein Krieg, der niemals offen geführt wurde) ein Sinnbild dieser besorgten und beunruhigenden Verschiebung. Verstehen Sie mich nicht falsch, wir alle mochten Doug, der auf seine rücksichtslose, fast gleichgültige Art sehr großzügig war und über all unsere heiligen Kühe lachte.

18.

Der größte Star am New York Institute for the Humanities war Susan Sontag. Ich denke, ich muss sie in Dick Sennetts Haus kennengelernt haben. Zumindest bilde ich mir ein, ich hätte mich dort mit ihr unterhalten, ihr, meinem Idol so vieler Jahre. Es ist merkwürdig, dass ich mich an unsere erste Begegnung nicht erinnern kann, denn ich weiß noch, dass ich ihren Essay über Pornografie sofort nach Erscheinen gelesen habe; meine Zustimmung und mein Widerspruch waren gleichermaßen heftig. Ich las ihn, weil er Gedanken aussprach, die mich seit Jahren beschäftigten, ohne dass ich sie zum Ausdruck bringen konnte. Ihren Essay über Camp zu lesen war ein ebenso fesselndes Erlebnis gewesen. Um das klarzustellen, den Begriff Camp (*high* und *low*) hatte Isherwood in einem seiner Romane, *The World in the Evening*, geprägt, doch Sontag erkundete das Thema in aller Gründlichkeit und begriff Camp als Möglichkeit, der Menschheit den verschwundenen Glamour zurückzugeben – »das Schlechte ist das Gute« –, die Welt in Anführungszeichen zu setzen und jede Erfahrung zu ästhetisieren. Alle, selbst die Zeitschrift *Time*, verstanden ihre *Anmerkungen zu Camp* als eine Art Gesellschaftsspiel, das Ausschlachten eines Modeworts oder die Festlegung einer neuen Empfindsamkeit. Wie ich später erfuhr, war Sontag von einem Freund aus ihrer Pariser Zeit beeinflusst worden, dem amerikanischen Filmexperten Elliott Stein: ein schwuler Mann mit einer berüchtigten Peitschensammlung. Stein half ihr, die Umrisse dieser ungewöhnlichen Ästhetik nachzuzeichnen. Ich hatte bis dahin nur eine lautere, frechere Straßen-Version von Camp (i.S.v. *Herumtucken*) gekannt – eine Tunte schreit die andere an: »Tuck' hier nicht rum, Schlampe!« Eine andere Empfindsamkeit, die witzig war und sich vor allem mit alten Filmen und schrulligen Diven beschäftigte, war mir noch nicht begegnet. Wenn man längere Zeit Sontags Schriften las und sich mit ihr unterhielt, machte man die Erfahrung, dass sie am besten über Themen schreiben konnte, zu denen sie eine ambivalente Einstellung hatte. *Campiness* zog sie an und stieß sie zugleich ab. Ihre ganze Persönlichkeit basierte auf genau dieser Einerseits-Andererseits-Dynamik. Als wir Freunde geworden waren, sagte ich ihr, dass ich ein Buch über sie schreiben wollte, mit dem Titel *Dandy und Rabbi*, weil ich den Eindruck hatte, dass sie in Gesellschaft von Ästheten moralisch wurde und unter Moralisten ihre Liebe zu Kunst und Oberflächlichkeit hervorhob. In dem für sie typischen Antisemitismus murmelte sie: »Es sollte besser *Dandy und Priester* heißen.«

Nein, sie war nicht wirklich antisemitisch, sie stand ganz einfach zu allem im Widerspruch, das nicht »von zentraler Bedeutung für unsere Kultur« war, wie sie es gesagt hätte. Sie machte es wie Proust, der es vorzog, in seinem Roman als Marcel aufzutreten, sein narratives Alter ego, das katholisch ist und nicht jüdisch. Sie lehnte alles Ausgefallene ab – Homosexualität, Judentum, afrikanische Abstammung –, und war Universalistin im wahren französischen Sinn. Sie glaubte, dass der Mensch in den Augen von Staat und Gesetz, selbst der Menschlichkeit am besten ein abstraktes Ideal sein sollte. Dieser Abstraktion besondere Merkmale hinzuzufügen (Weiblichkeit, Homosexualität, Hautfarbe, Judentum), machte sie kleiner. Die Franzosen glauben fest an den Universalismus, und Sontag liebte Frankreich mit größerer Leidenschaft als Amerika.

Doch andererseits war sie durchaus ein wenig antisemitisch und homophob. Einmal sagte sie dem afro-amerikanischen Autor Darryl Pinckney, er setze sich als Schriftsteller herab, wenn er sich als schwarzen Schriftsteller bezeichne. Mich fragte sie, wie ich es ertrug, als schwuler Autor wahrgenommen zu werden. Mit ihren Fragen wollte sie Menschen, an denen ihr lag, unter anderem Darryl und mich, von unseren »einschränkenden« Etikettierungen lösen. Und es besteht kein Zweifel, dass sie ihren Weltrang zum Teil dadurch aufrechterhielt, dass sie ihre Homosexualität nicht öffentlich machte.

Am Ende ihres Lebens sagte sie zu Brendan Lemon, dem damaligen Herausgeber der Zeitschrift *Out*:

> Ich wuchs zu einer Zeit auf, als man mit einem »offenen Geheimnis« lebte. Ich bin das gewohnt und finde es ganz in Ordnung. Intellektuell weiß ich, warum ich nicht offener über meine Sexualität gesprochen habe, aber ich frage mich, ob diese Unterdrückung mir nicht doch geschadet hat. Vielleicht hätte ich manchen Menschen etwas Gutes getan, wenn ich mich stärker mit dem Thema meiner privaten Sexualität beschäftigt hätte, aber es war nicht mein wichtigstes Anliegen, den Menschen Gutes zu tun, es sei denn, jemand wäre in großer Not. Ich wollte lieber Freude bereiten oder die Dinge aufmischen.

Nachdem wir uns kennengelernt hatten, gingen Susan und ich öfter zusammen aus. Andere Leute haben gesagt, mit ihr gesehen zu werden sei wie ein Auftritt in Begleitung einer königlichen Hoheit. Im Großen und Ganzen sind die New Yorker zu diskret, um sie zu belästigen, aber sie erkannten sie, besonders bei kulturellen Anlässen – im Ballett, im Kino, bei Lesungen. Phillip Lopate beschreibt in seinen *Notes on Sontag*, wie sie im Kino vor den Sitzreihen auf und ab geht, bevor es dunkel wird – scheinbar, weil sie jemanden sucht, seiner Meinung nach jedoch, um von allen gesehen zu werden. Andererseits mochte Susan es nicht, wenn man sich in eigenen Veröffentlichungen auf die Freundschaft zu ihr berief. Ich weiß noch, dass der talentierte, wenn auch verbitterte Schriftsteller Gary Indiana, der einen eindrucksvollen Roman über Heroin geschrieben hat, *Horse Crazy*, gegenüber der *Village Voice* erwähnte, dass Sontag die besten Chinarestaurants in Manhattan kenne – und wegen dieser einen Indiskretion wurde er vom Hofe verbannt. Es war ein wenig so, als wäre man mit Prince Charles befreundet. Ich kannte Schriftsteller und Schauspieler, die das Wochenende mit ihm verbracht haben, aber niemals öffentlich darauf zu sprechen kamen.

Sie kam gern in meine kleine Einzimmerwohnung zum Abendessen, wenn außerdem andere unterhaltsame Leute eingeladen waren. Einmal waren außer ihr noch Robert Mapplethorpe und die Bodybuilderin Lisa Lion bei mir, die Mapplethorpe in *Lady Lisa Lyon* verewigt hat. Lyon war kein Monster und keine Rummelplatzattraktion, sondern zeigte ihren bemerkenswerten Körper nur im Kontext der Kunstwelt, in Galerien und Museen. Sie war gebildet wortgewandt, und wenn sie ein schlichtes schwarzes Kleid mit Ärmeln und Mieder trug, wirkte sie nicht einmal besonders muskulös. Doch am Tisch (sie konnte Spaß verstehen) schob sie den Ärmel zurück und spannte die Muskeln an. Wir mussten alle die große, harte Wölbung berühren, es war schon eindrucksvoll. Eine Zeitlang wollte Mapplethorpe sie heiraten.

In David Kalstones Gesellschaft fühlte Susan sich wohl. David war der geborene Höfling, ohne dabei kriecherisch zu sein. Aber meine größte Attraktion war Fran Lebowitz, die witzige Autorin, die uns mit ihrem trockenen Humor in wahre Lachkrämpfe versetzte. Fran, die damals sehr berühmt war, hatte ein paar lobende Worte für mein Buch *Staaten der Sehnsucht* geschrieben. Obwohl sie Männerkleidung trug, erwähnte auch sie praktisch nie, lesbisch zu sein – und mit Sicherheit nicht in der Öffentlichkeit. Später wurde sie für verschiedene reiche, schwule oder bisexuelle Männer wie Malcolm Forbes, Barry Diller und David Geffen eine Art Hofnarr – nein, das ist gemein, vielleicht besser eine »lustige Begleiterin«. Forbes hatte in der Normandie ein Château, wo er Heißluftballon-Rennen veranstaltete. Während die Männer draußen um die Wette herumflogen, lackierten sich drinnen die Frauen die Fingernägel und reagierten mehr oder weniger interessiert auf Frans Annäherungsversuche. Als ich einen Zeitschriftenartikel über David Geffen schrieb, einen der größten Mogule Hollywoods und großen Kunstsammler, erzählte mir Fran einige großartige Details von einem Streit, den Geffen auf seiner Yacht mit Barry Diller, dem unter anderem QVC, der TV-Shopping-Kanal gehört, darüber geführt hat, wer als Erster das einzige vorhandene Exemplar der Biografie Jack Warners lesen dürfe. Geffen kaufte später das Warner House, eines der größten Anwesen in Los Angeles, und wird diesen Streit damit wohl auf stille Art beigelegt haben.

Susan und Fran besuchten gemeinsam Modenschauen, und dass Susan bei derart trivialen Events gesehen wurde, war wichtig genug, um in den Klatschkolumnen berichtet zu werden. Amerikas führende weibliche Intellektuelle auf der Suche nach Frühlingskleidern – in etwa so lauteten die Überschriften. Doch plötzlich kam es zu einem Zerwürfnis. Was war geschehen? Hatte Fran versucht, Susan anzubaggern? Wollte Susan sie nicht ranlassen? Wir erfuhren es nie. Obwohl Fran immer höflich blieb, war sie von da an weniger nett zu mir.

Susans engster Freund war ihr Sohn, David Rieff. Zwei Jahre lang waren er und ich praktisch unzertrennlich, und ich mochte ihn wirklich sehr. Er war mit »schwulen Onkeln« aufgewachsen, wie Richard Howard und Jasper Johns, und ich schien in dieses Muster zu passen, auch wenn ich uns eher wie zwei Cousins verstand. David konnte genau wie seine Mutter andere Leute recht herablassend behandeln, aber meistens wirkte er begeisterungsfähig und verwundbar, ein bisschen wie ein junger Hund. Er hatte wie seine Mutter kräftige Gesichtszüge und langes Haar, weshalb er manchmal mit ihr verwechselt wurde – aber er sagte, es sei ihm nicht recht, als Sohn von Susan Sontag vorgestellt zu werden. Als ich einmal diesen Fehler beging, schien es ihn jedoch nicht sehr zu stören, meine Direktheit schien ihm gefallen zu haben, und kurz darauf hörte ich, wie er am Telefon einen Tisch in einem schicken Restaurant in Manhattan reservierte, unter dem Namen David Sontag und nicht David Rieff. Als Angehöriger von Berühmtheiten steht man wohl immer vor diesem Dilemma und muss versuchen, den Umständen entsprechend die richtige Entscheidung zu treffen. Einmal warf mir Jackson Pollocks Witwe vor, sie als Lee Pollock vorgestellt zu haben, doch als ich sie dann einer anderer Berühmtheit gegenüber Lee Krasner nannte, fiel sie mir ins Wort und sagte »Pollock«.

David traute mir mehr Savoir-vivre zu, als ich tatsächlich besaß, und reagierte auf meine ahnungslosen Bemerkungen mit einem listigen oder wissenden Lächeln. Er hatte eine Affäre mit Mariana Cook, einer Fotografin, die meine Freundin wurde. Dann verliebte er sich in Sarah, eine nicht unkomplizierte Blondine und die Tochter von Peter Matthiessen, des naturalistischen Schriftstellers. Matthiessen war so etwas wie ein Zen-Meister und hatte in seinem Garten einen Meditationspavillon errichtet, doch sie beschrieb ihn als grausam und eingebildet. Sein Onkel war F. O. Matthiessen gewesen, der berühmte homosexuelle Harvard-Professor und Autor von *American Renaissance*, einer Studie über Emerson und Whitman, der 1950 Selbstmord beging, indem er aus dem Fenster sprang. Sarah beschwerte sich, dass ihr Vater verboten habe, in seiner Gegenwart den Namen des Onkels zu nennen, aber ich weiß nicht, ob das zutrifft. Sarah war etwas überspannt, aber so WASP, dass David ganz begeistert von ihr war.

In diesen aufregenden Zeiten waren wir mit Jamaica Kincaid befreundet, einer großen schwarzen Frau, deren Ehemann viel kleiner war als sie; es war Allen Shawn, der Bruder des Schauspielers und Theaterautors Wally Shawn, und sie beide waren natürlich die Söhne von William Shawn, des langjährigen Redakteurs des *New Yorker*. Als ich Jamaica neulich über den Weg lief, nachdem wir uns zwei Jahrzehnte lang nicht gesehen hatten, fragte ich ängstlich: »Weißt du noch, wer ich bin?«, und sie machte mich sehr glücklich mit ihrer Antwort, »Natürlich weiß ich das noch, das war eine der glücklichsten Zeiten meines Lebens!«

Auch für mich war es eine glückliche Zeit. David war *attachant* und lieb. Susan konnte unglaublich eitel und herrschsüchtig sein, aber sie war auch fürsorglich und großzügig. Sie schrieb einen One-Liner für den Roman, mit dem mir der Durchbruch gelang, *Selbstbildnis eines Jünglings*, und sie schrieb ihn auf ihre seriöse, überlegte, zeitraubende Art. Für diese wenigen Worte musste sie alle meine drei Romane und auch *Staaten der Sehnsucht* noch einmal lesen. Sie nominierte mich für einen mit siebentausend Dollar dotierten Preis der American Academy of Arts and Letters, den ich gewann, und schrieb ein Empfehlungsschreiben für ein Guggenheim-Stipendium in Höhe von zwanzigtausend Dollar, das ich erhielt. Als *Selbstbildnis eines Jünglings* erschien, sagte sie, »Jetzt wirst du nie wieder arm sein.« Und obwohl ich öfter Schwierigkeiten hatte, die Miete zu bezahlen, behielt sie recht – ich kam nie wieder in echte Not.

Ich kochte gern für Susan, auch wenn ich so weit von Balducci's, dem nächsten guten Supermarkt, entfernt wohnte, dass es ziemlich mühsam war, die Lebensmittel nach Hause zu tragen. Ich kochte zudem so elaborierte Menüs, dass ich viel zu viel Geld für all diese Kammmuscheln und Kalbskoteletts ausgab und viel zu viel Zeit mit der Zubereitung all der schweren Soßen verbrachte. Als ich später in Frankreich lebte, begriff ich, dass man viel einfachere Gerichte servieren konnte – meine heroischen Dinner der Vorpariser Tage erschienen mir sogar etwas peinlich. Ich hatte zwölf Stunden lang einen *coulibiac* zubereitet (Lachs mit Pilzen und Reis mit einer Dill-Sourcream-Soße in einer Blätterteigpastete), oder *bœuf à la mode*, oder ein dutzend indischer Gerichte. Wie Coleman Dowell war ich ein Küchenmärtyrer geworden, wenn auch nicht ganz so extrem. Für mich war eine Essenseinladung die Quintessenz von sozialem Aufstieg, Intimität und Festakt.

Für Susan verschmolzen all diese Aspekte in einem Mittagessen im China-Restaurant. Jahre später, nachdem ich den Kontakt zu ihr abgebrochen hatte, sagte mir Marina Warner während eines Besuchs in New York, sie habe Susan getroffen und ich sei im Unrecht, es sei wundervoll gewesen, niemand könnte wärmer und freundlicher sein. Ich stimmte Marina sofort zu und verblüffte sie, als ich sagte: »Ich weiß ganz genau, was du mit ihr erlebt hast. Sie hat dich in ein gutes China-Restaurant eingeladen, für dich bestellt und bezahlt. Dann ist sie mit dir in mehrere Buchläden gegangen und war ganz entsetzt, dass du Trelawnys *Adventures of a Younger Son* oder Aksakows *Familienchronik* noch nicht gelesen hast. Sie hat diese Bücher für dich gekauft und sie dir in einer kleinen Zeremonie überreicht. Am ruhigen Nachmittag hat sie dir von ihrem Kampf gegen den Krebs und ihren Liebesaffären erzählt – fünf Frauen und vier Männer.« Marina sah mich mit offenem

Mund an, und ich fuhr fort: »Ich meine es vollkommen ernst, so verläuft ein Tag mit Susan. Es ist immer genau so.«

Ich begriff durch eigene Erfahrung, dass die Einladung zum Essen, der Besuch der Buchhandlung, das Geschenk »lebensverändernder Bücher« – dass all diese Rituale auf Richard Howard zurückgingen. Susan muss all das von ihm gelernt haben. Wie Howard war Susan eine autodidaktische Intellektuelle und neigte zu großen Behauptungen, war mal sanft, mal herrschsüchtig und unglaublich großzügig. (Akademiker laden sich niemals gegenseitig zum Essen ein, sondern rechnen bis ins Kleinste aus, was jeder von ihnen zu zahlen hat.) Wie Richard wusste Susan alles über alles, obwohl keiner von beiden einen Fernseher besaß. Getreu ihrem angenommenen französischen Erbe wusste Susan immerhin viel über Filme. (Franzosen sind immer überrascht, wie dürftig es um meine »Filmkultur« bestellt ist, von meiner praktisch nicht existenten Jazzkultur ganz zu schweigen.) Erste Berühmtheit hatte sie dadurch erlangt, dass sie ernsthaft über Film sprach und sogar Regie führte. Aber sie schrieb nie über die Beatles oder The Beverly Hillbillies. Ihr Geschmack ging mehr in Richtung Godard und Syberberg. Obwohl sie eine berüchtigte Bilderstürmerin war, hatte sie großen Respekt, sogar Ehrfurcht vor der Hochkultur.

Auch wenn Susan *Gegen Interpretation* Richard Howard gewidmet hatte, traf sie sich in den Jahren, die ich mit ihr befreundet war, nur selten mit ihm. Anscheinend hatte sie keine alten Freunde. Wie bei allen berühmten Persönlichkeiten gerieten immer neue Menschen in ihren Bann, deshalb musste sie keine alten Freundschaften pflegen, Streitigkeiten beenden und zerzauste Federn glätten. Sie konnte ganz einfach weiterziehen.

Sie war ein furchtbarer Snob. Einmal hatte ich sie zusammen mit einem reizenden jungen Ehepaar eingeladen, die später erfolgreiche Bücher veröffentlichten, damals jedoch noch unbekannt waren. Susan fragte mich in einer peinlich lauten Flüsterstimme: »Warum hast du die eingeladen?« Ich war so perplex, dass ich log und sagte: »Sie sind furchtbar reich.« Susan nickte weise, als wären damit all ihre Zweifel beseitigt. Tatsächlich waren sie alles andere als reich, aber sie ließen sich scheiden und heirateten beide eine sehr »gute Partie«. Verrückterweise flüsterte mir Michel Foucault, der 1981 in Paris zusammen mit Susan bei mir zum Essen war, zu, während sie kurz den Raum verlassen hatte: »Warum hast du sie eingeladen?« Ich wusste nicht, dass Foucault den Umgang mit Frauen nicht mochte, obwohl er zu seinen weiblichen Kolleginnen sehr nett und freundlich war. Foucault und Arlette Farge zum Beispiel waren eng befreundet und gaben zusammen eine Anthologie von *lettres de cachet* des achtzehnten Jahrhunderts aus dem Archiv der Bastille heraus.

Susan war besonders eng mit Elizabeth Hardwick und Barbara Epstein befreundet, beide von der *New York Review of Books*, und mit Peter Hujar, dem Fotografen. Sie schrieb die Einführung zu einem seiner Bildbände, so wie sie später das Vorwort für eine Sammlung von Mapplethorpes Fotografien verfasste. Es gab alte Freunde, aber sie boten ihr keine Ablenkung und keine neuen Ideen. Susan war in erster Linie ein *connoisseur*, sie verkostete und sammelte. Ihr Sohn David machte sich nützlich, indem er ihr von vielen neuen Trends und alltäglichen Dingen berichtete. Später, als wir keinen Kontakt mehr hatten, wurde er ein wichtiger politischer Kritiker und Denker, aber als wir befreundet waren, hatte er eine dandyhafte Verachtung für Politik. 1981 schrieb er zusammen mit Susans Freundin Sharon Delano ein Buch über Cowboystiefel, und fünfzehn Jahre später schrieb er Bücher über Bosnien.

Manchmal kam es zwischen Susan und David zum Streit. Darauf folgten regelmäßig Phasen, in denen sie nicht miteinander redeten. Worum es in dem Streit gegangen war, erfuhr niemand. Auch darin glichen sie königlichen Hoheiten – das Zerwürfnis wurde am Hof zur Kenntnis genommen, aber keiner wusste, worin die Entfremdung bestand.

Und wie eine Königin führte Susan ein ausgefülltes Leben voller Zeremonien. Sie hielt viele Vorträge und bereiste die ganze Welt. Plötzlich führte sie in Italien bei einer Pirandello-Inszenierung Regie, mit ihrer Ex-Freundin Adriana Asti in der Hauptrolle (sie hatte in Pasolinis *Accattone* mitgespielt, in Viscontis *Rocco und seine Brüder* und in *Vor der Revolution* von Bertolucci, mit dem sie verheiratet gewesen war). Dann veranstaltete sie mit James Merrill, mir und D. M. Thomas, dem Autor von *Das weiße Hotel*, an einer Universität in Virginia ein Kolloquium unter dem Titel »Tradition«.

Im Februar 1981 verblüffte Susan die Welt der New Yorker Liberalen und Radikalen mit einer Rede, die sie im Rathaus während einer Sympathiekundgebung für Solidarność in Polen hielt; sie sagte, amerikanische Intellektuelle hätten jahrzehntelang die Gräueltaten des Kommunismus ignoriert, um den Kommunistenfressern im Kongress und anderswo Paroli zu bieten. Und sie fügte hinzu, dass jeder, der ein konservatives Massenblatt wie *Reader's Digest* las, besser über die wahre Natur des Kommunismus informiert sei als die Leser von *Nation* oder *New Statesman*, die konsequent die Wahrheit vertuschten. In ihrem lautstarken Schlusswort erklärte sie: »Ich wiederhole: Kommunistischen Gesellschaften steht nicht nur das Schicksal bevor, im Faschismus (und offener Militärherrschaft) zu enden – besonders, wenn ihre Bevölkerungen zu revoltieren wagen –, vielmehr ist der Kommunismus bereits in sich eine Spielart, eine höchst erfolgreiche Spielart des Faschismus. Ein Faschismus mit menschlichem Antlitz.«

Ich war bei dem Ereignis nicht anwesend, aber Susan hatte mir schon vorher gesagt, was sie zu tun beabsichtigte, und dass es für einige Aufregung sorgen würde, was es auch tat. Sie wurde von der Bühne gebuht, und noch monatelang wurde sie von linken Denkern jeder Couleur unermüdlich attackiert. Was sie gesagt hatte, war eine Wohltat für den frisch gewählten Reagan. Sehr zu Susans Missfallen wurde sie von der Rechten vereinnahmt und eingeladen, bei ihren Dinner-Partys zu reden, was sie natürlich ablehnte. Ihr wurde vorgeworfen, Wasser auf die Mühlen des Papstes zu lenken, der auf der ganzen Welt, aber vor allem in Polen gegen den Kommunismus kämpfte. Natürlich waren diese sehr linken Intellektuellen ihrerseits gespaltener Meinung, denn schließlich hatten sie sich im Rathaus zugunsten von Solidarność versammelt, die dafür kämpfte, in Polen den Kommunismus zu besiegen.

Ich bewunderte Susans Mut. In Europa, wo die Linke noch mächtig und voller Widersprüche war, war so gut wie niemand prosowjetisch eingestellt. Nur in Amerika, wo die Gegenkultur eine ganze Generation geprägt und der Protest gegen den Vietnamkrieg so viele Menschen in die Opposition zur Regierung getrieben hatte, konnte sie einen solchen ignoranten Hass auslösen. Ihre Kritiker sagten, sie helfe dem Feind. Sie habe die gemeinsame Sache verraten – worin auch immer die zur dieser Zeit bestanden haben mochte. Im Grunde hatte Susan es mit einer isolationistischen, veralteten und äußerst naiven Linken zu tun.

Wegen ihrer engen Verbindungen mit Frankreich war Susan früher als andere Amerikaner in der Lage, die Schrecken des Kommunismus als das zu erkennen, was sie waren – sie sah sie nicht nur als vereinzelte historische Ereignisse, die auf bestimmte Tyrannen oder bestimmte nationale Traditionen zurückzuführen waren, sondern begriff, dass der Kommunismus überall auf der Welt ein systemischer Albtraum war. Er führte unvermeidlich zur Unterdrückung von Menschenrechten, zur Außerkraftsetzung der Justiz, zur wirtschaftlichen Unterversorgung der Bevölkerung, zur Vorherrschaft des Militärs und einer beängstigenden Tyrannei, von der Umweltzerstörung ganz zu schweigen. (Ich weiß noch, wie ich in den Schweizer Bergen wanderte und sah, dass viele Bäume durch die Abgase osteuropäischer Fabriken braun geworden waren.)

Susan war tapfer. Genauso, wie sie sich gegen den New Age-Unsinn ausgesprochen hatte, der in der Krebstherapie Fuß gefasst hatte – ein schlimmes Beispiel dafür, dem Opfer selbst die Schuld zu geben –, und genauso, wie sie – mit ihrem zwischen Dandy und Rabbiner hin und her changierenden Geist – die triviale und moralisch undurchsichtige Welt der Fotografie verurteilt hatte, so redete sie nun auch über den Kommunismus. Nichts von dem, was sie sagte, verblüffte die Eingeweihten, ich war vielmehr schockiert, dass derart offensichtliche Argumente als Provokation verstanden wurden. Ihr Genie zeigte sich darin, das Offensichtliche auf kraftvolle und dramatische Art zum Ausdruck zu bringen.

Einmal las sie einen Text von mir, in dem ich sorgfältig nachgewiesen hatte, aus welchen Quellen sich meine Überlegungen speisten. Sie sagte: »Streich das durch. Behaupte, alles sei auf deinem Mist gewachsen. Niemand wird merken, wen du da zitierst. So viel Rücksichtnahme schwächt die Argumentation.« Vielleicht hatte sie recht, aber wegen dieser Rücksichtslosigkeit sollte sie später Schwierigkeiten bekommen, als sich herausstellte, dass sie in ihrem Roman *In Amerika* ganze Passagen Wort für Wort abgeschrieben hatte. Sie forderte mich immer wieder auf, die Texte, die ich im Institut verfasste, zu veröffentlichen – aber ich wusste, dass sie nicht sehr originell oder noch nicht bis zum Ende durchdacht waren. Und ich war sicher, dass sie selbst solche halbfertigen Gedanken nicht veröffentlichen würde.

Sowohl Susan wie Richard Howard fielen über mich her, als ich im September 1982 in der *New York Times Book Review* eine viel beachtete Besprechung von Roland Barthes' Buch über Japan, *Das Reich der Zeichen*, veröffentlichte, zusammen mit *A Barthes Reader* (herausgegeben und mit einem Vorwort von Susan). Richard war wütend, weil ich ihn nur in Klammern als Barthes' »kenntnisreichen Übersetzer« erwähnt hatte. Am Telefon sagte er zutiefst bekümmert: »Alle reden die ganze Zeit von Barthes' wundervollem, originellem Stil, aber ich bin es, der diesen Stil für englischsprachige Leser erfunden hat, und niemand würdigt diese Leistung, nicht einmal du, mein Lieber! Wenn die Menschen Barthes' Stil loben, dann loben sie in Wirklichkeit mich.«

Susan war noch wütender, weil ich ihren Essay nicht ausreichend zitiert und gelobt hätte, obwohl ich beides getan hatte, nur eben nicht »ausreichend«. Ich zitierte außer ihr auch Gérard Genette, dessen Sicht auf Barthes sie »veraltet« und »irrelevant« nannte. Ich war so pflichtbewusst gewesen, beide Freunde lobend zu erwähnen (hoffentlich ohne kriecherisch zu wirken), dass mich ihr Groll überraschte. Plötzlich verstand ich, welche Bedeutung die *New York Times Book*

Review für sie beide hatte, und wie kostbar für beide jede »Erwähnung« war, die zu ihrem Ruhm beitragen konnte – und wie umzingelt und unterschätzt sie sich dementsprechend fühlen mussten, sie, die sich in meinen Augen auf dem Gipfel literarischer Berühmtheit befanden.

Ihre telefonischen Vorwürfe entlarvten, dass sie mich als eine Puppe im Bunraku-Theater ihrer Karriere sahen. Wie im Bunraku redeten nur sie; meine Aufgabe war es, mich zu verbeugen, zu gestikulieren und ihre Feinde mit dem Schwert zu bekämpfen.

Ich besuchte einige Vorlesungen Susans über Nietzsche an der New School. Sie bereitete sich nicht vor, sprach ohne Manuskript und stellte keinerlei ernsthafte, pointierte oder wenigstens originelle Überlegungen an. Ich hatte den Eindruck, dass sie ihre Studenten verachtete, die allesamt »Nobodies« waren, deren Meinung keine Rolle spielte. Falls sie einen Essay über Nietzsche geschrieben hätte, wäre ohne Zweifel ein bahnbrechender Text dabei herausgekommen. Einmal sagte sie: »Hast du dich manchmal gefragt, warum meine Essays so viel intelligenter sind als ich? Es liegt daran, dass ich sie fünf Mal neu schreibe, und jedes Mal treibe ich sie ein Stück weiter voran. So überschreite ich meine eigenen Grenzen.«

Ich wusste ihre Offenheit zu schätzen, ihre Grenzen und ihre verblüffende Stärke so geradeheraus zu benennen. Und ich bewunderte ihren Scharfsinn, jederzeit zu erkennen, was eine Verbesserung darstellte und was nicht.

Einmal besuchte ich auch eine ihrer Vorlesungen in Paris. Ich staunte, wie flüssig ihr Französisch war. Sie hatte mir erklärt, dass sie die Sprache nie gelernt oder geübt habe. Jahrelang habe sie nur zugehört, und dann, eines Tages, den Mund geöffnet, und sie konnte sprechen. Ob das nun stimmt oder nicht – und sie war so vielfältig begabt, dass es stimmen könnte –, diese Fabel – denn das ist sie in meinen Augen – bringt zum Ausdruck, wie Susan die Welt sah.

Während der Vorlesung saß ich neben einer Freundin von Susan, und ich plauderte mit ihr. Sie erzählte mir eine ähnliche Geschichte über das Sprachenlernen. Sie war Italienerin, sprach jedoch ein idiomatisches Englisch. Als ich sie fragte, wo sie englisch zu sprechen gelernt habe, sagte sie: »In Katherine Dunhams Dachkammer in East St. Louis.« Anscheinend hatte sie sich bei einem Auftritt in Neapel in die große afro-amerikanische Tänzerin verliebt. Sie war noch minderjährig, aber vollkommen überwältigt und folgte Dunhams Truppe nach Rom. Jeden Abend wartete sie am Bühneneingang, bis sich die Dunham eines Tages endlich erbarmte. Das Mädchen reiste mit ihnen durch Europa und kehrte mit ihnen auch nach East St. Louis zurück, wo Dunham eine Tanzschule für »Getto-Künstler« betrieb und an der benachbarten University of Southern Illinois in Carbondale unterrichtete. Im Sommer 1968 flammten die Proteste der Schwarzen, die im vorherigen Jahr begonnen hatten, wieder auf. Das italienische Mädchen versteckte sich mit Dunhams weißem Ehemann, dem Designer John Pratt, in der Dachkammer. Sie sagte, beide seien wegen ihrer Hautfarbe in Gefahr gewesen. In diesem engen Gefängnis erwarb sie ihre Meisterschaft in der amerikanischen Sprache.

Die Frau war wortgewandt und witzig, und obwohl ich ihren Namen nicht verstanden hatte und ihr nie wieder begegnete, war ich so fasziniert von ihrer Geschichte, dass ich jede Kleinigkeit im Gedächtnis behielt. Sie war eine von Susans lesbischen Freundinnen.

Susan konnte sehr liebenswürdig und auch melancholisch sein. In größeren Gesellschaften war sie oft »außen vor«, verstand die Witze nicht und musste sich alles erklären lassen. Ihr Lachen war unfroh und schwerfällig. Ihr fehlte jede Spontaneität. *Elle n'était pas bien dans sa peau* (Sie fühlte sich nicht wohl in ihrer Haut), wie die Franzosen sagen. Eine ihrer Freundinnen schreibt in einem Tagebuch aus den 1950ern darüber, wie anstrengend die junge Susan sein konnte – sie hielt ihr Vorträge über Hieronymus Bosch, tat auf dem Flohmarkt, als sei sie ganz aus dem Häuschen und warf sich ungeschickt mit ihrem kräftigen Körper auf sie. Manchmal konnte Susan zärtlich sein wie ein kleines Mädchen, aber normalerweise war sie schroff, herrisch und unzufrieden. Wenn jemand, der sich alle Mühe gegeben hatte, den Raum verließ, zog Susan die Nase kraus und schüttelte verächtlich den Kopf.

Sie hätte den Nobelpreis bekommen müssen, dann wäre sie netter geworden. Sie war mit vielen Nobelpreisträgern befreundet, darunter Nadine Gordimer, Seamus Heaney, Derek Walcott, Czesław Miłosz, all diese Autoren lernte ich durch sie kennen – ganz zu schweigen von ihrem persönlichen Lieblingskandidaten für den Preis, Danilo Kiš, der *Garten, Asche* geschrieben hatte. Danilo hätte den Preis bekommen müssen, und sicher wäre das auch geschehen, wenn er nicht sehr jung an Lungenkrebs gestorben wäre. (Auch Susan starb zu jung.) Gegenüber all diesen Leuten gab sich Susan wunderbar natürlich, und sie betrachteten sie als ebenbürtig, wenn nicht überlegen.

Sie hatte schreckliche Manieren. Nach dem Essen stocherte sie zwischen ihren Zähnen herum. Sie gähnte und sah vor Langeweile ganz verzweifelt aus, wenn gewöhnliche Menschen sie mit ihrer höflichen Konversation behelligten. Sie wollte zu den großen Jungs gehören, aber ich glaube nicht, dass sie Männer wirklich mochte. Zu Anfang habe ich das noch nicht gemerkt, aber langsam begriff ich, dass sie das Gegenstück eines altmodischen Schwulen war, der sich in Gegenwart von Frauen unwohl fühlte. Als sie schon älter war, sagte sie, dass sie nur junge, schöne Männer mochte, die für ältere Frauen unerreichbar waren, aber ich habe den Verdacht, dass sie sich selbst etwas vormachte. Sie hätte jederzeit eine hässliche, begabte, aggressive Frau einem schönen Jungen vorgezogen. Sie befreundete sich mit ihrem italienischen Übersetzer, der jünger war als ihr Sohn, nicht schön, aber sehr einnehmend. Und natürlich sehr klug.

Aids wurde 1981 zum ersten Mal erwähnt. Vorher hatte noch niemand je davon gehört. Larry Kramer, ein Drehbuchschreiber, Produzent (*Women in Love*) und Romancier (*Schwuchteln*), lud zu einem Treffen schwuler Männer in seine Wohnung an der 5th Avenue mit Blick auf den Washington Square ein. Dr. Friedman-Kien hielt einen Vortrag. Er hatte mehrere Fälle von Karposi-Sarkom untersucht, einen seltenen Hautkrebs, der gewöhnlich nur bei älteren Männern jüdischer oder mediterraner Herkunft auftrat; plötzlich erkrankten junge schwule Männer am Karposi-Sarkom sowie an einer ungewöhnlichen und bösartigen Form von Lungenentzündung. Dieses neue Cluster von Krankheiten bekam bald darauf den Namen *Gay Related Immuno-Deficiency* (bei Schwulen auftretende Immunschwäche) oder auch GRID.

Larry hatte fünf oder sechs Männer, mich eingeschlossen, eingeladen, um über die Gründung einer Kampagne gegen GRID zu reden (das Syndrom wurde ein Jahr später in AIDS umbenannt, da sich schnell herausstellte, dass Schwule nur eine von mehreren »Risikogruppen« waren). Wir beschlossen, unsere Gruppe die *Gay Men's Health Crisis* (GMHC) zu nennen. Mit diesem Namen wollten wir klarmachen, dass es sich nicht um eine lesbische Krankheit handelte, denn wir alle hatten in den kulturellen Auseinandersetzungen der Siebziger zu viele Rangeleien mit Lesben gehabt (obwohl die Lesben in den Achtzigern, als viele schwule Aktivisten starben, eine wichtige Rolle in der Bewegung übernahmen, weil sie sich mit Schwulen solidarisierten). Und wir wollten betonen, dass es eine »Krise« war und keine dauerhafte Situation, denn als Schwule wollten wir nicht schon wieder mit einer Krankheit identifiziert werden.

Wir waren naiv, aber wie soll man sich angesichts einer so beispiellosen Seuche klug verhalten? Etwas Derartiges war noch niemals dagewesen.

Dr. Alvin Friedman-Kien sagte uns, seiner Meinung nach sollten wir auf Sex komplett verzichten, bis die Forscher mehr darüber herausgefunden hätten, wie diese Krankheit übertragen wurde. Wir sahen ihn als, als ob er verrückt wäre. So wie der Börsencrash von 1929 die Goldenen Zwanziger beendet hatte, so beendete die Aids-Epidemie die Sexy Seventies. Susan sagte einmal zu mir, es habe in der gesamten Menschheitsgeschichte nur eine kurze Periode gegeben, in der die Menschen frei waren, jede Art von Sexualität auszuleben – zwischen 1960, als die Antibabypille in den Handel kam, und 1981, dem Ausbruch von Aids. In diesen zwei Jahrzehnten konnten alle sexuell übertragbaren Krankheiten mit Antibiotika behandelt werden, ungewollte Schwangerschaften wurden durch die Pille und legale Abtreibung verhindert, und Aids existierte noch nicht. Religion war auf dem Rückzug und Promiskuität war die Lebensform der Zukunft.

1981 war das alles vorbei. Schwule meiner Generation waren besonders schlecht darauf vorbereitet, die neue Realität anzuerkennen, denn für uns war schwule Emanzipation und schwule Kultur ja identisch mit Sex im Überfluss. Nun hieß es, wir sollten die Zahl unserer Sexualpartner einschränken und ihre Namen kennen, oder ganz auf Sex verzichten. Später sagte man, wir sollten blasen statt zu ficken, aber die Definition von Safe Sex war ziemlich unklar, und noch heute, nach fast dreißig Jahren mit Aids, scheint niemand genau zu wissen, welche Praktiken sicher oder unsicher sind.

Susan verfolgte den Gang der Ereignisse genau und erkannte bald, dass die Dämonisierung der Schwulen wegen Aids an die Vorwürfe erinnerte, die man im neunzehnten Jahrhundert Patienten mit Tuberkulose und Syphilis machte oder heute den Krebspatienten. Sie überlegte, ihre Untersuchung aus dem Jahr 1978, *Krankheit als Metapher*, um einen Anhang über Aids zu ergänzen. Charles Silverstein und ich glaubten, dass unser einflussreiches Buch *Die Freuden der Schwulen* überarbeitet werden und Warnungen vor Aids enthalten sollte, aber angesichts des niedrigen Wissensstandes wusste niemand, welche Ratschläge sinnvoll waren. Die überarbeitete Fassung erschien erst sieben Jahre später. Mein 1980 erschienenes Buch *Staaten der Sehnsucht: Reisen durch das schwule Amerika* las sich schon zwei Jahre nach Erscheinen wie eine historische Dokumentation. Die fröhliche Promiskuität und die Bürgerrechtsbewegungen, die ich beschrieben hatte, waren durch das plötzliche, unerklärliche Auftreten eines Virus plötzlich falsch oder unwichtig.

Ich war der erste Präsident der GMHC, aber ich trat bald zugunsten von Paul Popham zurück, eines attraktiven Machos und Geschäftsmanns, der viel kompetenter war als ich. Fast von Anfang an hatte Larry Kramer heftige Auseinandersetzungen mit den anderen Mitgliedern, und 1987 gründete er eine wesentlich militantere Gruppe mit dem Namen ACT UP. Sicherlich haben wir alle viele Fehler gemacht. Anstatt sofort die Hilfe der Bundesregierung in Anspruch zu nehmen, organisierten wir Benefiz-Discos. Wir dachten in kleinen Dimensionen, und wir dachten nicht über die Grenzen unseres Gettos hinaus. Wir verstanden nicht, dass wir es mit den Anfängen einer Seuche zu tun hatten, mit der schon bald vierzig Millionen Menschen auf aller Welt infiziert sein würden. Man muss fairerweise hinzufügen, dass auch niemand anderes diese Apokalypse vorhergesehen hat. Ronald Reagan war erst Jahre später bereit, diese Krankheit auch nur beim Namen zu nennen.

Weil wir moralische Amerikaner waren, glaubten wir, Promiskuität sei der Feind und Treue die Lösung. Wir konnten nicht verstehen, dass es sicherer war, mit zehn Männern in der Sauna Safe Sex zu haben, als unsicheren Sex mit einem einzigen Liebhaber.

Das Leben in New York änderte sich nicht sofort, aber jede Umarmung war überschattet vom Grauen, jeder Spritzer Sperma roch nach Tod. Was uns wie ein unschuldiges Fest erschienen war, erwies sich nun als Angriff einer Todesschwadron. Was warm und klebrig vor Leben gewesen war, erwies sich als kühler Sirup der Sterblichkeit. Die Trupps großer Männer in Lederjacken, die fröhlich durch die Straßen gezogen waren und mit ihren Springerstiefeln Funken aus dem Asphalt geschlagen hatten, lösten sich auf und verschwanden in der Dunkelheit, sie schmolzen zusammen zu ängstlichen Individuen. Während Ende der 1970er Bisexualität der schickste Trend war und jeder bisexuell sein wollte, leugneten die Menschen jetzt, dass sie jemals mit Angehörigen des gleichen Geschlechts Sex gehabt hatten. Leute, die noch vor einem Jahr modisch-schlank gewesen waren, platzten jetzt aus allen Nähten, um zu beweisen, dass sie nicht an einer auszehrenden Krankheit litten.

Ich wollte nicht, dass die Party vorbei war. *Selbstbildnis eines Jünglings* erschien, mit Susans Werbespruch, wurde in viele Sprachen übersetzt und war auf der ganzen Welt ein Erfolg. Durch Susans Empfehlung bekam ich das Guggenheim-Stipendium und zog im Sommer 1983 nach Paris. David Rieff gab mir einige Ratschläge bezüglich meiner Garderobe. Er sagte, in Paris trage jeder Mann Jackett und Krawatte, meine schmutzige, zerrissene Jeans könne ich wegwerfen. Er nahm an, dass ich New York verließ, weil ich zu berühmt geworden sei. »Man ließe dich nie wieder ein Buch schreiben, wenn du hierbleiben würdest, stimmt's?« Ich machte mir eher über meine sexuellen als über meine beruflichen Perspektiven Gedanken; auf jeden Fall übertrieb er meinen Erfolg gewaltig. Ich wollte weiterhin Sex im industriellen Ausmaß haben – und ich glaubte, in Paris sei das möglich. New York verwandelte sich in eine Leichenhalle.

Jemand vom New York Institute for the Humanities fand eine möblierte Wohnung auf der Île de St.-Louis für mich. Schon bald nahm ich Sprachunterricht bei der Alliance Française in Paris. Ich bekam einen Teilzeitjob bei der amerikanischen *Vogue* und schrieb über das kulturelle Leben in Paris. Für einen Dollar bekam man zehn Francs, das Leben in Frankreich war billig. Mein Freund John Purcell war mitgekommen und besuchte am Pariser Zweig der Parsons School Kurse in Innenarchitektur. Ich hatte einige französische Freunde – Michel Foucault, Gilles Barbedette (mein Übersetzer), Ivan Nabokov (mein Lektor), Marie-Claude de Brunhoff (die meine beste Freundin wurde).

Ich lernte Französisch, indem ich zwei Jahre lang auf dem Sofa lag und jedes Wort im Wörterbuch nachschlug, bis zu fünf Mal, bevor ich es konnte. Immerhin war ich schon dreiundvierzig. Ich nahm mir den New Yorker Schnurrbart ab, den in Paris niemand leiden konnte, und kaufte Unmengen von Anzügen, Jacketts, Krawatten, Mänteln und Lackschuhen. Durch meine Arbeit bei *Vogue* traf ich reiche und adlige Damen. Nach Mitternacht hatte ich Sex in dem kleinen Park am Ende der Île St.-Louis. Ich fing an, Eau de Cologne aufzulegen, was in New York ein Sakrileg gewesen wäre, und lernte, einer Dame die Hand zu küssen. (Nur im privaten Rahmen, niemals auf der Straße, und man berührt die Hand nicht mit den Lippen.)

Ich schrieb einen Roman, *Caracole*, der 1985 erschien. Obwohl es sich wie ein Märchen aus dem Venedig des neunzehnten Jahrhunderts las, konnte man auch einen Angriff auf das Institut und auf Susan darin erkennen. In all den Jahren der Therapie gelang es mir nie, meinen Hang zum Verrat zu ergründen, besonders zum Verrat an Menschen, die mir geholfen hatten und mit mir befreundet waren. *Selbstbildnis eines Jünglings* endet damit, dass der Junge (ich) seinen Lehrer verrät, mit dem er Sex hatte. Ich bezweifle, dass Susan und ihr Sohn sich wiedererkannt oder sich nur die Mühe gemacht hätten, das Buch zu lesen, wären sie nicht von einem indiskreten gemeinsamen Freund darauf hingewiesen worden.

Caracole enthielt ein exaktes Abbild Susans, das sich jedoch nur denen erschloss, die sie kannten. Außenstehende fanden keine identifizierenden Hinweise – die Figur der Mathilda war keine Schriftstellerin, sie war weder jüdisch noch intellektuell, und sie hatte keine weiße Strähne im Haar. Dennoch teilte sie mit Susan viele psychologische Merkmale. Eine typische Stelle liest sich so:

> Mathilda ging immer in Opposition zu den Menschen in ihrer Umgebung. Progressiven Menschen gegenüber verteidigte sie alles Konservative, und gegenüber Konservativen äußerte sie merkwürdig altmodische Argumente für die Freiheit: Es war ihre Art, andere herauszufordern und in Frage zu stellen. Wenn jemand anderer begeistert über ein Thema sprach, von dem er annahmen, es würde ihr gefallen, wurde sie unruhig, rutschte auf dem Stuhl herum und blickte böse umher. Sie pulte in ihren Zähnen, als brauche sie diesen Verstoß gegen gutes Benehmen als Vorspiel, um sich für den eigentlichen Angriff warmzulaufen, den sie vorbereitete. Der Gesprächspartner wurde nervös, er erkannte, dass sie auf seine Worte nicht wie üblich mit Nicken und Lächeln reagierte, ja, dass sie sich räkelte wie eine Löwin; er redete schneller, verhaspelte sich und verlor den Faden, immer noch in der Hoffnung, etwas davon würde ihr gefallen. Schließlich fixierte ihn die Löwin mit unerbittlichen Augen. »Was für ein Unsinn«, sagte sie. »Ich will nichts mehr davon hören.«

Merkwürdigerweise glaubte ich, die Ähnlichkeit des Porträts würde ihr gefallen, sie würde durch meine implizierte Kritik *lernen*. Natürlich wusste ich zugleich, dass ich sie lächerlich machte und dass sie wütend sein würde. Als sie dann wirklich wütend wurde, war ich dennoch überrascht. Ich litt unter unserem Bruch und träumte noch Jahre später von einer Versöhnung. Genau, wie ich geträumt hatte, ihr zu begegnen, bevor ich sie dann tatsächlich kennenlernte, träumte ich nun von ihrer Vergebung und einer erneuerten Freundschaft. Weil ich mich wegen meines »Verrats« (falls es das war) schuldig fühlte und Angst hatte, machte ich einen Witz und sagte: »Das Schlimmste an der Versöhnung wäre, dass ich mich dann wieder mit Susan treffen müsste. Puh!«

Doch Susan war so wütend, dass sie Roger Straus, ihren Verleger, aufforderte, mit allen meinen ausländischen Verlagen Kontakt aufzunehmen und sie um die Gefälligkeit zu bitten, ihren Werbespruch von der nächsten Auflage von *Selbstbildnis eines Jünglings* zu entfernen. Das war ein effektiver Schachzug. (Schon vor Jahren hatte Susan eine ähnliche Maßnahme gegen den schwulen Autor Alfred Chester veranlasst, der ihre lobenden Worte ohne ihre Autorisierung verwendet hatte.) Vielleicht wurde der Bruch deshalb so schlimm, weil ich mich nicht bemüht hatte, mit ihr und David in Kontakt zu bleiben. Als mein Lektor Bill Whitehead in New York einen großen Maskenball mit Blaskapelle für mich veranstaltete, versuchte David, mit einem Ochsenziemer hereinzuplatzen; ich nehme an, er wollte mir »Flegel« ein paar Schläge damit verpassen. Er hatte über Beau Brummel geschrieben und mochte solche Posen. Glücklicherweise wiesen ihn die Türsteher ab.

Bald, nachdem ich in Paris angekommen war, traf ich mich zum Lunch mit George Plimptons Schwester, der Dichterin und Malerin Sarah Plimpton. Ich sagte ihr, ich habe vor, nur ein Jahr in Paris zu bleiben. Sie meinte, das habe sie sich auch vorgenommen, aber nun lebe sie schon seit zweiundzwanzig Jahren in Frankreich. »Sie werden sehen, es ist hier wie im Schlaraffenland«, sagte sie.

Und genau so war es dann auch, besonders in den florierenden Jahren der Präsidentschaft Mitterands. Ich konnte Aids allerdings nicht entfliehen. Viele meiner französischen Freunde starben, einschließlich Foucault und Barbedette, so wie in Amerika Bill Whitehead, Norm Rathweg und mein bester Freund, David Kalstone. Mir wurde immer trauriger zumute, und mein Pariser Leben wurde so dunkel wie das Leben in New York. Ich saß an vielen Krankenbetten und hielt viele abgemagerte Hände. Ich empfand als Überlebender keine Schuldgefühle, denn ich war selbst positiv und rechnete in den Achtzigern jederzeit damit, in wenigen Monaten zu sterben.

Sechzehn Jahre später zog ich zurück nach New York, und eines Tages begegnete ich Susan Sontag in einem Restaurant. Ich war auf ihren Tisch zugelaufen, ohne sie zu erkennen, weil ich einen Pariser Freund entdeckt hatte, den argentinischen Regisseur Edgardo Cozarinsky. Plötzlich dachte ich: »Du meine Güte, diese Frau mit kurzem, weißem Haar muss Susan Sontag nach der Chemo sein. Und die andere Frau muss Annie Leibovitz sein, ihre Freundin.« Ich schlich schnell zurück an meinen Tisch.

Aber dann, blitzschnell, stand Susan an meinem Tisch. Sie sagte, »Ed, ich hoffe, du glaubst nicht, ich würde dich wegen dieses dummen kleinen Verrats ignorieren.«

Ich stand auf, und sie umarmte mich. Wir verabredeten, uns zu treffen; die Vergangenheit war vergessen, und wir wollten uns wieder versöhnen.

Doch als ich sie am nächsten Tag bei Cozarinskys Filmaufführung traf, war sie distanziert. Ich begriff, dass zu viel Zeit vergangen war. Unsere Versöhnung hatte nicht wirklich »gegriffen«. Das war in Ordnung. Wir waren beide andere Menschen geworden.

Wenn ich auf die Siebziger zurückblicke, stelle ich fest, dass mir dieses Jahrzehnt vor allem als eine Zeit beruflicher Anstrengungen in Erinnerung ist. Zu Beginn des Jahrzehnts war ich ein unveröffentlichter und nicht mehr junger Schriftsteller, recht ehrgeizig, aber anfällig für tiefe Verzweiflung und Selbstmordgedanken. Als ich 1983 nach Paris zog, hatte ich noch immer Geldsorgen und wusste nicht so recht, wie ich die nächste Miete bezahlen sollte, aber ich war nicht mehr gänzlich unbekannt und verzweifelt.

Dass die Siebziger nicht so qualvoll waren, wie sie hätten sein können, lag daran, dass damals zumindest bei Künstlern und Intellektuellen die traditionelle Vorstellung von ehrbarer Armut noch existierte. Schriftsteller, Maler und Komponisten redeten nicht (wie heute) die ganze Zeit über Agenten, Verträge und Filmrechte. New York hatte noch keine feste Allianz mit Los Angeles geschlossen; im Gegenteil, New Yorker definierten sich durch den Gegensatz zur Westküste.

Neulich las ich in einem Buch von Mikal Gilmore über dieselbe Zeitspanne. Es geht darin um Rock-Musik und die Szene Downtown Manhattan, um Drogen und Verbrechen – wenig überraschend, denn Mikal schreibt für *Rolling Stone* und ist der Bruder von Gary Gilmore, dem verurteilten Mörder, den Norman Mailer in seinem apodiktischen Roman *Gnadenlos* einer gründlichen Analyse unterzieht. Ich begriff, dass unsere Bücher vollkommen unterschiedlich, ja, gegensätzlich waren, obwohl viele Orte und viele Personen sowohl in seinem wie in meinem Leben eine Rolle gespielt hatten. Auch wenn ich über Armut und Gewalt in einem bankrotten New York schreibe, sage ich doch wenig über Kriminalität und Punk- oder Rock-Musik. Später lernte ich Patti Smith kennen und respektieren, aber in den Siebzigern kannte ich außer Mapplethorpe niemanden aus ihrer Welt.

In den Achtzigern wurden dann die Verlage einer nach dem anderen von Großkonzernen geschluckt, die Buchkaufhäuser von Barnes & Noble verdrängten die ortsansässigen Buchläden, und die Multiplex-Kinos vertrieben die kleinen Filmkunsttheater. Jedes Mal, wenn ich in den Achtzigern und Neunzigern aus Paris nach New York kam, war ich erschrocken, wie stromlinienförmig alles geworden war, dass im Laden an der Ecke statt kleiner Flickschuster teure Eis-Boutiquen eröffnet hatten, dass Viertel für Viertel gentrifiziert wurde und immer mehr reiche junge Angestellte aus der Finanzwirtschaft die älteren, ärmeren ethnischen Minderheiten verdrängten. Und die Bohemiens. New York war kein gefährliches, heruntergewirtschaftetes Getto mehr; es war jetzt eine chromglänzende, helle, palmengeschmückte Singles-Bar.

Aids tötete die meisten Menschen aus meinem Freundeskreis. Jedes Mal, wenn ich zurück nach New York kam, lagen weitere Freunde im Sterben oder waren bereits tot. Chris Cox fand einen neuen Liebhaber, einen jungen Kurator des New Museum; nachdem er ihn beerdigt hatte, starb er selbst. Er war ein erfolgreicher Lektor bei Ballantine Books geworden; als ich ihn das letzte Mal besuchte (ich kam direkt vom Flughafen ins Krankenhaus), war sein Krankenzimmer voller Heteros mit eigenartigem Sozialverhalten, seinen Autoren, Typen, die Kriminalromane schrieben und gern in Gruppen auftraten. Ich konnte sie schlecht bitten, den Raum zu verlassen, und Chris als guter Junge aus den Südstaaten war zu höflich, um sie wegzuschicken. Vielleicht zog er ihre Gesellschaft auch meiner vor, vielleicht waren ihm ihre lahmen Witze und die berufliche Ehrerbietung lieber als meine Ernsthaftigkeit. Im letzten Stadium wollen die Menschen nicht über den Tod reden.

Während der 1970er hörte ich auf, mich selbst als Sozialisten und auch nur als Sympathisanten zu verstehen und erkannte den Kommunismus als den internationalen Albtraum, der er war; ich bezeichnete mich jetzt als Anarchisten (nicht von der bombenwerfenden Sorte, sondern einen extremen Individualisten). Kollektivem Verhalten aller Art stand ich sehr misstrauisch gegenüber, und Politik war in meinen Augen eine einzige Lüge. So, wie ein Schriftsteller sich bemüht, jede Nuance herauszuarbeiten, schlägt der Politiker sie unter einem Schwall tödlicher Rhetorik mit dem Hammer platt. Schriftsteller sind genau und erschaffen Szenarien; Politiker verallgemeinern und suhlen sich in Warnungen und Binsenweisheiten.

So, wie ich mich langsam vom Kommunismus entfernte, zog ich mich auch von der Avantgarde zurück. Meine ersten beiden veröffentlichten Romane waren experimentell gewesen, doch als ich *Selbstbildnis eines Jünglings* schrieb, erkannte ich, dass das Leben mir ein brandneues Thema gegeben hatte und meine Aufgabe darin bestand, es im hellsten, niemals flackernden Licht zu zeigen. Ein heterosexueller Schriftsteller, der dazu verdammt ist, von nichts anderem als Heirat, Scheidung und Geburt zu schreiben, braucht vielleicht einen neuen formalen Zugang oder eine exotische Ausdrucksweise. Doch ein schwuler Schriftsteller mit der Freiheit, zum ersten Mal so viele lebendige und noch nie genannte Erfahrungen zu berichten, hat keine Tricks nötig. Schwules Schreiben in den Siebzigern verlieh der autobiografischen Literatur eine größere Tiefe, als je zuvor erreicht wurde, eine Tiefgründigkeit, von der andere, heterosexuelle Schriftsteller profitieren konnten.

In den 1970ern hatte ich durch meine Agentin Maxine Groffsky Marie-Claude de Brunhoff kennengelernt, die sofort begann, mir aus Paris auf himmelblauem Papier zu schreiben, in ihrer kapriziösen Rechtschreibung und nahezu ohne jede Zeichensetzung. Sie schickte mir druckfrische französische Romane, obwohl ich damals gar nichts damit anfangen konnte. Es sollte noch ein Jahrzehnt dauern, bis ich Französisch mühelos lesen konnte. In Paris wurde Marie-Claude dann meine beste Freundin – und blieb es bis zu ihrem Tod im neuen Jahrhundert.

Sie füllte die Lücke, die David Kalstones Tod hinterlassen hatte. Er und sie waren meine idealen Freunde und hatten manches gemein – die tiefe Freude an den Kleinigkeiten des Alltags, eine Wärme, die niemals *mièvre* war (französisch für »affektiert«), eine große Loyalität zu allen, die zum inneren Kreis gehörten, niemals das kleinste Zeichen von Missbilligung mir oder anderen geliebten Menschen gegenüber, obwohl sie beide furchtbare Snobs waren. Beide hatten gern Gäste und gingen gern aus, wollten immer »das Neueste« hören und die aktuellen Größen treffen. David war stets auf der Höhe der intellektuellen, Marie-Claude auf der Höhe literarischer Trends. Sie war eine professionelle Leserin, die jeden Tag drei oder vier Bücher las; sie las für Knopf französische und für Gallimard englischsprachige Bücher. David, der halbblind war, war ein guter Beobachter und wollte wie ein Schriftsteller immer wissen, wie eine Geschichte endete. Er war von göttlicher Einfalt – eine Dimension, die Marie-Claude fehlte, was sie zutiefst bedauerte (sie redete oft vom viel beneideten »englischen Witz«, einem Phänomen, das einen festen Platz in der französischen Vorstellungswelt einnimmt, wenn nicht sogar in den französischen Umgangsformen).

In meinen Zwanzigern bemühte ich mich um andere Menschen, wie ich es an der Highschool gelernt hatte; erst in meinen Dreißigern und Vierzigern lernte ich, Freunde nicht nur zu gewinnen, sondern sie zu genießen. In den 1970ern hatten die schwulen New Yorker beschlossen, Freundschaft, Liebe und Sex voneinander zu trennen. Der Freund, der Liebhaber und der Fickkumpel waren drei verschiedene Leute, und erst in den Achtzigern vereinigte sich alles drei auf eine einzige Person. In der Arbeitsteilung der Siebziger spielte die Freundschaft die Hauptrolle. Wir gingen davon aus, dass Liebesaffären stürmisch und zeitlich begrenzt waren und mehr Leiden als Freuden schufen. Die Namen unserer Sexpartner kannten wir nur selten oder vergaßen sie sofort wieder; die (sinnlose) Forderung der frühen Aids-Zeit, »Merkt euch die Namen eurer Partner«, überraschte und verwirrte uns. Nein, fürsorglich waren wir nur zu unseren Freunden. Liebhabern sagten wir strategische und One-Night-Stands verführerische Worte, aber ein Freund verdiente die Wahrheit. Mit einem Freund musste alles seine Richtigkeit haben.

Am Ende der Sechziger verzweifelte ich über meinem Schreiben. Ich erreichte keine schnellen Erfolge, meine Schublade war voller unaufgeführter Stücke und unveröffentlichter Romane. Am Ende der Siebziger hatte ich meinen Weg als Schriftsteller gefunden. Es hatte länger gedauert und war weniger lohnend, als ich gedacht hatte, aber wie eine Figur von Balzac war ich immer ein Monomane gewesen – meine einzige Besessenheit war die, veröffentlicht zu werden. Freunde hatten mir die ganze Zeit über dabei geholfen. Richard Howard hatte dafür gesorgt, dass mein erster Roman erscheinen konnte. David Kalstone hatte mich in entscheidenden Momenten ermutigt. Marilyn und Stanley mussten sich am Telefon jedes Wort anhören, das ich geschrieben hatte. Keith McDermott war als Bohemien durch seine unbeugsame Hingabe an ein Leben für die Kunst eine ständige Inspiration. Manchmal schrieb ich, um meinem Neffen eine Freude zu machen. Mein Lektor Bill Whitehead wurde ein echter Freund, doch er starb schon früh an Aids. Susan Sontag sorgte dafür, dass ich Preise gewann und Anerkennung bekam. Die Mitglieder meines Schriftsteller-Klubs The Violet Quill ermutigten sich gegenseitig dazu, das neue schwule Themengebiet furchtlos zu erforschen.

Der romantische amerikanische Mythos besagt, dass ein Künstler in Einsamkeit arbeitet und seine Werke ebenso auf einem Bauernhof in Vermont wie in New York erschaffen kann. Doch ich erkannte, dass das künstlerische Klima einer bestimmten Stadt und eines bestimmten Milieus die Entwicklung eines Künstlers entscheidend beeinflussen; nachdem er seinen Weg gefunden hat, kann er dann vielleicht auch in einer Scheune in Burlington arbeiten. Ich hatte das Glück, in New York zu leben, als es gefährlich, rau und billig genug war, um junge, mittellose Künstler zu beherbergen. Es war die Ära der »Coffee Shops« New Yorker Prägung – billiger Restaurants, die rund um die Uhr geöffnet waren und in denen das Essen weniger kostete, als wenn man zu Hause selbst gekocht hätte. Es war die Ära der zerrissenen Jeans und schmutzigen T-Shirts, die Zeit, als man mit Leuten, die sich durch materiellen Erfolg beeindrucken ließen, nichts zu tun haben wollte. In den Siebzigern machte das gute alte Greenwich Village seinen letzten Seufzer, auch wenn die Boheme jetzt zum guten Teil aus Schwulen bestand.

Dadurch, dass ich längere Zeit in Venedig und San Francisco verbrachte, verstand ich New York besser. Im Vergleich mit diesen würdevolleren Städten wurde mir klar, wie stark New York von Eifersucht zerfressen war und was für eine unbedeutende Rolle Urbanität oder Planung jeder Art hier spielten; alle New Yorker Einrichtungen wirkten improvisiert und vorläufig. Alle drei Städte haben einen Hafen; Venedig besteht aus vielen Inseln, Manhattan, Long Island und Staten Island sind ebenfalls Inseln. Doch Venedig ist mit dem Meer vermählt, während Manhattan seinen Flüssen und dem Ozean den Rücken zuwendet. Venedig und San Francisco glänzen in ihrer sehr verschiedenen Vergangenheit. San Franciscos Vergangenheit ist gerade einmal einhundert Jahre alt, Venedigs Vergangenheit mehr als tausend. New York ist eine Stadt des neunzehnten (und auch des achtzehnten) Jahrhunderts, aber das merkt niemand. Nur wenige Menschen dort sind sich der Vergangenheit bewusst.

Vermutlich ist New York im Grunde ein Broadway-Theater, an dem Jahrzehnt für Jahrzehnt ein Stück nach dem anderen die Bühne und die Garderoben erobert – und dann wird es abgeräumt. Jedes Stück ist das größte Event aller Zeiten (was Bühnenbild, Werbung, Premierenfeier und die Star-Riege angeht), bis es wieder verschwindet. Mit jedem neuen Stück zerfällt das Theater etwas mehr, die Wände sind verschrammt, der Plüsch abgewetzt, das Messing angelaufen. Weil es Theaterstücke und keine Filme sind, kann sich niemand mehr genau an sie erinnern. Die Schauspieler sind vergessen, die Stücke nur zerknitterte Blätter mit Kaffeeflecken und fehlenden Seiten. Nichts hat Bestand in New York. Aber das Leben, das dort gelebt wird, ist so intensiv wie nur möglich.

Danksagungen

Ich möchte Nick Trautwein für sein kenntnisreiches Lektorat danken – er ist ein Mann mit scharfem Auge und aufmerksamem Ohr, ganz zu schweigen von seinem untrüglichen Urteilsvermögen. Michael Fishwick hat dieses Buch von Anfang an enthusiastisch begleitet und mich bis zur letzten Zeile bei Laune gehalten. Er hat sich mir und meinem Schreiben gegenüber wie ein Freund verhalten.

Michael Carroll, mein Partner, hat *City Boy* sorgfältig redigiert, bevor ich wagte, anderen das Manuskript zu zeigen.

Ich danke meinem Schriftstellerkollegen David McConnell, der das Manuskript als Erster gelesen und mir vielfältige Hinweise gegeben hat. Tom Beller, der wunderbare Autor und Redakteur von *Open City*, hat das Manuskript von Anfang an interessiert begleitet, so wie auch mein Freund, der Architekt Sam Roche.

Beatrice von Rezzori hat mich überaus liebenswürdig in ihrem Rückzugsort für Schriftsteller in der Toscana willkommen geheißen. Sie ist eine warme und faszinierende Freundin.

John Logan in Princeton hat mir unzählige Male geholfen, Essays und Artikel zu beschaffen, die ich konsultieren wollte.

Meine Agentin Amanda Urban stand mit jederzeit mit Rat zur Seite, wofür ich ihr zutiefst zu Dank verpflichtet bin.

Register

Jack Holmes und sein Freund

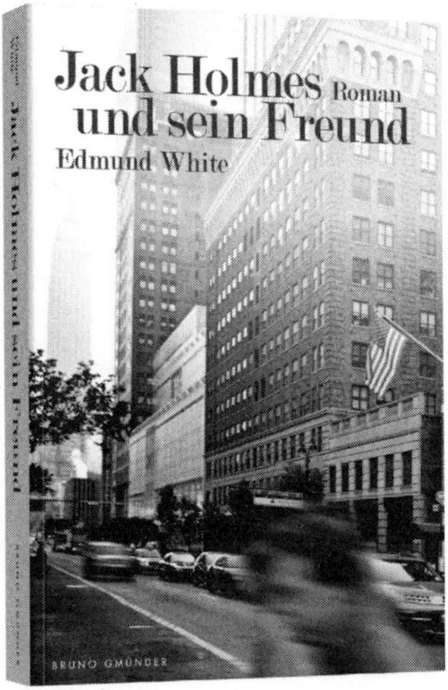

Edmund White
Jack Holmes und sein Freund
400 Seiten, Hardcover
mit Schutzumschlag,
13,5 x 19,7 cm
ISBN 978-3-86787-435-9
€ 19,95

New York, Anfang der Sechziger: Jack Holmes ist verliebt. Das Objekt seiner Begierde, der junge Schriftsteller Will, arbeitet gemeinsam mit Jack für ein Kunstmagazin. Die beiden werden gute Freunde, auch wenn Jacks unerfüllte Sehnsucht dadurch nur noch leidenschaftlicher und verzweifelter wird. Immer wieder kommt er Will nahe – und immer wieder fragt er sich, ob sich sein Traum je erfüllen wird. Mit Leichtigkeit und Eleganz erzählt Edmund White die Geschichte einer Freundschaft, die Jack und Will durch die Jahrzehnte trägt.

Selbstbildnis eines Jünglings

EDMUND WHITE
Selbstbildnis eines Jünglings
272 Seiten, Hardcover
mit Schutzumschlag,
13,5 x 19,7 cm
ISBN 978-3-86787-177-8
€ 12,95

Edmund White berichtet aus dem Leben eines Jungen, der seine Andersartigkeit fühlt, erkundet und versucht, sie zu verdrängen – oder zumindest zu kontrollieren. Autobiografische und fiktive Elemente sind ineinander gewoben; die nüchterne Weltsicht eines intelligenten Jungen, der selbst seinen imaginären Freunden mit Zurückhaltung begegnet, steht im Kontrast zu seiner Sehnsucht nach einem Leben, in dem er Bewunderung und Liebe findet. Die Ohnmacht, die er immer wieder spürt, weckt in ihm den Wunsch, Macht über einen Mann auszuüben, so wie es der gleichaltrige Tadzio in Thomas Manns *Der Tod in Venedig* tut.

Und das schöne Zimmer ist leer

Edmund White
Und das schöne Zimmer ist leer
256 Seiten, Broschur,
13 x 19 cm
ISBN 978-3-86787-250-8
€ 14,95

Im Amerika der frühen Fünfziger sind die Menschen um Gleichförmigkeit bemüht. Wer von der Norm abweicht, wird hier kaum geduldet. In diesem biederen Klima setzt sich ein junger Mann – noch keine zwanzig – mit seiner Homosexualität auseinander. Was früher nur eine vage Sehnsucht war, beginnt nun allmählich sein Denken und Handeln zu dominieren. Sein Verlangen nach sexuellen Erlebnissen macht ihn schon bald zu einem Getriebenen. Nur langsam entdeckt er, dass es jenseits der hastigen, anonymen Begegnungen auf öffentlichen Toiletten noch eine andere Welt gibt – eine Welt, in der Sex und Liebe zwischen Männern sinnlich und erfüllend sind.